高职高专公共基础课规划教材

形体训练
与服务礼仪

张岩松　主　编

付　强　张言刚　高琳　副主编

清华大学出版社

北京

内容简介

本书旨在满足高职高专院校相关教学的需要，将理论与实践有机融合，贴近时代、贴近社会、贴近实际。全书包括认识服务礼仪与形体训练、服务形象礼仪、服务基础礼仪、行业服务礼仪、形体动作训练、芭蕾训练共六章内容，每章由基础知识和课后练习构成，在基础知识中设计了“小贴士”“小案例”“小故事”“小幽默”“小训练”等栏目，充实了许多图片和表格，顺应了当今碎片化阅读的特点，并提供了PPT课件、课后练习答案，以及形体训练视频等教学资源，增加了可读性、趣味性、指导性和可操作性。

本书既可作为高职高专院校各专业学生的公共课教材，也可作为商科各专业的专业基础课教材。同时，它也是各企事业单位进行相关岗位培训的实用教材和各界人士的自我训练手册。

图书在版编目(CIP)数据

形体训练与服务礼仪/张岩松主编. —北京：清华大学出版社，2019(2022.9重印)
(高职高专公共基础课规划教材)
ISBN 978-7-302-53092-3

Ⅰ. ①形…　Ⅱ. ①张…　Ⅲ. ①形体－健身运动－高等职业教育－教材 ②服务业－礼仪－高等职业教育－教材　Ⅳ. ①G831.3 ②F719

中国版本图书馆CIP数据核字(2019)第102175号

责任编辑：张龙卿
封面设计：范春燕
责任校对：袁　芳
责任印制：刘海龙

出版发行：清华大学出版社
网　　址：http://www.tup.com.cn，http://www.wqbook.com
地　　址：北京清华大学学研大厦A座　　**邮　　编**：100084
社 总 机：010-83470000　　**邮　　购**：010-62786544
投稿与读者服务：010-62776969，c-service@tup.tsinghua.edu.cn
质量反馈：010-62772015，zhiliang@tup.tsinghua.edu.cn
课件下载：http://www.tup.com.cn，010-83470410
印 装 者：三河市科茂嘉荣印务有限公司
经　　销：全国新华书店
开　　本：185mm×260mm　　**印　　张**：16.75　　**字　　数**：380千字
版　　次：2019年11月第1版　　**印　　次**：2022年9月第4次印刷
定　　价：49.00元

产品编号：078402-01

前 言

当今“服务业”这一词汇使用频率很高，在我国它是一个很宽泛的概念，包括除第一、第二产业之外的所有活动。在“十三五”时期我国经济社会发展战略中，服务业占据了极其重要的战略位置，在供给侧结构性改革中发挥着十分重要的作用。服务业，特别是旅游服务业、商业服务业、金融保险业、电信服务业、现代物流业、信息咨询业等都是知识密集型产业，这些行业相关产品的知识含量高，它们的运作经营需要具备专门知识的人才来管理和策划。这些行业的从业者不仅要熟悉行业的业务，还要有理论、技术和丰富的工作经验。因此，培养一大批既掌握较高的专业知识又具备较强的实际操作能力的高素质的从业人员是当务之急，现代企业只有在服务上下功夫，才能在同行业中保持强劲的竞争力。

对于服务业各岗位服务人员和即将走上相关工作岗位的大学生来说，做好服务工作，离不开服务礼仪和形体训练。热情周到的服务态度、高超熟练的服务技巧、规范的实务处理能力、良好的表达能力、得体大方的行为举止等都是做好服务工作所不可或缺的。基于此，我们大胆尝试，将“形体训练”和“服务礼仪”两门课程有机融合成一门课程，并有针对性地编写了本书，以期使大学生们不但熟悉服务的相关礼仪，而且能够掌握形体训练的技巧，获得全方位的能力提升。

本书由大连职业技术学院张岩松担任主编，付强、张言刚、高琳担任副主编，具体分工如下：张岩松和高琳编写第一章；高琳和薛大明编写第二章；张言刚编写第三章和第四章；付强编写第五章和第六章。全书由张言刚统稿。

本书在编写过程中博采众家之说，参考颇多，限于篇幅仅列出了主要参考书目，在此向各位专家、学者深表谢意。有些资料是参考互联网上发布或转发的信息，在此也向各位原作者所付出的辛勤劳动表示衷心的感谢。

由于编者水平所限，本书不当之处敬请读者指正。

编　者
2019 年 7 月

目 录

第一章　认识服务礼仪与形体训练

人有礼则安，无礼则危。故曰："礼者，不可不学也。"

——《礼记·曲礼》

人体以它生动柔和的线条和轮廓，有力的体魄和匀称的体态，滋润、光泽、透明的色彩成为在自然中最完美的部分，标志着我们这个星球上最高级生命的尊严。

——朱光潜

第一节　认识服务礼仪

一、服务的含义和特征

在市场的竞争条件下，一个企业要获得成功，必须以服务质量求生存、求发展。用服务创造价值，推行"以顾客满意为中心"的服务战略。打造以优质服务为核心的竞争优势，已经成为新竞争形势下的竞争法则。优质服务是企业发展的永恒主题，更是企业生存与发展的根本所在。

1. 服务的含义

服务(service)由7个字母组成：S是指微笑(smile)，E是指杰出、优秀(excellence)，R是指准备(readiness)，V是指观察(viewing)，I是指邀请(invitation)，C是指创造性(creativeness)，E是指关注(eye)。

广义的服务是指服务方遵照被服务方的意愿和要求，为满足被服务方的需要而提供相应满意活动的过程。狭义的服务是指服务企业出售或同物质产品销售一起提供的、能够满足社会生产或生活需要的一切利益和活动，它仅产生于服务企业中。

服务过程中包括两方：一方是服务方；另一方是被服务方。服务方是根据被服务方的意愿提供服务活动的一方，处于服务过程中的被支配地位；被服务方是指提出服务要求，要求服务方满足的一方，处于服务过程中的支配地位。服务的产生过程实质上是一个将部分家务劳动转变为带有交换性质的服务劳动的过程，其目的是解决人们实际生活中的难题。它是随着人类需求的不断增长而发展起来的。

依照国民经济来划分，农业属于第一产业，工业和建筑业属于第二产业，而所有不同形式的服务活动合在一起就构成了服务业，即第三产业。服务业在不断地膨胀、不断地细化。随着第二产业的发展、城镇居民收入的增加、城市化进程的迅速推进，社会分别对生产性服务业、消费性服务业和社会性服务业产生了强烈的需求。同时，由于服务业对个人生活、经济，乃至社会的影响越来越大，使它自身也在不断地涌现各种新的职业群组，如旅游、餐饮、康乐、健身、医疗、快递等。

服务是一种劳动方式，它不是以实物形式而是以提供劳动的形式满足他人某种需求的活动。它不创造实物产品，但又必须以实物产品为依托。

2. 服务的特征

服务作为一种特定的产品，与一般产品相比，具有以下几个特征[①]。

(1) 无形性。服务的无形性是指服务与有形的实体产品相比，其特质及组成服务的元素是无形无质的；同时又表现为生产与消费的同时性，也就是说服务的生产和消费大都是同时进行的，服务的生产过程，同时也是服务的消费过程。服务过程只可以感觉，却不具有可视性。消费者关注的不仅是有形的物质产品，而且更加注重作为产品有机组成部分的服务的无形性，而服务质量很大程度上依靠服务人员的表现来实现。无形性是服务的最基本特征，其他特征由此特征派生出来。

(2) 差异性。服务的差异性是指服务的构成成分及质量水平经常变化，很难控制。服务行业是以“人”为中心的产业，服务虽然有一定的标准，但会因人、因时、因地而表现出差异性，比如，有经验的员工与没有经验的员工提供给客人的服务相差很大，有服务热情的员工与缺乏服务热情的员工提供的服务也不一样，同一位员工受到激励时和缺乏激励时的服务效果也不一样。

(3) 不可储存性。服务的不可储存性是指服务不像有形的产品可以储存起来，以备将来出售或消费。服务产品的无形性、生产与消费的不可分离性，使服务不可能像实物产品一样被储存，只能在生产的同时被即时消费。例如，酒店服务是有形的实物产品和无形的服务活动所构成的集合体。

(4) 质量测评的复杂性。实物产品由于具有实体性特点，可以按照统一的工艺流程进行生产，按照统一的技术标准进行质量测评，而测评无形的、不能储存的服务产品的质量则无疑要复杂得多，服务企业也很难通过标准化管理来保证服务产品的质量。

此外，服务还是满足他人需求的行为，或者说是为他人提供有益的事情的活动，而不是满足自身需要的活动。

【小贴士】

服务工作的意义

(1) 服务是企业品牌形象的核心内容。品牌形象是一种消费者印象，它包括企业的规模实力、外观环境、信誉程度和服务水平等内容。企业之间的竞争越发表现出服务水平的竞争，市场中各个企业服务形象的竞争不仅仅是某种服务项目的较量，更重要的是这种服务形象要通过每一位员工和每一个细节表现出来，其背后是强大的企业文化在起作用。

---

① 唐树伶，王炎. 服务礼仪[M]. 2版. 北京：北京交通大学出版社，2012：2.

(2) 服务是企业获得利润的根源。服务本身具有的价值在酒店业体现得十分明显。例如,五星级酒店的房价比四星级酒店的房价高,其差别主要在于服务质量的不同。对于零售业来说,服务的价值主要通过以下两方面来体现:一是服务形象的好坏直接影响零售业吸引消费者的能力;二是服务质量的好坏决定了消费者成交和再次光顾的频率,决定了商店的利润。

(3) 服务是提高服务人员素质的有效手段。服务是一个与人打交道的工作,也是一个与服务对象沟通的工作,服务工作有利于提高服务人员的沟通技巧。服务人员的个人心理承受能力越强,个人修养越好,个人的价值越能够得以实现。不仅可以给企业带来可观的社会效益与经济效益,也可以使自身的理想得以实现。

二、礼仪的含义、特性与原则

礼仪是人际交往过程中的外在表现的形式与规则的总和。它作为在人类历史发展中逐渐形成并积淀下来的一种文化,始终以其某种精神的约束力支配着每个人的行为。礼仪是人类文明进步的重要标志,是适应时代发展、促进个人进步和成功的重要途径。礼仪、法律与道德被称为人生幸福的三位守护神。而礼仪却不像法律那样威严,不像道德那样肃然。礼仪始终是一个会心的微笑、一种温和的声音、一种怡情悦心的需要。

1. 礼仪的含义

(1) 礼仪是一种行为准则或规范。它是一种程序,有一定的套路,表现为一定的章法,只有遵守这些习俗和规范,才能适应社会发展。

(2) 礼仪是一定社会关系中人们约定俗成、共同认可的行为规范。它表现为一些零散的规矩、习惯,然后才逐渐上升为大家认可的,可以用语言、文字、动作进行准确描述和规定的行为准则,并成为人们有章可循、可以自觉学习和遵守的行为规范。

(3) 礼仪是一种情感互动的过程。在礼仪的实施过程中,既有施礼者的控制行为,也有受礼者的反馈行为。即礼是施礼者与受礼者的尊重互换、情感互动的过程。

(4) 礼仪的目的是实现社会交往各方面的互相尊重,从而达到人与人之间关系的和谐。在现代社会,礼仪体现着一个人对他人和社会的认知水平、尊重程度,是一个人学识、修养和价值的外在表现。遵守礼仪是人获得自由的重要手段和途径之一。

2. 礼仪的特性

(1) 共通性。交际礼仪是人们在社会交往过程中形成并得到共同认可的行为规范。它贯穿于整个人类社会发展的始终,普遍存在于社会的各个领域,渗透到各种社会关系中。只要人类存在交际活动,社会就有礼仪的存在。尽管不同的国家、不同的地区、不同的民族对于礼仪内容的理解不同,重视的程度不同,表现的形式也不同,但都体现为社会共同认可的行为规范,就现代交际礼仪本身的内涵和作用来说,仍具有共通性。特别是在现代社会中,世界各地人们的交往更快捷、更频繁、更多样,许多礼仪更加具有国际通用的特点。

【小故事】

酒店老板与无赖

一个人走进饭店要了酒菜，吃完摸摸口袋发现忘记带钱，便对店老板说："店家，今日忘了带钱，改日送来。"店老板连声说："不碍事，不碍事。"并恭敬地把他送出了门。

这个过程被一个无赖看到了，他也进饭店要了酒菜，吃完后摸了一下口袋，对店老板说："店家，今日忘了带钱，改日送来。"

谁知店老板脸色一变，揪住他，非剥他衣服不可。

无赖不服，说："为什么刚才那人可以赊账，我就不行？"

店家说："人家吃菜，筷子常放桌子上，喝酒一盅盅地筛，斯斯文文，吃罢掏出手绢揩嘴，是个有德行的人，岂能赖我几个钱。你呢？筷子不离手，狼吞虎咽，吃上瘾来，脚踏上条凳，端起酒壶直往嘴里灌，吃完用袖子揩嘴，分明是个居无定室、食无定餐的无赖之徒，我岂能饶你！"

一席话说得无赖哑口无言，只得留下外衣，狼狈而去。

【点评】 本案例中的两位食客，从他们截然不同的礼仪表现，可以看出一位是绅士，而另一位则显然是一个无赖，自然酒店老板对待他们的态度也就有了天壤之别。无论何时、何地，人们对彬彬有礼的人都是愿意接受和尊敬的。

(2) 多样性。世界是丰富多彩的，其中现代交际礼仪也是五花八门、绚烂多姿的。世界各地的民俗礼仪千奇百怪，几乎没有人能说清楚世界上到底有多少种礼仪形式。从语言的表达礼仪到文字的使用礼仪，从举止礼仪到规范化礼仪，从服饰礼仪到仪表礼仪，从风俗礼仪到宗教礼仪等，在不同的国家、不同的场合，其表达方式也有所不同。比如，在人们常见的国际交往中，仅现代交际礼仪中的见面礼节就有握手礼、点头礼、亲吻礼、鞠躬礼、合十礼、拱手礼、脱帽礼、问候礼等，可谓多种多样、纷繁复杂。

不仅如此，有些现代交际礼仪形式所表达的内容，在不同国家或地区可能截然相反，甚至一个国家的不同地区也可能有不同的含义(见表 1-1)。

表 1-1 手势在不同国家所表达的含义

手势	中国	美国	英国	法国	日本	印度	其他国家
	棒、厉害	顺利	搭车	搭车	男人、父亲	搭车	在孟加拉国意味着侮辱和挑衅
	最小的或倒数第一	打赌			女人、女孩、恋人	想去厕所	在尼日利亚等国家表示打赌
	数字 0 或 3	征求对方意见或表示同意、赞扬、了不起	零、一钱不值		金钱	正确、不错	在菲律宾表示想得到钱或没有钱；在印度尼西亚表示一无所有或一事无成；在突尼斯表示无用、傻瓜

(3) 规范性。交际礼仪规范的形成不是人们抽象思维的结果，而是对人们在社会交往

实践中所形成的一定礼仪关系的概括和反映。礼仪来源于长期的社会生活实践,被大多数社会成员认可并施行,成为调整人际关系的习惯性标准,形成人们普遍遵循的行为准则。这种行为准则约束和支配着人们的交往行为。它虽然不像法律那样具有强制力,但作为社会成员认同并遵从的规范,往往有一种无形的力量迫使人们遵守它,因为这种规范性是人们在一切交际场合必须采用的一种"通用语言",是衡量他人、判断自己是否自律、敬人的一种尺度。

【小故事】

修理抽水马桶的外国小男孩

一次在瑞士,龙永图与几个朋友去公园散步,上厕所时,听到隔壁的卫生间里"砰砰"地响,他有点纳闷。出来之后,一个女士很着急地问他有没有看到她的孩子,她的孩子进厕所十多分钟了还没有出来,她又不方便进去找。龙永图想起了隔壁厕所里的响声,便进去打开厕所门,看到一个七八岁的小男孩正在修抽水马桶,却怎么都抽不出水来,他急得满头大汗。这个小男孩觉得他上厕所不冲水是违背规则的。

【点评】 从这位外国小男孩身上我们看到了他对规则的遵守,规则意识已经在他幼小的心灵中扎下了根。我国当今的某些大学生,虽然已是成年人,但是未必有这位小男孩的规则意识。上厕所不冲水的现象比较普遍就是一个例证。怎样才能树立人们的规则意识?这一问题值得我们深思。

(4) 传承性。任何国家的礼仪都具有自己鲜明的民族特色,其现代交际礼仪都是在继承本国古代礼仪的基础上发展起来的。离开了对本国、本民族既往交际礼仪成果的传承,就不可能形成现代交际礼仪,这就是现代交际礼仪传承性的特定含义。作为一种文明积累,人们将交际应酬中的习惯做法即礼仪固定流传下来,并逐渐形成自己的民族特色,这不是一种短暂的社会现象,而且不会因为社会制度的更替而消失。对于既往的礼仪遗产,正确的态度不应当是食古不化、全盘沿用,而应当是有扬弃、有继承,更有发展。

【小贴士】

"礼仪"的词源

在西方,"礼仪"一词最早见于法语的 Etiquette,原意是法庭上的通行证。无论是在古代还是在现代,所有进入法庭的人员必须十分严格地遵守法庭纪律。古代法国的法庭不是当庭宣读这些纪律,而是将其印在或写在一张长方形的 Etiquette(通行证)上,发给进入法庭的每一个人,作为其进入法庭后必须遵守的规矩和行为准则。在社会交往中,人们也必须遵守一定的规矩和准则,才能显示出人类区别于动物的特有风范,才能保证文明社会得以维系和发展。于是,当 Etiquette 一词进入英文后,就有了"礼仪"的含义,意即"人际交往的通行证"。

3. 礼仪的原则

(1) 遵守原则。交际礼仪规范是为维护社会生活的稳定而形成和存在的,实际上是反映了人们的共同利益要求。社会上的每个成员不论身份高低、职位大小、财富多寡,都有自觉遵守、应用礼仪的义务,都要以礼仪去规范自己的一言一行、一举一动。如果违背了礼仪规范,会受到社会舆论的谴责,交际自然就难以成功。

【小故事】

失礼的代价

苏联领导人赫鲁晓夫在失礼方面就有前车之鉴。他在一次联合国会议上为了让人们安静下来,竟然脱下鞋子,并用鞋子敲打会议桌子。他的不雅举止显然违背了礼仪规范,更有损他本人及苏联的国际形象。在这次会议上,联合国做出决定:对苏联代表团罚款1万美元。可见,违背社交礼仪的原则是不行的。

(2) 敬人原则。尊敬是“礼”的本义,是礼仪的重点和核心。在对待他人的诸多做法中,最重要的一条就是要敬人之心长存,处处不可失敬于人,不可伤害他人的尊严,更不能侮辱对方的人格。可以说,掌握了敬人的原则就等于掌握了礼仪的灵魂。尊敬的作用是十分巨大的。

【小贴士】

“礼”字的由来

从“礼”字的发展演化看,“礼”的最初含义与礼仪的起源——原始宗教祭祀活动有密切关系。“礼”字在甲骨文里写为“豊”,其下半部分的“豆”字是指古代的一种器具,上半部分的“丰丰”表示一块块整齐地摆放的玉,然后将“玉”放在盒子里。这反映了古人祭祀活动的一个侧面。后来在其基础上又繁化为“禮”,左边加的这个“示”字旁,为古代的神祇,整个字为敬神之意。随着人类对自然与社会各种关系的认识逐渐加深,礼的范围和内容就从各种神事扩大到人事。表示对他人的尊敬、尊重就是“礼”的本质含义。

【小故事】

学会尊重别人,才能得到别人的尊重

有这样一个有趣的故事:一个孩子缺少礼貌意识,不懂得见到大人要主动问好,对同伴要友好团结。聪明的妈妈为了纠正他这个缺点,把他领到一个山谷中,对着周围的群山喊:“你好,你好。”山谷响应:“你好,你好。”妈妈又领着孩子喊:“我爱你,我爱你。”山谷也喊道:“我爱你,我爱你。”孩子惊奇地问妈妈这是为什么,妈妈告诉他:“朝天空吐唾沫的人,唾沫也会落在他的脸上;尊敬别人的人,别人也会尊敬他。因此,不管是时常见面,还是远隔千里,都要处处尊敬别人。”

(3) 宽容原则。一般来说,交往双方的心理总存在一定的距离,存在不相容的心理状态,这种差异会在交往者之间产生思想隔膜,甚至会使关系僵化。要想缩小这种心理上的差异,求得人与人之间能多一分和谐、多一份信赖,就必须抱着宽容之心。宽容就是要求人们既要严于律己,又要宽以待人,要多容忍他人、体谅他人、理解他人,而不能求全责备、斤斤计较、过分苛求、咄咄逼人。孔子说:“宽则得众。”唯有宽容才能排除人际交往中的各种障碍。不能宽容他人的人,往往会得理不饶人,使人际关系恶化。共性是寓于个性之中的,

人们应该维护和发展共性，以理解和宽容来增强人们之间的凝聚力。

【小故事】

六 尺 巷

“我家两堵墙，前后百米长。德义中间走，礼让站两旁。”除夕夜，由安徽宿松籍著名诗人贺东久作词，桐城籍青年歌手张正扬作曲，安徽芜湖籍演员赵薇演唱的歌曲《六尺巷》亮相2016央视猴年春晚。歌曲《六尺巷》取材于桐城六尺巷的典故，融合了黄梅小调、京剧及现代流行音乐等元素，受到人们的普遍欢迎，六尺巷也受到人们的普遍关注。从2016年正月初一开始，六尺巷从原先的冷冷清清变得人潮涌动。

位于安徽桐城的六尺巷，其得名源于康熙朝宰辅张英对邻居“让出三尺”的故事。

据史料记载，清康熙年间，文华殿大学士、礼部尚书张英(1637—1708年)的桐城老家人，与邻居吴家在宅基问题上发生争执，两家各不相让，将官司打到县衙。因双方都是官位显赫的名门望族，县官不敢轻易了断。

图 1-1

于是，张家人千里传书给在京城的张英求援。收书后，这位当朝宰辅批诗一首寄回老家，便是这首流传至今的打油诗：“一纸书来只为墙，让他三尺又何妨。长城万里今犹在，不见当年秦始皇。”

一见回信，张家人豁然开朗，将围墙退让了三尺。吴家见状深受感动，也让出三尺，形成了一个六尺宽的巷子，如图1-1所示。

从此以后，这条六尺宽的巷子就以“六尺巷”之名闻名乡里，成为民间佳话。

时至今日，虽然张、吴两家的老宅都已在300多年的时光里走进了历史，但这条巷子却依然安静地伫立在那里，并引得人们慕名而来，领悟和体会其宽容他人、互敬礼让、和谐包容、进退有度的文化内涵。

(4) 平等原则。平等是人与人之间建立情感的基础，是达到最佳交际效果的诀窍，是建立和保持良好人际关系的基础之一。在尊重交往对象、以礼相待这一点上，对任何交往对象都必须一视同仁，给予同等程度的礼遇。不允许因为交往对象彼此之间在年龄、性别、种族、文化、身份、财富以及关系的亲疏远近等方面有所不同而厚此薄彼，给予不同待遇。当然，可以根据不同的交往对象，采取不同的具体方法。

【小故事】

萧伯纳与俄罗斯小姑娘

英国著名戏剧家、诺贝尔文学奖获得者萧伯纳对“平等”二字有很深的体验。一次他访问苏联，漫步在莫斯科街头，遇到一位聪明伶俐的苏联小姑娘，便与她玩了很长时间。分手时，萧伯纳对小姑娘说：“回去告诉你妈妈，今天同你玩的是世界有名的萧伯纳。”小姑娘望了萧伯纳一眼，学着大人的口气说：“回去告诉你妈妈，今天同你玩的是苏联小姑娘安妮娜。”这使萧伯纳大吃一惊，立刻意识到自己太傲慢了。后来，他常回忆起这件事，并感慨万分地说："一个人不论有多大成就，对任何人都应该平等相待。要永远谦虚，这就是苏联小姑娘给我的教训，我一辈子也忘不了她！"

(5) 信用原则。信用原则即讲究信誉的原则，守信是中华民族的传统美德，信守约定也是交往活动中必须严格遵守的一项原则。要遵守信用，做到守时、守约、说话要算数、许诺要兑现，"言必行，行必果"。在交际中只有讲究诚信，才能赢得别人的尊敬。

【小案例】

八万两银子的破箩筐

乔致庸是中国清代著名的晋商。一次，包头东城万利聚商号的吴东家因资金周转不开，向乔致庸借了八万两银子。当时，吴东家承诺：一年后连本带息全部还清。可一年的期限到了，吴东家不仅没还一分钱，借钱的事也闭口不提。更过分的是，他还主动找上门来，可怜巴巴地向乔致庸哭诉："我现在是穷得叮当响，家里仅剩下一只用来卖花生的破箩筐了，哪还得起你那八万两银子呀？"

乔致庸心里明白，吴东家这么做无非是想赖账。可他却安慰道："既然你已到了这步田地，我也不能逼你，就把那只破箩筐拿来抵债吧！"吴东家一听，心里顿时乐开了花，立刻送来了破箩筐。

吴东家走后，伙计急切地问："一个破箩筐怎么能值八万两银子，您这不是白白送他吗？"乔致庸笑了笑说："你照我吩咐的去做，吴东家自会把钱送来。"随后，乔致庸便让伙计把那破箩筐挂在店里最显眼的地方，标价八万两银子出售。人们听说后，都跑来看热闹，自然也就知道了破箩筐的事。后来，很多生意人知道这件事，都不愿意跟吴东家做生意了。这时，吴东家才意识到问题的严重性，只得乖乖地把欠款还清，赎回了那只破箩筐。

【点评】 小胜凭智，大胜靠德，信誉是我们的重要资本。如果失去信誉，也就失去了做人的根本。

(6) 自律原则。自律原则要求个体把学习和运用礼仪当作自己的自觉要求，通过学习，在心目中树立起礼仪信念和行为准则，以此来约束自己在社会交往中的行为，并做到"吾日三省吾身"，不断地用礼仪规范对照检查自己的交际行为，以形成良好的礼仪习惯。只有做到"慎独"，才是一个真正讲礼仪的人。

【小贴士】

社交活动中不要随便发怒

在社交场合中随便发怒，会造成两种不良的后果：一是对发怒的对象不友好，会伤了和气和感情，失去朋友、同事之间的友谊与信任。二是对发怒者不利，一方面对本人的身体产生不良的影响；另一方面对发怒者的形象产生不良的影响，人们会认为他缺乏修养，不宜深交。

在社会生活中，人们适应环境，并求得环境的认可和接受，也是一种本能的表现，在社会交往中主要表现为以良好的心态与朋友、同事友好相处，不发怒或不发脾气，并从多方面克制自己。

三、服务礼仪的含义与特征

在市场经济条件下，商品的竞争就是服务的竞争。在与服务对象打交道的过程中，讲究服务礼仪，遵守服务规范，学会与顾客交往和沟通，能够展现一名服务人员的外在美和内在修养，拉近服务人员与顾客的距离，赢得顾客的满意和对企业的忠诚，提升企业的形象，实现品牌的增值。

【小案例】

服务品质的区别

一个周末的黄昏，一对老年夫妇拎着沉重的行李来到了某酒店的前台，询问是否有空的房间。假设出现以下四种情况：第一位服务员详细检查了房间记录，确定已全部入住后，告诉客人没有房间；第二位服务员说："您把名字告诉我，我看看有没有房间。您没有预订过吗？抱歉，没房间。"第三位服务员说："先生，真抱歉，今天周末没有房间，您如果早点订位就好了，您出去逛一逛、等一等，我看看有没有预订过，又不来的，让您候补。"第四位服务员说："真抱歉，没有房间，今天是周末，如果您早点订就好了。不过，我们附近还有些不错的酒店，要不要我帮您查看有没有房间？"接着，他拿出两张免费的咖啡券，请这对老年夫妇到大堂坐一下，等候查询。在查询到另一家酒店还有空房后，他立刻联系该家酒店，在告知顾客、征得其同意后，请该酒店派车迎接。

【点评】 通过以上的模拟，我们直观地发现，服务拥有品质的区别。正如酒店有星级不同，服务的品质也有等级的差异。显然，高品质的服务会令顾客产生更佳的印象，进而成为酒店的忠实客户，为酒店创造更多的价值。

1. 服务礼仪的含义

服务的产生过程是指将部分家务劳动变为带有交换性质的服务劳动的过程，其目的是解决人们实际生活中的难题。它是伴随人类的需求不断增长而发展起来的。服务礼仪与礼仪有着密切的关系。礼仪是服务礼仪的基础和内容。服务礼仪是礼仪在服务过程中的具体运用，是礼仪的一种特殊形式，是体现服务的具体过程和手段，使无形的服务有形化、规范化、系统化。服务礼仪是指服务人员在自己的工作岗位上向服务对象提供服务时的标准的、正确的做法。

服务礼仪主要以服务人员的仪容规范、仪态规范、服饰规范、语言规范和岗位规范为主要内容。由于服务范围广、服务对象复杂，所以服务人员还要掌握交际礼仪；涉外礼仪；我国部分少数民族及香港、澳门、台湾地区习俗礼仪；我国主要客源国习俗礼仪、宗教礼仪等，这样才能游刃有余地做好服务工作。

2. 服务礼仪的特征

(1) 规范性。服务礼仪是指服务人员在自己的工作岗位上应当严格遵守的行为规范。这种规范，要求服务单位及员工要按照一定的礼仪规范做好服务与接待工作，服务过程中的言谈话语、行为举止要合乎礼仪规范。"顾客至上"应该是服务行业各个部门共同的行为准则。

(2) 可操作性。服务礼仪是礼仪在服务过程中的具体应用,具有简便易行、容易操作的特征。它既有总体上的服务礼仪原则、操作规范,又在具体的细节上有一系列的方式、方法。

(3) 灵活性。服务礼仪的规范是具体的,但不是死板的教条,它是灵活的、可变的。服务人员应该在不同的场景下,根据交往对象的不同特点,灵活地处理各种情况。

【小案例】

小 白 鹭

厦门风光秀丽,气候宜人,是现代化国际港口和著名旅游城市,每年均会接待众多来自世界各地的游客。作为厦门的交通枢纽——火车站,每天都承载着繁重的运营任务。来这里坐过火车的乘客都会对火车站志愿服务队记忆深刻,他们有一个美丽又具有代表性的名字——小白鹭。身着铁路部门工作制服的"小白鹭"在火车站四处巡视,看见需要帮助的乘客会立刻上前询问,提供热心的帮助。

阳光明媚的一天,一位坐着轮椅的老人吃力地滚动车轮在候车大厅行进,一名"小白鹭"看见了,立刻来到老人身边:"老人家,您好! 我是火车站的志愿服务者,我能帮您吗?"老人家抬起手指向洗手间方向:"我想到洗手间找我女儿。""小白鹭"立刻说:"那我带您去好吗?"老人家欣喜地点点头。她们在洗手间门前等到了老人的女儿,两人一起向"小白鹭"致谢。这时,"小白鹭"又问:"两位是要乘坐火车吗?""对! 我们要回昆明,正准备去排队候车,过一会儿就检票了。"女儿回答道。"小白鹭"说:"两位这样的情况,会很难上下电梯,我联系一下值班员,先提前送两位进站台。麻烦您把车次告诉我。"老人的女儿惊喜地说:"太感谢了! 我们从来没有遇到这么好的事! 上次搭火车,进站还真是费了好大力气。"接着,"小白鹭"联系好值班员,检票后,两人一起将母女俩从绿色通道送进了站台,并安全地把她们送到了火车厢里。看着汗流浃背的"小白鹭"们,母女两人不停地道谢,她们还说:"以前都说'铁老大',现在铁路工作人员态度好,有礼貌,服务更贴心呀,真让我们感动!"①

四、服务礼仪的功能

作为礼仪的一个重要组成部分,服务礼仪对于服务人员服务质量的提高和完善、对于企业的生存和发展具有积极的促进作用。

1. 快速提升企业的竞争力

随着市场竞争的日益激烈,企业之间的竞争越发表现出服务水平的竞争。市场中各个企业服务的竞争不仅仅是某种服务项目的较量,更重要的是这种服务要通过每一位员工和每一个细节体现出来。消费者在购买商品时,不但希望买到质优的有形产品,而且希望获得满意的无形服务,从而使企业之间的技术竞争、价格竞争空间越来越小,使服务竞争显现出魅力。服务礼仪不仅能够给服务人员在服务过程中以行为指导,从而使服务交往变得容易进行,而且能帮助服务人员养成良好的服务意识。具有良好服务意识的服务人员,能够

① 伍新蕾. 服务礼仪与形体训练[M]. 大连:东北财经大学出版社,2016:22.

长期赢得服务对象的认可，从而可以有效地提升本企业的竞争能力。

2. 有效地塑造并维护企业的整体形象

良好的企业形象是吸引消费者、扩大企业市场份额的有效保证。塑造并维护企业的整体形象，更好、更充分地展示企业的风貌和实力是得到顾客信任和美誉，提升顾客忠诚度的重要方法。良好的服务礼仪是一个企业树立良好的企业形象的有效手段。人们对一个企业的认识，首先是从该企业为服务对象提供的服务开始的。因此，服务礼仪可以塑造一个人、完善一个企业、体现一个地区乃至反映一个国家的整体形象。

3. 提高服务人员的个人素质及服务质量

服务礼仪作为行为规范，为服务人员在服务过程中使自身的行为符合服务对象的要求提供了依据，也有助于服务人员个人素质的提高。服务质量，通常泛指服务人员的服务工作的好坏与服务水平的高低。服务质量主要由服务态度与服务技能两大要素构成。在一般情况下，消费者对服务态度的重视程度，往往会高于对于服务技能的重视程度。服务礼仪有助于提高服务人员的服务意识、服务质量，它不仅使服务交往变得顺利，让服务对象感觉轻松和愉快，还能使服务人员通过良好的服务意识对服务对象的需求做出适时的反应，从而让服务对象满意。

【小案例】

谅解的力量

有一家理发店招收了一个新的洗发工，他每次为客人洗头发都忘记在毛巾与衣服之间放一层隔离防水布。某天，一位小伙子穿了一件崭新的白色衬衣，洗完头发，小伙子赫然发现白色衬衣的后领被染上了斑斑驳驳的蓝色，原来毛巾脱色后印染到衣服上了。洗发工忐忑不安，连连道歉，唯恐客人怪罪。老板听闻也立刻过来不停地责备洗发工，又询问客人是否需要把衣服拿去干洗。在大家不停的致歉声中，年轻人只说："没事儿，旧的不去，新的不来。老板你也不要为难他了，刚开始上班难免会忘记步骤。"老板觉得实在过意不去，就赠送了打折卡给客人，以表歉意。自此，这位洗头工再也没有忘记过洗发的任何护理步骤，后来还成为一名出色的理发师。

4. 为企业创造经济效益和社会效益

随着我国经济的迅猛发展，服务业的地位显得越来越重要。企业之间的竞争再也不是有形产品之间的竞争，更多的是无形服务的竞争，企业已经意识到良好的服务可以给企业带来可观的经济效益。与此同时，服务礼仪的意义绝不仅限于经济层面，它已渗透到社会生活的各个层面，社会文明的发展和民主的进步，呼唤着服务礼仪的完善。服务礼仪可以给企业带来更多的社会效益，它使世界更美好，社会更和谐。

【小案例】

海尔服务的精髓

海尔的服务创新的确让人眼花缭乱，在许多企业仍在追赶它缔造了市场奇迹的星级服务时，当不少企业自以为达到了星级服务而松一口气时，海尔的服务创新却又以一个加速度开始了新的领跑：海尔最近首推的“神秘顾客”走进用户的家庭，为自己的服务“找茬”，它刚刚推出的社区服务站已开始接受附近居民的委托，为居民照顾放学后暂时无人照管的孩子。为自己的服务找茬是一种难得的自省，而非亲非故的人竟然要找一个服务点“暂存孩子”，则体现了他们对海尔的“亲情寄托”，它的背后，是海尔人20年持之以恒的人性化服务赢得的用户的心。

综观海尔20年的服务发展史，对内有两个字可以概括，那就是“找茬”，海尔人不停地为自己的服务“找茬”，正是其服务创新的原动力；对外用两个字概括，则是“找乐”，为用户找回购物后的舒心和踏实，这种舒心和踏实直到今天也仍然属于比较稀缺的信誉资源。现在看来，“找茬”也好、“找乐”也罢，都源自“真诚到永远”的那份真诚。海尔20年来在家电领域不断开疆拓土，“卖产品”的成功背后是它无时无刻地在“买”，用自己的真诚“买回越来越多的用户”。如果从这个角度看，那么海尔的服务就不仅仅体现在更多人都能充分感知的售后。

海尔服务的规定之细甚至达到了怎么敲用户的门，管理之细从服务规范、服务礼仪、服务用语、岗位衔接、互动制约、动态考核、政策激励、等级排序、星级升降都一一规范清楚并严格执行。它的背后则是一套庞大而高效的信息化组织保障，有管理学家称为“闭环式服务体系”。其内容体现在以下4个比喻。

(1) 服务是海尔的产品质量监测器。海尔每台产品的重要零部件上都有各自身份证一样不同的喷码，服务中一旦发现质量问题立刻可以“一追到底”，详细的售后征求意见能及时把用户对质量的投诉传递到设计、生产环节……

(2) 服务是海尔的市场需求感应器。在海尔科研部门的墙上始终贴着这样一句话：“用户的难题就是海尔的课题。”这实际上是海尔研发一直在贯彻“从群众中来，到群众中去”的写照。而“从群众中来”靠的正是海尔庞大的市场服务体系，是其服务介入产前环节的秘籍。在海尔服务人员的眼里，顾客抱怨的背后是需求，通过信息化筛选出的数据足可以物化出最受欢迎的产品。

(3) 服务是海尔的人际情感交换器。再回到开头的那个“替居民看孩子”的故事，海尔的服务站不会势力到只为用户看孩子，因为只要创造了感动，今天的求助者就会变成明天的潜在用户。海尔服务最基层创新的小智慧其实也藏着朴素的大道理。

(4) 服务是海尔的品牌传播助推器。通过优秀的服务，卖一件产品可以感动一家人甚至足可以形成邻里间的民间舆论场，持续提升服务水平其实正是努力做大做强舆论引导力，品牌会因此而声名远扬，并逐渐赋有传奇色彩，客户口中的传奇故事又为公司设立了新的服务标准，用不断创新的服务创造顾客忠诚度，最终将获得令人望尘莫及的竞争优势[①]。

【小训练】

将学生分成若干个小组，走上街头观察并收集服务礼仪在生活中应用的小案例。

---

① 朱德泉. 海尔服务的精髓[EB/OL]. [2005-03-10]. http://www.p5w.net/news/cjxw/200503/t112784.htm.

五、服务礼仪的要求

1. 讲"五快"

服务人员在服务中要尽量做到"五快",这是服务礼仪的基本要求之一。

(1) 眼快。眼快主要是要求服务人员看清楚服务对象的态度、表情和反应。服务对象的好恶和即时需求,往往会通过一定表征显露出来,服务人员如能及时捕捉并正确反应,就能让服务达到事半功倍的效果。眼快一方面要求服务人员要精神集中、注意观察,不能心不在焉、目光呆滞;另一方面要求服务人员要力争眼顾全局,不能只凝视一处。只有一位服务对象时,要尽量抓住每一个细节;有一群服务对象时,既要抓住主要宾客,也要兼顾其他客人。

(2) 耳快。耳快主要是要求服务人员听清楚服务对象的意见、反映和谈论。耳快要求服务人员能快速区分"该听"与"不该听"的内容,服务对象谈论与本次服务或本组织有关的内容时要仔细聆听,必要时服务人员可以用复述的形式来表示自己听清楚了,对于重要的意见和反映,应做书面记录、留取客户电话,并告知反馈时间。服务对象之间谈论私事及其周边的趣闻时不要旁听,更不要插嘴。耳快,清楚是前提,它要求"正确"和"全部"。听到的内容一定要保证正确,否则由错误的理解而产生的服务行为,当然也是不正确的。服务对象的话语一定要听完整,不能仅听只言片语或断章取义。如果服务对象采用的是较重的方言,可以要求他慢慢地、逐字地重述一遍,或请同来的客人帮忙,或用书写进行沟通。

(3) 脑快。脑快主要是要求服务人员对于耳闻目睹的事情做出准确而及时的判断,并且迅速做出必要的反应。脑快要勤思考。未经思考地看或听只会是"视而不见""充耳不闻"。对有的服务人员来说无用的东西,善于思考的服务人员那里往往却会成为信息。脑快要多积累经验。判断的准确性取决于丰富的经验,因此服务人员要在工作中,多看、多听、多学习、多积累经验,为服务工作中及时、准确地判断打下良好的基础。

(4) 手快。手快主要是要求服务人员在有必要以手为服务对象拿取、递送物品,或以手为其提供其他服务、帮助时,又快又稳。手快要注意技巧。服务的方式、顺序、手势等都有具体的要求,服务人员要多观察、多请教、多学习,才能符合规范的要求。手快要勤练习。熟能生巧,多花时间,基本功扎实了,动作自然就又快又稳。以物为媒介时,服务人员可以在家用相似的东西进行练习,也可以在工作场所没有客人时进行练习;以人为对象时,服务人员可以两人或几人一组相互练习。

(5) 脚快。脚快主要是要求服务人员腿脚利索,办事效果高,行为速度快。既显得自己训练有素,又不会耽误服务对象的时间。脚快要求服务人员态度积极,要把服务对象的事情当自己的事情去做,把时间看成生命,不能慢条斯理、拖拖拉拉、敷衍了事。脚快还要求服务人员熟悉工作程序和协作部门。欲速则不达,如果不熟悉工作程序,往往只会忙中出错,反而耽误时间。所以在服务工作开始前,就应详细了解整个程序,并积极和协作部门沟通,取得他们的支持。

2. 无差错

完成本行业(或本单位)所规定的服务项目,向顾客提供无差错的服务是形象塑造的基本要求。客观地说,服务人员在工作中出点差错是难免的,但是,这点差错哪怕只占服务工作的1%,对于顾客来说,也不能算是100%的优质服务。要创优质服务,服务者就必须认真对待服务工作的每个环节,在服务中不出差错。当然,金无足赤,人无完人。当服务工作中一旦出差错时,服务者的态度就成了决定服务优劣的关键。对能够知错改错的态度,顾客通常是能够谅解和接受的。

优质服务最忌讳的就是不正视和纠正服务中的差错。例如,杭州太子楼酒家的一名服务员曾为了证明顾客投诉的包子是干净的,便当众吃下了带鸡毛的包子。此事在全国引发了一场讨论。事实上,该服务员要维护企业声誉的出发点是好的,但其最大的失误就在于不能正视企业服务中出现的差错,因为出售了不卫生的包子这是事实,企业的责任是推卸不掉的。不正视错误和承担责任,就不能积极地纠正错误,确保今后的服务质量。因此,创优质服务,塑造形象,除了在服务方面力争不出差错外,要紧的就是有一个知错就改的态度。

3. 热情高

【小故事】

郑板桥留下墨宝

清朝著名画家郑板桥一天到一座寺院游玩,管接待的和尚看来客是个其貌不扬的老头,就随便说了一句"坐",又对司茶叫了一声"茶",就了事了。当郑板桥仔细欣赏几方碑刻时,和尚估计这个老头准是个读书人,于是就改口对郑板桥说"请坐",回头对司茶说"泡茶"。后来,寺里来了一伙达官贵人,其中有人认识郑板桥,尊敬地喊"郑先生"时,和尚这才知道这个老头就是大名鼎鼎的郑板桥,马上跑上前去,打躬作揖,口里说"请上座,请上座"。回头又大声对司茶喊"泡好茶"。当郑板桥要走时,和尚拿出纸笔,请郑板桥留下墨宝。郑板桥挥笔写下"坐,请坐,请上座;茶,泡茶,泡好茶"。活灵活现地勾画出这个和尚对"卑贱者"鄙视、对"高贵者"讨好的嘴脸。

【点评】 在服务中,应热情友好、办事热心,急顾客之所急,想顾客之所想,对每一位顾客和每一笔生意都表现出极大的热忱,一视同仁,绝不能像那位和尚一样将人分为三六九等。

就服务而言,热情包括情感上的热烈,如用微笑表达欢迎顾客的愿望等;也包括行为上的主动,如乘务员遇到行动不便的旅客上下车时主动搀扶一把等。前者毋庸赘言,后者则应提醒服务者重视。比如,宾馆服务台的工作人员告知一位老者要找的人住在6楼,看着老人吃力地走上了楼梯。事后有人问服务员为什么不告诉老人在拐弯处可乘电梯上楼,服务员一脸疑惑地答:"他又没有问我电梯的事。"像这种等着顾客张嘴要的服务,绝不能当作热情。

4. 善突破

善突破是指突破规定的服务项目,作为服务,不一定是写在服务公约上的,而是由顾客随时产生的需求决定的。有位先生曾光顾美国著名的花旗银行,向一个营业窗口的职员提出将一张旧的百元钞票换成一张崭新的,像这种不在服务公约之内的服务项目,即使拒绝提供也无可非议。但是,那位接待他的职员欣然接受了他的需求,并接连打了好几个电话,才在其他营业窗口内找到了一张同面值的新钞。最后，一个小纸盒被递到这位先生面前，里面除了一张钞票外，还附了张字条，上面写着："谢谢您想到了我们。"这种把本是额外的服务也当作分内的并尽心尽力做好的服务，就是优质的服务。

5. 技艺好

服务的特点之一是具有颇高的手工技艺性。以烹饪业来说，绵延上千年的中国烹饪，为中华子孙留下了丰富的饮食文化。中国的八大菜系技艺超群，各领千秋，闻名遐迩，久盛不衰，使中国烹饪技艺居世界之巅。技艺是服务的技术基础。不只烹饪业具有颇高的手工技艺性，商店售货也有很高的技艺性，当好一个营业员，为顾客提供优质服务，也并非轻而易举，而是需要掌握一定的技巧，凭借热情是不能搞好服务的。

北京百货大楼模范售货员杜学昌以全国劳动模范著名售货员张秉贵为榜样，刻苦钻研，顾客走近柜台，不用询问，杜师傅凭经验就能准确判断出适合这位顾客穿着的服装型号和款式。如果顾客为别人代购，只需说出身高、体重、脸形、年龄、职业等特征，他就能为顾客选出合适的服装，使顾客高兴而来、满意而归。杜师傅正是凭着这种娴熟的技艺，塑造了良好的服务形象。

6. 举止雅

行为美是服务美的表现形式之一，是由服务者的形象美、举止美构成的。抽象的服务美通过服务者的形象美、举止美而具体地表现出来。微笑服务就是行为美的具体内容之一。一个面带微笑"发自内心不是勉强装出"的服务人员，会使顾客产生亲切感和信赖感。一个面容冷淡的服务人员则会使顾客望而生畏、避而远之。外国一些服务行业把"微笑"作为工作的座右铭，他们认为"微笑是打动人的心弦的最美好的语言""微笑是通往世界的护照""笑脸相迎使你的工作生辉"。在旅店业最萧条的时候，希尔顿酒店号召全体职员把微笑献给顾客，把周到的服务洒向顾客，微笑使希尔顿酒店走出困境。在顺利时期，希尔顿酒店又对员工说，第一流服务员的微笑比第一流设备重要，微笑好比花园里春天的风和阳光，微笑使希尔顿酒店长盛不衰。

高雅、得体、大方，衣冠整洁，精神焕发，就能给顾客以美好的印象，体现出一种礼貌，体现出高度的文明美；反之，不修边幅，没精打采，就会显得对顾客不礼貌、不尊重，既没有美好的个人形象，也无法创造出美好的服务形象。

7. 语言美

语言是人们交流思想感情的工具。服务者与服务对象之间的思想感情交流主要通过语言来进行。服务者的语言美，可以立即吸引顾客，缩短两者的距离，给人以美好的印象。服务者的语言不美，就会增加两者的矛盾，给人留下不良的印象。

服务人员说话和气、善言待客，是塑造服务形象的基本要求，常言说得好："善言待客三九暖，恶语伤人六月寒。"对此，北京某菜市场的营业员小唐有着深刻的体会。一次，一位顾客买了一只肥母鸡。小唐热情地问："您要装进口袋吗！"这位顾客一听，很不高兴地说："什么，把我装进口袋？你说话可得注意点，多不文明。"说得小唐很难受，但她并不生气，仔细一琢磨，发现自己的话的确有毛病。她认识到，仅仅对顾客热心还不够，必须注意语法修辞，研究客户心理，把话说得恰当、科学。比如，以前她卖母鸡时问：“您是买肥的还是买瘦的?”后来他变成：“您喜欢油多的还是肉多的?”这种问法满足了不同顾客的心理，顾客满意了，买卖做活了。

总之，服务中的语言包括招呼顾客礼貌用语和介绍的业务用语等方面，服务人员要有丰富的商品知识和对顾客认真负责的求实精神，只有这样才能真正做到语言美。

8. 全方位

向顾客提供周到的、全方位的服务是搞好服务的重要方面。企业应该将服务视为义务，随时为顾客排忧解难、提供方便，使顾客得到尽可能周到的服务，甚至顾客没有想到的，也要替他们想到。

【小案例】

良好服务形象的最动人之处

广州中国大酒店曾接待一个由145人组成的会议团体。一天，这批客人去郊区参观，突遇大雨。酒店客户部得知他们傍晚返回后，紧接着要参加另一个活动。考虑到客人穿脏鞋参加这种活动很不协调，酒店的员工就为他们准备好了145个标有房间号的塑料袋和145双干净的鞋在门口迎候。客人一下车，员工们就递上干净的鞋，并将又湿又脏的鞋对号装入袋中，而当客人结束晚上的活动返回房间时，他们的那些脏鞋已一尘不染、整齐地摆在了面前。这种处处替顾客着想且无论是分内分外、是否有报酬，只要顾客需要就尽可能提供的服务，就是优质服务，就是良好服务形象的最动人之处。

9. 多训练

现在很多企业在训练方面总是纯技术的，而忽视服务方面的训练。其实这种服务训练需要落到实处，需要做得很细才行，否则服务形象很难真正树立起来。

比如，酒店拉门看起来很简单，但照顾得客人很舒服就不是那么简单，拉门的强度、角度、速度，怎么点头，怎么微笑都要练。平安保险总部的工作人员说，他们导入国外的做法，寿险推销员必须练鞠躬三千次，这三千次练下来后，肯定和一般人不一样。日本有一位著名的寿险推销人，在挨家挨户敲门时发现，首先进入对方视线的是脸部的面容，它比说话重要。所以他就琢磨怎么笑得最好，他后来发现婴儿的笑最好看，所以他就观察、练习婴儿般的纯真笑脸。后来人们一打开门，看见这张笑脸就不会讨厌他，这时他就有说话的机会了。

再如家电行业现在竞争很激烈，一个商场同时摆很多种品牌的冰箱，这种情况并不少见。消费者最终会买谁的？冰箱本身都差不多，能否销售出去完全取决于终端的竞争力，如这个终端导购员怎么说话，怎么微笑，而这些都要训练。这种训练要在实践中进行，并不断总结提高。

六、服务礼仪的修养

服务行业是观察社会风气的一个重要窗口。作为“窗口行业”，服务行业与社会接触面最广，与人们的生活息息相关。服务质量的优劣，直接体现服务人员的文明程度和文化素养，体现着企业的服务质量和管理水平，从某种意义来讲，也体现着一个国家和人民的精神面貌和道德水准。从根本上提升服务品质、打造企业核心竞争优势、增强服务意识、提升服务素养是服务礼仪对现代企业及员工所提出的基本要求。

1. 强化职业道德

每一种职业都有其特殊性，都有该职业从业者所必须了解、掌握并身体力行的各种行为规范。所谓职业道德，就是指各类服务人员在从事职业活动中所必须遵守的各种行为规范的总和。

职业道德与社会公德息息相关，从某种意义上说，职业道德属于社会公德的有机组成部分，两者在内容上有许多相同之处。在各种职业道德中都包含着社会公德的因素。如热情周到、以礼相待、诚实待人等，既是职业道德的要求，也是社会公德的内容。

职业道德是人们在长期的职业活动中逐渐总结积累起来的，它对于协调社会组织与职员之间的关系，约束和规范职业工作者的思想观念和行为，乃至调整职业之间的关系，都起着重要作用。它也是提高社会文明程度的一个重要因素。由于社会的不断发展，职业范围的不断扩大，使当今社会各行各业的职业工作者出现了许多背离职业标准的不文明行为。尤其是发展社会主义市场经济，市场竞争日趋激烈，人们的价值观念发生了很大变化，在名誉、金钱和物欲的面前，许多人的道德天平出现了倾斜，一方面亵渎了职业的尊严和荣誉；另一方面又丧失了自身的人格，而且污染了社会风气。

职业道德的内容因职业不同而有所差异，但其内容是相似的。无论从事何种职业，都必须忠于职守、爱岗敬业、热情服务、诚实待人、讲求信誉、尊重人权、无私奉献、不谋私利、作风端正、态度和蔼、廉洁奉公、遵纪守法、文明礼貌、互敬互助、谦虚谨慎、仪容整洁等。目前我国各行各业都制定了相应的职业道德规范，比如，教师职业道德规范、全国职工守则、医生职业道德规范、公务员职业道德规范、科技工作者职业道德规范、商业工作者职业道德规范、新闻工作者职业道德规范、服务行业职业道德规范、外事工作者职业道德规范、大学生和中学生及小学生守则、城市市民守则等。不难看出，讲究礼仪是职业道德的基本要求。只有掌握一定的礼仪规范，才能提高职业道德修养。

职业道德既是服务礼仪的主要理论基石之一，也是对现代企业员工的基本要求。服务行业的职业道德是指服务人员在服务过程中，接待自己的服务对象，处理自己与服务对象、与所在单位和国家之间的相互关系时所应当遵守的职业行为准则。它本身受到个人素质与自我良心的制约。

服务行业的职业道德的核心思想，是要为社会服务，为人民服务，对服务对象负责，让对方对我方的服务质量诚心满意，并且通过全体服务人员的一言一行，传达出本单位对服务对象的体贴、关心与敬意，反映出本单位积极进取、报效国家与社会的精神风貌。

良好的服务礼仪能体现人的高尚的道德修养，获得人们的尊敬和好感，实际上，也只有优良道德修养的人，才会有得体的服务礼仪形式和可人的仪表风度。

【小案例】

全国劳动模范张秉贵

北京百货大楼的张秉贵在生前50年的柜台生涯中，练就了“一口清”“一抓准”的娴熟技艺，博得了广大顾客的称赞。一位年逾古稀的老人送来一张诗笺，上面用毛笔恭敬地写着赞美的诗句："首都春浓任春游，柜台送暖遍神州，燕京八景添一景，秉贵技艺领风流。"张秉贵的"一团火"精神和超群技艺如同一团圣火，越烧越旺。

张秉贵1955年11月到百货大楼站柜台，三十多年的时间接待顾客400万人，没有跟顾客红过一次脸，吵过一次嘴，没有怠慢过任何一个人。他把为人民服务的信念与本职工作密切联系起来，他认为："站柜台不单是经济工作，也是政治工作；不仅是买与卖的关系，还是相互服务的关系。""一个营业员服务态度不好，外地人会说你那个城市服务态度不好，外国人会说我国的文明程度不高。我们其实是工作平凡，岗位光荣，责任重大！"

从为国家争光、为人民服务的政治信念出发，他练就了"一抓准"和"一口清"的过硬本领，通过眼神、语言、动作、表情、步伐、姿态等调动各个器官的功能，几乎成了那个时代商业领域的服务规范，商业服务业的简单操作，被他升华为艺术境界。

在北京，传统的"燕京八景"名扬天下，而张秉贵售货艺术被人们誉为"第九景"。张秉贵不仅技术过硬，而且注重仪表，天天服装整洁，容光焕发。他坚持每周理发，每天刮胡子、换衬衣、擦皮鞋。

张秉贵一进柜台，就像战士进入阵地。普通售货员一般早晨精神饱满，服务态度较好；下午人疲倦了，不太爱说话了，也懒得动弹，对顾客就容易冷漠。张秉贵却不然，从清晨开门接待每一个顾客，到晚上送走最后一个顾客，自始至终都能春风满面，笑容可掬。他到了退休年龄，体力明显不济，一上柜台还是表现得生龙活虎。到了下班后，他却往往步履蹒跚。同志们说他是"上班三步并作一步走，下班一步变为三步迈"。

看张秉贵工作，也成了许多人的享受。有一位拄着拐杖的老人，经常来欣赏他卖货。这位老人对他说："我是因病休息的人，每天来看看您站柜台的精神劲儿，我的病也仿佛好了许多。"一位音乐家看他售货后说："你的动作优美，富有节奏感，如果配上音乐，是非常动人的旋律。"

由此可见，职业道德与礼仪是相辅相成的，讲究礼仪是高尚职业道德的体现，服务礼仪不是做作的、僵硬的模式，它的原动力来自高尚的职业道德。

2. 加强礼仪修养

礼仪的修养，不仅指对礼仪的不断学习及提升过程，还包括将所习之礼培养成一种习性或者说是品性的过程，非一朝一夕可就。一般来说，应着重于知、情、意、行的统一，注重运用以下方法。

(1) 提高认识，高度重视礼仪。正确的认识是形成良好礼仪行为的先导。礼仪修养不仅是个人自尊自律的基本要求，影响个人的事业发展及自我实现，而且关系到受教育者的健康成长，关系到国家民族的文明程度。因此，要在思想认识上高度重视，把学习礼仪变成一种经常自觉的行为，内化成一种习惯，并渗透到学习、工作、生活的方方面面，最终成为自然流露，体现出一种良好的个人修养。

【小故事】

诺贝尔奖获得者的回答

1978年，75位诺贝尔奖获得者在巴黎聚会。人们对于诺贝尔奖获得者非常崇敬，有一名记者问其中一位:“在您的一生里,您认为最重要的东西是在哪所大学、哪所实验室里学到的呢?”

这位白发苍苍的诺贝尔奖获得者平静地回答:“是在幼儿园。”记者感到非常惊奇,又问道:“为什么是在幼儿园呢?您认为您在幼儿园里学到了什么呢?”

这位诺贝尔奖获得者微笑着回答:“在幼儿园里,我学会了很多。比如,把自己的东西分一半给小伙伴们,不是自己的东西不要拿,东西要放整齐,饭前要洗手,午饭后要休息,做了错事要表示歉意,学习要多思考,要仔细观察大自然。我认为,我学到的全部东西就是这些。”所有在场的人对这位诺贝尔奖获得者的回答报以热烈的掌声。事实上,大多数科学家认为,他们终生所学到的最主要的东西,就是幼儿园老师教给他们的礼仪规范。

【点评】 礼仪对一个人的成长多么重要!对每个人来说,礼仪都将伴随终生。

(2) 努力学习,加强知识积累。交际礼仪的内涵丰富而深刻,和许多学科都有着密切的联系,一个人只有拥有广博的文化知识,才能深刻地理解交际礼仪的原则和规范。例如,学习民俗学可以更好地了解一个民族的文化传统、风土人情;学习美学可以更好地懂得什么是美,什么是丑,怎样才能做到内在美与外在美的和谐统一;学习心理学可以更好地理解和尊重他人的人格和情感,提高自我控制能力;学习公共关系学可以懂得协调沟通、塑造组织形象和个人形象的方法等。显然,注重文化知识的学习,对交际礼仪的修养来说是不可或缺的。

【小案例】

一次成功的销售

一天,一位日本中年游客在下榻宾馆的商场选购货品。她来到销售文房四宝的柜台,服务员小刘立刻上前用日语询问她有何需求。这位游客说:“我想买两方砚台送给我热爱书法的丈夫。”于是,他们来到销售砚台的柜台前,该游客指着两方刻有荷花的砚台对小刘说:“两方砚台大小正合适,可惜的是造型……”客人的话立刻使小刘想到,在日本,荷花是用来祭奠死者的不吉之物,看来只有向她推荐其他造型的砚台。于是小刘说:“书画用砚台与鉴赏用砚台是不一样的,对石质和砚堂都十分讲究,一般以实用为主,您看,这方鱼子纹歙砚,造型朴实自然,保持着砚石自身所固有的特征,石质又极为细腻,比荷花砚更好,而且砚堂平阔、没有雕饰,用这样的砚台书写研墨一定很得心应手,使用自如。”接着将清水滴在三方砚台上,请客人自己亲自体验这三方砚石在手感上的差异。最后,客人满意地买下了这方鱼子纹歙砚,之后又买了三方砚台带给他的亲人和朋友,并连声向小刘道谢,还拉着小刘的手说:“你将永久留在我的记忆中。”

【点评】 服务员小刘靠着良好的知识素养,赢得了客人的信赖和支持。

(3) 陶冶情感,时刻尊重他人。在礼仪教育过程中,情感是由知到行的一个桥梁。陶冶情感就是要使受教育者产生一种尊重他人的真挚感情,能够时时处处替他人着想,对他人始终抱有一种热情友好的态度。我们大约都有这样的体验:在交际活动中,如果遇到一个对人热情诚恳的人,那么很快就能与其建立一种良好的关系;相反,如果碰到的是一个冷漠无情或虚情假意的人,则难以营造融洽交流的气氛。通常,一个人可以很快就了解一些礼仪方面的知识，但若缺少对人的情感，那么他就无法把这些礼仪形式完美地表现出来，这些形式也就成了没有灵魂的、僵死的躯壳。因此可以看出，情感比认识具有更大的保守性，改变情感比改变认识要困难得多，陶冶情感是礼仪教育中更为艰巨的一项任务。

【小案例】

花3分钟感谢

一家大公司的公关部招聘一位职员，许多人参与了角逐。公司的面试和笔试十分烦琐，一轮轮淘汰下来，最后只剩下5个人。这5个人都很优秀，都有较好的外表条件和学识，都毕业于名牌大学。公司通知这5个人，最后要由经理层会议讨论通过才能决定聘用谁。于是5个人安心地回家，等待公司最后的决定。

几天后，其中一个人的电子信箱里收到一封公司人事部发来的信，内容是："经过公司研究决定，你落聘了，但是我们欣赏你的学识、气质，因为名额所限，实是割爱之举。公司以后若有招聘名额，必会优先通知你。你所提交的材料录入计算机存档后，不日将邮寄返还于你。另外，为感谢你对本公司的信任，还随信寄来本公司产品的优惠券一份。祝你开心！"

她在收到电子邮件的一刻知道自己落聘了，十分伤心，但又为外资公司的诚意所感动。两天后，她收到了寄给她的材料和一份优惠券，另加一个电子信件中没有提及的带有公司标志的小饰物。她十分感动，顺手花了3分钟时间用电子邮件给那家公司发了一封简短的感谢信。

但两个星期后，她接到了那家大公司的电话，说经过经理层会议讨论，她已被正式录用为该公司职员。后来，她才明白这是公司的最后一道考题。公司给其他四个人也发了同样的电子信件，也送了优惠券和小饰物。但是回信感谢的人只有她一个。她能胜出，只不过因为多花了3分钟时间去感谢。

【点评】 发自内心地尊重他人，关心他人，充分做到以人为本，是每个人做人的根本。

（4）磨炼意志，养成礼仪习惯。要使礼仪规范变成自觉的行为，没有坚韧不拔的意志是办不到的。意志坚强的人，能有效地控制自己的言行，特别是在不顺利的情况下，也能不畏困难，始终如一地按照自己的信念待人处世。不该以"习惯成自然"为由，姑息迁就那些不合礼仪的坏习惯，而应把对礼仪原则和规范的遵从变成一种习惯性的行为，从大处着眼，小处着手，寓礼仪于细微之中，逐渐成习。

【小案例】

对方会看到你打电话时的表情

日本有一个特别有名的销售员，有人结合他的经历写了一本书，介绍这位十分优秀的推销员。这名推销员的优秀之处在哪儿呢？他的工作中又有哪些有趣的故事？

有一天晚上，他回到家后，比较累了，决定先睡一觉。但他设置了一个闹钟，同时告诉他妻子，晚上十点的时候，一定要把他叫起来，因为他跟一个很重要的客户约好在十点半的时候打电话。

到十点的时候，不等妻子催他，他听到闹钟就醒了，然后去洗手间洗漱，接着又是刮胡子，又是穿衬衫、打领带，还穿上了西装和皮鞋。最后他拿了个本子，在电话机旁正襟危坐，一到十点半就准时给对方打电话。

业务倒是谈得很顺利，十几分钟就搞定了。但是他的这番举动让他妻子感到很奇怪：不就是一个电话吗？有必要这么正式吗？大半夜的还要起来精心打扮一通，好像现在不是晚上，而是星期一早上。

你猜他是怎么解释的？他跟他妻子说："如果我很邋遢、很懒散，对方虽然看不到我的样子，但是我的精神面貌不好，而这会通过我的语气传达给对方。经过一番打扮，我看起来正式多了，人也精神多了。虽然看不见对方，我也要尊重对方，我相信，对方一定能感受到！"

【点评】 一个人的成功与伟大，从来都不是无缘无故的。这位推销员哪怕面对一次电话，也千方百计按照礼仪要求去做，践行礼仪的意志、遵从礼仪的行为可见一斑。

在礼仪教育过程中，知、情、意、行是相互联系、相互渗透、相互促进，缺一不可的。没有知，情失去了理性的指导，意和行就会是盲目的；没有情，就难以形成意，知就无法转化为行；没有意，行即缺乏巨大的力量，知和情也就无法落到实处；没有行，知、情、意都没有具体的表现，也就都变成了空谈。因此，在礼仪教育过程中，要坚持晓之以理、动之以情、炼之以意、守之以行。

【小训练】

观看电影《公主日记》《窈窕绅士》，总结主人公从麻雀变凤凰过程中的诸多礼仪元素以及其礼仪修养方法。

第二节 认识形体训练

一、形体训练的概念、特点和内容

形体训练是对学生进行素质教育，培养其综合能力和塑造其优美体态的一门基础课程。通过以人体科学为基础的形体动作训练，可以改善学生形体动作的状态，提高灵活性和协调性，从而达到增强学生形体外在表现力与内在气质的相互融合，提高个人综合素质和综合能力。

1. 形体与形体训练的概念

(1) 形体。形体即人身体的形态。可以给形体下这样一个定义：形体是指人在先天遗传变异和后天获得的基础上所表现出的身体形态上的相对稳定的特征，是包括人的表情、姿态和体型在内的人的外在形象的总和。形体是人体美的一种艺术表现形式，而艺术是指富有创造性的方式、方法。从一定意义上说，先天遗传对形体起着决定性的作用，同时形体与后天生活条件及科学训练也有密切关系。后天科学的形体训练，可以使个人优点得到弘扬，不足得到改善，从而使形体变得更美。

形体由体格、体型和姿态三方面构成。体格指标包括人的高度(如身高、坐高等)、体重、围度(如胸围、腰围、臀围、臂围、腿围、颈围等)、宽度(如肩宽、骨盆宽度等)、长度(如上、下肢长度等)等。其中,身高主要反映骨骼生长发育情况,体重主要反映骨骼、肌肉、脂肪等重量的综合情况,胸围则反映胸廓的大小及胸部肌肉的生长发育状况。因而身高、体重及胸围被列为人体形态变化的三项基本指标。体型是指身体各部分的比例,如上下身长的比例、肩宽与身高的比例、各种围度之间的比例等。形体是否美主要取决于骨骼组成与肌肉的状况,取决于身体各部分发展的均衡与整体的和谐,正如达·芬奇所说:"美感完全建立在各部分之间神圣的比例上。"姿态是指人坐、立、行等各种基本活动的姿势。人体的姿势是通过脊柱弯曲的程度、四肢和手足以及头的部位等来体现的。姿势正确、优美,不仅能衬托、体现人的整体美,还能反映一个人的气质与精神风貌。可以说,它是展示人的内在美的一个窗口。

可见,形体美是一种综合的美,它既包含人体外表形状、轮廓的美,又包含人体在各种活动中表现出来的体态美。所谓形体美,就是健壮的体格、完美的体形、优美的姿态相互融合从而展现出来的和谐的整体美。这种美可以通过形体训练而获得。

(2) 形体训练。形体训练是一个外来语,狭义上认为形体训练是形体美训练;广义上则认为只要是有形体动作的训练就叫作形体训练,这样各式各样的动作都可以称为形体训练,甚至某些服务行业的程式化动作,比如迎宾、礼仪姿势等,也称为形体训练。一般情况下,用形体美训练来定义形体训练,这也符合大多数形体训练者的意愿。形体训练是一项比较优美、高雅的健身项目和艺术项目,它起源于芭蕾、舞蹈、体操等的基本功训练,主要通过舒展优美的舞蹈基础练习(以芭蕾为基础),结合古典舞、民族民间舞蹈进行综合训练,塑造优美的体态,培养高雅的气质,纠正生活中不正确的姿态。

所谓形体训练,是以人体科学为基础的形体动作训练,是以改变练习者形体动作的原始状态、增强可塑性为目的的形体素质的基本训练,是以提高练习者形体的灵活性和艺术表现力为目的的形体技巧训练。它既注重外在美的训练,又注重内在美的情操培养。形体训练是一个有目的、有计划、有组织的教育过程,练习者在旋律优美的乐曲伴奏下,进行经常性形体艺术训练会使身心得到全面发展,不仅能获得健康美,还能获得体型美、姿态美和气质美,使形体更富有艺术魅力。

2. 形体训练的特点

形体训练是以人体形态科学为基础,以美的标准进行的一项运动,所以形体训练有其区别于其他体育运动的不同特点。

(1) 目的性。形体训练的根本目的是培养良好的身体形态。它是以培养良好形态的身体练习为主要特征的科学。形体训练的内容多为周期性的静力性活动和控制能力的练习,而非剧烈的体育运动,形体训练侧重严格规范的形体控制练习,并符合人体运动的自然规律,是一种以徒手练习为基础的运动形式。

(2) 艺术性。形体训练具有强烈的艺术性。形体训练是一种具有美的性质的运动,所以其对美的感受较其他体育运动要强得多,可以说是一种具有艺术特征的身体运动。形体训练常以其丰富多彩的练习内容及形体美的表达形式、舒展优美的姿态、矫健匀称的体型、集体练习中巧妙变换的队形等方式展示强烈的美感。在形体训练中常加入音乐,将整个形体训练生动地组合起来，还可根据不同风格的乐曲，选择创造出不同风格、形式的形体训练动作，使整个形体训练变得生动、优美。而且在形体训练中，还提高了形体训练者的音乐素养，培养其良好的气质和修养。值得强调的是，形体素质训练中多采用旋律优美的钢琴曲伴奏，而钢琴的表现力是所有乐器中最为突出的，钢琴是感受音乐美感的首选乐器，也是最好的乐器，所以形体训练对于训练音乐素养起了很大的作用。

(3) 多样性。形体训练的方法、形式、项目等多种多样，适用于不同水平的练习者。

从形体训练的方法上看，它是在人体解剖学、运动心理学、运动训练学、运动生理学、美学等学科理论指导下进行的。可根据不同年龄和性别、不同的体型和体制、不同的训练目的和各自的水平，选择不同的训练方法。

从形体训练的形式上看，有局部练习，也有全身性的练习；有单人练习，也有双人练习，还有集体练习；有徒手练习，也有器械练习；有站姿练习，也有坐姿练习；有节奏柔和缓慢的练习，也有节奏快、动感强的练习。

从形体训练的项目上看，有健身强体的练习，有健美体形的练习，有训练正确的站、坐、行走姿态的专门练习，有塑造形象的着装、发式、化妆及言谈、举止、礼仪等形体语言练习，有适合胖人减肥的锻炼，有适合瘦人丰腴健美的锻炼等。

(4) 舞蹈性。形体训练是各项以身体表现为主的运动项目的基础训练内容，也是培养现代礼仪的主要手段。芭蕾、体操、艺术体操和舞蹈等运动项目的基础就是形体的训练，而这些项目又促进形体的训练，两者相辅相成，对提升个人形体美，培养个人艺术素养有着重要的作用。

3. 形体训练的内容

形体训练包括形体素质训练、身体基本形态训练和形体综合训练。

(1) 形体素质训练。形体素质训练具有高密度、低强度的特点，主要是训练形体的控制力和表现力，它包括身体力量、柔韧性、协调性、耐力和灵活性的训练。

身体素质训练的内容较多，但其中力量、柔韧性、协调性和灵活性是形体基本素质训练中最主要的内容，它们的好坏影响着身体形态的控制力和表现力的提高。因此，在形体艺术训练中，每个动作都和增强形体专项素质的能力有密切的关系，练习者尤其需要加强基本体质的训练，以利于良好身体形态的形成，从而达到形体训练的目的。

(2) 身体基本形态训练。身体基本形态训练主要是指练习者在音乐伴奏下进行大量的徒手练习、地面练习和把杆练习，其目的是培养练习者的正确体态和完成动作的协调性、准确性，进一步改善身体形态的原始状态，逐步形成正确的站姿、坐姿、走姿及优雅的举止，提高形体动作的灵活性和表达能力。

(3) 形体综合训练。形体综合训练主要是指练习者通过有节奏的形体动作作为主要练习手段，一般采用基本舞步、舞蹈组合、韵律操、健美操、体育舞蹈等多种项目进行练习。形体综合训练可提高练习者的有氧代谢能力，促进其身体全面均衡发展，提高节奏感、音乐表现力、形态表达能力，增强练习者的兴趣，陶冶情操，培养高雅的气质和风度，提高练习者对美的感受和欣赏能力，丰富其想象力和创造力，保持健美体形，促进优美体态的形成。

二、形体训练的作用

1. 健身

形体训练是以身体训练为基本手段，均匀和谐地发展人体，增强体质，促进人体形态更加健美的一种体育运动。通过形体训练，诸如健美操锻炼、体态训练、柔韧练习等都能增强运动系统的功能，有益于肌肉、骨骼、关节匀称与和谐地发展，有利于形成正确的体态和健美的形体，还能增强心血管系统及呼吸系统的功能，提高身体素质，实现健身的目的，为良好的形象气质的形成奠定坚实的基础。

形体训练通过基本动作和成套动作练习，对身体各关节、韧带、各重要肌肉群和内脏器官施加合理的运动负荷，对心血管功能、身体柔韧性、协调性、力量、耐力、体重、体质等的改善都有十分显著的作用。例如，采用压、拉肩及下腰等练习来发展柔韧性；采用舞蹈、徒手及成套动作练习来锻炼大脑支配身体部位同步运动，发展身体的协调性；采用健美操中的仰卧起坐、快速高踢腿、跳步等来发展力量和弹跳力素质，提高动作的速度和力度；采用跑跳操等练习提高耐力素质，增强体能。

人的身体是由骨骼、关节和肌肉组成的，骨骼、关节和肌肉的发育正常与否，将直接影响一个人的身体基本素质。经常性的形体训练能使骨密质增厚，骨径变粗，骨周围的血液循环得到改善，肌肉的控制能力增强，关节更加灵活。经常进行形体训练，还将使身体变得强壮有力，改善心肺功能，提高消化系统的功能，增强皮肤的血液循环，促进新陈代谢，从而加强人体的防御能力，真正实现健身的目的。

2. 健美

健美主要是指人体的形体美，即人体外形的匀称、和谐。形体美基本上是由身高、体重和人体各部分的长度、围度及比例所决定的。通过形体锻炼的力量练习，可使身体各部分的肌肉得到协调、匀称的发展，其主要特征是身体部分肌肉特别发达、线条清晰。通过健美操的练习，可使身体各部分脂肪减少，肌肉的协调性和灵活性增强，其主要特征是动作优美动人。进行系统的形体训练还能为良好的站姿、坐姿、走姿的培养打下坚实的基础，而且对于矫正身体的不良姿态，形成优美的体态有着特殊的功效。长期坚持形体锻炼可以使少年儿童形成正确的身体姿态，使青年人动作优美，体态矫健；使中年人延缓身体的衰老，保持良好的体型。

健美的形体是通过运动锻炼出来的。通过科学、系统的形体锻炼，使身体协调发展，塑造理想的形体，可以达到良好的健美效果。

3. 健心

形体训练的健身价值是显而易见的，而它的健心价值对青年人的健康成长更有着不可替代的作用。

(1) 增强乐感。在形体训练的过程中，一般根据不同的训练内容，安排一些节奏舒缓或者节奏鲜明的音乐。形体训练的教学实践也证明：初接触形体训练的学生中，大多数节奏韵律感差，听不出音乐的节奏，对于一拍一动、二拍一动更是摸不着头脑，只有少数学生能合拍有节奏地练习，而通过一段时间的形体训练后，大部分学生都能跟上音乐的节奏，较好地表达音乐的内涵。

(2) 丰富想象力、创造力。想象是在表象重新组合的基础上,反映未直接感受过的事物新形象的过程。其在形体训练中具有一定的随意性,练习者在音乐的伴奏下可以进行各种练习,情绪随意发挥,尽情欢跳。如在韵律操的创编中,不得多次重复某个动作,音乐的选配也与动作的表现力相吻合。此时,可以充分发挥自己的想象力和创造力。

(3) 锻炼顽强的意志。意志是人们自觉地确定目标,并支配行动,克服种种困难而实现目的的心理过程。形体健身的意义及其锻炼身体的价值,是把它作为一项健身、健心的娱乐项目进行身体锻炼,始终保持充沛的精力、愉快的心情来培养良好的身体姿态,促进生理、心理健康发展。对于从未接触过舞蹈、体操的人来说,刚开始训练会遇到许多困难,如动作不协调,柔韧性差,动作无法到位,体力跟不上,姿态差等。可形体训练以其独特的魅力吸引着练习者去克服困难,咬紧牙关,坚持下去。良好的意志品质不是自发产生的,而是在教育和学习中形成的。形体训练要有成效必须有一个量的积累过程,即从量变到质变,那么就需要一定的耐力和顽强的意志。这就是意志的表现,是长期训练的结果。

(4) 培养正确的审美观。形体训练不仅仅是身体素质的训练,也是精神文明教育和审美教育。人体美的表现形式是外在美,但人体美脱离不开内在美。"人的外表和纯洁应是他内心的优美和纯洁的表现。"形体训练,以自己丰富的内容和独特的形式,培养训练者正确的审美意识,陶冶美的情操,形成正确的审美观。由漂亮的木地板、宽敞的落地镜组成的体操房和舞蹈教室,优美、欢快的音乐,丰富多彩的动作,矫健匀称的体型,五颜六色的服装,构成一幅美的图画。在形体练习中,练习者不仅心情愉快、精神上得到了满足,而且可以懂得什么是美的动作、美的仪表、美的心灵,提高对美的感受、鉴赏、表现和创造能力。

总之,形体训练可以陶冶情操、美化心灵,培养热爱生活、乐观积极的品格,激发生活的自信心和进取心,形成豁达、乐观、开朗的良好心境,极大地促进身心健康。

【小贴士】

服务人员仪态要求的重要性

由于服务人员工作的性质主要是面对宾客,因此必须时时刻刻在客户面前表现良好的精神面貌和优雅的气质特征,使客户产生愉悦感、欣赏感和尊重感,这一特殊的服务性质决定了服务人员无论是在工作岗位还是社交场合,仪态美都显得十分重要。仪态属于人的行为美学范畴。它既依赖人的内在气场的支撑,同时又取决于个人是否接受过规范和严格的体态训练。在人际沟通与交往过程中,它用一种无声的体态语言向人们展示出一个人的道德、品质、礼貌修养、人品学识、文化品位等方面的素质和能力。伍新蕾在其编著的《服务礼仪与形体训练》(东北财经大学出版社,2016 年版)一书中对服务人员仪态要求的重要性进行了如下分析。

(1) 良好的仪态是服务人员最基本的形象。服务人员除了外貌与身材的自然美外,还应具有优雅的姿态和形体动作。通过形体训练,可以使服务人员具有良好的身体姿态,培养高雅优美的气质。服务人员的美往往要通过各种动作来表现,服务人员优雅的仪态能给宾客带来心理上的愉悦和美的享受,缩短与宾客之间的距离,同时优雅得体的仪态,不仅会使宾客赏心悦目,而且会令自己神采飞扬,从而在心理上滋生出一种自豪感与满足感。人的自信心一方面来自外界的肯定、赞扬与积极评价,更重要的是来自良好的自我感觉。好的仪态会给自己带来一份好的心情,工作起来自然信心倍增、充满活力。服务人员进行系统的形体训练,对其具备良好的仪态具有非常重要的意义。

(2) 良好的仪态能给宾客留下良好的印象。由于服务行业的特殊性,使员工的一言一行、一举一动都在众人的关注之下,一句话、一个手势或一身着装,都将直接影响其公众形象,进而直接影响到企业的整体形象。宾客可以从仪容仪表来评价一个人的道德修养、文化水平、审美情趣和文明程度。这就要求服务人员在任何场合都能把握好自己,在宾客面前始终保持良好的精神状态,注意养成谦恭友善、沉稳、大方的举止和彬彬有礼、不卑不亢的态度,从而体现服务人员高尚的人格和良好的风度。

(3) 良好的仪态可以反映企业的管理水平和服务水平。服务人员的仪态不仅是个性魅力的全面展示,同时也在一定程度上反映了企业的管理水平和服务水平。作风严谨、管理严格的企业,都会要求自己的员工注意仪容仪表,以给宾客留下良好、深刻的印象,这有利于提高服务质量,对企业也能起到积极的宣传作用。对现代化服务企业来说,仅有一流的硬件是远远不够的,员工良好的仪态也是加强企业竞争力的重要手段。

(4) 良好的仪态可以尽快缩短服务人员与宾客之间的心理距离。俗话说"爱美之心,人皆有之",美感享受属于人类高层次的心理需求。服务人员如果具备良好的仪容仪态,会在第一时间令宾客赏心悦目,在宾客脑海中留下良好的印象,从而大大缩短彼此交流与沟通的距离。

(5) 良好的仪态是服务人员尊重宾客的体现。礼貌服务,其中很重要的一点就是尊重客人的心理需求,并尽可能予以满足。服务人员良好的仪态本身就是一种礼节形式,它可以使宾客感受到一个高贵客人所应享受的礼遇,进而使其求尊敬、求重视的心理得到满足。

三、形体训练的基本要求

形体训练不仅具有健身、健美的作用,而且可以陶冶情操、美化心灵,培养热爱生活、乐观积极的品格,激发生活的自信心和进取心,形成豁达、乐观、开朗的良好心境,极大地促进身心的健康。在进行形体训练时要符合以下基本要求。

1. 做好准备

训练前必须做好准备活动,唤醒神经、肌肉与韧带。准备活动要安排轻松自如、由弱到强的适度练习,一般 10~15 分钟为宜。

训练时要穿有弹性的紧身服装或宽松的休闲服,穿体操鞋、舞蹈鞋或健身鞋,并保持整洁。

2. 合理安排

形体训练要遵循人体发展和适应环境的基本规律,根据练习者身体的实际情况来确定训练方法,有计划、有步骤地循序渐进、逐步提高,不能急于求成,更不能虎头蛇尾,要持之以恒,较完整地掌握形体训练的有关知识和方法。

一般来说,合理的锻炼时间是每次 1~1.5 小时,每周至少练习两次。

参加形体训练还要有恰当的生理和心理负荷量。运动时达到最大心率的 70%~80%

效果最好，训练结束后要做调整。

在做器械练习时，要有专人指导和帮助，要注意训练的安全。

训练中和训练后要注意补充适当的水。同时要注意糖、脂肪、蛋白质、维生素、矿物质等饮食营养的合理搭配，以保证足够的营养和营养之间的平衡。

音乐选配的合适与否，直接影响形体训练的效果。形体训练的音乐要旋律优美，格调高雅，富于动感，符合形体动作特点，且易于被人理解和接受。

3. 全面锻炼

全面锻炼要求在训练时做到力量与速度、耐力、协调性、柔韧性等素质相结合，动力性练习与静力性练习相结合，大肌肉群和小肌肉群相结合，主动性运动部位与被动性运动部位相结合，负重练习与徒手练习相结合，全身训练与身体某部位的强化训练相结合，无氧运动与有氧运动相结合，呼吸与动作节奏相配合等，从而使全身肌肉群匀称，促进心肺功能改善和肌肉群的协调发展，使身体形态、机能等各种身体素质以及心理素质等诸方面都得到和谐的发展。

在全面锻炼的基础上，有目的、有意识地加强职业实用性形体训练，效果更佳。

【小贴士】

形体训练中的常用术语

(1) 主力腿。主力腿是指动作过程中，或者形成姿态时，支撑身体重心的一条腿。它与动力腿的配合，对身体平衡以及动作姿态的优美有着重要作用。

(2) 动力腿。动力腿是指与主力腿相对而言，非重心支撑的一条腿，可做各种屈伸、摆动等动作。

(3) 身段。身段是指在舞台表演或训练中，各种形体动作的统称。从最简单的比拟手势到复杂的武打技巧，如坐、卧、行、走、甩袖、亮相等都称为身段。

(4) 造型。造型是塑造人物外部形象的艺术手段之一。人们将雕塑性强的动作姿态称为造型。

(5) 亮相。亮相是指表演时在一个短促的停顿中所做的姿态，它也是戏曲表演中的一种程式动作。

(6) 韵律。韵律是指在动作表演过程中，人体运动的自然规律造成欲左先右、欲纵先收以及动与静、上与下、高与低、长与短等辩证的规律，形成了动作的韵律。

课后练习

1. 服务的含义是什么？它有哪些特征？
2. 礼仪的含义是什么？其特点和原则是什么？
3. 什么是服务礼仪？它有哪些特征？
4. 请结合自身体会，运用案例解释服务礼仪的作用。

5. 服务礼仪的要求有哪些？

6. 服务人员如何加强礼仪修养？

7. 请指出以下五种情况中相关人员礼仪上存在的问题。

(1) 小王邋里邋遢地站在总经理办公室门前，头发乱蓬蓬的，西装皱皱巴巴，刚一进门就被秘书小姐赶出了办公室。

(2) 小李坐在接待室等待顾客，不耐烦地走过来走过去，还不时地翻看接待室的物品。顾客一来他就迫不及待地开始推销产品，顾客没机会插上一句话。

(3) 拥挤的公共汽车上，小张因一点小事和一个乘客争吵起来。他气呼呼地赶到顾客那儿，发现顾客是和自己刚才在车上争吵过的那个人。

(4) 小刘是饭店前厅的接待小姐，客人登记住店时看了房价后无意中说了一句："这么高的房价？你们的房价为什么这么高呢？"小刘回答："本来还要高，看你不是经商的，这不已经给你打了折了。"客人听后极为不悦，大步离开了店堂。

(5) 居民区苏小姐正在忙家务，门铃响了，她打开门，迎面而立的是一位戴墨镜的年轻男士。苏小姐问："您是……"男士没有摘下墨镜，而是从口袋里摸出一张名片，"我是保险公司的。"苏小姐接过名片看了看，但这位男士的形象让她反感，便说："对不起，我们不打算买保险。"说着就要关门，而这位男士动作非常敏捷，已将一只脚迈进门内，挤了进来，一副极不礼貌的样子，在屋内打量，"你们家的房子装修得这么漂亮，真令人羡慕。可天有不测风云，万一发生个火灾什么的，损失就大了，不如现在你就买份保险……"苏小姐越听越生气，光天化日之下，竟然有人闯进门来诅咒她的房子，于是，她把年轻男士轰了出去。[①]

8. 什么是形体？什么是形体训练？

9. 形体训练有哪些特点？

10. 形体训练的内容有哪些？

11. 形体训练的作用是什么？

12. 进行形体训练应注意什么？

13. 作为一名职业技术学院的学生，学习服务礼仪、进行形体训练有何意义？

14. 结合你的职业岗位谈谈学习形体训练的必要性。

15. 请结合实际案例介绍一下服务礼仪与形体训练的关联。

16. 案例分析。

把"服务"作为第一宗旨

四川火锅闻名全国，有许多家餐饮企业做得红红火火，其中有一家因其特色的服务而闻名遐迩。无论是餐前等候服务、餐中贴心服务、餐后惊喜服务，都得到广大食客的交口称赞。这家火锅店为何如此重视服务的创新？这里有个有趣的小故事和大家分享一下。

在创业初期，老板开了一家火锅店，但是因为没有什么噱头，所以一直很少有客人光顾。有一天晚上店里终于招揽了五六个人的生意，于是老板非常高兴，赶紧忙前忙后，食材也是能多给就多给，希望可以留下回头客，服务更是细致周到。客人点了很多食物，但是最

① 胡祥鸿. 礼仪：销售人员的第一课[J]. 现代营销(经营版)，2010(1)：42-43.

后剩下不少。结账时，老板问大家："各位吃得好吗？味道还满意吗？"大家都点点头说："不错，不错。"这毕竟是老板的第一桩生意，于是等客人离开后，老板亲自尝了下自己调制的锅底，可是当他尝了一口之后直皱眉头，因为没有经验，底料放得太多，使锅底苦得难以下咽。但因为老板的服务很好，所以客人没有一个埋怨的，就这样，这家企业把"服务"作为第一宗旨开始经营起来。所以现在很多客人一提到去这家火锅店，就会说："走，去享受上帝般的服务。"

思考与讨论：

(1) 请结合本案例分析企业推崇服务的意义何在。

(2) 本案例对你有何启示？

印度空乘人员因体重过大被停飞

2015年9月印度航空公司准备让125名"超重"空乘人员停止机舱内服务。印度航空公司一位官员向英国广播公司(BBC)表示，印度航空公司基于印度民航局去年发布的一份文件做出了此规定。该工作人员表示，他们公司去年已经告诫600名员工进行"塑形"，不过仍有125名员工体重未达标。该公司表示，这项规定并非针对体重，而是要求"健美"。

印度航空公司官员也向BBC证实，该公司的确下达了此项规定，不过他们也表示此项规定只是内部文件，他们不能公开置评。他们称，此项提议的基础是出于"不够强健"的乘务人员在紧急情况下可能无法高效行事的考虑。航空专家卡皮尔·库尔向BBC表示："空乘超重，意味着这个航空公司也不专业。你需要的是聪明、友好又敏捷的乘务人员，能为公司形象锦上添花。"

其实，早在2006年印度航空公司令9名被认为身体"异常超重"的女乘务员停飞。该公司称："超重太多确实对反应能力有影响，而且可能有损执行紧急任务时所需的敏捷性。"这些空姐们起诉印度航空公司，但是2008年德里一家法院支持航空公司。她们提出上诉，结果在2009年，在印度最高法院仍在考虑这个案子的时候，航空公司解雇了她们。

思考与讨论：

(1) 服务行业注重形体有何意义？

(2) 本案例对你有何启示？

第二章　服务形象礼仪

世界上没有难看的人，只有不懂得如何让自己打扮得体的人。

——靳羽西

只有给人们留下良好的“第一印象”，你才能开始第二步。

——[美]海罗德

第一节　仪　容

仪容是指人的外表、外貌。服务工作中，服务人员的个人仪容是最受客户重视的部位。服务实践证明，当客户选择服务单位时，服务人员的个人容貌会对其产生重要的心理影响。如果服务人员容貌端庄、秀丽，看上去赏心悦目，即“面善”，往往就会挽留住客人，甚至有可能增进其进一步消费的欲望；相反，服务人员“面恶”，则很可能令客人望而却步。服务行业虽然不可能要求每一位服务人员都是俊男靓女，但至少应当要求服务人员五官端正，没有明显的缺陷。服务人员进行仪容美化是爱护自我形象的体现，也是尊重客户，展示、优化客我关系的途径，而作为公民来说，讲究仪容卫生是大家应尽的义务。

总之，服务性企业有必要将服务人员的仪容修饰，上升到维护企业整体形象的高度来加以充分关注。美好的仪容，既反映了个人爱美的本性，又能体现对他人的一种礼貌；既振奋了自己的精神，又是敬业的表现。

一、仪容的要求

【小故事】

林肯对长相的要求

一次林肯总统面试一位新员工，后来他没录取那位应征者。幕僚问他原因，他说：“我不喜欢他的长相！”幕僚不理解，又问：“难道一个人天生长得不好看，也是他的错吗？”林肯回答：“一个人40岁以前的脸是父母决定的，但40岁以后的脸应是自己决定的。一个人要为自己40岁以后的长相负责。”

【点评】　仪容礼仪在个人形象中有着非常重要的作用，应遵循美观、自然、协调等原则，掌握仪容修饰的技巧，使仪容礼仪在自己的仪表形象中真正起到美化形象、促进社交的作用。

1. 整洁

(1) 保持面部干净。应当选择适宜自己肤质的洗面奶早晚洁面，去除面部的油脂和毛孔中的污垢，同时要注意眼部卫生，及时去除眼角的分泌物。若配戴眼镜，要注意保持镜片洁净光亮。

【小贴士】

正确地洗脸

正确洗脸，保持皮肤清洁卫生是不可或缺的。正确的洗脸方法是：洗脸时水温不要太高，一般应低于35℃；洗脸应从下往上、从里向外洗，这样有助于皮肤血液循环；要使用温和的洗面奶，少用或不用香皂；洗脸的动作要轻柔。

(2) 保持手部卫生。人际交往中，经常要与人握手、用手传递东西、做手势等，因此要注重双手的保洁和养护。一是要勤洗手，保持双手洁净；二是要勤剪指甲，保持适当的长度。需要注意的是，女士不要涂颜色过于鲜亮的指甲油。

(3) 口腔保持清爽。要注意清洁牙齿，每天早晚刷牙，还要勤漱口，去除口腔异味。人际交往中，注意不要当众清理牙齿上的残留物，在与人会面之前不食用葱、蒜等有刺激性气味的食物。

【小贴士】

去除口腔异味的方法

去除口腔异味的方法：一是每天早晚坚持用淡盐水漱口；二是嚼口香糖保持口气清新。但要注意，在人际交往中当着他人的面嚼口香糖既不文雅，也失礼于人；三是养成不吃生蒜、生葱和韭菜一类带刺激性气味蔬菜的良好习惯，免得在工作中担心自己说话"带味道"，或是使接近自己的人感到不快。

(4) 头发适时梳洗。头发要勤洗、勤理。一般每周至少应当洗头2～3次，每月修剪1～2次。男士的头发要没有汗味，保持干净整洁，发型要大方得体、不怪异。女士的头发要有自然光泽，发型要端庄协调，刘海不要遮住眼睛和脸。

【小贴士】

洗发的注意事项

洗发时的水温过高或过低均对发质不利。专家证明，40℃左右的水温最适宜。洗发水的种类繁多，不宜跟风选择。应当根据自己发质的特点，有针对性地选择。电吹风对人体有辐射且高温易伤头发，应当不用或少用。如果使用电吹风，则至少距头部15～20厘米。

要经常梳理头发。梳理头发是每天必做之事，而且应当不止一次。按照常规，在下述情况下皆应自觉梳理一下自己的头发：一是出门上班前；二是换装上岗前；三是摘下帽子时；四是下班回家时；五是其他必要时。

在梳理自己的头发时，还有三点应予注意：一是不宜当众进行。作为私人事务，梳理头发时当然应该避开外人。二是不宜直接下手，最好随身携带一把发梳，以便必要时使用。不到万不得已，千万不要以手指去代替发梳。三是断发头屑不宜随手乱扔。梳理头发时，难免会产生少许断发、头屑等，信手乱扔是缺乏教养的表现。

(5) 保持脚部清洁。脚作为支撑人体的重要部位，每天要进行运动。它会分泌大量汗液，恶化脚底环境，为真菌繁衍提供温床，如不及时改善，会导致各种脚部疾病，如脱皮、脚癣、脚部溃烂等。所以，平时要注意洗脚，让其通气，擦些护脚霜，还要加以适当保健按摩，美化脚部肌肤。

(6) 注意洗澡。洗澡可以除去身上的油垢和汗味，使人精神焕发。如有条件要常洗澡，至少也要坚持每星期洗澡 1～2 次，在参加重大礼仪活动之前还要加洗一次。

(7) 保持衣裳整洁。要勤换内衣，外衣也要定期清洗、消毒。要勤换鞋袜，保持鞋袜舒适干净，不要在公众场合脱鞋。

除了注意以上方面之外，还要注意经常修剪不雅的体毛。男士要每天刮脸、修剪胡须，还要及时修剪鼻毛；女士如果穿无袖的服装，要注意提前修剪腋毛，否则露出来，会给人不雅的感觉。

【小案例】

关于"卫生"的一段对话

甲："现在有些饭店表面上卫生状况很好，但是一些小细节却注意不到。"

乙："哪一方面的细节，能举个例子吗？"

甲："昨天晚上，我跟同事在王府井一家饭店吃饭，吃完后发现桌子上没有牙签，就让服务员去拿，结果那个服务员竟然用拿过盘子的手直接给我们抓过来了一把牙签。"

乙："是挺不卫生的。"

甲："不光如此，我还看见她把不小心从牙签盒里掉到桌子上的牙签又重新捡起来，装到了盒子里。桌子好像还没有擦，多脏呀，这样让顾客怎么用。"

乙："看来一些饭店细节方面的卫生的确应该注意一下了。服务人员的卫生习惯的养成真是一个大问题呀！"

2. 美观

美丽、端庄的外观仪容是形成优美、良好的交际形象的基本要素之一。无疑，人们都希望自己在社交场合中变得更美丽。有些人认为把发胶、摩丝喷在头上，把各种色彩涂抹在脸的相应部位就美了。也因此，我们经常可以看到"横眉冷对""血盆大口""油头粉面"。这不是美，而是丑了。

要使仪容达到美观的效果，首先必须了解自己的脸形及脸的各部位特点，孰优孰劣要心中有数；其次要清楚怎样化妆、美发和矫正才能使自己扬长避短，使容貌更迷人。这些要在把握脸部个性特征和正确的审美观的指导下进行。

3. 自然

自然是美化仪容的最高境界，它使人看起来真实而生动，而不是似乎戴着一张呆板、生硬的面具。失去自然的效果，就是假，假的东西自然没有生命力和美。

有位化妆师说过："最高明的化妆术，是经过非常考究的化妆，让人看起来好像没有化过妆一样，并且化出来的妆与人的身份匹配，能自然表现一个人的个性与气质。次级的化妆是把人凸显出来，让人醒目，引起众人的注意。拙劣的化妆是一站出来别人就发现这个人化了很浓的妆，而这层妆是为了掩盖自己的缺点或年龄的。最坏的一种化妆，是化妆后扭曲了自己的个性，又失去了五官的协调，例如小眼睛的人竟化了浓眉，大脸蛋的人竟化了白脸，阔嘴的人竟化了红唇……”

可见，化妆的最高境界是无妆、自然；美好仪容要依赖正确的技巧、合适的化妆品；要一丝不苟、井井有条；要讲究适度、体现层次；要点面到位、浓淡相宜。这样才能使人感觉到自然、真实的美。

4. 协调

第一，妆面协调。是指化妆部位色彩搭配、浓淡协调，所化的妆针对脸部个性特点，整体设计协调。

第二，全身协调。是指脸部化妆、发型与服饰协调，力求取得完美的整体效果。

第三，角色协调。是指针对自己在社交中扮演的不同角色，采用不同的化妆手法和化妆品。如作为职业人员，应注意化妆后体现端庄稳重的气质；如作为专门从事公关、礼仪、接待、服务等的人员，出头露面的机会多，要表现出一定的人际吸引魅力，就应浓淡相宜，青春妩媚，适合人们共同的爱美之心。

第四，场合协调。是指化妆、发型要与所去的场合气氛要求一致。日常办公应略施淡妆；出入舞会、宴会，可化浓妆；参加追悼会应素衣淡妆。不同场合采用不同的化妆效果、发型，不仅会使化妆者内心安然，也会使周围的人心理舒坦。

二、护肤

护肤即皮肤护理，它是指对皮肤，尤其是面部皮肤的长期护理和保养，这是实现妆容美的首要前提。正常健康的人皮肤具有光泽，且柔软、细腻洁净、富有弹性；而当人处于病态或衰老时，其皮肤就会失去光泽、弹性，出现皱纹或色斑。对皮肤进行经常性的护理和保养，有助于保持皮肤的青春活力。

【小贴士】

男女皮肤的差异

皮肤是男性和女性的“第二性征”。男性与女性的皮肤肌理有着明显的不同特点。

第一，厚度的差异。一般男性皮肤比女性皮肤厚24%。随着年龄的增长，男性皮肤变薄的速度比女性快得多，而且皮肤厚度不受身材及种族的影响。

第二，弹性的差异。弹性可使肌肤呈现年轻健康的外表，是皮肤最珍贵的特性。一般男性皮肤比女性皮肤的弹性好，但随着年龄的增长，男性皮肤弹性降低的速度比女性快得多。

第三，皮脂状况的差异。从整体的平均数值来看，男性的皮脂分泌比女性旺盛，皮肤表面油性比女性强。

第四，封闭性的差异。皮肤的封闭性受皮肤厚度及弹性的影响而有所不同。男性皮肤的封闭性，约在30岁以前呈现良好的状态，30岁以后情况便急速变化，到50岁以后又恢复稳定，不再发生重大变化。而女性的封闭性变化是逐渐发生的，不像男性那样突然。

第五，老化现象的差异。男性和女性皮肤老化的过程不一样。男性皮肤老化是突然形成的。男性可在短时间内脸上就布满皱纹，再加上天生皮肤较厚，使皱纹更明显。皮肤封闭性的突然丧失，也使松弛现象更严重。而女性皮肤的这些现象都是逐渐发生的。

1. 皮肤类型

皮肤一般分为干性皮肤、中性皮肤、油性皮肤、混合性皮肤、敏感性皮肤。对于不同类型的皮肤需用不同的方法加以护理和保养。

（1）干性皮肤。干性皮肤红白细嫩，油脂分泌较少，经不起风吹日晒，对外界的刺激十分敏感，极易出现色素沉着和皱纹。有些干性皮肤的人苦于自己的皮肤少了一份“亮光”，使劲往脸上涂抹“增亮”的油脂。殊不知，此举减少了皮肤的透气性。其实对于这种皮肤，每天在洗脸的时候，可以在水中加入少许蜂蜜，湿润整个面部，用手拍干。坚持一段时间，就能改善面部肌肤，使其光滑细腻。

（2）中性皮肤。中性皮肤比较润泽细嫩，对外界的刺激不太敏感。这种皮肤比较易于护理，可以在晚上用水洗脸后，再用热水捂脸片刻，然后轻轻抹干。

（3）油性皮肤。油性皮肤肤色较深，毛孔粗大，油光满面，易生痤疮等皮脂性皮肤病，但适应性强，不易显皱。对于这种皮肤，洗脸时可在热水中加入少许白醋，以便有效地去除皮肤上过多的皮脂、皮屑和尘埃，使皮肤富有光泽和弹性。

（4）混合性皮肤。一种皮肤呈现两种或两种以上的外观（同时具有油性和干性皮肤的特征）。多见于面孔 T 区部位易出油，其余部分则干燥，并时有粉刺发生，80%的女性都是混合性皮肤。混合性皮肤多发生在 20～39 岁。

（5）敏感性皮肤。敏感性皮肤表皮较薄，毛细血管明显，使用保养品时很容易过敏，出现发炎、泛红、起斑疹、瘙痒等症状。

2. 护肤的方法

（1）合理的饮食。合理的饮食是美容保健的根本。人体需要多种养分，有了养分，皮肤才有自然健康的美。因此，日常生活中应注意饮食上的多种多样，多吃富含维生素的食物，少吃刺激性食物，保持吸收、消化系统的畅通。一项研究表明：美好容颜的养成，内在营养占 80%，外在营养占 20%。

（2）保证良好的睡眠。保持卧室的良好环境，卧室的温度、床垫和枕头的软硬，都要适合自己入睡的要求。如有可能，特别是北方的冬季，可在室内装置加湿器，防止皮肤干裂。良好的睡眠可以使皮肤获得更多的氧气，满足代谢的需要。

（3）保持皮肤适度的水分。皮肤的弹性和光泽是由含水量决定的。要使皮肤滋润，每天要保证喝水 2000 毫升。每天晚上睡前饮一杯凉开水，睡眠时，水分会融入细胞，为细胞所吸收。早晨起床后，也要饮一杯凉开水，使胃肠畅通，使水随血液循环分布全身，滋润皮肤。皮肤角质层的水分也可以从体外吸收，保持环境湿度、在化妆品中配上保湿剂，都是保持皮肤水分的好方法。

（4）避免不良刺激。紫外线对皮肤有破坏作用，过度暴晒会使皮肤变黑、粗糙并出现皱纹。因此阳光太强的天气，要注意防晒。应化淡妆，不要浓妆艳抹，以减轻对皮肤的刺激。不要使用伪劣化妆品。

（5）按摩皮肤。具体方法是：两手掌相互摩擦发热，然后两手掌由前额顺着脸的两旁轻轻向下擦，擦至下巴时，再上擦至前额。如此一上一下将脸的各处擦周到，上下共36次，每天早晚洗脸后进行。在按摩时手法要轻柔，不可过分用力。

总之，只有自觉、习惯地在日常生活和工作中保养皮肤，坚持皮肤"锻炼"，才能使皮肤细腻、光泽、柔嫩、红润，富有弹性，青春永驻。

【小训练】

组织学生课堂讨论还有哪些护肤的好方法。

三、化妆

【小贴士】

妆型分析

关洁在其《个人形象设计》(中国戏剧出版社，2011年版）中就妆型分析如下。

(1) 生活妆。生活妆是应用最广泛的妆型，是人们日常生活、休闲娱乐、居家、旅游时应用的妆型，适合不同年龄、类型的人群。

① 特点。妆面干净、自然，尽量隐藏化妆的痕迹，不过分强调轮廓，用色明亮、清淡，线条柔和，适当地修饰掩盖一些缺点，强调优点，调整面部凹凸结构，使人看上去自然、清新、淡雅，与整体形象和谐。

② 色彩。用色柔和，粉底与原有的肤色接近，不要采用与肤色相距甚远的色彩，加强眼影的色彩变化效果，采用与肤色、服饰相协调的色彩，唇色可以适当采用亮丽的色彩。

(2) 职业妆。职业妆是应用较广泛的妆型，是人们日常工作时应用的妆型，适合不同职业、年龄、类型的人群。

① 特点。五官轮廓勾画清晰，用色沉稳，给人以干练、值得信任的印象。

② 色彩。化妆基本程序类同生活妆，用色沉稳，眼影以对比色系为主。

(3) 晚宴妆。随着人们社会活动的增加，参加各种社交活动、晚宴的机会也逐渐增多，优雅华丽的环境、恰到好处的化妆成为人们展示自我个性风采的方式。

① 特点。由于晚间社交活动一般都在灯光下进行，且灯光多柔和、朦胧，不易暴露出化妆痕迹，因此，晚妆应化得浓艳些，眼影色彩尽可能丰富漂亮，眉毛、眼形、唇形也可做些适当的矫正，使其更显得光彩迷人。化晚宴妆时可在正常范围内，充分发挥自己的想象力，把自己打扮得更加漂亮，更具魅力，更引人注目。

② 色彩。晚宴妆应化得浓艳些，妆面要比白天清晰、明亮些，否则就达不到化妆的效果。

(4) 时尚化妆。具有较强的时代感和自由性，表现效果强烈，具有时尚的风格，是青年人喜欢的风格。

① 特点。强调前卫的时尚的特点，造型夸张不脱离美感，表现风格自由，富有个性，总体结构符合自然规律。

② 色彩。用色具有超前的流行性，在美的基础上大胆用色，色调多为引人注目的色

彩，显示流行与活力，具有个性特色色调。

此外，妆型还有电视化妆、电影角色妆、舞台演艺妆和传统戏曲剧妆等。

1. 化妆色彩的运用

(1) 光对妆面效果的影响。物体本身的色彩会随着光源色的变化而变化。光源色是构成一切物体色彩的决定因素，因此在形象设计中，化妆色彩也会在一定光源照射下显现明显效果。化妆的色彩效果都是妆色与光色的融合，所以光色是直接影响化妆色彩的重要因素。

在化妆中，要注意光色对妆色的影响，只有光与妆色的密切配合，才能使化妆效果趋于理想。妆色中的黑色、灰色与棕色几乎在任何光线下都不会改变颜色。

(2) 不同光色下的化妆方法。

① 红色光可以使妆面颜色变浅，立体结构不突出。所以在化妆时，要强调刻画五官的立体结构，利用阴影色使轮廓突出，这样处理，面部不会显得过于平淡。

② 蓝色光可以使红色妆面变暗而成为紫色。因此，化妆时用色要浅，口红使用偏冷的颜色。

③ 黄色光可以使妆色变浅，化妆时用色可以浓艳。

④ 强光的照射会使一切妆色变浅且显得苍白，化妆时要刻意强调五官的清晰度。

⑤ 弱光的照射会使妆面显得模糊，所以要强调面部线条与轮廓的清晰。

(3) 妆色与肤色搭配的技巧。

① 肤色偏白女性的妆色与肤色搭配。此类型女性的化妆可选择多种色系，视具体情况而定。例如，脸色白里偏粉红色，基础底色可选用略带淡粉色和乳白色，眼影、腮红、口红可选用粉红色系，如粉红色、粉紫色、淡玫瑰色等；肤色白里偏黄的女性可选择象牙色或米色作底色，眼影、腮红、口红可选择桃红或浅西洋红色等。

② 肤色偏黄女性的妆色与肤色搭配。此类型女性的化妆可选择黄色的对比色，即用紫色作为妆前抑制色。可以使用淡紫色的粉底露或粉底霜矫正肤色后，再使用适合黄肤色的正常基础底色，使偏黄的肤色得以矫正。

③ 肤色偏暗、偏深的女性妆色与肤色的搭配。此类型女性的化妆可选用小麦色、暖象牙色或浅暖褐色的基础底色，以用其“同类色并列起柔和作用”的色彩原理，选择能增加皮肤光洁度及透明度的色彩。这类皮肤忌用偏冷、偏白的粉红色或粉白色系列。

④ 两颊有红晕的女性妆色与肤色的搭配。这些女性可选用淡绿色的粉底霜做局部抑制，再使用正常的基础底色，使皮肤具有透明洁净的感觉。此种选色主要是利用色彩的互补色原理先行矫正肤色。

(4) 妆色与脸形搭配的技巧。

① 脸形偏小女性的妆色选择。此类女性应选用浅色系、明亮色作为基础底色，可使脸形产生扩大、明朗的感觉。

② 眼睑肥厚女性的妆色选择。此类女性可选用深褐色、驼色、烟蓝色、褐紫色准确地表现出上眼睑沟的位置所在，使眼部结构明显，同时应用略带光亮的浅白色将眉骨部分提亮，以利用色彩的明暗原理起到消除眼部肿胀感的效果。

(5) 妆色与年龄、性别、季节、个性的配合技巧。

① 妆色应与年龄相吻合。例如，儿童与青少年性格活泼、开朗，大都喜欢红色、淡蓝色、绿色等鲜明色彩，所以可尽量运用浅色系，如金黄色系等，口红可用粉红色系，如粉红色、粉铜色等；中年人性格开始趋于成熟，可用较深、较雅致的色彩，给人以醒目、成熟、秀丽、端庄、自信的感觉；而年长者一般喜欢灰蓝、灰黑、棕褐色、暗红、暗紫色，给人以成熟、庄重、稳健的感觉，一般妆色不宜过分鲜嫩。

② 妆色与性别的协调。女性的心理特征一般属于情感型特质，具有美感直觉性，即当美的事物出现时，可以立即得到美的感受，一般事前并不经过一定的思考和推敲，可以在瞬间产生美的感受。这是由女性性格——温柔、典雅、浪漫、重直觉所决定的，因此其妆色应以明快、艳丽或柔美的色调为主。而男性大多属理性思维，应当给人以沉着、稳健、智慧、阳刚或儒雅的感觉，因此，其妆色应选择稍稳重的暗色系或中间色系，妆色不宜太明快，以充分展示男性稳健或安全感的阳刚魅力。

③ 妆色与季节协调。不言而喻，倘若严寒中着冷色调妆色，将使人感到更加寒冷，所以一般春天应以浅黄色、粉红色系为主，象征明快、活力、青春、充满勃勃生机；夏天应以黄色、青色、绿色、蓝色、象牙色为主基调，较为清新凉爽；秋天则以橙色、金色为主妆色，与自然环境遥相呼应；冬天则应以暖色调为主，可以给人温暖的感觉。

④ 妆色应与个人的内在气质相适应。清纯可爱的个性可选用粉色系，忌浓妆和对比强烈的色彩；高雅、秀丽、温柔的个性可选择玫瑰色或紫红色的色彩，眼影尽量不用对比强烈的颜色，以咖啡色、深灰色适宜；华丽、娇媚的个性可以选用大红色，眼影可采用强烈对比色，如用深绿色或蓝色作为眼部化妆的强调色[①]。

【小故事】

尼克松因何败北

1960 年 9 月，尼克松和肯尼迪在全美的电视观众面前，举行他们竞选总统的第一次辩论。当时，这两个人的名望和才能大体相当，棋逢对手。但大多数评论员预料，尼克松素以经验丰富的“电视演员”著称，可以击败比他缺乏电视演讲经验的肯尼迪。但事实并非如此，为什么呢？肯尼迪事先进行了练习和彩排，还专门跑到海滩晒太阳，养精蓄锐。结果，他在屏幕上出现时，精神焕发，满面红光，挥洒自如。而尼克松没听从电视导演的规劝，加之那一阵十分劳累，更失策的是面部化妆用了深色的粉，因而在屏幕上显得精神疲惫，表情痛苦，声嘶力竭。正如一位历史学家所形容：“他让全世界看来，好像是一个不爱刮胡子和出汗过多的人，带着忧郁感等待着电视广告告诉他怎么不要失礼。”正是妆容仪表上的差异和对比，帮助肯尼迪取胜，使竞选的结果出人意料。

2. 化妆的准备

(1) 化妆工具的准备。

① 化妆纸。一般是购买专用的化妆纸(棉)，或用质地柔软的纸巾，用于吸汗、吸油、净

① 顾筱君. 21 世纪形象设计教程[M]. 北京：机械工业出版社，2011：110.

手、卸妆等。

② 棉签。可购买或自制。用于细小化妆部位的清理,如涂唇膏、描眉、染睫毛等。

③ 海绵。用于上底色、拍涂胭脂和定妆。

④ 胭脂刷。用于化妆时涂抹胭脂(腮红)和定妆,可准备两个以上便于涂抹不同色彩时使用。

⑤ 眼影刷。涂抹眼影时使用。因为眼妆的色彩分为主色和副色,为了在使用不同颜色的眼影时颜色之间不相互影响,所以要多备几个刷子。

此外,还须备有睫毛夹、眉笔、眉刷、美容剪等。

(2) 化妆品的准备。化妆时,必须准备化妆品。国际上,根据不同功能,化妆品一般分为两大类:一类是调整肌肤、使之润滑的基础化妆品,如爽肤水、面霜、润肤乳等;另一类是美容化妆品,又称"彩妆",如眉笔、唇膏、胭脂(腮红)、粉饼(底)等。我国的美容化妆界又根据国民的皮肤构造和消费水平,将化妆品分为六大类,分别如下。

① 护肤类化妆品:爽肤水、面霜、润肤乳、润唇膏等。

② 清洁类化妆品:洁肤皂、洗面奶、沐浴液等。

③ 修饰类化妆品:粉底液、唇膏、唇彩、腮红等。

④ 美发类化妆品:洗发水、护发素、发乳、发蜡、发胶等。

⑤ 芳香类化妆品:香水、香精等。

⑥ 营养类化妆品:人参霜、珍珠霜、粉刺(雀斑)霜等。

现代职业女性化妆要准备的必需品有:粉饼、粉底、腮红、眼影、眉笔、眼线笔、唇膏、睫毛液、妆前霜、爽肤水、卸妆油等。

(3) 洁面。化妆前要彻底清洁皮肤,可用洗面奶、香皂等洁面,并用清水洗净,以除去皮肤表面的老化上皮细胞、皮脂、汗液、尘埃、细菌等,否则不仅会使皮肤受到损害,同时妆面也易脱落,不易持久。

(4) 保湿。上化妆水、保湿性面霜、隔离霜等进行保湿,一定要充分、足量,这样可以避免皮肤干燥。必要时可以上2～3遍保湿面霜,使面部皮肤充分保湿,不至于定妆时出现脱皮现象。

【小贴士】

化妆水介绍

化妆水是爽肤水、紧肤水、调理水、柔肤水和洁肤水的统称。

(1) 爽肤水。涂抹的感觉比较清爽,能补充肌肤的水分。

(2) 紧肤水,也称收敛水。其最大的功效在于细致毛孔,有效平衡油脂分泌。特别针对需要收敛毛孔的油性皮肤或缓和性肌肤的T形部位所设计,其他肌肤并不适合使用,因为它通常含有酒精成分。

(3) 调理水。其作用是调整肌肤的酸碱值,肌肤在正常状态下呈弱酸性,洗完脸后,用调理爽肤水将肌肤恢复到弱酸性。

(4) 柔肤水。与其他化妆水相比,它比较滋润,给予肌肤细致的呵护,可以软化角质层,增强肌肤吸收滋润护肤品的能力。

(5) 洁肤水。除了洗脸可以清洁肌肤之外,有些"水"还能再次清洁脸部的残余污垢,等于是洁肤的保障。

购买的时候可以这样区分:油性皮肤使用紧肤水,健康皮肤使用爽肤水,干性皮肤使用柔肤水。对于混合皮肤来说,T形部位使用紧肤水,其他部位使用柔肤水和爽肤水皆可。敏感皮肤则可以选用敏感水或修复水,而要想美白,可以选用美白化妆水。

3. 化妆的基本步骤

【小故事】

百变公主

小李是一名刚刚走上工作岗位的大学毕业生,对新的职场生活充满了憧憬与期待。为了尽快地融入职场,她在家人的支持下添置了不少行头,有职业装、化妆品、配饰等,可以说应有尽有。可是每天早上上班前的化妆是她最痛苦的事情:一是花费时间多;二是她根本不知道自己适合化什么样的妆。每次都弄得很花,有时自己感觉很尴尬。有一次她还被一名男同事笑话是百变公主。还有一次她使用了咖啡色的眼影,吓坏了同事们。她自己也很苦恼,本来想用深色眼影让自己的脸看起来立体感强一些,为什么却适得其反了呢?

化妆前要认真掌握化妆的方法。化妆大体上应分为打粉底、画眼线、施眼影、描眉形、上腮红、涂唇彩、喷香水等步骤。每个步骤均有一定之法,必须认真遵守。

(1) 打粉底。打粉底又称敷底粉或打底。它是以调整面部皮肤颜色为目的的一种基础化妆。在打粉底时,有四点应予以特别注意:一是事先要清洗好面部,并且拍上适量的化妆水、乳液。二是选择粉底霜时要选择好色彩。通常,不同的肤色应选用不同的粉底霜。选用的粉底霜最好与自己的肤色相接近,而不宜使二者反差过大,看起来失真。三是打粉底时一定要借助海绵,而且要做到取用适量、涂抹细致、薄厚均匀。四是切勿忘记脖颈部位,在那里打上一点儿粉底,才不会使自己的面部与颈部"泾渭分明"。

【小贴士】

粉底的种类

(1) 夜妆粉底(湿粉或BB霜)。湿粉为一种半液体状霜类粉底乳,因其基本不含油分,使用时粉底海绵不宜过湿,可用略湿的海绵轻轻按压,但按压时间不宜太长,否则很容易被擦掉。它是一种很薄的粉底,遮盖力不强,所以斑点、疤痕无法遮掩,只适合皮肤白净细腻的女性化淡妆时使用,尤其是夏季使用不油腻,妆容效果会更好。若要化浓妆,需轻轻薄涂2～3次再行定妆。

(2) 粉底霜。粉底霜的遮盖力比较强,油分和蜡分都很适度,亲水性和亲油性都很好,不油腻,能持久,可保持6～8小时不脱妆,并且透明感较强,妆容轻薄润泽。粉底霜内含高岭土,可以吸收油脂,较适合皮肤健康、弹性较好、色泽明亮、光滑润泽的皮肤四季使用,浓妆、淡妆总相宜。使用时用湿海绵以按压的方式涂抹均匀即可。

(3) 粉底膏。粉底膏是一种固体膏状粉底,大多为盒装,亮度较好,有遮盖效果,油脂含量高,不适合油性皮肤使用,尤其夏天更不可使用。使用时用取物棒或直接用中等湿度的化妆海绵取出,均匀按压在脸部各处,仔细拍匀即可。

(4) 条状粉底。条状粉底由植物油脂、动物油脂及矿物油脂等原料合成，具有很强的遮盖力，并能持久不脱妆，但透气性差，油分较丰富，适于干性肌肤、寒冷的冬季或隆重场合的浓妆使用。使用时，先将条状粉底在脸上轻点几点，如额、两颊、鼻头、下颌等处，再以湿润的海绵轻轻推抹均匀。粉底上得要薄，切忌太厚，否则就会失去透明感。

(5) 遮瑕膏。遮瑕膏又称盖斑膏，其附着力强，掩饰缺陷力大，不易脱妆，适用于问题性皮肤或在肤色不佳时使用，也是舞台、电视、结婚、宴会、摄影等场合美容化妆师的专用粉底。使用时，注意均匀着色，按压密度和力度要轻，否则容易脱妆。

(2) 画眼线。从外眼角向内眼角方向沿着睫毛根部描画眼线，上眼睑一般画 2/3 长，下眼睑一般画 1/3 长，颜色外重里淡且细即可。眼线可增加眼睛的神采与魅力，使眼睛显得深邃、水灵动人。下眼线的描画可实可虚，写真的描画基本合乎原眼形，或稍加修饰晕染；夸张手法强调勾画眼形效果，局部可高出或长于原眼形，甚至可以向外斜上飞扬，从而获得一种夸张的装饰效果。画眼线一般有以下两种方法。

一是眼线笔描画。应当注意选用软芯防水、容易下色的眼线笔，可以把笔尖削成扁平的鸭嘴式样，这样描画起来可粗可细，比较方便。若不下色，可以用笔尖蘸少许油膏或面霜滋润笔芯再描画。眼线笔用色柔和自然，适合于生活妆。

二是眼线粉描画。可以用眼线刷蘸少许水再蘸眼线粉(也有不蘸水直接刷上眼线粉的)。描画时手要稳，下笔用力要均匀。眼线粉色彩艳丽强烈，适合于晚宴妆或表演性质的浓妆。

不论用哪种方法画眼线，建议再用眉粉或眼影粉轻轻走一遍，这样不仅可以起到定妆作用(见泪水或汗渍不易晕开)，还会使眼线更加柔和亮丽。在韩式化妆法中，就是常常先用眼线笔画好眼线，然后再用眉粉或眼线粉定妆。

自己学画眼线时，可将臂肘部支撑在台面上起稳定作用，小手指支于面颊，执笔的手稳定，就能画出光洁平直的线条。

【小贴士】

假睫毛、美目贴的使用方法

(1) 假睫毛。假睫毛有两种，一种是整排的；另一种是一根一根的，大都是由真毛或人工毛发制成的。使用假睫毛时要保持假睫毛的清洁和眼睛的卫生。

买回来的假睫毛需在其纵向用剪刀剪掉一些，这样既可增加毛隙宽度，也避免因太整齐而显得不自然。睫毛稍短或纤细的人粘贴假睫毛时不必从眼头一直贴到眼尾，应在内眼角处留空一点，即从眼尾一侧量 2/3 眼长，剪掉其余，这样可使睫毛给人“假”的印象偏淡。假睫毛可使睫毛加长、加粗、浓密，更增添美感。

注意：①初次使用假睫毛时，不要涂胶水，先反复试贴，达到理想效果后再涂胶水，这样可以避免眼皮反复拉扯；②尽量不要贴到外眼角处，因为假睫毛粘到外眼角处，会使眼睛看起来下垂，造成“八字眼”效果，严重影响眼部美感。

(2) 美目贴。很多人都希望自己是双眼皮，除进行美容手术外，美目贴可以拥有双眼皮，尤其对眼皮内双或褶痕小的人效果更好。完全单眼皮的人效果可能不够理想。两眼大小不同的人，只要贴在褶痕小的一侧上就可以了。选择美目贴应以稍薄、有弹性、能透气且透明者为佳，但不要有亮度，以免过分明显反而失真。

现在市场上流行一种“双眼皮成形液”，利用特定稀释的胶水，将上眼睑部分用胶水粘贴，便可造成一种“双眼皮”效果。此种方法使用简便、易行，只是在使用时应将胶水涂得适量，否则容易“穿帮”。

（3）施眼影。施眼影的主要目的是强化面部的立体感，以凹眼反衬隆鼻，并且使化妆者的双眼显得更为明亮传神。施眼影时，有两大问题应予注意：一是要选对眼影的颜色。过分鲜艳的眼影，一般仅适用于晚妆，而不适用于工作妆。对中国人来说，化工作妆时选用浅咖啡色的眼影，往往收效较好；二是要施出眼影的层次感。施眼影时，最忌没有厚薄深浅之分。若注意使之由浅而深，层次分明，将有助于强化化妆者眼部的轮廓。

【小贴士】

眼影的水平修饰法

水平修饰法有强调双眼皮的效果，可使脸形缩短，但眼影色彩单调，变化较小。一般采用以下两种单色彩晕染描画手法。具体做法可分为两种：下浅上深或下深上浅的水平平画修饰法。

（1）下浅上深的水平平画修饰法。这种方法一般用于单眼皮的修饰。先用较淡的底色涂在整个眼皮上，并在近睫毛处画上细细的眼线，再用深色眼影粉沿眼皮做水平描画。眉骨下方涂上亮色，向下晕染，亮度由强变弱，渐渐与眼影色衔接。单眼皮眼尾处颜色要加深一些，再刷上睫毛膏。若喜欢将上眼皮眼线画翘上去，在涂眼线时不要顺着眼皮弧度向下，而是在上眼尾处保持水平画出去，睁开眼就会有眼线翘起来的感觉。此种画法可突出局部结构，并使眼睛显得大而有神，造成“假双”效果。

（2）下深上浅的水平平画修饰法。沿睫毛根部用深色眼影粉描画，并向上晕染。色彩由深至浅渐渐淡化，并在下眼睑睫毛根部自外眼角至内眼角的1/3处描画下眼线，同时用画上眼影的剩余色彩少量晕染下眼线。此种画法可使眼睛显得生动而明亮。

（4）描眉形。一个人眉毛的浓淡与形状，对其容貌发挥着重要的烘托作用。任何有经验的化妆者，都会将描眉视为其化妆时的重中之重。在描眉时，有四点需要注意：一是要进行修眉，以专用的修眉刀刮除那些杂乱无序的眉毛；二是要描出的整个眉形，必须兼顾本人的性别、年龄与脸形；三是在具体描眉形时，要对逐根眉毛进行细描，而忌讳一画而过；四是描眉之后应使眉形具有立体感，所以在描眉时通常都要在具体手法上注意两头淡，中间浓，上边浅，下边深。

【小贴士】

重要眉形的画法

（1）一字眉（水平眉）。眉形平直粗短，整条眉毛基本处于同一水平面上，给人以淳朴、可爱、老实、自然的感觉，可使长脸变得短一些，窄额显得宽一些。

画法：在内眼角的正上方即眉头的起始位置，用眉笔或眉粉轻轻扫出一条平直眉形，注意眉尾的长度比外眼角略长，眉峰的高度及转角不宜过于明显，整条眉毛可适当粗些。色彩为中间深两边浅，过渡衔接自然。

（2）标准眉。从眉头到眉梢呈一条优美的弧线，使眉毛中后部拱起，眉峰在眉头至眉尾的 2/3 处，使整个面部显得柔润，可拉长脸形，适合脸形较胖的新娘妆或日妆。

画法：在内眼角的正上方即眉头起始位置，用眉笔或眉粉轻轻扫出一条半圆弧线的眉形。

注意眉尾应在外眼角与鼻翼的延长线上，整条眉毛的弯曲如柳叶般自然，不可过于圆润、弯曲，眉峰不可出现明显的尖度。色彩为中间深两边浅，过渡衔接自然。

(3) 上挑眉(上扬眉)。整条眉毛有挺拔上扬的倾斜度，眉峰棱角较为明显，给人以英俊刚毅的感觉。

画法：在内眼角正上方即眉头起始位置，用眉笔或眉粉轻轻扫出一条半圆弧形的眉形，注意眉尾的长度比外眼角略长，可稍微上扬，整条眉毛上扬的倾斜度不宜过高，否则会给人过度夸张的感觉。色彩为眉峰略浓，眉头略淡，整体色彩过渡自然。

(4) 欧式眉。眉形上扬挑起，幅度比上扬眉更甚，且眉梢不回落至眉头的水平处，给人以张扬凌厉的感觉。

画法：在内眼角正上方即眉头起始位置，用眉笔或眉粉轻轻扫出一条半圆弧形的眉形，注意眉尾的长度比外眼角略短，可上扬，整条眉毛上扬的倾斜度可以在 20°～30°。色彩为眉头略深，眉峰略淡，整体色彩过渡自然。

(5) 蹙烟眉。1987 年版电视连续剧《红楼梦》可谓家喻户晓，其中林黛玉那"两弯似蹙非蹙笼烟眉，一双似喜非喜含露目"给观众留下了深刻印象。

画法：在内眼角正上方即眉头起始位置，用眉笔或眉粉轻轻扫出一条半圆弧形的眉形，注意眉头要稍微弯曲，眉尾的长度比外眼角略长，稍下垂，给人蹙目含悲的感觉。色彩为眉头略深，眉峰略淡，整体色彩过渡自然。

(5) 上腮红。上腮红是化妆时在面颊处涂上适量的胭脂。在化工作妆时上腮红，需要注意四点：一是要选择优质的腮红，若其质地不佳，便难有良好的化妆效果。二是要使腮红与唇膏或眼影属于同一色系，以体现妆面的和谐之美。三是要使腮红与面部肤色过渡自然。正确的做法应是，以小刷蘸取腮红，先上在颧骨下方，即高不及眼睛、低不过嘴角、长不到眼长的 1/2 处，然后才略做延展晕染。四是要扑粉进行定妆。在上好腮红后，即应以定妆粉定妆，以便吸收汗、皮脂，并避免脱妆。扑粉时不要用量过多，并且不要忘记在颈部也扑上一些。

腮红除了能提升气色、和谐妆容，还可以修饰脸形。腮红修饰脸形的要领如表 2-1 所示。

表 2-1　腮红修饰脸形要领一览表

脸形	特　点	修饰要点
方形脸	上下额角都比较宽，线条过于硬朗，比较男性化	使用深色系腮红，在笑肌处以打圈方式涂刷腮红
圆形脸	脂肪丰厚，线条柔和，呈圆形，易给人胖嘟嘟、可爱之感	从笑肌下方到太阳穴处用深色腮红以打圈方式涂刷，多刷几遍，可使脸部视觉变瘦，减少圆润感，使脸形变小，更有立体感
长形脸	双颊脂肪不够丰满，脸部瘦而长，一般下巴部位过长	适合横向腮红，用暖色调腮红刷，平行扫在笑肌、发际线和下巴位置，可增加脸形的立体感

(6) 涂唇彩。化妆时，唇部的地位仅次于眼部。涂唇膏既可改变不理想的唇形，又可使双唇更加娇媚迷人。涂唇膏时的主要注意事项有三点：一是要先以唇线笔描好唇线，确

定好理想的唇形。唇线笔的颜色要略深于唇膏的颜色。描唇形时，嘴应自然放松张开，先描上唇，后描下唇。在描唇形时，应从左右两侧分别沿着唇部的轮廓线向中间画。上唇嘴角要描细，下唇嘴角则要略粗。二是要涂好唇膏，以唇线笔描好唇形后，才能涂唇膏。选择唇膏时，既可以选彩色的，也可以选无色的，但要求其安全无害，并要避免选用鲜艳古怪之色。女性一般宜选红色、橙色或粉色，男性则宜选无色唇膏。涂唇膏时，应从两侧涂向中间，并使之均匀而又不超出早先以唇线笔画定的唇形。三是要仔细检查，涂完唇膏后，要用纸巾吸去多余的唇膏，并细心检查一下牙齿上有无唇膏的痕迹。

【小贴士】

唇部化妆的协调

口唇是整体的部分，唇的化妆不仅与面容而且应与全身整体协调，唇膏的选择需考虑多方面因素。

（1）与皮肤颜色相协调。

① 肤色白的人适合任何颜色的唇膏，但以明亮色彩为宜。

② 肤色黑的人适合朱红、暗红等明亮度低的色彩。

③ 肤色黄的人，应尽量避免使用黄色系唇膏，多选带红色的玫瑰色系，以增加唇的明亮感。

④ 颈部有色素斑或者其他斑点者，除了可以用遮瑕笔遮盖以外，还应选用色彩强烈的红色系来强化唇部，吸引别人的视线注意唇部而忽略其他部位。

（2）与年龄相适合。例如，橙色特别适用于年轻活泼的女孩，因为橙色有红色的热情和黄色的明亮，年轻女孩涂上橙色唇膏可给人以时髦、大方、活泼之感。粉红色给人以年轻、温柔、甜美的感觉，会给年轻人带来青春健康的气息。褐红色系是一种接近咖啡的颜色，这种唇膏给人成熟优雅、端庄大方的感觉，自然更适合中老年人使用。

（3）与服饰相配合。唇部色彩原则上要与服饰的色彩相协调。例如，粉红色唇膏若配上相同颜色的服饰，更能展现年轻人青春和健康的气息。

（4）与场合相适宜。唇膏应与环境场合相适宜。一般生活环境不宜选择十分鲜艳的唇膏及深色唇膏，而应选择与天然唇色相近的，以能表现出嘴唇柔软、湿润、鲜嫩感觉的唇膏为宜。但若在舞会、宴会或一些灯光强的装饰性场合，运用色彩强烈的唇膏则非常必要，是和环境相协调的正确选择。

（5）与其他因素和谐。唇膏的色彩应与眼影、腮红是同一色系，并与个性协调。外向活泼型者，宜选用红色、玫瑰红及其他更艳丽之色彩；内向沉稳型者，宜选用茶红、棕红等色彩。

（7）喷香水。香水浓度越低，涂抹的范围越广。一般来说，浓香水应以点搽式或小范围喷洒式用于脉搏跳动处，如耳后、手腕内侧、膝后。香水、香露、古龙水、淡香水因为香精浓度不是很高，不会破坏衣服纤维，所以可以自由地喷洒及使用。例如，脉搏跳动处、衣服内里、头发上或空气中。

【小贴士】

香水的类别

香水的类别见表2-2。

表 2-2 香水的类别

类别	香精浓度/%	酒精含量/%	保持时间/小时
浓香水	15～30	30	5～7
香水	10～15	20～30	5
香露	5～10	10～20	3
古龙水	2～5	10以下	1～2
淡香水	2以下	无酒精	1

在体温高的部位涂抹香水的效果比较好。要注意身体内侧比外侧的体温高。另外，香气向上升，涂抹在下半身比涂抹在上半身更能获得理想的效果。

不要在阳光照射到的地方涂抹香水，因为酒精在阳光的暴晒下会在肌肤上留下斑点。此外，紫外线也会使香水中的有机成分发生化学反应，引起皮肤过敏。

香水可以喷洒在干净或刚洗好的头发上。若头发上有尘垢或者油脂，则会令香水变质。同时不应将香水喷洒在干枯和脆弱的头发上，避免对发质造成伤害。

香料为有机成分，易与金、银、珍珠反应使之褪色、受损，因此香水不能直接喷洒于首饰上，可先喷洒香水后戴首饰。

不要将香水喷洒在皮毛上，这样不但损害皮毛，也会使皮毛的颜色发生改变。香水喷洒在羊毛、尼龙的衣料上不容易留下斑点，香味留在纯毛衣料上会较难消散。

【小案例】

香水的使用

冯磊见了同事吴云就躲开，因为吴云身上的味道实在让他忍受不了。你要问吴云身上有什么味儿，让冯磊这样排斥？冯磊会告诉你："怪味儿！我曾经用另一种方式问过她：'吴云，你怎么能让自己身上的味道这么持久呢？'她很兴奋地告诉我：'我用了香水呀。我现在越来越迷恋香水了，每天都在研究。有时候一天会换几种不同的香味试试，而且为了香味持久，我随身带着。你看！'然后我便看到她的包里有四个香水瓶子。我当时真不知道该说什么了。她现在身上并不是香水的香味，而是一种让人无法忍受的怪味！"

【小贴士】

香水使用"七点法"

首先将香水分别喷于左右手腕静脉处，双手中指及无名指轻触对应手腕静脉处，随后轻触双耳后侧、后颈部；轻拢头发，并于发尾处停留稍久；双手手腕轻触相对应的手肘内侧；使用喷雾器将香水喷于腰部左右两侧；左右手指分别轻触腰部喷香水处，然后用沾有香水的手指轻触左右腿膝盖内侧、脚踝内侧。注意所有轻触动作都不应有摩擦，否则香料中的有机成分可能发生化学反应，破坏香水的原味。

4. 化妆的注意事项

(1) 进行妆后检查。完成上述化妆过程后要进行妆后检查，主要可从以下四方面着手：一是检查左右是否对称。眼、眉、腮、唇、鼻侧等，两边形状、长短、大小、弧度是否对称，色彩浓淡是否一致。二是检查过渡是否自然。脸与脖子、鼻梁与鼻侧、腮红与脸色、眼影、阴影层次等过渡是否自然。三是检查整体与局部是否协调。各局部是否缺漏、碰坏，要符合整体要求，该浓该淡是否达到应有的效果，整个妆面是否协调统一。四是检查整体是否完美。化妆要忌"手镜效果"，即把镜子贴近脸部检查。虽然这样会看清细小的部分，但一般人是在1米之外的距离与人面谈或招呼。所以要在镜前50厘米处审视自己，对脸部整体的平衡做出正确的判断。

【小贴士】

如何卸妆

(1) 卸除睫毛膏。首先将假睫毛取下，如果你戴了假睫毛或隐形眼镜，一定要将其取下。将化妆棉用眼部专用卸妆液沾湿后对折。闭上双眼，两手各用两根手指将化妆棉上下压住眼睫毛，夹紧包住，注意睫毛根处也不要忽略。等待3～5秒后，让化妆棉上的眼部专用卸妆液将睫毛上的睫毛膏完全溶解。然后轻轻地将化妆棉往前拉出，以便顺势将溶解的睫毛膏拭去。通常睫毛膏无法一次完全去除，你可以更新化妆棉将上面的步骤再重复一次，直至完全清除为止。

(2) 卸除眼影及眼线。取一片化妆棉，同样以眼部专用卸妆液将其沾湿。闭上眼，将化妆棉用食指、中指与无名指夹紧，覆盖于眼皮上两三秒。然后将化妆棉轻轻地往眼尾拉，以顺势拭去眼皮上的眼影。如果因为使用了防水眼线而没有去除干净，可再重复一次。

(3) 卸除不沾杯唇膏。用面纸按压嘴唇，吸掉唇膏里的油分。将两片蘸满卸妆液的棉片轻敷嘴唇，微笑使唇纹舒展。由外围向唇部中心垂直卸除，不要来回搓。打开嘴角，将棉片对折，清理容易遗落的残妆。

(4) 卸除面部妆容。将卸妆产品适量涂抹于脸上，用指腹轻轻按摩脸部，让卸妆产品将脸上的彩妆充分溶解。注意细小的地方，如鼻梁两侧、嘴角、发际等处也要彻底卸除。用面纸将脸上所有的东西拭去，如果一次不干净，同样的步骤可再来一次。

(2) 不忽视颈部的修饰。做了发型和面部化妆后，要使面部色彩和身体的色彩很好地衔接，使化妆风格与服饰设计协调一致，还要考虑到脖颈的可见部分要和面部的妆色相和谐，所以脖颈部分必须进行修饰。颈部修饰可用比基础底色深一度的粉底轻轻涂抹在衣领以上的暴露部位，再用定妆粉定妆。中老年人颈部多皱纹，化妆前应充分保湿，尽量不用定妆粉定妆，直接用餐巾纸吸干。当皱纹太多需要遮盖时，需先粘贴一层薄化妆纱(牵引纱)将皱纹遮盖后再上粉底。

(3) 化妆中应力求柔和协调。为了达到自然美的目的，化妆中应尽量做到柔和协调，并做到"细施轻匀"，既要有形与色的渲染，又要富于自然气息，使他人难以看出明显的涂抹痕迹和晕染界线。特别是眼影、腮红部位的晕染更要注意这一点。

(4) 要讲究色调的统一和颜色的适中。化妆基础底色的色彩要与肤色相似，要讲究色调的统一和颜色的适中。例如，肤色白的人应选用比肤色略深一号的粉底，腮红和口红也应选用浅色；较深肤色的人，应选用玫瑰色蜜粉或较其原来肤色略深一号的蜜粉，采用深色的腮红和口红等，与肤色的反差不能太大。化生活妆切忌颜色的堆砌，如果在脸上厚厚白白地涂上一层基础底色，看上去像戴着假面具，当然没有美感可言。因此，切忌在原有化妆的基础上再涂抹化妆品，否则会显得不干净或不伦不类。

（5）化妆的浓淡视实际场合而定。白天是人们工作的时间，宜化淡妆，轻点朱唇淡扫眉，妆色健康、明朗、端庄。工作场合对女性的化妆要求是：化妆上岗、淡妆上岗。在国外，正式场合不化妆会被认为对对方不尊重，是不礼貌的行为。晚宴妆、舞会妆宜化得浓艳些。外出旅游或参加剧烈运动时，最好不要化浓妆，否则自然光下会显得很不自然。

【小贴士】

古诗欣赏

饮湖上初晴后雨

苏　轼

水光潋滟晴方好，山色空蒙雨亦奇；
欲把西湖比西子，淡妆浓抹总相宜。

（6）化妆色彩要与季节、场合相适宜。不同的季节和时间应选用不同的色彩。譬如在炎夏酷暑时应采用冷色系的化妆品，化妆后让人产生清新、凉快之感；冬天气候寒冷，宜采用鲜明色彩的暖色调化妆品，鲜艳的色彩会使人感到温暖；晚妆要浓而艳丽，色彩丰富，强调立体感，使妆容显得明艳且轮廓分明。

【小故事】

补妆与化妆

一家公司最近招聘了一个秘书小王，她在工作方面没有什么问题，人也非常勤快，可就是给人不太得体的感觉。一天，快到中午时，小王气喘吁吁地从外面办事回到公司，满头大汗。她像个假小子一样用手擦了擦汗就开始给客户打电话。同事见她还有些头发沾在眼角边，便对她说：“小王，看你出了那么多的汗，去补个妆吧。”小王说：“没什么。”她没在意，继续埋头干活。过了不久，小王又以一副新面孔展现在同事们的面前——她脸上的粉搽得那么厚，整个人看起来如戏台上的媒婆，吓了同事一跳。

（7）化妆要因人而异。化妆要充分重视个体性别、年龄、职业情况，尤其重视个性特点及其社会角色因素。化妆的目的是美化个体，化妆得当可以魔术般地增加个人魅力。将目前最流行的化妆方法应用到肤色完美、相貌出色的模特身上可以产生最迷人的效果，而把同样的化妆品及化妆方法应用在一般人身上可能会产生不伦不类的效果。完美的化妆应该是配合自身的条件，而创造出属于自身独特风格的美，让个体建立起对自己容貌的信心，这样的化妆才不会显得矫揉造作。

【小故事】

化妆风景线

阿美和阿娟是一所美容学校的学生，她们初学化妆，对此非常感兴趣。走在大街上，阿美和阿娟总爱观察别人的妆容,因此发现了一道道奇特的风景线。

一位中年妇女没有做其他化妆,光涂了一个嘴唇,而且是那种很红很艳的唇膏,只突出了一张嘴。一位女士的妆容看起来真的很漂亮,可惜脸上精彩纷呈,脖子却粗糙马虎,在脸庞轮廓上有明显的分界线,像戴了面具一样。再看,还有的女士用粗的黑色眼线将眼睛轮廓包围起来,像个“大括号”,看上去那么的生硬、不自然。一位很漂亮的女士,身穿蓝色调的时装,却涂着橘红色的唇膏……

① 化妆要扬长避短。每个人都要了解自己的短处,但又不能总盯在自己面部的不足之处,应当以化妆来弥补这些不足,还要注意突出自己的优点,采取扬长避短的方法效果往往更好。

② 化妆还要注意与服饰相配合。尤其是化妆色彩要与肤色、服装、饰物等相匹配,当然还要考虑到质感、厚感、光感、线感等诸多方面的协调性,充分强调化妆的整体协调效果。

【小贴士】

化妆的禁忌

化妆有很多禁忌,很多都是日常生活中我们不经意的化妆习惯,千万不要小看这些小习惯,如果不注意,会有损形象。

(1) 切忌在公共场合化妆。在众目睽睽之下化妆是非常失礼的,这样做有碍于别人,也不尊重自己。

(2) 女士不能当着男士化妆。如何让自己更加妩媚,应是每个女性的私人问题,即便是丈夫或男朋友,这点距离也要有,从某种意义上来说“距离”就是美。

(3) 不能非议他人的化妆。由于个人文化修养、皮肤及种族的差异,每个人对化妆的要求及审美观是不一样的。不要总认为只有自己的化妆才是最好的。在和他人交往的过程中,即便是好朋友,也不要主动为别人化妆、改妆及修饰,这样做就是强人所难和热情过度。

(4) 不要借用别人的化妆品。如确实忘了带化妆盒而又需要化妆,在这种情况下除非别人主动给你提供方便,否则千万不要用别人的化妆品,因为这是极不卫生的,也很不礼貌。

(5) 男士使用化妆品不宜过多。目前,男士化妆品越来越多,但男女有别。男士不能使用过多的化妆品,否则会给人带来不良的印象,不要让人产生化妆后有“男扮女装”的感觉。

5. 不同脸形的化妆

靳羽西说:“世界上没有难看的人,只有不懂得如何让自己打扮得体的人。”脸部化妆一方面要突出面部五官最美的部分,使其更加美丽;另一方面要掩盖或矫正缺陷或不足的部分。经过化妆品修饰的美有两种:一种是趋于自然的美;另一种是艳丽的美。前者是通过恰当的淡妆来实现的,它给人以大方、悦目、清新的感觉,最适合在家或平时上班时使用。后者是通过浓妆来实现的,它给人以庄重高贵的印象,可出现在晚宴、演出等特殊的社交场合。无论是淡妆还是浓妆,都要利用各种技术,恰当使用化妆品,通过一定的艺术处理来达到美化形象的目的。

(1) 椭圆形脸化妆。椭圆形脸可谓公认的理想脸形,化妆时宜注意保持其自然形状,突出其可爱之处,不必通过化妆去改变脸形。

涂胭脂:应涂在颊部颧骨的最高处,再向上向外揉化开。

涂唇膏:除嘴唇唇形有缺陷外,尽量按自然唇形涂抹。

修眉毛:可顺着眼睛的轮廓修成弧形,眉头应与内眼角齐,眉尾可稍长于外眼角。

因为椭圆形脸无须太多的掩饰,所以化妆时一定要找出脸部最动人、最美丽的部位,而后使之突出,以免给人平平淡淡、毫无特点的印象。

(2) 长脸形化妆。长脸形的人,在化妆时力求达到的效果应是:增加面部的宽度。

涂胭脂时,应注意离鼻子稍远些,以在视觉上拉宽面部。涂抹时,可沿颧骨的最高处与太阳穴下方所构成的曲线部位,向外、向上抹开。

施粉底时,若双颊下陷或者额部窄小,应在双颊和额部涂以浅色调的粉底,造成光影,使之变得丰满一些。

修眉毛时,应令其成弧形,切不可有棱有角的。眉毛的位置不宜太高,眉毛尾部切忌高翘。

(3) 圆脸形化妆。圆脸形予人可爱、玲珑之感,若要修正为椭圆形并不十分困难。

涂胭脂:可从颧骨起始涂至下颌部,注意不能简单地在颧骨突出部位涂成圆形。

涂唇膏:可在上嘴唇涂成浅浅的弓形,不能涂成圆形的小嘴状,以免有圆上加圆之感。

施粉底:可用来在两颊造阴影,使圆脸瘦削一点。选用暗色调粉底,沿额头靠近发际处起向下窄窄地涂抹,至颧骨下可加宽涂抹的面积,造成脸部亮度自颧骨以下逐步集中于鼻子、嘴唇、下巴附近部位。

修眉毛:可修成自然的弧形,可做少许弯曲,不可太平直或有棱角,也不可过于弯曲。

(4) 方脸形化妆。方脸形的人以双颊骨突出为特点,因而在化妆时,要设法加以掩蔽,增加柔和感。

涂胭脂:宜涂抹得与眼部平行,切忌涂在颧骨最突出处。可抹在颧骨稍下处并往外揉开。

施粉底:可用暗色调在颧骨最宽处造成阴影,令其方正感减弱。下颌部宜用大面积的暗色调粉底造阴影,以改变面部轮廓。

涂唇膏:可涂丰满一些,强调柔和感。

修眉毛:应修得稍宽一些,眉形可稍带弯曲,不宜有角。

(5) 三角形脸化妆。三角形脸的特点是额部较窄而两腮较阔,整个脸部呈上小下宽状。化妆时应将下部宽角"削"去,把脸形变为椭圆状。

涂胭脂:可由外眼角处起始,向下抹涂,令脸部上半部分拉宽一些。

施粉底:可用较深色调的粉底在两腮部位涂抹、掩饰。

修眉毛:宜保持自然状态,不可太平直或太弯曲。

(6) 倒三角形脸化妆。倒三角形脸的特点是额部较宽大而两腮较窄小,呈上宽下窄状。人们常说的"瓜子脸""心形脸",即指这种脸形。化妆时,掌握的诀窍恰恰与三角形脸相似,需要修饰部分则正好相反。

涂胭脂:应涂在颧骨最突出处,而后向上、向外揉开。

施粉底：可用较深色调的粉底涂在过宽的额头两侧，而用较浅的粉底涂抹在两腮及下巴处，造成掩饰上部、突出下部的效果。

涂唇膏：宜用稍亮些的唇膏以加强柔和感，唇形宜稍宽厚些。

修眉毛：应顺着眼部轮廓修成自然的眉形，眉尾不可上翘，描时从眉心到眉尾宜由深渐浅。

【小故事】

换　妆

吴菲，某高校文秘专业高才生，毕业后就职于一家公司做文员。为适应工作需要，上班时，她毅然放弃了“清纯少女妆”，化起了整洁、漂亮、端庄的“白领丽人妆”：不脱色粉底液，修饰自然、稍带棱角的眉毛，与服装色系搭配的偏浅色的眼影，紧贴上睫毛根部描画的灰棕色眼线，黑色自然型睫毛，再加上自然的唇形和略显浓艳的唇色。虽化了妆，却好似没有化妆，整个妆容清爽自然，尽显自信、成熟、干练的气质。但在公休日，她又给自己来了一个大变脸，化起了久违的“清纯少女妆”：粉蓝或粉绿、粉红、粉黄、粉白等颜色的眼影，彩色系列的睫毛膏和眼线，粉红或粉橘的腮红，自然系的唇彩或唇油，看上去娇嫩欲滴，鲜亮淡雅，整个身心都备感轻松。

心情好，自然工作效率就高。一年来，吴菲以自己得体的外在形象、勤奋的工作态度和骄人的业绩，赢得了公司同人的好评。

【点评】 有人说“化妆不只是技术，还是一门艺术、一种生活”。这句话一点儿也不错，吴菲的两种妆容正是其集中的体现，得体的妆容给她带来美丽、风采和自信。

【小训练】

作为女士，请用 5 分钟时间给自己化一个漂亮的工作妆。请实际操作，如果结果不令你满意，要继续实践，反复练习，直到取得满意效果为止。

四、美发

头发位于人体的“制高点”，俗话说“美丽从头开始”，发型构成了妆容美的重要内容。现代社会，发型的功能不仅是区分性别、美化容颜，更能反映一个人的道德修养、审美水平、知识层次。有时，人们可以通过一个人的发型准确地判断出他的职业、身份、受教育程度、生活状况和卫生习惯，更可感受出其是否身心健康以及对生活和事业的态度。美观的发型能给人一种整洁、庄重、洒脱、文雅、活泼的感觉。

美的发型，使人在社交中增强自我的自信心，陶冶人们的情操，领略对生活的热爱。不同的发型，能带给人整洁、庄重、洒脱、文雅、活泼的不同感觉。因而不同的气质、爱好、脸形、发质、年龄的人要针对自身情况，扬长避短，选择和修饰适合自己的发型。图 2-1 是深受世界人民喜爱的美国著名影星奥黛丽·赫本的经典发型。美发主要应注意以下几方面。

1. 美发的基础——护发

要想拥有健康秀丽的头发，就要靠平时的保养和护理。如果不保养和护理，头发就会受到损伤，影响头发的健康。健康是美的前提，有一头健康的头发，才能实现美发。

图 2-1

(1) 发质。头发因不同种族、不同肤色、不同年龄、不同健康状况而有着不同的发质。健康的头发因其皮脂腺分泌量的不同而大体上可分为以下四种发质：中性发质、干性发质、油性发质和混合性发质。

① 中性发质。中性发质是一种健康的头发，头发有自然光泽、润滑、柔顺、有弹性、易梳理、不分叉、不打结、梳理时无静电，做好发型后不易变形。但中性发质如同中性皮肤一样，比较少见。

② 干性发质。干性发质因头皮缺少皮脂或因水分丧失过快而显得干燥、暗淡无光泽、脆弱、僵直，易有断裂、分叉、缠结等现象；还因为发干易卷曲，发梢易分叉，头发僵硬，弹性下降，没有柔滑感，做好发型后很容易变形。干性头发多是由于衰老或护理失误造成。

③ 油性发质。油性发质因头皮皮脂腺分泌旺盛，故头发油腻、易黏附灰尘、易脏且易有头皮屑，造型难度大，常呈现平直软弱等特点。油性头发多与遗传有关，此外，也常与精神压力过大或性激素分泌旺盛有关。

④ 混合性发质。混合性发质处于头发多油和头发干燥的混合型状态，这种头发根部多油，发梢则易缺油脂而显干燥，行经期妇女和青春期少年多见。混合性头发因其头发生长处于最旺盛阶段，而体内的激素水平又不稳定，于是出现干燥与多油并存的状态。

【小故事】

气质魅力从头开始

华盛集团公司的卫董事长有一次要接受电视台的采访。为了郑重起见，事前卫董事长特意向公司为自己特聘的个人形象顾问咨询，有无特别需要注意的事项。对方专程赶来之后，仅仅向卫董事长提了一项建议：换一个较为儒雅而精神的发型，并且一定要剃去鬓角。对方的理由是：发型对一个人的上镜效果至关重要。果然，改换了发型之后的卫董事长在电视上亮相时，形象焕然一新。他的发型使他显得精明强干，他的谈吐使他显得深刻稳健，两者相辅相成，令电视观众纷纷为之倾倒。

(2) 护发用品。护发用品一般可分为以下三大类。

① 发乳。适用于一般头发，对发质较软者尤为适用。它能保护头发，使之不易断裂和脱落，保持自然光亮与润泽，还可随意梳理成自己需要的发型。发乳中的药性发乳则可以去屑、止痒、防脱发。

② 发蜡。发蜡又称头蜡，是以凡士林为原料制成的，所以黏度较高，适于头发较多或

硬性头发的人使用。由于这类头发难以梳理成型，使用发蜡后再用电吹风吹发则易于梳理成型，保持头发整齐，同时还能减少水分对头发的软化作用，增加头发的光泽。

③ 喷雾发胶。这是一种使头发定型的用品。其使用方法是：在使用电吹风吹发后，将发胶均匀地喷在头发上，从而使发型固定，不怕风吹或震动，可较长时间地保持发型不变。

(3) 护发的方法。

① 焗油。焗油是最好的护发方法。有关专家研究发现，头发表层是由无数鳞片组成的，这种鳞状表层排斥头油、蛋白质、维生素、人参、当归等物质，只吸收与纤维质相关的特殊物质，而焗油膏中则含有这种头发易于吸收的营养物质。它们对于头发可以起到营养和修复作用，增加头发的弹性、柔软性和保湿性，使头发看起来光亮照人，如丝绸一般，并易于梳理。焗油一个月一次即可，可以自己焗也可以到理发店焗。

② 养发。现代职业女性若想拥有一头秀发，还要注意养发，即在人体自身内部营养吸收及外部环境的适当调节上要注意以下四个方面。

一是保持饮食中的营养均衡，提高自身的健康素质。多吃含蛋白质以及含铁、钙、锌、镁的食物和鱼类、贝类、橄榄油、坚果类(核桃)等干果。

二是多参加运动，坚持锻炼。有规律的运动可消除工作、学习、生活紧张带来的压力。

三是掌握并运用正确的梳头和洗头方法，勿损伤头发；还要注意按摩和擦发，早晚用梳子梳发3分钟，约100次，这样既可以刺激头发的神经末梢，调节头部神经功能，促进内分泌和头发的新陈代谢，有利于头发的新生，还可以刺激头皮活力，防头屑和脱发。

四是防止和降低自然环境中损伤头发的因素，如注意防干燥、防暴晒、防潮湿、防寒冷。夏天游泳后要及时用清水将头发清洗干净，再让头发自然风干。夏天外出用遮阳伞，冬天外出戴防寒帽。

【小贴士】

发型的种类

1. 女士发型

(1) 马尾巴。马尾巴是一种将头发一把扎在脑后而不编结成辫的发型。由于其简单易行，所以用途极广。这种发型会使女孩显得活泼可爱，但是，它会使背部不直的人看上去负荷过重。

(2) 独辫子。独辫子是一种将长发在脑后编成一根辫子的发型，它给人以怀旧的情结。

(3) 娃娃头。娃娃头又称童花头，它以齐眉的刘海和齐耳的短发塑造女孩乖巧可人的形象，可使女士看上去更年轻。

(4) 直发。直发是一种将齐肩或披肩的长发拉直的发型，可使女孩变得青春靓丽。

(5) 大波浪。大波浪是一种流行卷发发式，由于其发型纹理就像大海的波浪一样，故而得名。大波浪发型柔软又不失淑女形象，既有轻盈飘逸的发型轮廓，又有妩媚迷人的视觉冲击，是深得时尚女孩追捧的发型。

此外，还有高发髻、男士头等。

2. 男士发型

(1) 西式发型。西式发型又称西装头，泛指现代人三七分或四六分的一种露出后颈部的短发型，是正式场合最常采用的一种发型，给人以端庄和严谨的感觉。

(2) 对分发型。对分发型是一种五五对开、额前头发比较长的发型。这种发型只适合前额宽大、脸形呈“国”字形的人，反之是橄榄头型人的大忌。

(3) 卷曲发型。给人以异国情调或自由浪漫的感觉。

(4) 板寸头。板寸头俗称平头。脑袋四周基本无发，只是头顶留有1～2厘米的短发，而且顶部呈水平面。这种发型给人以刚毅和果敢的形象。

此外，还有刺猬发型、爆炸发型和光头等。但是对于男职员来说，此类发型不适宜。

2. 发型的选择

当我们对自身头发的发质、护发、保养有了一定的了解后，还要选择一个有魅力的，与自己性别、发质、服装、身材、脸形等和谐一致的发型，从而表现出与众不同的良好仪容——发型美。

【小故事】

松下与理发师

日本著名跨国公司“松下电器”的创始人、被称为“经营之神”的松下幸之助，以前从不修边幅，企业也不注重形象，因此企业发展缓慢。一次他到银座的一家理发室去理发，理发师看到他的形象后，毫不客气地对他说：“你毫不重视自己的容貌修饰，就好像把产品弄脏一样，你作为公司代表都如此，产品还会有销路吗？”一句话将松下幸之助问得哑口无言。他将理发师的劝告牢记在心，此后对自己的外在形象十分重视，生意也随之兴旺起来。现在，松下电器的产品享誉天下，与松下幸之助长期率先垂范，要求员工懂礼貌、讲礼节是分不开的。

(1) 发型与性别。对于男士来讲，头发的具体长度，有着规定的上限和下限。所谓上限，是指头发最长的极限。按照常规，一般不允许男子在工作时长发披肩，或者梳起辫子，在修饰头发时要做到：前发不覆额，侧发不掩耳。男士头发长度的下限是不允许剃光头。

对于女士来讲，在工作岗位上头发长度的上限是：不宜长于肩部，不宜挡住眼睛。长发过肩的女子在上岗之前，可以采取一定的措施，如将超长的头发盘起来、束起来、编起来，不可以披头散发。女士头发长度的下限也是不允许剃光头。

【小贴士】

男士发型长度

男士的发型一般是以头发顶部至发际线处的长度为依据，分为短发型、中长发型、长发型和超长发型。短发型一般留发较短，发式轮廓线在两鬓角处，给人精干年轻、充满活力的印象。中长发型一般留发适中，发式轮廓线在耳轮以上，是大多数男性，特别是中年男性喜爱的发型。长发型留发较长多是一些从事艺术类工作的男士，其发式轮廓线在后发际线上下，颇有艺术家的风采。但打理不好，容易给人不修边幅的感觉。留超长发型的男性留发很长，其发式轮廓线超过发际线，是追逐时尚、标新立异一族喜爱的发式。男士发型长度确定的方法如下。

(1) 左右梳理确定法。左右梳理确定法是将头顶区的头发先梳到一侧，按侧区标准长度修剪。然后再将头顶区的头发梳至另一侧，按另一侧区标准长度修剪，最后再将顶区中心的头发垂直提起，将多余的长发剪去即可。这种方法适合于发丝后梳流向与旋转流向的男士发型长度定位。

(2) 中心点定位设定法。中心点定位设定法是以中心点至肩尾的长度为基准建立设计线，按要求修剪顶区层次。这种方式适合一般按常规修剪的男士发型长度定位。

(3) 分梳设定法。分梳设定法是以自然分界线为准，将头发自然梳至两个侧区，按侧区的标准长度进行修剪。此方法适合喜爱顶部留发较长或顶部头发较少的男士发型长度定位。

(2) 发型与发质、服装。一般来说，直而硬的头发容易修剪得整齐，故设计发型时应尽量避免花样复杂，应以修剪技巧为主，做成简单而又高雅大方的发型。比如，梳理成披肩长发，会给人一种飘逸秀美的悬垂美感；用大号发卷梳理成略带波浪的发型或梳成发髻等，会给人一种雍容、典雅的高贵气质。

细而柔软的头发，比较伏贴、容易打理成型，可塑性强，适合做小卷曲的波浪式发型，显得蓬松自然；也可以梳成俏丽的短发，能充分体现个性美。

在现代美容中，一个人的发式与服装有着十分密切的关系。什么样的服装应当有什么样的发式相配，这样才显得协调大方。假如一个高贵典雅的发髻配上一套牛仔服系列就显得不伦不类。因此，只有和谐统一才能真正体现美。

【小贴士】

发型与季节的配合

一年四季，由于气候的变化，人们的着装随之变化，发型设计也应随着季节的变化而变化。

(1) 春季草木复苏，生机盎然，气候适宜，发型设计可根据自己的喜好加以选择，色彩可以丰富多彩，表现出积极进取、精力充沛的一面，长短、薄厚均可，不受限制。但发型一定要展示美的风范：流畅的线条、优美的造型。

(2) 夏季由于气候炎热，人们的穿着也很简单，一般的服装都是开领、短袖，并露出颈部，发型设计多用短发或超短发，给人以凉爽、整洁、利落的感觉；长发可以盘起或编起，尽量露出脖颈，也可采取束发措施。发式外轮廓呈圆形，前高后低，额前呈花瓣形，两侧及顶部头发呈直线状比较时尚。

(3) 秋季天气凉爽，草木枯黄，给人以萧条的感觉，人们着装也较随意，在发型上可以采用稳重、典雅的造型，也可以做出时尚前卫的造型。因为秋天也是个硕果累累、色彩斑斓的季节，因此色彩尽可以任意发挥。

(4) 冬季气候寒冷，穿着笨重，头上常常戴围巾、帽子，发型很难保持长久，所以，发型处理应尽量简洁、易梳理。发型设计要偏长、偏厚和蓬松些，给人以温暖的感觉。留发宜长但发式可以是大波浪、中波浪，也可以是长直发，发色偏暖为宜。

(3) 发型与身材。发型设计不应只是简单增加或减少身高的作用。发型、脸形和身材应该是和谐一致的。有时单看某一款发型很漂亮，与脸形和肤色都配合得很好，可是站起来一看就感到美中不足了。原来是发型太短或太长，导致头长和身高比例失衡，或头宽与身宽比例不相宜。根据人体美学测量学的研究，头长和身高的比例应该为1∶7.5～1∶8。只有遵循形式美法则，才能使发型设计具有增加体型美或修补体型缺陷的效果。顾筱君总结发型与体型的配合大致有下列几种情况。[①]

① 身材矮小者的发型。身材娇小、脸形圆润的人会给人小巧玲珑之感，发型设计不宜破坏这种感觉。发型应以秀气、精致为主，避免粗犷、蓬松，否则会使头部与整个形体的比例失调，给人以大头小身体的感觉。烫发时应将花式、块面做得小巧、精致一些。或者选用偏分的短发或中长发，短发显得轻快活泼，富有青春魅力。身材矮小者也不适宜留长发，因为长发会使头显得大，破坏人体比例的协调性。留中长发时，可将发梢自然向里弯曲，任秀发自然飘逸。高耸的盘发可以增加身高错觉，但要视脸形或头长而定。

② 身材矮胖者的发型。矮胖体型的人给人一种丰满健康、充满活力之感。发型要协调这种健康的美感，造成一种有生气的健康美，譬如选择运动式发型。此外应考虑弥补缺陷，胖人脖子短，不宜留披肩长发，不宜烫卷发，不宜让头发过于蓬松或过宽，尽可能让头发向高度发展，显露脖子以增加身体的视觉高度。也可以盘头，或选择让头发向上蓬松发展的发型（也要视头长与身长比例而定）。

③ 身材高瘦者的发型。高瘦体型的人细长而单薄，头部显小。若要弥补这些不足，发型就要求生动饱满，避免将头发梳得紧贴头皮，或将头发梳得过分蓬松，造成头重脚轻的印象。一般来说，高瘦身材的人比较适宜留长发和直发。应避免将头发削剪得太短薄，或高盘于头顶上。头发长至下巴与锁骨之间较理想，且要使头发显得厚实、有分量。也可将长发盘起，梳理成高雅的发髻，优雅而别致。发型的轮廓宜保持圆形或烫出有波浪的卷曲状并层次分明，也可将头发后梳显露丰满的面庞。

④ 身材高胖者的发型。男子的高大是一种魁梧，给人一种力量美，但高大对女子来说就会缺少苗条、纤细的美感。除了以服饰及化妆设计予以矫正外，发型设计也有一定的美化效果。为适当减弱这种高大感，发式上应以大方、简洁为好。高大女子的发型一般以直发为主，以长发或中长发、大波浪卷发为好，即使做卷发也应服帖、紧凑；也可以做盘发或简单的短发，发型应简洁明快，线条流畅、大方、奔放、洒脱，不要追求繁杂的花样，头发不要太蓬松。总的原则是简洁、明快，线条流畅。

另外，如果上身比下身长，或上下身等长，则发式可选择长发以遮盖其上身；如果肩宽臀窄，就应选择披肩发或下部头发蓬松的发式，以发盖肩，分散肩部宽大的视角；若颈部细长，可选择长发的发式，不适宜采用短发式，以免使脖颈显得更长；若颈部短粗，则适宜选择中长发式或短发式，以分散颈粗的感觉。

总之，进行发式选择时，必须根据自己的身材，选择一个与之相称的发型。

【小贴士】

发型与职业

根据职业的需要，设计一个很理想的发型对每个人都非常重要。以下是几种常见职业的发型。

1. 教师或机关人员的发型选择

发型要简洁、大方、朴素、明快，最好是剪成短发或烫后稍加修理。若是留成中长发，则

① 顾筱君. 21世纪形象设计教程[M]. 北京：机械工业出版社，2012：45.

可在自然蓬松的基础上以适宜的发卡装饰，给人以淡雅、端庄的感觉。

2. 公务人员或秘书的发型选择

由于社会活动较多，头发最好留得长一些，以便能经常变换发型。一般可以将头发烫成波浪或剪成披肩直发，这些发型稍加修饰或变动，即可适应多种场合。

3. 运动员或学生的发型选择

根据这类人员的职业特点，发型可以做成轻松活泼的短发，若留长发则扎成马尾状，看起来十分可爱、阳光，又易于梳理。

由于社会分工的不同，因而出现了各种不同的职业，所以设计出能衬托整体又能表现个性的发型，才能和谐统一。

(4) 发型与脸形。发型与脸形的配合要点，主要是突出优点和遮盖缺点，达到美化面容的目的，见表 2-3。

表 2-3　发型与脸形适配一览表

脸　形	主要不足	适合发型	效　　果
梨形	面颊与额较前额宽	短发，头发尽量梳高，并覆盖前额和太阳穴，紧贴双耳	使额与前额平衡，夸张前额
圆形	苹果般的面孔和丰腴的下巴	避免从中间分开头发，把头发都梳到一边，并盖住耳朵	由于头发不对称，脸看起来长些
方形	太显刚毅	头发不宜中间分开，特别是刘海可向侧吹起一个高坡，向后平掠，贴着耳朵	脸的轮廓变得柔和
瓜子脸	下巴显尖削	额前覆盖些头发，头发可在耳后散下	下巴丰润些

【小贴士】

如何利用发带改变发型

改变发型不一定大动干戈，一条或多条搭配的纤细发带，就可以让人眼前一亮、令人惊艳。

要领之一，根据发色来挑选发带的颜色。自然黑发的人不应该选择墨绿、金棕、红色等比较暗调的颜色，这样会使发色更加暗淡，应挑选浅绿、米金、粉色系；而染了发色的人可以考虑暗调明调两色搭配：如墨绿搭配米白、深棕搭配米金，一明一暗，能显示出发型的层次感，让发质看起来更柔亮。

要领之二，根据头型确定戴发带的位置。头型浑圆且长，可以将发带戴得倾斜一些，即从头顶向后脑勺倾斜，头型就不会显长；头型偏扁且短的人就不能自爆其短，应贴近额头的发际线和耳朵戴发带，位置靠前的戴法显得可爱些。

【小贴士】

用发型矫正面部缺陷的方法

(1) 遮盖法。以头发组成适当的线条或块面来改变脸形的不足，主要是在视觉上遮盖原来比较突出而不够完美的部分，冲淡突出的部分。

(2) 衬托法。主要将顶部和两侧的部分头发梳得蓬松或紧贴，以增加或减少某部分的块面，改变其轮廓。如圆形脸顶发向上梳得高而挺，下颌两侧紧缩些，脸形即有拉长感。脸形平扁时，发型的起伏要大，以增加脸形的立体感等。

（3）填补法。利用头发或饰物来填补不足的部位。例如，头部有瘪塌部分，可用结扎蝴蝶结、发夹、插花或衬假发填补。

（4）增美法。脸形肤色都很美时，则要求发型不能破坏自然美，而应该衬托或者增加自然美。

3. 美发的方法

【小案例】

毁了生意的"鸡窝头"

一个周五的晚上，几个好朋友为了给曹蒙庆祝生日，特意拉着他到理发店烫了个时髦的"鸡窝头"，然后又拉着他去一家知名的摇滚酒吧吃喝玩乐，直到凌晨四点，这些朋友才各自回家睡觉。

第二天早上八点的时候，电话响了，一接，是单位经理的电话，因为经理临时有事，让曹蒙代他去和一个重要客户签合同，时间安排在上午九点。从曹蒙家到客户那里至少要40分钟的路程，如果堵车就可能迟到。曹蒙不敢怠慢，赶紧起床，穿上一套西装就出了门。

果然，曹蒙在去的路上遇上了堵车，还好他在最后几分钟顺利赶到了客户那里。一见到曹蒙，客户的眼里闪过一丝耐人寻味的神色，他先让曹蒙坐下，然后就去了隔壁房间。过了一会儿，客户对曹蒙说："我看今天这个合同就暂时不要签了，咱们以后再约时间，好吧？这样，麻烦你跑了一趟，还请你先回去吧！"

曹蒙觉得莫名其妙，却又不便深问，只得怏怏地回去了。随后，曹蒙接到了经理的电话，问他为什么顶着一个鸡窝头就去了，客户还以为他是个小混混，把客户吓了一跳，合同的事情也就暂缓了。

爱美之心人皆有之。礼仪专家金正昆认为现代职业女性可采用以下四种方法来美发，使自己的发式亦庄亦雅、亦美亦潮而不落俗套。

（1）烫发。现代人运用物理的方法或化学的方法，将头发做成各式各样的符合个人要求的形状的方法叫作烫发。现在各种五花八门的烫发术语使人眼花缭乱，所以在烫发前，首先要将本人的年龄、职业、脸形、发质等因素做综合的分析判断后，再决定是否烫发和烫什么样式的发型，切勿盲从。

（2）做发。人们用发油、发乳、发胶、摩丝等美发用品，将头发塑造成各种形状，以达到显示个性化目的的方法叫作发。现代职业女性发型不宜做得太夸张，应注重塑造端庄、稳重的良好职业形象。

（3）染发。现代人比较崇尚潮流，往往将自己的头发染成各种色彩，以突出个人的兴趣爱好和个性特点。现代职业女性染黑发无可厚非，除此之外，一般不适宜将头发染得太夸张。如果年轻的职业女性需要染其他色彩的头发，可选择栗色、酒红色、咖啡色等颜色，这样，既可显示活泼和有个性，又不失大方高雅的气质。

（4）假发。如果头发有先天或者后天缺陷，可选择戴假发来弥补缺陷。选择假发也要考虑个人的年龄、职业、身材、肤色等因素，既不能过分夸张，也不要过分俗气。使用假发要注意选择仿真度较高的、质量较好的，切不可为了贪图便宜而使用那些太假、太俗气的假发。

总之，人的脑袋是一个人的制高点，是人们产生第一印象的第一道风景线，我们只有“从头做起”，才能真正地通过发型向他人传递性格爱好、文化修养等信息，也才能使自己的职业形象从头开始达到自然、和谐。

五、修饰手臂

在服务行业里，手臂通常被视为每一名服务人员所拥有的“第二张名片”。服务人员在修饰自己的手臂时，经常需要给予高度重视的问题主要有以下四个。

1. 手臂保养

由于服务人员平时用手臂较多，所以一定要高度重视保养自己的手臂，尤其是要保养好自己的双手。

在正常情况下，不允许一位服务人员的手臂上总是粗糙、皲裂、红肿、生疮、长癣，或者创伤不断。

2. 手臂保洁

在服务行业里，服务人员的手臂干净与否，有时甚至显得至关重要。服务人员双手务必要认真做到“六洗”，即至少在六种情况下必须洗手：上岗之前；手脏之后；接触精密物品或入口之物前；规定洗手之时；上过卫生间之后；下班之前。

3. 手臂妆饰

人们之所以要对自己的手臂进行妆饰，自然是为了使自己增添美感。服务人员在修饰手臂时，需要特别重视下述几个方面的细节问题。

（1）不要蓄长指甲。服务礼仪要求，服务人员的手指甲通常不宜长过其指尖，否则就必须予以修剪。服务人员对于修剪自己的手指甲，要养成“三天一修剪、每天一检查”的良好习惯，并且一定要做到坚持不懈。

（2）不要化艳妆。出于养护指甲的目的，允许服务人员平时使用无色指甲油。但是，若非专业的化妆品营销人员，一般不允许在工作中往指甲上涂抹彩色指甲油或者在指甲上进行艺术绘画。在工作之余，服务人员十指指甲上涂满蔻丹，甚至十指十色，或是在其上进行微型艺术绘画，固然无可厚非，但若是在工作岗位上如此这般，则会给人以本末倒置之感，往往令消费者难以接受。在手臂上刺字、刻画，也是不适宜的。

（3）不要腋毛外露。一般而言，服务人员大都不会以肩部暴露的服装作为自己的工作装。万一因为工作的特殊需要，服务人员必须穿着肩部外露的服装上岗服务时，则必须切记：此前最好剃去自己的腋毛。另外，有个别人手臂上其他部位往往长有较为浓密的汗毛，应当采取行之有效的方法将其去除。

4. 手臂防病

由于服务人员在工作之时主要借助手臂服务于人，因此要想方设法对其多加防护，避免其出现伤病。

（1）要注意个人卫生，防患未然。

（2）要注意有病及时诊治，切勿任其发展。

（3）要注意工作性质，不要以伤病之手接触他人。

（4）要注意及时剪除指甲周围的死皮。死皮的出现，实际是手部接触肮脏之物后的结果。

此外，在一些特殊的工作岗位上做服务工作时，为了卫生保洁，按规定服务人员还必须戴上专用的手套，忘记戴或有意不戴，是坚决不允许的。

【小贴士】

下肢的修饰

按照工作性质，服务人员在对自己的下肢进行修饰时，需要注意的问题大致有三个。

（1）下肢的清洁。服务人员在进行个人保洁时，应该对下肢认认真真地做清洁。特别要强调：勤于洗脚；勤换袜子；勤换鞋子。

（2）下肢的遮掩。服务人员在工作中服务于人时，需要运用服装与鞋袜，适当地对自己的下肢进行必要的遮掩。一般来讲，服务人员应认真做到以下“四不”。

一是不要光腿。服务人员的下肢如直接暴露在他人的视线之内，则最好不要光腿。男性如果光腿只会令他人对他的一双“飞毛腿”产生厌恶。而女性光腿，则通常会被理解为是在向异性显示自己的性感和魅力。假使由于气候过度炎热或工作性质比较特殊而需要光腿，必须注意选择长于膝盖的短裤或裙子。

二是不要光脚。根据常规，服务人员在工作时通常不允许赤脚穿鞋，而一定要穿上袜子。提出这一要求，既是为了美观，也是为了在整体上塑造服务人员的形象。

三是不要露趾。服务人员在选择鞋子时，不仅要注意其式样、尺寸，还须特别注意自己在穿上鞋子之后，不论是否穿袜子，都不宜让脚趾露在外面。正因为如此，服务人员，尤其是窗口部位的服务人员，在其工作岗位上，一般不允许穿露趾的凉鞋或拖鞋。

四是不要露跟。与不允许露趾的理由一样，服务人员在工作岗位上暴露自己的脚后跟，也会显得过于散漫。因此，服务人员通常不应当穿着无后跟的鞋子，或脚后跟裸露在外的鞋子。

（3）下肢的美化。下肢的美化要注意三点：一是注意腿毛。由于多重因素的影响，少数女性的腿部会长出一些腿毛。假如碰上了此种情况，而又要穿裙子，则当事人最好将其去除，或是选择颜色深而不透明的袜子。二是修剪趾甲。服务人员应当切记，要像经常检查、认真修剪手指甲一样，经常检查并认真修剪自己的脚趾甲。三是忌化彩妆。许多时尚女性对于在脚部化彩妆，即在脚趾甲上涂抹彩色趾甲油的做法十分推崇。不过应当指出的是，对于在服务行业就职的女性来说，此种做法是不宜采用的[①]。

---

① 舒静庐. 服务礼仪[M]. 上海：上海三联书店，2014：24-25.

第二节 服 饰

服饰是一种无声的语言，它显示着一个人的个性、身份、涵养、经济状况、审美水平及其心理状态等多种信息。在人际交往中，服饰直接影响到别人对你的第一印象，关系到对个人形象的评价，因此，所谓“三秒定乾坤”的说法也不无道理。服务人员得体规范的服饰，可以更好地表现对服务对象的尊重，它反映了服务人员良好的素质和修养，进而展示出企业良好的精神面貌和管理水平。

一、着装的基本要求

服务人员的服饰得体与否，与个人形象、服务企业的形象均有极大关系。对其重视不够，就会损害个人形象与企业形象。作为服务人员，如果想在服饰上不出差错，唯一的办法，就是必须在个人服饰上遵守成规，特别是要严守本单位的有关规定。服务人员在自己的工作岗位上身着正装必须注意以下方面。

1. 制作精良

服务人员所穿的正装应当制作精良。在本单位财力、物力允许的前提下，为服务人员统一制作的正装，务必要精益求精。唯有如此，才有可能发挥其作用。

礼仪专家金正昆教授在其著作中举了不少不注重礼仪的例子，想必很多人都曾遇到过。比如，他去饭馆吃饭，服务员给他斟茶，他接茶杯的时候被静电电了一下；一会儿接服务员递来的纸巾，又被电了一下；再接后者递来的酒瓶，还是被电，搞得他那顿饭吃得提心吊胆。这是为什么？就是因为饭店没有注意工作服的面料，选择了容易产生静电的那种。那么，这和礼仪有什么关系？金正昆教授认为，制服应统一制作、便于服务、式样雅致、色彩要少，不能对服务产生阻碍，给消费者留下不好的印象，而这都是应该注意的地方。此外，制服还要在设计上适应工作特点，体现出积极进取、奋发向上的精神风貌。

2. 外观整洁

服务人员在其工作岗位上不应穿外观不够整洁的正装。服务人员的正装不够整洁，主要包括下述几种情况。这些都是不符合服务礼仪的基本规范的。

一是布满褶皱。服务人员在穿着正装前，要进行熨烫；在暂时将其脱下时，则应认真把它悬挂起来。若是平时对其不熨不烫，脱下之后随手乱丢，使之折痕遍布，皱皱巴巴，必定使其十分难看。

二是出现残破。服务人员若是我行我素地穿着有明显的外观残破的正装，如其被刮破、扯烂、磨透、烧洞，或者纽扣丢失等，则极易给人以很坏的印象。在外人眼里，这不但是工作消极，敷衍了事，而且绝无爱岗敬业、恪尽职守的精神可言。

三是遍布污渍。服务人员在工作中难免会使自己身着的正装沾染上一些污渍。例如，油渍、泥渍、汗渍、雨渍、水渍、墨渍、血渍等。这些污渍，往往会给人以不洁之感，有时甚至会令人产生其他联想。

四是沾有脏物。与遍布污渍相比，正装上沾有脏物，往往会造成更大的负面影响。

五是充斥异味。正装充满异味，比如汗酸、体臭，等等，属于一种“隐形”的不洁状态。它表明，着装者疏于换洗服装。在某些情况下，特别是当服务人员需要为他人进行近身服务时，若是浑身上下异味袭人则对于服务对象还会多有妨碍。为了保证服务人员服装整洁，一般服务企业都制定了相关规定，并严格执行，如统一规定服务人员正装换洗的具体时间，如每日一换，三日一换或一周一换，并且由单位负责服装的洗涤；服务单位明确要求服务人员的正装必须随脏随换，不得懈怠；任命专人负责检查，凡不合要求者，不但要批评教育，还要予以一定处罚，等等。

3. 穿着得体

服务人员必须按规定穿好正装。做到以下三点：一是正装内衬衣的领口、袖口一定要洁净，否则既影响形象，又有失身份。衣摆应扎入衣裤内。二是衣扣到位。女士正装上衣的扣子一定要到位，如此才会显出女性的端庄典雅。再忙、再热也不允许解开衣扣。男士西装上衣的扣子要按规范穿好。三是不管工作多忙或天气多热也不可以高卷袖筒、挽起裤腿。

二、男士西装的穿着要求

1. 合体的上衣与衬衣

合体的西装上衣应长过臀部，四周下垂平衡，手臂伸直时上衣的袖子恰好过腕部，领子应紧贴后颈部。

穿西装时必须穿长袖衬衣，衬衣最好不要过旧，领子一定要硬扎、挺括，外露的部分一定要平整干净。衬衣下摆要掖在裤子里，领子不要翻在西装外，衬衣袖子应长于西装袖子。衬衫领子稍露出外衣领。衬衫的袖口也应长出外衣袖口1～2厘米。

2. 注意内衣不可过多

穿西装时切忌穿过多的内衣。衬衣内除了背心之外，最好不要再穿其他内衣。如果确实需要穿内衣，内衣的领圈和袖口也一定不要露出来。如果天气较冷，衬衣外面还可以穿上一件毛衣或毛背心，但毛衣一定要紧身，不要过于宽松，以免穿上显得臃肿，影响穿西装的效果。

3. 打好领带

正式场合的领带以深色为宜，非正式场合的领带以浅色、艳丽为好。领带的颜色一般不宜与服装颜色完全一样(参加凭吊活动穿黑西装系黑领带除外)，以免给人以呆板的感觉。具体做法如下：一是领带底色可与西装同色系或邻近色，但两者色彩的深浅明暗不同，如米色西装配咖啡色领带；二是领带与西装同是暗色，但色彩形成对比，如黑西装配暗红色领带；三是一色的西装配花领带，花领带上的一种颜色尽可能与西装的颜色相呼应。

【小贴士】

领带的来历

领带起源于英国男子衣领下的专供男子擦嘴的布。工业革命前，英国也是个落后国家，人们吃肉时用手抓，然后大块大块地捧到嘴边去啃，成年男子又流行络腮胡子，大块肉一啃就把胡子弄油腻了，男人们就用袖子去擦。为了对付男人这种不爱干净的行为，妇女们在男人的衣领下挂了一块布专供他们擦嘴用，久而久之，衣领下面的这块布就成了英国男士上衣传统的附属物。工业革命后，英国发展成为一个发达的资本主义国家，人们对衣、食、住、行都很讲究，挂在衣领下的布就演变成了领带。

领带主要有五种打法，即平结、交叉结、双环结、温莎结、双交叉结，见图 2-2～图 2-6。[①]

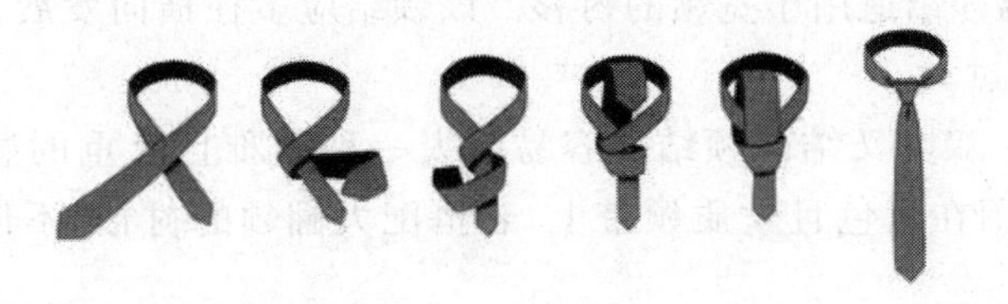

图 2-2

图 2-3

图 2-4

图 2-5

图 2-6

① 选自 http://q.chinasspp.com/n53473.html(2010-02-01).

(1) 平结。平结为男士选用最多的领结打法之一，几乎适用于各种材质的领带。要诀：领结下方所形成的凹洞，需让两边均匀且对称。

(2) 交叉结。交叉结适合单色素雅、质料较薄的领带选用的领结。对于喜欢展现流行感的男士不妨多加使用。

(3) 双环结。双环结能营造时尚感，适合年轻的上班族选用。完成后的特色就是第一圈稍露出第二圈之外，注意不要刻意给盖住。

(4) 温莎结。温莎结适用于宽领的衬衫。该领结应多往横向发展，应避免材质过厚的领带，领结也勿打得过大。

(5) 双交叉结。双交叉结的领结很容易给人一种高雅且隆重的感觉，适合正式活动场合选用。应多运用在素色且丝质领带上，若搭配大翻领的衬衫，不但适合，而且有一种尊贵感。

领带结需靠在衣领上，但不能勒住脖子，也不能太往下，显得松松垮垮、不精神。领带系好后，垂下的长度应触及腰带，超过腰带或不及腰带都不符合要求。领带应用领带夹固定。单排扣的西装在穿着时，由于不扣纽扣的时间较多，人在做动作的时候容易使领带飘起来，因此，穿单排扣的西装可以夹领带夹。领带夹应当夹在衬衣纽扣数下第四五粒处。别针可以夹在西装左衣领上，约与第三粒衬衣纽扣齐平。如领带夹要与别针一起使用，应选用同款同色为宜。

【小故事】

细节决定胜负

某家大型企业面向北京各高校发出了招聘业务员的启事，希望能招到具有专业知识的有志青年，充实企业的第一线。根据收到的求职材料，企业招聘人员约见了一位经济管理专业的男生面试。这位男生身材微胖，个头不高。面试时，他面容修饰一新，衣着也十分正式，穿西装，系领带，但可能是为了舒服，他的领带松松垮垮地挂在脖子上，衬衣最上面一粒扣子也解开着。正是因为这一形象使他没有通过面试。一位人事总监说："我认为你不可能仅仅由于系了一条领带而得到一个职位，但是我可以肯定系错了领带会使你失去一个职位。"

4. 裤子合体

西装的裤子要合体，要有裤线，裤长要触及脚面余1～2厘米。西装裤兜内不宜放沉东西。

5. 鞋袜整齐

穿西装一定要穿皮鞋，而不能穿布鞋或旅游鞋。皮鞋的颜色要与西装相协调。皮鞋还应擦亮，不要蒙满灰尘。穿皮鞋还要配上合适的袜子，袜子的颜色应与西装颜色相同或者相近，切忌选配浅色的袜子。搭配正装的袜子应选用与西装外套同色系的深色棉袜，以干净、完整、合脚为宜。男士为避免在坐下时露出腿毛，应当选穿黑色或者深蓝色的不透明中长筒袜。

6. 扣好扣子

不同的西装，扣子的系法不同，一定要按要求扣好扣子。

【小贴士】

西装纽扣的系法

如果穿单排一粒扣西装，扣与不扣均可。如果是单排两粒扣西装，扣子全部不扣表示随意、轻松；扣上面一粒，表示庄重，而全扣就不合适了。如果是单排三粒扣西装，扣子全部不扣表示随意、轻松；只扣中间一粒表示正统；扣上面两粒，表示庄重，全扣也是不对的。如果是双排扣西装，可全部扣，也可只扣上面一粒，表示轻松、时髦，但不可不扣。如果穿三件套西装，则应扣好马甲上所有的扣子，外套的扣子不扣。

关于男士西装扣子的扣法还有"站时系扣，坐时解扣"的说法。男士在站立的时候，把西装扣好，这样在讲话、做手势的时候，西装才不会随着肢体乱跑，整体线条看起来更显干净利落。在坐着的时候，男士必须解开西装扣，如此西装才能随着身体的弧度，自然服帖地顺势而下，线条看起来比较流畅，也不会有束缚的感觉，才能舒适自在地坐在位子上。

图 2-7

在日常工作及非正式场合的社交活动中，男士可穿西服便装。西服便装上下装不要求严格配套一致。颜色可上浅下深，面料也可以上柔下挺。可以衬衫、领带配西裤，也可以不扎领带、不穿衬衫，而穿套头衫或毛衣。

标准的男士西装穿着见图 2-7。

【小贴士】

男士穿西装高水准三要求

(1) 三色原则：全身不要超过三个色系，尽量少，但不要完全一样。

(2) 三一定律：鞋子、腰带、公文包一个颜色。最好皮鞋是黑色，代表庄重。

(3) 三大禁忌：男士有两种袜子不能穿——尼龙袜和白色袜子；穿夹克打领带等同外国的裤衩背心；左边袖子上的商标不拆代表未启封。

【小案例】

毁了一桩大生意的着装

某公司的老总到国外宣传推广自己的企业，来宾都是国际著名投资公司的管理人员，场面很正式。但听众们发现台上的老总虽然西装革履，裤脚下却露出一截棉毛裤的边，而且老总的黑皮鞋里是一双白色袜子。来宾们因此产生了疑问：这样一个公司老总能管好他的企业吗？这个公司的品质能保证吗？后来合作也就不了了之。

【问题】 你能回答来宾们的疑问吗？

三、女士西服套裙的穿着

【小故事】

女王的着装

1986 年英国女王伊丽莎白二世访问我国，走出机舱门第一个亮相，穿的是正黄色西服套裙，戴正黄色帽子，在阳光下显得非常绚丽、典雅。女王本人喜欢红色和天蓝色，很少穿黄衣服。但在中国，几千年的历史上黄色是皇帝的专用色。女王来中国访问穿正黄色裙装，既体现了自己高贵的气质，也显示了她作为一国君主的尊严与威仪，还表现出尊重中国传统文化习俗的友好姿态。

女士服装应讲究配套，款式宜简洁，色彩宜单纯，以充分表现出女士的精明强干，落落大方。

1. 选择合适的套裙

(1) 面料。最好是纯天然质地，又是质量上乘的面料。上衣、裙子及背心等应选用同一种面料。在外观上，套裙所用的面料，讲究的是匀称、平整、滑润、光洁，不仅有弹性、手感好，而且应当不起皱、不起毛、不起球。

(2) 色彩。应当以冷色调为主，借以体现着装者的典雅、端庄与稳重。一套套裙的全部色彩不要超过两种，否则就会显得杂乱无章。

(3) 图案。按照常规，商界女士在正式场合穿着的套裙，可以不带任何图案。

(4) 点缀。不宜添加过多的点缀。一般而言，以贴布、绣花、花边、金线、彩条、亮片、珍珠、皮革等点缀或装饰的套裙都不适宜商界女士穿着。

(5) 尺寸。上衣不宜过长，下裙不宜过短。裙子下摆恰好达小腿最丰满处，乃是最标准、最理想的裙长。紧身式上衣显得较为正统，松身式上衣看起来则更加时髦一些。

(6) 造型。H 形上衣较为宽松，裙子多为筒式；X 形上衣多为紧身式，裙子大多为喇叭式；A 形上衣为紧身式，裙子则为宽松式；Y 形上衣为松身式，裙子多为紧身式，并以筒式为主。

【小贴士】

套裙的款式

H 形套裙的主要特点是：上衣较为宽松，裙子多为筒式。这样一来，上衣与下裙便给人以直上直下、浑然一体之感。它既可以让着装者显得优雅、含蓄和帅气，也可以为身材肥胖者遮掩缺陷。

X 形套裙的主要特点是：上衣多为宽肩紧腰式，裙子则大都是喇叭式。实际上，它是以上宽与下松来有意识地突出着装者腰部的纤细。此种造型的套裙轮廓清晰而生动，可以令着装者看上去婀娜多姿、楚楚动人。

A 形套裙的主要特点是：上衣为紧身式，裙子则为宽松式。此种上紧下松的造型，既能体现着装者上半身的身材优势，又能适当地遮掩其下半身的身材劣势。不仅如此，它还在总体造型上显得松紧有致、富于变化和动感。

Y 形套裙的主要特点是：上衣为松身式，裙子多为紧身式，并且以筒式为主。它的基本造型实际上就是上松下紧。一般来说，它意在遮掩着装者上半身的短处，同时体现出下半身的长处。此种造型的套裙往往会令着装者看上去亭亭玉立、端庄大方。

(7) 款式。套裙款式的变化主要体现在上衣和裙子方面。上衣的变化主要体现在衣领方面,除常见的平驳领、驳领、一字领、圆领之外,青果领、披肩领、燕翼领等并不罕见。裙子的式样常见的有西装裙、一步裙、筒式裙等,款式端庄、线条优美;百褶裙、旗袍裙、A 形裙等,飘逸洒脱、高雅漂亮。

2. 选择与套裙配套的衬衫

与套裙配套穿着的衬衫,有不少的讲究。从面料上讲,主要要求轻薄而柔软,比如真丝、麻纱、府绸、罗布、涤棉等,都可以用作其面料。从色彩上讲,则要求雅致而端庄,不失女性的妩媚。除了作为"基本型"的白色外,其他各式各样的色彩,包括流行在内,只要不是过于鲜艳,并且与所穿套裙的色彩不相互排斥,均可用作衬衫的色彩。不过,还是以单色为最佳选择。同时,还要注意,应使衬衫的色彩与所穿套裙的色彩互相协调,要么外深内浅,要么外浅内深,形成两者的深浅对比。

3. 选择与套裙配套的内衣

一套内衣往往由胸罩、内裤以及腹带、吊袜带、连体衣等构成。它应当柔软贴身,并且起着支撑和烘托女性线条的作用。有鉴于此,选择内衣时,最关键的是要使之大小合适。

内衣所用的面料,以纯棉、真丝等面料为佳。它的色彩可以是常规的白色、肉色,也可以是粉色、红色、紫色、棕色、蓝色、黑色。不过,一套内衣最好同为一色,而且其各个组成部分宜为单色。就图案而论,着装者完全可以根据个人爱好加以选择。

内衣的具体款式甚多。在进行选择时,特别应当关注的是,穿上内衣之后,不应当使它的轮廓一目了然地在套裙之外展现出来。

4. 选择合适的鞋袜

选择鞋袜时,首先要注意其面料。女士所穿的与套裙配套的鞋子,宜为皮鞋,并且以牛皮鞋为上品。同时所穿的袜子,则可以是尼龙丝袜或羊毛袜。

鞋袜的色彩有许多特殊的要求。与套裙配套的皮鞋,以黑色最为正统。此外,与套裙色彩一致的皮鞋也可选择。但是鲜红、明黄、艳绿、浅紫的鞋子,则最好不要试。穿着裙装时所穿的袜子,可有肉色、黑色、浅灰、浅棕等几种常规选择,只是它们宜为单色。多色袜、彩色袜,以及白色、红色、蓝色、绿色、紫色等色彩的袜子,都是不适宜的。

鞋袜在与套裙搭配穿着时,要注意其款式。与套裙配套的鞋子,宜为高跟、半高跟的船式皮鞋或盖式皮鞋。系带式皮鞋、丁字式皮鞋、皮靴、皮凉鞋等,都不宜采用。高筒袜与连裤袜,则是与套裙的标准搭配。中筒袜、低筒袜,绝对不宜与套裙同时穿着。

标准的女士套裙穿着见图 2-8。

图 2-8

【小故事】

裙裤的麻烦

郑小姐在一家国内的公司里工作。有一天，上级派她代表公司前往南方某城市 Y 去参加一个大型的外贸商品洽谈会。为了给外商留下良好的印象，郑小姐在洽谈会上专门穿了一件粉色的上衣和一条蓝色的裙裤。然而，正是她新置的这身服装，使不少外商对她敬而远之，甚至连跟她正面接触一下都很不情愿。

原来，国外商界人士一向崇尚传统，讲究男女着装有别，认为在正式场合以裙装为正装，而视着裤装为不务正业。

【小贴士】

职业女士着装禁忌

无论是着正装还是休闲装，女士都要讲究文明着装。根据礼仪规范，女士着装要注意以下三个方面的禁忌。

一忌过分裸露。一般来说，凡可以展示性别特征、个人姿色的身体部位，或者令人反感、有碍观瞻的身体隐私部位，均不得有意暴露在外。胸部、腹部、背部、腋下、大腿是公认的着装时不准外露的五大禁区。在特别正式的场合，脚趾与脚跟同样也不能裸露。

二忌过分透薄。如果着装过于单薄或透亮，会让人十分难堪。女性尤其要高度重视这一问题，否则在社交中很容易使别人产生错觉，无意之中还可能会受到轻薄之徒的性骚扰。

三忌肥瘦不当。一般来说，女士着装无论什么款式，大小必须合身。着装若是过于肥大，会显得没精打采，过于随意懒散；着装若是过于瘦小，不仅会让人觉得拘谨小气和不自然，还会给行动带来诸多不便。

四、饰物的佩戴

饰物的佩戴古已有之，早在原始社会，我们的祖先以打猎为生，以打得多、打的野兽大为荣，故当时的装饰品是兽皮。后来配饰演变至今就种类繁多了。佩戴饰物对打造良好的个人形象至关重要。那么，究竟怎样得体地佩戴饰物呢？

1. 饰物佩戴的原则

(1) 符合身份。俗话说：做什么要有做什么的样。如果你在做售货员的工作，却用饰物将自己打扮得珠光宝气，肯定不合适。所以，佩戴饰物时，一定要使之符合自己的身份。

(2) 搭配得宜。穿着工作装的最好饰物是金银饰物，一般不戴珠宝饰物。而且饰物最好能与服装搭配和谐，从颜色、样式、整体效果上，都应该仔细协调，尽量让其浑然天成。另外，男士应该审慎选择饰物，尽量不要赶时髦，比如戴着耳环就不太适合。

(3) 以少为好。有些人总是爱显示自己的优越性，好像自己佩戴了什么，就比别人高一等一样，于是将身上能戴上饰物的地方全部武装起来。其实这样大可不必。即使你有这样的心态，也不一定非要在数量上与他人一决高下，品质更能彰显气质，何必非要把自己打扮成一个珠宝推销员一样？一般而言，正确的佩戴原则，以不超过两种为限，另外，同样的品种也不能超过两个。

【小案例】

饰品佩戴

小刘大学毕业不久,在一家公司担任销售代表,平时就很讲究衣着打扮。一次,她去本市一家大型国有企业洽谈业务。这个业务对公司非常重要,为了给对方留下好印象,她做了精心的打扮:穿了一套流行的韩国服装,左右手各戴着一只造型独特的戒指,右手腕上戴着一只时尚的手镯,脖子上戴着一条亮闪闪的白金项链,耳朵上戴着一副新潮的耳坠,随着她的走动,耳坠还发出清脆悦耳的声音。接待她的是一位50岁左右的中年人和一位20多岁的小伙子。在洽谈过程中,年轻人不时盯着她看,使她很不好意思,当她站起来将有关材料递给对方时,耳坠又不小心勾住了对方的衣袖,使双方都很尴尬。结果在谈判中,小刘频频出错,洽谈结果很不理想。

2. 常见饰物的佩戴

各类饰物的佩戴有具体的要求,在社交中应该区别对待,使饰物发挥其自身特有的作用。

(1) 丝巾的选择和佩戴。丝巾是女士的钟爱。确实,不管什么场合,利用飘逸柔美的丝巾稍作点缀,一下就能让你的穿着更有味道。挑选丝巾的重点是丝巾的颜色、图案、质地和垂坠感。可以用丝巾调节脸部气息,如红色系可映得面颊红润;或是突出整体打扮,如衣深巾浅、衣冷色巾暖色、衣素巾艳。但佩戴丝巾要注意:如果脸色偏黄,不宜选用深红、绿、蓝、黄色丝巾;脸色偏黑,不宜选用白色、有鲜艳大红图案的丝巾。不要将丝巾放到洗衣机里洗,也不要用力搓揉和拧干,只要放入稀释的清洁剂中浸泡一两分钟,轻轻拧出多余的水分再晾干就可以了。

(2) 围巾、帽子、手套。围巾的花色品种很多,它起御寒保暖和美观的作用。巧妙地选戴围巾,效果远远超过不断地更新衣服。围巾的面料有纯毛、纯棉、人造毛织物、真丝绸、涤丝绸等。围巾的色彩及图案也名目繁多。

男士一般应选用纯毛、人造毛织物制作的围巾,色彩应选用灰色、棕色、深酱色或海军蓝,不能选用丝绸类的围巾。

女士对围巾的选择范围极大,可选用丝绸类及色彩多样的三角巾、长巾及方巾等。除可用来围在脖子上取暖外,还可以将围巾扎在头发上、围在腰上做装饰品。如果配上丝巾扣,围巾围、戴的变化就更多了。对女士来说,不论怎样选戴围巾,都要与年龄、身份和环境相协调,与所穿衣服的面料、款式、颜色及使用者的肤色相配。

围巾一般在春冬季节使用比较多。它的搭配要和衣服、季节协调。厚重的衣服可以搭配轻柔的围巾,但轻柔的衣服却绝不能搭配厚重的围巾。围巾和大衣一般都适合室外或部分公共场所穿着,到了房间里面就要及时摘掉,不然会让人感到压抑。

帽子是由头巾演变来的。在当代生活中,帽子不仅有御寒遮阳的作用,还具有装饰功能。在男女衣着中,帽子也占据着举足轻重的地位。

戴帽子时,一定要注意帽子的式样、颜色与自身装束、年龄、工作、脸形、肤色相协调。一般来说,圆脸适合戴宽边顶高的帽子,窄脸适合戴窄边的帽子。女士的帽子种类繁多,不同季节造型和花色不同。例如,在冬天,女士可戴手工制作的绒线帽;地位较高的女士可选择小呢帽；年轻姑娘可选择小运动帽。

戴帽子的方法也很多，例如帽子戴得端端正正显得很正派，稍往前倾一些显得很时髦。另外，戴眼镜的女士不适宜戴有花饰的帽子；身材矮小者应戴顶稍高的帽子。

戴帽子应注意的一般礼仪是：戴法要规范，该正的不能歪，该偏前的不能偏后；男性在社交场合可以采用脱帽方式向对方表示致意；在庄重和悲伤的场合，除军人行注目礼外，其余的人应一律脱帽。

在西方的传统服饰中，手套曾经是必不可少的配饰。现在，不管在哪儿，手套除了御寒以外，还有保持手臂的清洁和防止太阳暴晒的作用。和别人握手，不管冬夏，都要摘掉手套；女士握手，有时不用摘掉手套显得更加礼貌；进屋以后，一般要马上摘下手套；吃饭的时候，必须摘下手套。手套应保持整洁。

【小故事】

查尔斯王子的婚典

英国查尔斯王子举行结婚典礼时，在圣保罗大教堂内，成千客人，男宾个个免冠，女客则无一不戴帽子。女子戴帽子不仅是礼节上的要求，也是身份的象征。而且这种帽子不像男帽一样千篇一律，而是配合五光十色的衣服，交换着花样。它们用毛皮、绒缎、皮革等制成，有的上饰羽毛、花朵、珍珠等，争奇斗艳。

(3) 腰带。腰带更重要的是装饰作用。男士的腰带一般比较单一，质地大多是皮革的，没有太多的装饰。穿西服时，都要扎腰带；而其他的服装(如运动、休闲服装)可以不扎。夏季只穿衬衫并把衬衫扎到裤子里去时，也要系上腰带。女士的腰带很丰富，质地有皮革的、编织物的、其他纺织品的，纯装饰性的场合更多，款式也多种多样。女士使用腰带要注意以下几个问题。

一是和服装的协调搭配，包括款式和颜色，比如穿西服套裙一般选择皮革或纺织的、花样较少的腰带，以便和服装的端庄风格搭配，要是穿着连衣轻柔织物裙装时，腰带的选择余地大一些；暗色的服装不要配用浅色的腰带，除非出于修正形体的需要。

二是要和体型搭配，比如个子过于瘦高，可以用较显眼的腰带，形成横线，分割一下，增加横向宽度；如果上身长下身短，可以适当提高腰带到比较合适的上下身比例线上，形成比较好的视觉效果；如果身体过于矮胖，就要避免使用大的、花样多的腰带扣(结)，也不要用宽腰带。

三是要和社交场合协调。职业场合不要用装饰太多的腰带，而要显得干净利落一些；参加晚宴、舞会时，腰带可以花哨些。

无论男女，扎腰带一定要注意：出门前看看你的腰带扎得是否合适，腰带有没有“异常”，在公共场合或别人面前动腰带是不合适的；在进餐的时候，更不要当众松紧腰带，这样既不礼貌，也不雅观，如果必要，可以起身到洗手间去整理。经常注意检查自己的腰带是不是有损坏，以提早替换，避免发生“意外”。

(4) 皮包。皮包具有使用及装饰作用，在现代服饰中起着画龙点睛的作用。皮包的种类千变万化，有肩挂式、手提式、手拿式及双肩背式等。

在选购时要考虑皮包的适用范围。正式场合应选用质地较好、做工精细、外观华丽、体积不宜大、横长形的皮包;平时上班和日常外出使用的皮包不必太华丽,以实用性和耐用性为主;使用皮包要考虑其颜色与季节和着装是否一致。

皮包与使用人的体型也有很大关系,例如,体型小巧的人不能选用太大的皮包;体形矮胖的人不要选用太秀气的皮包;瘦高的人虽有较大的选择余地,但也不能选用太大或太小的皮包。

在参加公务活动时应携带公文包。

(5) 丝袜与鞋。丝袜在服装整体搭配中起着举足轻重的作用。在国外,正式场合中如果女性不穿丝袜,就如同不穿内衣一样十分不雅。丝袜不仅能保护腿、足部的皮肤,掩盖皮肤上的瑕疵,还能与衣服相搭配,使女性更添魅力。

在工作场合穿着裙装及皮鞋时,一定要穿丝袜,而且必须是连裤丝袜。这样可以避免丝袜因质量问题掉落,也不会将袜口露在外面。有的人因为怕热而穿中长袜或短丝袜不是职业的穿法。而平时穿连衣裙及凉鞋时,就不要再穿丝袜了,因为凉鞋本来就是为了凉快的,再穿袜子就显得多此一举。不过现在有一种前后包脚的凉鞋,是属于较为正式的款式,就必须穿袜子。

丝袜的选穿不能敷衍了事,但要根据自身特点和着装风格做到合理选穿,也不是一件容易的事,最好知道选穿袜子的窍门,以下是一些可供参考的经验。

对于日常忙于上班的职业女性,不妨选一些净色的丝袜,只要记住深色服装配深色丝袜,浅色服装配浅色丝袜这一基本方法就可以了。

丝袜和鞋的颜色一定要相衬,而且丝袜的颜色应略浅于皮鞋的颜色(白皮鞋除外)。

颜色或款式很出位的袜子对腿型要求很高,对自己腿型没有自信的女孩不可轻易尝试。品质良好的裤袜要比长筒丝袜令人更有安全感,能够避免袜头松落。

白丝袜很容易令人看上去又胖又矮,应该避免。上班族更不要穿着彩色丝袜,它会令人感到轻浮,缺乏稳重感。

参加盛会穿晚装时,配一双背部起骨的丝袜可使高雅大方的格调分外突出。但穿此类丝袜时,切记注意不要将背骨线扭歪,否则极其失仪。

"鞋袜半身衣"。鞋子和袜子被称作"脚部时装"和"腿部时装"。鞋子在整体着装中具有重要地位。一双得体的鞋子能为全身的服装添色增辉,它不仅能映衬出服装的整体美,更重要的是它还能增加人体本身的挺拔俊美。

在正式或非正式场合,男性一般脚蹬没有花纹的黑色平跟皮鞋,女性一般脚蹬黑色半高跟鞋。露脚趾的皮凉鞋是绝对禁止在礼仪场合穿着的。旅游鞋、布鞋、各式时装鞋与西装都是不相配的。在欧美国家,正规场合是不允许穿凉鞋的,否则会被认为是缺乏教养与不懂礼貌。

在正式场合,女性皮鞋的颜色、款式应与衣服、手包相配套。一般来说,鞋的颜色应与衣裙的下摆一致或更深一些。衣裙从下摆开始到鞋的颜色一致,可以使大多数人显得高一些。

【小故事】

总统夫人的着装

1984 年春,里根总统夫人访华时,挑选面料做旗袍。她先看中一种金色的织锦缎,但考虑到没有带金色的皮鞋与之配套,便改选一种以深红色为底色的中国织锦缎做旗袍。在里根总统的告别招待会上,她穿上这件深红底色的中国织锦缎旗袍,配上一双深色的高跟鞋,显得特别雍容华贵,无懈可击。

(6) 戒指。戒指是一种男女都可佩戴在手指上的装饰品,材料可以是金属、宝石、塑料、木或骨质。戒指的佩戴对人的整体形象影响很大,可以根据爱好、工作的方便程度以及习惯来选用。此外,还要考虑手的肤色和手型。根据手的肤色选择戒指,一般来说,较白肤色的手,可任意选择戒指,但以色彩较亮丽为好;褐色皮肤的手,适合选择金质戒指,能产生很和谐的、高雅的感觉;黑色或暗褐色皮肤的手,应选择颜色较深的戒指,不至于使手的颜色看上去更深。根据手型选择戒指,一般来说,手指纤细的人,要选择方形或镶嵌宝石的戒指,会使手型更加美好秀气;手较宽大的人,要戴款式较大的戒指,如果戒指太小,会显得手更宽大;手指比较短小的人,要戴较细小的戒指,以减弱对方对手的注意力。

另外,掌握佩戴戒指的方法。在服务工作场合,只能佩戴款式简洁的戒指,避免款式夸张、数量过多,否则容易给人浅薄、低俗的感觉。戴薄纱手套时戴戒指,应戴于其内,而新娘则可以戴在薄纱手套外。

在考虑以上因素的前提下,还要注意戒指的寓意。在西方,戒指是无声的语言。一般来说,将戒指戴在左手各手指上有不同的含义:戴在食指上表示未婚或求婚;戴在中指上表示正在热恋中;戴在无名指上表示已订婚或结婚;戴在小指上则表明"我是独身者"。右手戴戒指纯粹是一种装饰,没什么特别的意义。中国人也戴戒指,但一定不能乱戴。一般情况下,一只手上只戴一枚戒指,戴两枚或两枚以上的戒指是不适宜的。参加较正规的外事活动,最好佩戴古典式样的戒指。

【小案例】

小芳的戒指

小芳毕业后到一家公司做文秘工作不久,一次在接待客户时,领导让她照顾一位华侨女士。临别时,华侨对小芳的热情和周到的服务非常满意,留下名片,并认真地说:"谢谢!欢迎你到我公司来做客,请代我向你的先生问好。"小芳愣住了,因为她根本没有男朋友,何谈"先生"呢。可是,那位华侨也没有错,她之所以这么说,是因为看见小芳的左手无名指上戴有一枚戒指。

(7) 项链。项链作为戴于颈部的环形首饰,男女均可使用,但男士所戴的项链一般不应外露。所戴项链不应多于一条但可将长项链折成数圈佩戴。从长度上区分,项链可分为四种:40 厘米以下为短项链,适合搭配低领上装;40～50 厘米为中长项链,搭配较广泛;50～60 厘米为长项链,适合女士社交场合使用;70 厘米以上为特长项链,适合女士在隆重社交场合佩戴。从质地来区分,项链有金、银、珠宝、铜、骨、木和仿制品等。

选购项链,首先要注意项链本身的质量,其次还要看项链的装饰效果,能与自己的脸形特点、脖子粗细、上衣衣领等因素产生协调美感的项链才是正确选择。一般来说,项链的粗细应与脖子的粗细成正比,与脖子的长短成反比,见表 2-4。

表 2-4　不同脸形的项链搭配表

脸　形	搭配建议
圆脸形	佩戴长项链或带坠子的项链，利用项链垂挂所形成的V形角度来增强脸与脖子的连贯性，利用错视原理，使脸部显得长一些。避免戴项圈或者由圆珠串成的项链，否则会使脸部更加圆润。选择塔形的、从大到小逐渐向上的珍珠项链，就可以造成一种细长的视觉效果
长脸形	佩戴短粗一些的项链或者套式项链、项圈等，避免佩戴长项链或带坠子的项链，否则项链下垂后形成长弧状，使脖子与脸部连在一起加深长脸的印象
方脸形	佩戴一串色泽艳丽、漂亮诱人的长项链或带坠项链，将人们的视线转移到脖子下部或胸部，从而缓和脸形的方正线条。如果佩戴串珠项链，应避免菱形或方形的珠子，以免加重方形印象
瓜子脸	比较接近于理想的椭圆形，项链选择范围较大。不论长短、粗细都可以佩戴。需要注意的是，如果下巴过于尖小，则应尽量避免佩戴带尖利形挂件的项链
梨形脸	佩戴长项链或带坠项链，以便佩挂后形成倒三角形态，改变下颌宽大的形象

(8) 耳饰。耳饰有耳环、耳链、耳钉、耳坠等款式，仅限女性所用，并且讲究成对使用，也就是说每只耳朵上均佩戴一只。工作场合，不要一只耳朵上戴多只耳环。另外，佩戴耳环应兼顾脸形，不要选择和脸形相似形状的耳环，使脸形的短处被强调和夸大。耳饰中的耳钉小巧而含蓄。耳饰从样式上分为纽扣式和悬垂式两种，从形状上有方形、圆形、三角形、多棱形等。在佩戴耳饰时要充分考虑自己的脸形、体型和发型。

① 根据脸形选择耳饰。脸形大的人不要选择圆形耳环，可以选择紧扣在耳朵上的扣式耳环；脸形小的人要选择中等大小的耳环，但长度以不超过2厘米为宜；圆脸形的人最好选择垂而长的耳环，这样增加脸的长度；长脸形的人要选择珠型的大耳环或紧贴耳朵的圆形耳环，这样可以增强脸部的宽阔感；方脸形的人要选择造型柔和的耳环，耳环最好有一定的悬垂度；如果选择带有棱角的耳环，会产生更加生硬的感觉。

② 根据体型选择耳饰。体型高瘦的人要选择大一些的扣式耳环，不要选择垂形耳环，这会显得人更高更瘦；体型瘦小的人要选择简洁而小型的耳环，大而繁杂的耳环会使人显得很累赘，更矮小；体型偏丰满的人最好选择有长形"悬垂"饰物的耳环，这种"悬垂"会使脸形变长，对掩饰体型能起到良好的作用。

③ 根据发型选择耳环。留长、直发型的人，适合佩戴垂形耳环，给人妩媚动人之感；打发髻或盘发的人，可佩戴有色彩的较大的耳环，给人端庄大方的感觉；梳短发的人，可选择小巧一些的耳扣，更好地衬托干练精明的形象；梳发辫的人，宜佩戴垂形耳环，这样可与发辫相映生辉，体现美丽活泼的风格。

【小贴士】

生辰石的寓意

镶嵌宝石的饰品，因宝石成色不同，其寓意也各异。1952年美国宝石学会对生日宝石的象征意义做出了统一规定，被许多国家采用。表2-5列出了常用的一些生辰石的名称、颜色及其寓意。

表 2-5　生辰石的寓意

月份	宝石名称	颜　色	寓　意
1	石榴石	绿、红、橘红	永久
2	紫水晶	紫、红、黄、茶色	快乐
3	橄榄石	黄中带绿	自由
4	金刚石	透明晶莹	威严坚定
5	绿宝石	绿、青	希望
6	珍珠	白、淡红	纯洁
7	红宝石	红	爱情
8	珊珊石	象牙色	理想
9	蓝白石	蓝、蓝绿	成功
10	蛋白石	游离色	前程远大
11	黄玉石	黄、黄中泛红	友谊
12	松　石	蓝、黑、绿	幸福

(9) 首饰。

① 手镯与手链。手镯是佩戴于手腕上的环状饰物，男士一般不戴手镯。手链是佩戴于手腕上的链状饰物，男女均可佩戴。从款式上讲有三种：表带式，特点是比较大方、端庄，适合任何年龄的人佩戴；花式，比如镶嵌宝石的、用金银两种金属制作的、用一根丝把宝石串起来的等，这种手镯适合各种年龄和各种阶层的人；手表式，是中间镶嵌一些宝石的手镯，工艺精细，外形典雅、富丽，适合年龄较大和演艺界人士佩戴。在佩戴时，要注意根据腕部粗细进行选择。手臂和手腕比较粗大的女性，应该选择戴宽、阔的手镯，以避免细小的手镯或粗紧的臂环把手臂衬托得更肥大；对手臂瘦长、手腕比较纤细的女士来说，以佩戴小巧玲珑的手镯为宜，同时可以佩戴两个或多个手镯。一般来说，如果戴一个手镯，应戴在左手上；戴两个手镯时既可每只手戴一个，也可都戴在左手上；戴三个时，应都戴在左手上，不可一只手戴一个，另一只手戴两个。手臂不太漂亮的女士尽量不要戴手镯，避免暴露自己的短处。与戒指一样，手镯的佩戴也有寓意。手镯戴在右臂上，表示佩戴者还没有婚嫁；如戴在左臂或双臂都戴，则表示佩戴者已经结婚。在服务工作场合，服务人员避免戴手镯与手链，以免影响手部工作。双手同时戴手链，或同时佩戴手链与手镯、手表，都是不合适的。

② 手表。在社交场合，佩戴手表，通常意味着时间观念强、作风严谨。在正规的社交场合，手表往往被看作首饰，它是一个人地位、身份、财富状况的体现，所以男士的手表往往引人瞩目。在正式场合佩戴的手表，在造型上要庄重、保守，避免怪异、新潮，尤其是尊者、年长者更要注意。一般正圆形、正方形、长方形、椭圆形和菱形手表适用范围极广，也适合在正式场合佩戴，而那些新奇、花哨的手表造型，仅适合少女和儿童，而且适合选择单色或双色手表，色彩要清晰、高雅。黑色的手表最理想。除数字、商标、厂名、品牌外，手表没必要再出现其他无意义的图案。像广告表、卡通表等不宜出现在工作人员的手腕上。另外，在交际场合，特别是和别人交谈时，不要有意无意地看表，否则对方会认为你对交谈心不在焉、不耐烦，想结束谈话。

(10) 胸花。胸花也叫胸针，是为女性特别设计的，专门用于装饰女性的胸、肩、腰、头、领口等部位。胸花有鲜花和人造花两种。相比之下，鲜花佩戴起来更显高雅，但不能持久。选择胸花时，一定要考虑服装的类型、颜色、面料，要考虑所出席的社交活动的层次，要考虑自身的体型和脸形条件。例如，个子矮小的女士适合小一点的胸花，佩戴时部位可稍高一些；个子高大的女士可选择大一点的胸花，佩戴时位置可低一些。佩戴胸花时要注意别的部位，穿西服应别在左侧领上，穿无领上衣时应别在左侧胸前。发型偏左时胸针应当居右，发型偏右时胸针应当偏左，其高度应在从上往下数第一粒和第二粒纽扣之间。

【小案例】

一枚胸针，毁了一桩生意

方小姐作为一家公司的英文翻译，经常需要和经理去见客户。方小姐对穿衣戴帽也很在行，她知道见什么样的客户该穿什么样的衣服。

一次，方小姐和经理去跟一个外商谈业务。方小姐选择了一件浅白色的碎花短旗袍，下面搭配了一双白色高跟皮鞋，中国情调十足。正好前段时间方小姐过生日，好友赠送了一个夸张的骷髅头胸针，款式十分别致，方小姐特别喜欢，这段时间天天都戴着。这次的旗袍打扮，方小姐也没忘记别上这枚骷髅头胸针。方小姐和经理此次前去拜访的外商是英国人，他们刚一见面，方小姐的衣着就引起了英国商人的注意。他刚想夸方小姐会穿衣服时，却一眼看到了那枚夸张的骷髅头胸针，欲言又止，原本欣喜的神色顿时黯淡下来。

在接下来的谈判中，那位英国商人的情绪不高，多少显得有些敷衍。最后，双方未能达成协议。经理大为不解：原来还谈得好好的，英国商人兴趣很高，怎么这次见面他的态度这么冷淡？

事后，经理从那位英国商人的中国翻译那里得知，原来那位英国商人极其注重服装礼仪，那天方小姐在极具中国风情的旗袍上点缀了那么夸张的一个骷髅头胸针，显得十分突兀，甚至有些不伦不类，十分碍眼，当时就让英国商人倒了胃口，失去了谈判的兴致。方小姐怎么也想不到，她的一枚胸针，毁了一桩生意。

五、常规用品的使用

除了服装和饰物之外，服务人员还有一个与其他工作人员不同的地方，那就是有时他们需要随身携带一些工作用具。按照实际用途来划分，服务人员的常规用品可分为工作性用品与形象性用品等两个类别。

所谓工作性用品，就是服务人员在从事服务工作中不可缺少的日常用品，比如身份牌、书写笔等。这些东西因为是工作所需，所以只好随身携带，这就要求服务人员精心准备。

所谓形象性用品，就是服务人员为了维护、修饰自身形象所使用的日常用品。其中包括镜子、梳子、化妆品等，在使用这些东西丰富自己形象的同时，服务人员不要忘记，这些是不能在大庭广众之下使用的，最好的地方莫过于休息室或卫生间。服务人员的用品，大体上讲具有以下三个方面的基本特征。

一是实用。它往往在服务工作中发挥一定的实用性作用。离开了它，就有可能对服务工作造成一些不利的影响，甚至会使服务工作难以为继。

二是装饰。它一般会对服务人员发挥一定的装饰性作用。它虽然不是饰品，却又在一定程度上可以直接或者间接地有助于服务人员形象的美化。

三是辅助。它通常在服务人员的整体服饰中发挥着一定的辅助性作用。它一般不是服饰中的主角，地位不甚抢眼，但其实际作用却是决定性的，服务人员对此不可漠视。

【小案例】

小王后悔

小王是某保险公司的业务员，她在公司接了一个客户的电话后就急急忙忙前去拜访，这位客户是想购买保险的。

在与客户交谈的过程中，客户的信息需要记下来，小王却发现自己因走得太匆忙而没有带记事簿，她只得撕下手头报纸的一角凑合一下，客户本想投保，但看到眼前这位业务员小王如此不专业，便犹豫了，表示再等一等，这次只是咨询一下，什么时候投保还不确定。

经过这件事，小王很为自己作为业务员在携带用品礼仪上的欠缺而后悔。

1. 工作性用品

服务人员在从事服务工作时不可缺少一些日常工作性用品，它们可以在服务人员服务过程中发挥各种各样的实际作用。因此，服务人员平时必须对其认真看待，并且常备不懈。

在服务工作中，服务人员使用最广泛的工作用品主要有身份牌、书写笔、计算器、记事簿，等等。使用时，应注意其各自不同的具体要求。

(1) 身份牌。又称姓名牌、姓名卡，简称名牌。它是指服务人员在其工作岗位上佩戴在身，用以说明本人具体身份，经由单位统一制作，有着一定规格的专用标志牌。在工作岗位上佩戴身份牌，有利于服务人员表明自己的身份，进行自我监督，同时也方便服务对象更好地寻求帮助，或是对其进行监督。在使用身份牌时要注意以下四点。

一是规范统一。服务人员所佩戴的身份牌，应当由其所在单位统一负责订制、下发。其基本要求是耐折、耐磨、轻巧。身份牌的色彩宜淡、宜少，其尺寸不应过大或过小。

二是内容标准。身份牌的具体内容，一般应包括部门、职务、姓名三项。上述内容均应打印，而不宜手写。必要时，还可贴上本人照片，以供服务对象“验明正身”。

三是佩戴到位。凡单位有佩戴身份牌上岗要求者，服务人员必须自觉遵守。佩戴身份牌的常规方法有三种：第一种是将其别在左侧胸前；第二种是将其挂在胸前；第三种是将其套在颈上，然后再将其夹在左侧上衣兜上。这是一种“双保险”的做法。除以上三种做法，若无特别规定，服务人员不宜将其乱戴于他处。随意把它别在帽子上、领子上、裤子上，或是将其套在手腕上，都是不允许的。

四是完整无缺。在工作岗位上，身份牌乃是服务人员个人形象的重要组成部分之一。所以在佩戴时，应认真爱护，保证其完好无损。凡破旧、污染、折断、掉角、掉字或涂改的身份牌,均应及时更换,否则会有损形象。

(2) 书写笔。在工作中,服务人员往往需要借助于笔进行书写,因此必须随身携带。倘若在必须进行书写时找不到笔,或者赶忙去向他人借用,都是服务人员失职的表现。在工作岗位上,服务人员最好携带一支签字笔,并且别在上衣左侧衣袋上,或是别在上衣内侧衣袋上。一般不将其放在裤袋中。

(3) 计算器。在买卖活动中,价格的计算通常必不可少。服务人员在必要时,若是能够取出随身携带的一只计算器,进行必要的计算,既节省时间,又使彼此双方不必因为担心计算结果不够精确而分心走神。总而言之,服务人员随身携带一只小型计算器,既便己又利人。

服务人员携带于身的计算器,不必求其功能齐全,但其数字的位数却应当尽量多一些,以保证计算结果的精确。同时,还应力求使之小型化。

(4) 记事簿。在服务工作中,服务人员要做到恪尽职守,凡事就要勤观察、细思量。在工作中需要服务人员记忆在心的重要信息,诸如资料、数据、人名、品名、地址、电话、传真、线索、思路、建议等,实在多得难以胜数。如果没有掌握正确的信息处理手段,有时极有可能会耽误事情。

在现实生活中,真正能够过目不忘的奇才毕竟不多。服务人员只有随时随地地将需要记忆的重要信息笔录下来,才是最切合实际的。

使用记事簿时,特别要注意书写清晰与妥善保存两大问题。不要乱记、乱丢,否则就很可能会劳而无功。在进行记录时,最好分门别类,并且定期予以归纳、小结。

2. 形象性用品

形象性用品又称生活性用品。一般情况下它所指的,实际上是服务人员用以维护、修饰自我形象时所使用的一些日常用品。通常,服务人员使用最多的形象用品主要包括纸巾、梳子、化妆盒、擦鞋器等。在使用上述形象用品时,有许多注意事项。

(1) 纸巾。在日常生活中,人们在用餐、方便之后洗过手,总要将其揩干。咳嗽、吐痰、打喷嚏于人前人后时,免不了需要遮掩;汗流浃背的时候,往往难以当众"挥汗如雨"……凡此种种时刻,纸巾就是一种必备的物品。

在公共场合里,洗过手之后,随手乱甩,或者在自己身上乱擦乱抹,吐痰、打喷嚏、擤鼻屎,或者将其"残渣余孽"涂抹在其他物品上,擦汗之际,"以衣代劳"……都是不文明的具体表现。服务人员在自己的工作岗位上若是这么做,则更为不当。

提倡服务人员人人随身携带一包袋装纸巾。它的优点有两个:一是"一专多能",适用面广,不论擦手、擦汗还是清除污物,皆可使用;二是较为卫生。纸巾由厂家生产,并且袋装,在使用时又是一次性的,所以可比较放心其卫生问题。切勿以卫生纸或其他纸张代替纸巾之用。它们外观不雅,卫生方面又不达标,不宜当众使用。

(2) 梳子。在维护个人形象方面,头发的整洁与否令人极其关注。外出时,不论是否要戴帽子,都有必要关注一下自己的头发。最好携带一把小梳子,以供必要时之用。不要用手指代替梳子,当众抓挠头发。用其他物品代替梳子之用,也为不当。随身携带的梳子,最好是置于上衣口袋中。需要注意的是，要保持它的清洁与卫生。携带、使用一把肮脏的梳子，还不如不带、不用为好。

适合为自己梳理头发的时机主要有：出门之际、上岗之前、下班之时、脱帽之后，以及其他一切明显感到头发有可能蓬乱的时刻。梳理头发宜在无人处进行，在工作岗位上对服务对象时切忌这么做。

（3）化妆盒。服务人员应当高度重视工作中的个人形象，所以需要时刻注意。随身携带化妆盒，就是对经常有必要化彩妆的女性服务人员的一项基本规定。

服务行业的绝大多数女性，在上岗之前理应化彩妆。一旦由于刮风、下雨、出汗、洗脸、用餐、小憩或更衣等缘故，而使自己原先精心描绘的彩妆出现瑕疵，应及时予以修补，甚至有必要重新化妆。如果听之任之，对个人形象损害极大。

在有必要为自己化妆或补妆时，不可以借用外人的化妆品。因此，应当在出门之际尤其是上班时，随身携带一只小型化妆盒，既方便，又实用。

这只小型化妆盒应备有化彩妆时最常用的唇膏、腮红、眼影、眉笔、粉刷以及小镜子，等等。它们不必面面俱全，但应当实用。随身携带的化妆盒应置于本人所带的手包或提袋内，一般不宜装入衣袋中。应当再次强调的是，使用化妆盒化妆、补妆，与使用梳子梳理头发一样，都要牢牢地记住避人。

（4）擦鞋器。在工作岗位上，身着正装，尤其是身着制服的服务人员往往会同时配穿皮鞋。穿皮鞋时，保持皮鞋的光洁非常重要。对此，服务人员不要疏忽大意。

在穿皮鞋时，不允许一时一刻使之蒙尘无光，而是要努力使之“油光可鉴”。一个经常不擦自己所穿皮鞋的人，不论是它的鞋面上积满灰尘，好似“出土文物”，还是鞋帮、鞋底上“拖泥带水”，都会令人对其看法不佳。

擦鞋器可为皮鞋上油、上光，并为之除去灰垢的擦鞋用具。服务人员在穿皮鞋时，应自备一只擦鞋器随身携带，并且在必要情况下使用，以使自己的皮鞋油光锃亮。使用擦鞋器擦鞋，应回避他人。擦鞋的时间主要有每天的上岗前、进门前、外出前，以及其他一切有必要擦鞋时。即使是未带擦鞋器，也不要用手指、纸张、手帕、清水或其他布料去擦皮鞋。在外人眼前，尤其不要这么做。

【小训练】

请根据你同学的脸形、形体和个性特点，给他(她)在服饰运用上提些合理化建议。

第三节　仪　态

仪态是指在人际交往过程中身体各部分所呈现出的姿态和风度，包括站姿、坐姿、走姿和蹲姿等体态、表情、手势和举止等。在服务行业中，对服务人员的仪态要求更严格，因为客户都希望与那些举止高雅的服务人员打交道，享受举止高雅的服务人员所提供的服务对客户来说也是一种身份的体现。因此，仪态礼仪就是服务人员在服务过程中行为举止所应遵循的原则和规范。

仪态是表现一个人涵养的一面镜子，也是构成一个人外在美好形象的主要因素。用优美的仪态表达礼仪，比用语言更让客户感到真实、美好和生动，更富有魅力，往往具有“此时无声胜有声”的效果。在服务工作中，通过仪态体现出服务人员良好的素养和风度，将成为各类服务企业的一道亮丽的风景线。在服务场合，服务人员恰当得体的仪态不但能够弥补有声语言的不足，传递更丰富的信息，表达更真实的想法，而且能够给客户积极美好的暗示，增进客我间的交流，让客人油然而生被尊重的感觉。因此，服务人员必须高度重视仪态礼仪，打造仪态美。

【小贴士】

仪态美的标准

(1) 文明大方。文明大方是服务人员仪态美的基础，服务人员的仪态讲究礼貌、体现修养，既能够给客户带来美好的视觉享受，又能展示自身的稳重与成熟。比如，在公共场合行走与就座，力求悄然无声；前往拜访客户，应先敲门或按门铃，得到允许后方可入内；在客户的房间停留，未经主人允许，不随意翻动客户的物品；与客户交谈时，不手舞足蹈；如果感冒后身体不适，可用手帕捂住口鼻，面朝一旁咳嗽、打喷嚏。这些虽然是细节，但它们组合在一起就构成了客户对你的总体印象。

(2) 端庄自然。端庄自然既要求服务人员的仪态端庄大方、训练有素，又不装腔作势或者非常做作。服务人员需要通过仪态服务体现规格和品质，经过良好训练之后的仪态呈现出的应是自然的美感，而不是婀娜多姿或者刚硬有力的感觉。好的仪态是不引人注目的，但是能够潜移默化地带给人愉悦舒服的感受，从而使人对服务产生信赖之感。

(3) 优雅得体。优雅得体既要求服务人员的举止文明自然，又能够给客户带来美的享受，这是高层次的要求。优雅得体是建立在端庄自然的基础上的，在一些强调服务品质和档次的企业，服务人员的仪态高雅尤为重要。现在很多服务人员有一个误区，认为“客户不拘礼节、灵活随和，服务人员过分讲究礼仪会使客户产生距离感，应该顺势而变”。其实，客户需要一些载体来体会服务的绝妙之处，如落落大方的职业仪表、端庄自然的举手投足、热情文雅的服务语言等，都能给客户带来享受。服务礼仪的规格和品质需要与服务环境、客户群体密切相关，因此服务并没有定式，它需要根据客户的需求不断变化和调整，但无论怎样，客户都欣赏并喜欢那些令人赏心悦目的服务举止。

(4) 体现尊重。体现尊重即要求服务人员的仪态举止能够传达对客户的尊重之情。讲究仪态的目的不是让客户欣赏某个服务人员多么美丽，而是通过优雅得体的行为向客户传达尊重之情。因此，服务人员应诚心诚意地通过自己的行为举止向服务对象表达敬重之意，避免做出忽视客户、傲慢无礼的行为。

(5) 举止有度。一位久经历练、训练有素的服务人员在工作场合中的一切行为举止都会表现得适时、适事、适宜、适度，在相应的场合做合乎常规、符合身份的事情，这就是举止有度。服务人员在行为举止方面恪守的“度”主要体现在两个方面：一是普遍性的“度”，即在社会中通行的有关人们行为举止的普遍性规则；二是特殊性的“度”，即在个别国家、地区或民族才适用的有关人们行为举止的特殊性规则，这种“度”虽适用范围较为狭窄，但如果服务人员有所了解,就可以备不时之需。

(6) 男女有别。男性的仪态举止要体现"阳刚之美"。"刚"是男性的气质,即便在服务场合,男性的举止动作也要有力度,比如站立时可以双腿分开以彰显自信和宽广的胸怀,如果男性在工作场合长时间双腿并拢站立,则会给人以拘谨、小家子气的感觉。因此,男性的仪态要求和女性是不同的,要表现出男性的刚劲、强壮、英勇和威武之貌。女性的仪态举止则强调优雅得体,呈现出女性的端庄、温柔、轻盈、娴静之感,动作流畅、柔和,但是不能搔首弄姿、矫揉造作,不可过于婀娜多姿,服务人员应呈现落落大方的举止风貌①。

一、体态

1. 站姿

俗话说:"站如松。"站姿是人类的一种象征,男子的站姿如"劲松"之美,具有男子汉刚毅英武、稳重有力的阳刚之美;女子的站姿如"静松"之美,具有女性轻盈典雅、亭亭玉立的阴柔之美。正确的站姿是自信心的表现,会给人留下美好的印象。

(1) 标准的站姿。标准的站姿,从正面看,全身笔直,精神饱满,两眼正视(而不是斜视),两肩平齐,两臂自然下垂,两脚跟并拢,两脚尖张开 60°,身体中心落于两腿正中;从侧面看,两眼平视,下颌微收,挺胸收腹,腰背挺直,手中指贴裤缝,整个身体庄重挺拔。

站姿的要领是:一要平,即头平正、双肩平、两眼平视。二要直,即腰直、腿直,后脑勺、背、臀、脚后跟成一条直线。三要高,即重心上拔,看起来显得高。标准站姿正面见图 2-9,标准站姿侧面见图 2-10。

图 2-9

图 2-10

① 伍新蕾. 服务礼仪与形体训练[M]. 大连:东北财经大学出版社,2016:126.

(2) 不同场合的站姿。在升国旗、奏国歌、接受奖品、接受接见、致悼词等庄严的仪式场合，应采取严格的基本站姿，而且神情要严肃。在发表演说、新闻发言、做报告宣传时，为了减少身体对腿的压力，减轻由于较长时间站立双腿的疲倦，可以用双手支撑在讲台上，双腿轮流放松。主持文艺活动、联欢会时，应将双腿并拢站立，女士最好站成“丁”字步，让站立姿势更加优美。站“丁”字步时，上体前倾，腰背挺直，臀微翘，双腿叠合，玉立于众人间，富于女性魅力。“丁”字步站姿见图 2-11。门迎、侍应人员往往站的时间很长，双腿可以平分站立，双腿分开不宜超过肩。双手可以交叉或前握垂放于腹前，也可以背后交叉，右手放到左手的掌心上，但要注意收腹。礼仪小姐的站立，要比门迎、侍应更趋于艺术化，一般可采取立正的姿势或“丁”字步。如双手端执物品时，则上手臂应靠近身体两侧，但不必夹紧，下颌微收，面含微笑，给人以优美亲切的感觉。

图 2-11

【小贴士】

站姿与性格

双腿并拢站立者，大多给人的印象是可靠、意识健全、脚踏实地而且忠厚老实，但表面有时显得有点冷漠。

两腿分开尺余，脚尖略朝外偏的站姿，表现出站立者果断、任性、富有进取心，不装腔作势。

站立时一脚直立，另一脚弯置其后，以脚尖触地，则往往说明站立者情绪非常不稳定，变化多端，喜欢不断地刺激与挑战。

(3) 克服不雅的站姿。

① 身躯歪斜。古人对站姿曾经提出“立如松”的基本要求，它说明站立姿势以身躯直正为美。在站立时，若是身躯出现明显的歪斜，将直接破坏人体的线条美，而且会给人颓废消沉、萎靡不振、自由放纵的直观感觉。

② 弯腰驼背。弯腰驼背是身躯歪斜的一种特殊表现。除腰部弯曲、背部弓起之外，它大都会伴有颈部弯缩、胸部凹陷、腹部挺出、臀部撅起等其他不雅体态。凡此种种，都会显得一个人健康欠佳，没精打采。

③ 趴伏倚靠。在工作岗位上，要确保自己站有站相。站立时，随随便便地趴在一个地方，伏在某处左顾右盼，倚着墙壁、货架而立，靠在台桌边，或者前趴后靠，自由散漫，都是极不雅观的。

④ 腿位不雅。腿位不雅即双腿大叉。应切记：一般情况下，双腿在站立时分开的幅度越小越好；在可能之时，双腿并拢最好，即使是分开，也要注意不可使两腿之间的距离超过肩宽。另外，还有双腿扭在一起、双腿弯曲等姿势也应避免。

⑤ 脚位欠妥。在正常情况下，双脚站立时呈现出 V 形、Y 形(丁字形)、平行式等脚位，但是，采用“人”字式、蹬踏式和独脚式，则是不允许的。所谓“人”字式脚位，是指站立时两脚脚尖靠在一起，而脚后跟却大幅度地分开，这一脚位又叫“内八字”。所谓蹬踏式，是指站立时为了舒服，在一只脚站在地上的同时，将另一只脚踩在鞋帮上，或踏在椅面上，或蹬在

窗台上,或跨在桌面上等。独脚式即把一只脚抬起,另一只脚落地。

⑥ 手位失当。站立时不当的手位主要有:一是将手插在衣服的口袋内;二是将双手抱在胸前;三是将两手抱在脑后;四是将双手支于某处;五是将两手托住下巴;六是手持私人物品。

⑦ 半坐半立。在工作岗位上,必须严守岗位规范,该站就站,该坐就坐,而绝对不允许在需要站立时,为了贪图安逸而擅自采取半坐半立之姿。当一个人半坐半立时,既不像站,也不像坐,只能让别人觉得过分随便且缺乏教养。

⑧ 全身乱动。站立乃是一种相对静止的体态,因此不宜在站立时频繁地变动体位,甚至浑身不住地上下乱动。手臂挥来挥去,身躯扭曲,腿脚抖来抖去,都会使站姿十分难看。

⑨ 摆弄物件。站立时,不要下意识地做些小动作,如摆弄打火机、香烟盒,玩弄衣带、发辫,咬手指甲等,这些动作不但显得拘谨,给人以缺乏自信和教养的感觉,也有失仪态的庄重。

【小训练】

站姿练习

要形成正确的站姿,不仅要掌握基本理论要求,更要进行科学的训练。练习者从最初的基本状态,到养成正确的站立姿态,需要进行耐心、认真和持之以恒的练习。

(1) 对镜练习。在明确站姿要求的基础上面对镜子进行训练,从镜子中观察自己的姿态是否准确、优美,必要时可请他人进行协助和指导。在找到标准站姿的感觉后,再坚持每次 20 分钟左右的训练,以巩固动作技能,形成习惯性动作姿态。

(2) 靠墙站立练习。靠墙站立练习要求五点成一条线,即脚后跟、小腿、臀部、双肩、后脑勺都要紧贴墙壁,见图 2-12。每次训练时间控制在 20～30 分钟,直至延长至 40 分钟。

(3) 工具辅助练习。在前两项练习的基础上,加强训练难度,使用工具辅助练习,工具为书籍。要求将一本厚度适中的书放在头顶中心,为使书不掉下来,头、躯须挺直,自然保持平衡,见图 2-13。这种训练方法可以纠正低头、仰脸、晃头及左顾右盼等不良习惯。每次训练时间控制在 20～30 分钟。

图 2-12

图 2-13

2. 坐姿

俗话说：“坐如钟。”坐姿是人际交往中采用最多的一种姿势，它是一种静态姿势。优雅的坐姿给人一种端庄、稳重、威严之美。

（1）标准的坐姿。落座时，要坚持尊者为先的原则入座，不要争抢；通常侧身走近座椅，从椅子的左侧就座，如果背对座椅，首先站好，全身保持站立的标准姿态，右腿后退一点，用小腿确定椅子的位置，上身正直，目视前方就座。用小腿落座时声音要轻，动作要缓。落座过程中，腰、腿肌肉要稍有紧张感。女士着裙装落座时，要用双手从后拢平裙摆，不可落座后整理衣裙。

坐立时，上身正直而稍向前倾，头、肩平正，腰部内收，通常只坐椅子的1/2～2/3处，两臂贴身下垂，两手可以搭放在椅子扶手上，无扶手时，女士右手搭在左手上，放于腹部或者轻放于双腿上；男子双手掌心向下，自然放于膝盖上。男士膝盖可以自然分开，但不可超过肩宽；女士膝盖不可以分开。女士要注意使膝盖与脚尖的距离尽量拉远，以使小腿部分看起来显得修长，只有脚背用力挺直时，脚尖与膝盖的距离才最远，在视觉上产生延伸的效果，会使小腿部分看起来修长，腿部线条优美。当与他人进行交谈时，要注意不能只是转头，而应将整个上身朝向对方，以示对其重视和尊敬。

坐着的时候不能有太多的小动作，如用鞋的高跟敲地，这是非常不好的行为，哪怕敲击得如鼓点般富有韵律也是令人生厌的，因为这对他人来说是一种噪声污染。坐着的时候不能频繁更换坐姿，而且更换坐姿的幅度不能过大。不要为了更换坐姿而使谈话停顿下来，继续讲话，若无其事地调整腿脚位置就可以了；不要用上身力量带动腿部大幅度地更换坐姿，不但要坐得漂亮，变换坐姿同样要轻巧自如，控制住上身，仅用腿部力量来完成就可以了。

离座时，先以语言或动作向周围的人示意方可站起，突然一跃而起会使周围的人受到惊扰；同落座时一样要注意按次序进行，尊者为先；起身时不要弄出响声，站好后才可离开，同样要从左侧离座。

人在坐着时，由臀部支撑上身，减少了两腿的承受力。由于身体重心下降，上身适当放松，可减轻心脏的负担。因此，坐姿是一种可以维持较长时间的姿势。它既是一种主要的白昼休息姿势，也是一般的工作、劳动、学习姿势，还是社交、娱乐的常见姿势。正因为这个缘故，坐姿要求端正、大方、舒展。标准坐姿正面见图2-14，标准坐姿侧面见图2-15。

【小贴士】

坐姿与性格

心理学专家认为：将椅子转过去骑着坐的人显得自信好胜，但内心的防御性多半很强，不太爱与人交心。

喜欢抖腿的人多数聪明，反应快，接受能力强，但不是很有耐心，内心有浮躁或焦虑的一面，有时给人不够稳重的感觉。

端坐在椅子前半部分的人一般性格内向，谦虚有礼，善于倾听、体谅别人，他们多半个性成熟、亲和力强，容易受人信赖。

双腿张开，伸得很长的人一般性格外向、开朗、不拘小节，但有时比较傲慢、霸道、支配性强，容易发脾气、耍性子，不愿退让。

图 2-14

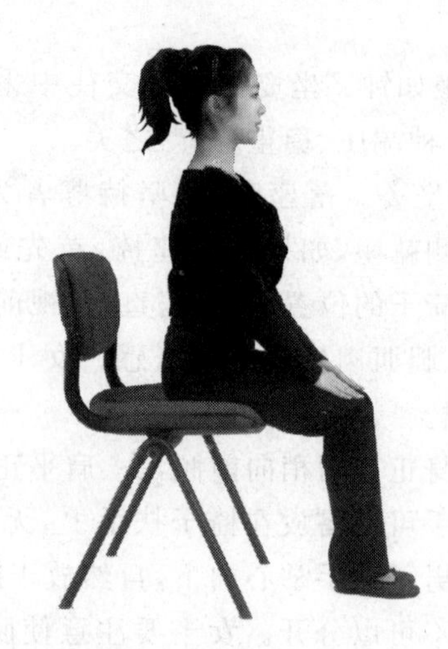
图 2-15

前胸紧靠桌子，双腿并拢的坐姿显得内向、拘谨、有些害羞，不够自信，这样的人多半不太果断，缺乏灵活性。

跷二郎腿的人通常自在随性，有时有些自大，喜欢挑剔，喜欢对别人的事指手画脚，爱给人提建议。

双腿自然分开，手放腿上的坐姿是古代男性的标准坐姿，体现出闲适、儒雅的气度。这种人通常稳重，值得信赖。

喜欢靠着椅背的人可能性格慵懒、散漫，做事拖沓，对自己要求不高，但对别人也比较宽容。

了解这些由无声语言"坐姿"所传递出的不同信息，将给我们带来不同的影响。

(2) 不同场合的坐姿。谈判、会谈时，场合一般比较严肃，适合正襟危坐，但不要过于僵硬。其要求上体正直，端坐于椅子中部，注意不要使全身的重量只落于臀部，双手放在桌上、腿上均可，双脚为标准坐姿的摆放。倾听他人教导、传授知识、指点时，如对方是长者、尊者、贵客，坐姿除了要端正外，还应坐在座椅、沙发的前半部或边缘，身体稍向前倾，表现出一种谦虚、迎合、重视对方的态度。在比较轻松、随便的非正式场合，可以坐得轻松、自然一些，全身肌肉可适当放松，可不时变换坐姿，以作休息。

【小贴士】

使用计算机时的坐姿

职场中绝大部分人士需要坐着使用计算机，究竟怎样坐才能既不累又美观，也是很多职场人士关注的问题，以下是几点提示。

(1) 上半身应保持颈部直立，以使头部获得支撑，两肩自然下垂，上臂贴近身体，手肘弯曲呈 90°。操作键盘或鼠标时，应尽量使手腕保持水平姿势，手掌中线与前臂中线应保持直线状态。下半身腰部挺直，膝盖自然弯曲呈 90°，并维持双脚着地的坐姿。

(2) 必须选择符合人体工学设计的桌椅，使用专用的计算机椅，坐在上面遵循三个直角：计算机桌下膝盖处形成第一个直角，大腿和后背成第二个直角，手臂在肘关节处形成第三个直角。肩胛骨靠在椅背上，双肩放松，下巴不要靠近脖子。两眼平视计算机屏幕中央，座椅最好有支持性椅背及扶手，并能调整高度。

(3) 计算机的摆放高度要合适。将计算机屏幕中心位置安装在与操作者胸部同一水平线上，最好使用可以调节高低的椅子。应有足够的空间伸放双脚，膝盖自然弯曲呈90°，并维持双脚着地，不要交叉双脚，以免影响血液循环。

(3) 克服不雅的坐姿。

其一，不雅的腿姿。其主要有以下几种。

① 双腿叉开过大。面对人时，双腿如果叉开过大，不论是大腿还是小腿叉开，都极其不雅。

② 架腿方式欠妥。将一条小腿架在另一条大腿上，在两者之间还留出大大的空隙，成为所谓的"架二郎腿"或架"4"字形腿，甚至将腿搁在桌上，就显得更放肆了。

③ 双腿过分伸张。坐下后，将双腿直挺挺地伸向前方，这样不仅可能会妨碍他人，而且有碍观瞻。因此，身前若无桌子，双腿尽量不要伸到外面。

④ 腿部抖动摇晃。不可力求放松，坐下后就抖动摇晃双腿。

其二，不安分的脚姿。坐下后脚后跟接触地面，而且将脚尖跷起来，脚尖指向别人，使鞋底在别人眼前"一览无余"。另外，以脚蹬踏其他物体，以脚自脱鞋袜，都是不文明的。

【小训练】

坐姿练习

坐姿的常用方式较多，在基本坐姿训练的基础上，可以利用具体情境进行训练，同时加强入座和离座的训练，使整体就座过程连续、流畅，更富感染力。

(1) 重视基本坐姿训练。在明确坐姿的基本要求和进行站姿训练的基础上，可以进行坐姿训练。在训练过程中，可以采用对镜规范训练、工具辅助训练(如头顶书籍)等方式。初级练习，每次的训练时间应保持在20～30分钟；以后可随技能的掌握水平，逐渐减少连续练习时间。

(2) 运用具体情境练习。为提高学习者的兴趣，调动其学习积极性，可模拟具体情境进行训练，如招聘会、见面会、校友会等，把坐姿与情境相结合，由学习者自行设计并保持姿态，达到强化的目的。每次训练时间控制在10～15分钟，可分多次进行。

(3) 加强入座和离座训练。在进行坐姿训练时，往往较重视姿态训练，而忽略过程训练，因此学习者会表现出动作过程不完整或缺失的现象。入座和离座应分别进行单一动作训练，每次训练时间控制在5～10分钟。单一训练后再合成动作，保持动作的连贯性和准确性，达到体现优雅、庄重坐姿的目的。

3. 走姿

俗话说："行如风。"说的是走姿，走姿始终处于动态之中，体现了人类的运动之美和精神风貌。男士的走姿要刚健有力，豪迈稳重，有阳刚之气；女士的走姿要轻盈自如，含蓄飘逸,有窈窕之美。

(1) 标准的走姿。有人编了走路的动作口诀,体现了走姿的要领:双眼平视臂放松,以胸领动肩轴摆,提髋提膝小腿迈,跟落掌接趾推送。标准的走姿为:上身基本保持站立的标准姿势,挺胸收腹,腰背笔直,两臂以身体为中心,前后自然摆动。前摆约35°,后摆约15°,手掌朝向体内。起步时身子稍向前倾,重心落前脚掌,膝盖伸直,脚尖向正前方伸出,行走时双脚踩在一条线的两侧。正确的行走,上体的稳定与下肢的频繁规律运动形成对比和谐,干净利落、鲜明均匀的脚步,形成节奏感,前后、左右行走动作的平衡对称,都会呈现行走时的形式美。男子走路两步之间的距离要大于自己的一个脚长,女子穿裙装走路时要小于自己的一个脚长。正常的情况下步速要自然舒缓,显得成熟自信,男子行走的速度标准为每分钟步速108～110步,女子每分钟步速118～120步为宜。

(2) 工作中行进姿态的风度要求。包括:①行进中,要有意避开人多的地方行走,切忌在人群中乱冲乱撞,甚至碰撞到客人的身体,这是极其失礼的。②在行进中,特别是在人多路窄的地方,对客人更应该礼让三分,让客人先行,而不应抢道先行;若有急事,则应该向对方声明,并道歉。③服务人员行走时脚步要轻。第一,行进时落脚时不要过分用力;第二,上班不要穿带有金属鞋跟或钉有金属鞋掌的鞋子;第三,上班时所穿的鞋子一定要合脚,否则走动时会发出"啪嗒、啪嗒"的噪声。④服务人员在走路时一定要显得稳重大方,保持风度,控制好情绪,更要避免上蹿下跳,甚至是连蹦带跳的失态状况。如有急事要办,可以在行进中适当加快步伐。除非遇上紧急情况,最好不要在工作的时候跑动,尤其是不要当着客人的面突如其来地狂奔而去。那样通常会令其他人感到莫名其妙,产生猜测,甚至有可能造成过度紧张的气氛。⑤在道路狭窄的地方,服务人员务必要注意避免悠然自得地缓步而行,甚至走走停停,而且应注意避免多人并排而行。在路上一旦发现自己阻碍了他人,务必让开,请对方先行。

(3) 穿职业装的走姿。包括:①穿西装的走姿要求。西服以直线为主,应当走出穿着者挺拔、幽雅的风度。穿西装时,后背保持平正,两脚立直,走姿的步幅可略大些,手臂放松伸直摆动,手势简洁大方。行走时男士不要晃动,女士不要左右摆髋。②西服套裙走姿要求。西服套裙多以半长筒裙与西装上衣搭配,所以着装时应该尽量表现出这套职业装干练、洒脱的风格特点。穿这套服装要求步履轻盈、敏捷、活泼,步幅不宜过大,可用稍快的步速节奏来调和,以使走姿活泼灵巧。③穿旗袍的走姿要求。旗袍作为东方晚礼服的杰出代表,在世人眼里拥有着经久不衰的美丽。所以,很多服务行业通常将其作为迎宾、引位或者中式宴会厅的职业服装。着这款服装,最重要的是要表现出东方女性温柔、含蓄的柔美风韵,以及身体的曲线美。所以穿中式旗袍要求身体挺拔,胸微含,下颌微收;塌腰撅臀是着旗袍的大忌。旗袍必须搭配高跟或中跟皮鞋才能走出这款服装的韵味。行走时,走交叉步直线,步幅适中,步子要稳,双手自然摆动,髋部可随着身体重心的转移,稍加摆动,但上身绝不可跟着晃动。总之。穿旗袍应尽力表现出一种柔和、妩媚、含蓄、典雅的东方女性美。④穿高跟鞋走姿要求。女士在正式场合经常穿着黑色高跟鞋,行走时要保持身体平衡。具体做法是:直膝立腰、收腹收臀、挺胸抬头。为避免膝关节前屈导致臀部向后撅的不雅姿态,行走时一定要把踝关节、膝关节、髋关节挺直,只有这样才能保持挺拔向上的形体。行走时步幅不宜过大,每一步要走实、走稳,这样步姿才会有弹性并富有美感。

【小贴士】

不同走姿所反映的心理特征

心理学家史诺嘉丝发现，走路大步，步子有弹性及摆动手臂，显示一个人自信、快乐、友善及富有雄心；走路时拖着步子，步伐小或速度时快时慢则相反。喜欢支配别人的人，走路时倾向于脚向后踢高；性格冲动的人，就像鸭子一样低头急走；而拖着脚走路的人，通常是不快乐的或内心苦闷；女性走路时手臂摆得高，则显示出她精力充沛和快乐。

【小训练】

走姿练习

行走姿态必须经过科学训练，进行一定量的练习，才可以形成良好的走姿。

(1) 分步骤基本练习。初级训练阶段应采用分解式练习，把走姿分成三个过程训练：提、迈、落。“提”是指行进腿大腿向上提 45°，形成膝盖上提，脚尖向下，见图 2-16；“迈”是指行进腿以膝盖为轴，大腿保持不动，小腿向前伸长，脚尖稍离地，见图 2-17；“落”是指行进腿落地，后脚推前脚，重心前移，见图 2-18。

图 2-16

图 2-17

图 2-18

练习时，先分解练习，再整合动作。节奏可以由三拍过渡至两拍，速度由慢到快。

(2) 工具辅助练习。为保持走姿的平稳性，可用“书籍”作为工具辅助练习。要求在行进中将一本厚度适中的书放在头顶中心，头、躯干挺直，自然保持平衡。这种训练方法可以纠正身体出现的不良习惯，如身体左右摇摆、头部晃动等。每次训练时间控制在 20 分钟左右。

(3) 音乐体验练习。当行走姿态基本正确后，可以配合音乐进行练习。音乐可采用慢速和中速节奏。这种训练方法不仅可以起到调节情绪的作用，同时可培养动作的韵律感和表现力，陶冶学习者的艺术素养。

4. 蹲姿

俗话说：“蹲要雅。”蹲姿是人的身体在低处取物、拾物、整理物品、整理鞋袜、与儿童交谈时所呈现的姿势，它是人体静态美与动态美的综合。蹲姿要动作美观，姿势优雅。

（1）标准的蹲姿。其有如下要求：首先要讲究方位，当需要拣拾低处或地面物品时可走到其物品的左侧；当面对他人下蹲时，要侧身相向；当需要整理鞋袜或于低处整理物品时可面朝前方，两脚一前一后，一般情况是左脚在前，右脚在后，目视物品，直腰下蹲。然后方可弯腰捡低处或地面的物品，及整理鞋袜或低处工作。取物或工作完毕后，先直起腰部，使头部、上身、腰部在一条直线上，再稳稳站起。行蹲姿时，男士两腿间可留有适当的缝隙，女士则要两腿并紧，穿旗袍或短裙时需更加留意，以免尴尬。标准的蹲姿见图 2-19。

（2）蹲姿的种类。

① 高低式。这是常用的一种蹲姿，基本特征是双膝一高一低。此蹲姿男士、女士均可使用。要领是：下蹲后，左脚在前，右脚在后；左脚完全着地，小腿基本垂直于地面；右脚要脚掌着地，脚跟提起；右膝要低于左膝，右膝内侧可靠于左上腿的内侧，形成左膝高、右膝低的姿态；臀部向下，基本以右腿支撑身体。女士应注意紧靠双腿，男士两腿之间可有适当的距离，见图 2-20。

图　2-19

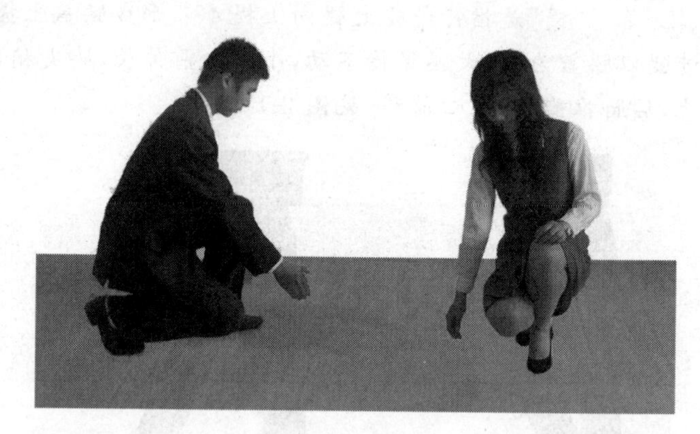

图　2-20

② 单膝点地式。这种蹲姿适用于男士，其特征是双腿一蹲一跪。它是一种非正式的蹲姿，多用于下蹲时间较长或为了用力方便时采用。要领是：下蹲后，右膝点地，臀部坐在脚跟上，以脚尖着地；另一条腿全脚掌着地，小腿垂直于地面；双膝同时向外，双腿尽力靠拢，见图 2-21。

③ 交叉式。这种蹲姿优美典雅，其基本特征是双腿交叉在一起，此蹲姿适用于女士。要领是：下蹲后，左脚在前，右脚在后，左小腿垂直于地面，全脚着地；左腿在上，右腿在下，两者交叉重叠，右膝从后下方伸向左前侧，右脚跟抬起，脚掌着地，两腿前后靠近，全力支撑身体；上身略向前倾，臀部朝下，见图 2-22。

（3）易出现的不良蹲姿。

① 方位不准确。应根据具体的场合和需要选择蹲姿，注意方位的准确运用，如对人下蹲时，如果采用正面下蹲，就是很不礼貌的行为。

② 蹲速不当。在下蹲时速度不能过快，要轻稳，同时速度适中。特别是女性穿旗袍等服饰时更要注意。

③ 不注意动作的隐蔽性。蹲姿因重心过低，故要十分注重腿部动作的控制。要收紧腿部动作，两腿之间不能有缝隙，特别是女性穿裙装时更要注意下蹲动作的隐蔽性。

图 2-21

图 2-22

④ 随意滥用。不要在工作中随意采用蹲姿，也不可蹲在椅子上或蹲在地上休息。

【小训练】

蹲姿练习

要有意识、经常主动地进行标准蹲姿训练，形成良好习惯。可以运用压腿、踢腿、活动关节等方式加强腿部膝关节、踝关节的力量和柔韧性训练，这是优美蹲姿的基础。

平时在进行蹲姿训练时可以配上优美的音乐，放松心情，减轻单调、疲劳之感。

【小案例】

面试还没问，怎么就结束了呢？

一次，有位老师带着三位毕业生同时应聘一家酒店总台接待职位，面试前老师怕学生面试时紧张，同人事部经理商量让三位同学一起面试，三位同学进入人事部经理办公室时，经理上前请三位同学入座。当经理回到办公桌前，抬头一看欲言又止，只见两位同学坐在沙发上，一位同学架起二郎腿而且两腿不停地抖动，另一位同学身子松懈地斜靠在沙发一角，两手攥握手指咯咯作响，只有第三位同学端坐在椅子上等候面试，人事部经理起身非常客气地对两位坐在沙发上的同学说："对不起，你们俩的面试已经结束了，请退出。"两位同学四目相对，不知何故，面试还没问，怎么就结束了呢？

二、表情

美国心理学家登布在其《推销员如何了解顾客心理》一文中说："假如顾客的眼睛朝下看，脸转向一边，表示你被拒绝了；假如他的嘴唇放松，笑容自然，下颚向前，则可能会考虑你的提议；假如他对你的眼睛注视几秒钟，嘴角以至鼻翼部位都显出微笑，笑得很轻松，而且很热情，这项买卖就做成了。"由此可见，面部表情在传情达意方面有着重要作用。

面部是最有效的表情器官，人的面部表情主要表现为眼、眉、嘴、鼻、面部肌肉的变化。这里主要介绍一下眼神和微笑。

1. 眼神

俗话说，"眼睛是心灵的窗户"，它是人体传递信息最有效的器官，而且能表达最细微、最精妙的差异，显示出人类最明显、最准确的交际信号。据研究，在人的视觉、听觉、味觉、嗅觉和触觉感受中，唯独视觉感受最为敏感，人由视觉感受的信息占总信息的83%。人的七情六欲都能通过眼睛这个神秘的器官显现出来。

【小故事】

老师的眼神

有一则这样的报道：一所重点中学举行百年校庆时，恰逢德高望重的老教师八十寿辰。这位老教师极富传奇色彩，他所教过的学生中，许多已成为蜚声海内外的教授、学者及活跃在时代前沿的IT精英。是什么原因使这位老教师桃李满天下呢？学校决定在百年校庆之际，把这个谜底揭开。于是，记者便对从该校毕业的各位成功人士，即这位老教师的学生做了一个调查，请他们谈一谈老教师的哪方面对他们的人生影响最大。结果，答案令记者等人很吃惊，他们出奇一致地认为，是老师的眼神给了他们前进的动力。因为这位老教师的眼神中时刻都流动着鼓励、肯定与信任，这是一笔不可估量的财富，也给了他们无穷的动力。

眼神礼仪的构成，一般涉及时间、角度、部位、方式等几个方面，见表2-6。

表2-6　眼神礼仪

项目	眼神礼仪
时间	友好：注视对方的时间应占全部相处时间的1/3左右
	关注：比如听报告、请教问题时，则注视对方的时间应占全部相处时间的约2/3
	轻视：注视对方的时间不到全部相处时间的1/3，意味着对其瞧不起或没有兴趣
	敌意：注视对方的时间超过了全部相处时间的2/3，往往表示可能对对方抱有敌意，或是为了寻衅滋事
	兴趣：注视对方的时间长于全部相处时间的2/3以上，即对对方产生了兴趣

续表

项目	眼神礼仪
角度	平视也叫正视。一般用于在普通场合与身份、地位平等之人进行交往
	侧视是一种平视的特殊情况，即位于交往对象一侧，面向对方，平视对方
	仰视即主动居于低处，抬眼向上注视他人，适用于面对敬重之人
	俯视即抬眼向下注视他人，一般用于身居高处之时。它可对晚辈表示宽容、怜爱，也可对他人表示轻慢、歧视
部位	注视对方双眼，表示重视对方，但时间不宜过久
	注视对方额头，表示严肃、认真、公事公办，适用于极为正规的公务活动
	注视眼部至唇部，是交际场合面对交往对象时所用的常规方法
	注视眼部至胸部，多用于关系密切的男女间
	注视眼部至腿部，它适用于注视相距较远的熟人，也表示亲近、友善，但不适用于关系普通的异性
	对他人身上的某一部位随意一瞥，可表示注意，也可表示敌意。多用于在公共场合注视陌生之人，但最好慎用
方式	直视即直接地注视交往对象，它表示认真、尊重，适用于各种情况。若直视他人双眼，即称为对视。对视表示自己大方、坦诚，或是关注对方
	凝视是直视的一种特殊情况，即全神贯注地进行注视。它多用于表示专注、恭敬
	盯视即目不转睛，长时间地凝视其人的某一部位。它表示出神或挑衅，故不宜多用
	扫视即视线移来移去，注视时上下左右反复打量。它表示好奇、吃惊，也不可多用，对异性尤其应禁用
	睨视又叫睥视，即斜着眼睛注视。它多表示怀疑、轻视，一般应当忌用。与初识之人交谈时，尤其应当忌用
	眯视即眯着眼睛注视。它表示惊奇、看不清楚，模样不大好看，故也不宜采用
	环视即有节奏地注视着不同的人员或事物。它表示认真、重视，适用于同时与多人打交道，表示自己"一视同仁"
	他视即与某人交谈时不注视对方，反而望着别处。它表示胆怯、害羞、心虚、反感、心不在焉，是不宜采用的一种眼神

【小贴士】

丰富的眉语

眉语十分丰富，仅眉毛的表情动作就有20余种，可以表达出不同的语义（见表2-7）。在人际交往中，为了体现良好的教养，保持优美的形象，双眉应在自然平直的状态，不要皱眉、挑眉、改变眉的位置。

表2-7　眉毛动作语义

动作	语义	动作	语义
扬眉	喜悦	横眉	轻蔑
展眉	宽慰	皱眉	为难
飞眉	兴奋	锁眉	忧愁
喜眉	欢愉	挤眉	戏谑
竖眉	愤怒	低眉	顺从

【小训练】

眼神训练

训练前做好如下准备：每人一面小镜子、音乐播放器材、音乐歌曲CD、优秀影视剧中的演员和节目主持人通过眼神表达内心情感的影像资料等。

以下方法坚持天天训练，不要间断，必使目光明亮有神。

(1) 睁大眼睛训练：有意识地练习睁大眼睛的次数，增强眼部周围肌肉的力量。

(2) 转动眼球训练：头部保持稳定，眼球尽最大的努力向四周做顺时针和逆时针360°转动，增强眼球的灵活性。

(3) 视点集中训练：点上一支蜡烛，视点集中在蜡烛的火苗上，并随其摆动，坚持训练可使目光集中、有神，眼球转动灵活。

(4) 目光集中训练：眼睛盯住3米左右的某一物体，先看外形，逐步缩小范围到物体的某一部分，再到某一点，再到局部，再到整体。这样可以提高眼睛明亮度，使眼睛十分有神。

(5) 影视观察训练：观看录像资料，注意观察和体会优秀影视剧中的演员和节目主持人是如何通过眼神表达内心情感的。

(6) 训练时可以配上优美的音乐，放松心情，减轻单调、疲劳之感。

2. 微笑

微笑是人际交往中最美丽的语言，是公共关系和商务礼仪中的亮点。保持一个微笑的表情、谦和的面孔，是表示自己真诚、守礼的重要途径。微笑是有自信心的表现，是对自己的魅力和能力抱积极的态度。微笑可以表现出温馨、亲切的表情，能有效地缩短双方的距离，给对方留下美好的心理感受，从而形成融洽的交往氛围。面对不同的场合、不同的情况，如果能用微笑来接纳对方，可以反映出良好的修养和诚挚的胸怀。礼仪微笑见图2-23（选自http://www.sd.xinhuanet.com/news/2016-12/25/c_1120182442_3.htm）。

图 2-23

【小故事】

今天你对客人微笑了吗

美国的希尔顿酒店享誉世界，回头客众多，秘诀就在于微笑服务。其创始人康纳·希尔顿在50多年里，不断到世界各地的希尔顿酒店视察，他经常问员工的一句话就是："今天你对客人微笑了吗?"并要求他们记住一个信条：无论酒店遇到何种困难，希尔顿酒店员工脸上的微笑永远是属于顾客的阳光。

微笑能够成就爱的循环。没有亲和力的微笑，无疑是重大的遗憾，甚至会给工作带来不便。那么，身在职场的人，通过什么样的训练，才能获得微笑这一有效沟通的法宝和人际关系的磁石呢？心理专家告诉我们以下步骤①。

第一步，放松面部肌肉，然后使嘴角微微向上翘起，让嘴唇略呈弧形。在不牵动鼻子、

① 毕文杰. 你的职场礼仪价值百万[M]. 北京：中国画报出版社，2012：34.

不发出笑声、不露出牙齿，尤其是不露出牙龈的前提下，轻轻一笑。

第二步，闭上眼睛，调动感情，并发挥想象力，或回忆美好的过去或展望美好的未来，使微笑源自内心，有感而发。

第三步，对着镜子练习，使眉、眼、面部肌肉、口型在笑时和谐统一。

第四步，当众练习，按照要求当众练习，使微笑规范、自然、大方，克服羞涩和胆怯的心理，也可以请观众评议后再对不足进行纠正。

掌握了微笑的方法后，还要注意以下几点。

（1）把握微笑的时机。在与对方交谈中，最好的微笑时机是在与对方目光接触的瞬间展现微笑，这样能够促进心灵的友好互动。

（2）把握微笑的层次变化。微笑有很多层次，有浅浅一笑、眼中含笑，也有哈哈大笑。在整个交谈过程中，微笑要有收有放，在不同时候使用不同的笑。如果一直保持同一层次的笑，表情就会显得僵硬、呆板，被对方认为是傻笑。

（3）注意微笑维持的时间长度。微笑的最佳时间长度以不超过3秒钟为宜，时间过长会给人假笑或不礼貌的感觉，过短则会给人皮笑肉不笑的感觉。

（4）根据场合而定。微笑的表情很有讲究，不同的场合适合不同深度的微笑。不同的笑，也反映出不同的思想态度和感情色彩，能够产生不同的影响。在与别人交谈中，放声大笑或傻笑，都是非常失礼的，工作中把握好微笑的尺度，更能显示出内在修养。

【小贴士】

正式场合笑的禁忌

在正式场合笑的时候，应力戒以下几种“笑”。

（1）假笑，即笑得虚假，皮笑肉不笑。

（2）冷笑，是含有怒意、讽刺、不满、无可奈何、不屑、不以为然等意味的笑。这种笑，非常容易使人产生敌意。

（3）怪笑，即笑得怪里怪气，令人心里发麻。它多含有恐吓、嘲讽之意，令人十分反感。

（4）媚笑，即有意讨好别人的笑。它也非发自内心，而来自一定的功利性目的。

（5）怯笑，即害羞或怯场的笑。例如，笑的时候，以手掌遮掩口部，不敢与他人进行目光交流。

（6）窃笑，即偷偷地笑。多表示扬扬自得、幸灾乐祸或看他人的笑话。

（7）狞笑，即笑时面容凶恶。多表示愤怒、惊恐、吓唬他人。此种笑容无丝毫的美感可言。

（5）微笑要自然。有人指出，中国的礼仪习惯是笑不露齿；也有很多礼仪培训教材提出，微笑要露出6～8颗牙。其实，微笑是一种个性化的表情，不应该以技术化、标准化的形式加以规定，对微笑要求表现得整齐划一是不符合礼仪之美的。职业人士进行微笑训练，不是尝试露出几颗牙，嘴角上提到几度位置，眼睛变化成哪种形状，而是要发现自己最美的每一个瞬间，展现出独特的气质，自信、勇敢、自然、真诚地微笑。微笑的美在于文雅、适度、亲切自然。微笑要诚恳和发自内心，做到“诚于中而形于外”，只有调整好自己的心态才能够表现出表里如一的微笑，切不可故作笑颜，假意奉承。在生活中用善良、包容的心对待他人，用敬业奉献的热情对待工作，微笑就是自然甜美的。

(6) 微笑要协调。微笑时要调动多部位器官协调动作，形成微笑的表情。微笑一般要注意以下四个结合。

① 口眼结合。要口到、眼到、神色到，笑眼传神，微笑才能扣人心弦。

② 笑与神、情、气质相结合。这里讲的“神”，就是要笑得有情入神，笑出自己的神情、神色、神态，做到情绪饱满、神采奕奕；“情”，就是要笑出感情，笑得亲切、甜美，反映美好的心灵；“气质”就是要笑出谦逊、稳重、大方、得体的良好气质。

③ 笑与语言相结合。语言和微笑都是传播信息的重要符号，只有注意微笑与美好语言相结合，声情并茂，相得益彰，微笑才能发挥出它应有的特殊功能。

④ 笑与仪表、举止相结合。以笑助姿、以笑促姿，形成完整、统一、和谐的美。尽管微笑有其独特的魅力和作用，但若不是发自内心的真诚的微笑，那将是对微笑的亵渎。有礼貌的微笑应是自然、坦诚的，是内心真实情感的表露，否则强颜欢笑，假意奉承的“微笑”则可能演变为“皮笑肉不笑”“苦笑”。如拉起嘴角一端微笑，使人感到虚伪；吸着鼻子冷笑，使人感到阴沉；捂着嘴笑，给人以不自然之感，这些都是失礼之举。

【小训练】

微笑的训练方法

训练前做好以下准备：筷子、小镜子(每人一面)、音乐播放器材、优秀影视剧中的演员和节目主持人微笑的影像资料等。训练方法具体如下。

(1) “口咬筷子”法。把筷子横着含在嘴里咬住，嘴角斜着往两边走，发“一”的声音。同时，对着镜子不断调整自己的表情，见图 2-24(选自 http://www.ixinwei.com/newshow.aspx?DevPage=1&id=35444)。

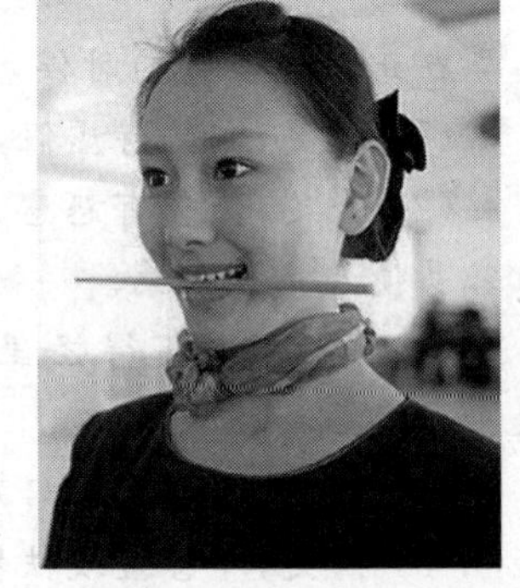

图 2-24

(2) 情绪记忆法。将生活中令自己最开心的情绪储存在记忆中，当需要微笑时，只要想起那件事情，脸上就会流露出笑容。

(3) 口形练习法。练习微笑时，嘴里可以发出“一”“七”“茄子”或“威士忌”等音，并注意保持此种口形。

练习微笑之前要忘掉自我和一切的烦恼，让心中充满爱意。练习微笑时可对着镜子，调整自己的口形，注意与面部其他部位和眼神的协调，做最使自己满意的微笑表情。训练过程中可配上优美的音乐，放松心情，减轻单调、疲劳之感。

三、手势

就服务而言，手势语是使用频率较高的体态语言。服务人员在运用服务语言时，如果能恰到好处地发挥手势语的作用，将会大大提高服务语言的质量，强化与客人交流的效果，从而有效地在顾客心目中树立良好的服务形象，赢得顾客的好感和信任。

【小案例】

OK 手势

一位美国的工程师被公司派到他们在德国收购的分公司，和一位德国工程师在一部机器上并肩作战。当这位美国工程师提出建议改善新机器时，那位德国工程师表示同意并问美国工程师自己这样做是否正确。这位美国工程师用美国的 OK 手势给予回答。结果那位德国工程师放下工具就走开了，并拒绝和这位美国工程师进一步交流。后来这位美国人从他的一位主管那里了解到这个手势对德国人意味着是一种不尊重的表示。

【点评】 这位美国工程师就是没有弄清楚手势语的含义而造成沟通障碍的。服务工作中与顾客的沟通和交流也与此同理，怎样得体地运用手势，正确理解和运用各种手势语是服务人员必须掌握的重要技能。

手是人体上最富灵性的器官，如果说“眼睛是心灵的窗户”，那么手就是心灵的触角，是人的第二双眼睛。手势在传递信息、表达意图和情感方面发挥着重要作用，生动形象的有声语言再配合准确的手势动作，必然能使交往更富有感染力、说服力和影响力。

(1) 常见的手势。

① 引领的手势。在各种交往场合都离不开引领动作，如请客人进门、请客人坐下、为客人开门等，都需要运用手与臂的协调动作。同时，由于这是一种礼仪，还必须注入真情实感，调动全身活力，使心与形体形成高度统一，才能做出色彩和美感。引领动作主要有以下几个表现形式。

- 横摆式。以右手为例：将五指伸直并拢，手心不要凹陷，手与地面呈 45°角，手心向斜上方。腕关节微屈，腕关节要低于肘关节。动作时，手从腹前抬起，至横膈膜处，然后，以肘关节为轴向右摆动，到身体右侧稍前的地方停住。同时，双脚形成右丁字步，左手下垂，目视来宾，面带微笑，见图 2-25。这是在门的入口处常用的谦让礼的姿势。

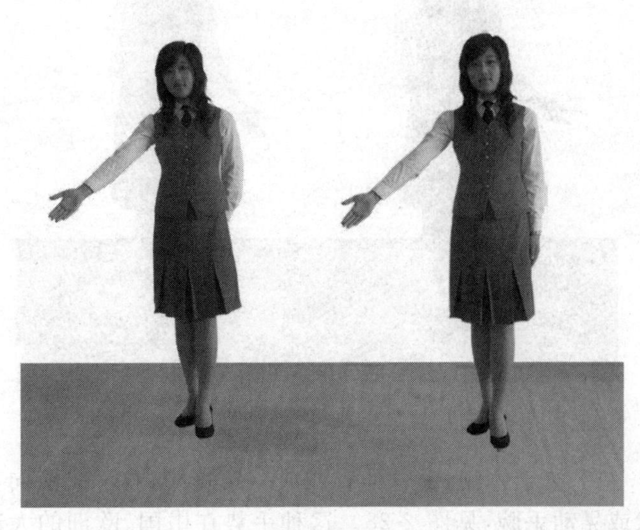

图 2-25

• 曲臂式。当一只手拿着东西、扶着电梯门或房门，同时要做出“请”的手势时，可采用曲臂手势。以右手为例：五指伸直并拢，从身体的侧前方向上抬起，至上臂离开身体的高度，然后以肘关节为轴，手臂由体侧向体前摆动，摆到手与身体相距 20 厘米处停止，面向右侧，目视来宾，见图 2-26。

图 2-26

• 斜下式。请来宾入座时，手势要斜向下方。首先用双手将椅子向后拉开，然后一只手曲臂由前抬起，再以肘关节为轴，前臂由上向下摆动，使手臂向下成一斜线，并微笑点头示意来宾，见图 2-27。

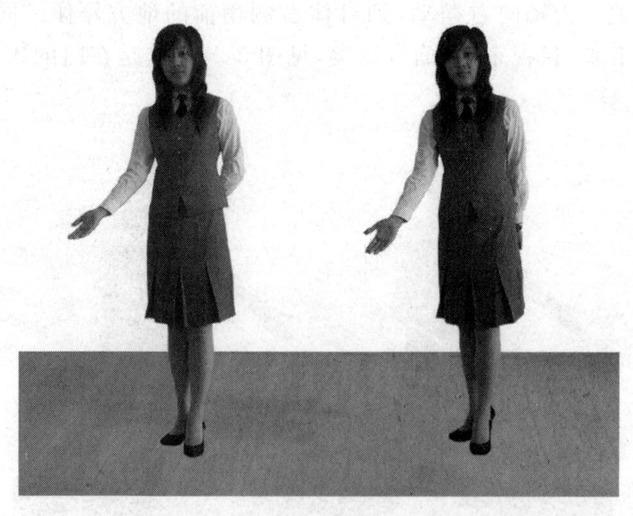

图 2-27

② 招呼他人。左手放于体侧，手臂伸直或成一条直线，右手向前向上抬起，手掌向下，屈伸手指做搔痒状或晃动手腕，见图 2-28。这种手势在中国、欧洲的大部分地区以及拉丁美洲的许多国家都比较适用，但在美国、日本等国却与此相反，他们用掌心向上，向内屈伸

手指做搔痒状或晃动手腕招呼别人，而在中国、南斯拉夫和马来西亚等国，这种手势却是用来召唤动物的。

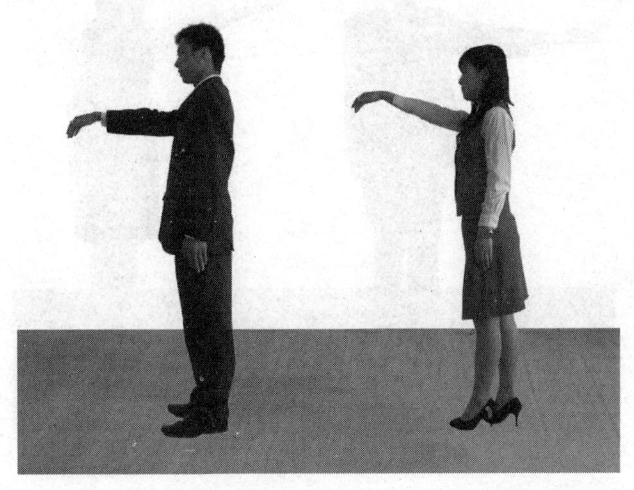

图 2-28

③ 挥手道别。要领是：身体要站直，不晃动，目视对方。左手放于体侧，手臂伸直成一条直线，右手向前向上抬至与肩同高或略高于肩，手臂不可弯曲，掌心朝向对方，指尖朝向上方，五指并拢，手腕晃动，见图 2-29。

图 2-29

④ 指引方向。要领是：当有人询问去处时，要先行站直，不可尚未站稳或在行走中指引方向。左手放于体侧，手臂伸直成一条直线，右手五指并拢，手掌翻转到掌心朝上，与肩平齐，直指准确方向。目光要随着手势走，指到哪里看到哪里，否则易使对方迷惑。指引方向后，右手手臂不可马上放下，要保持手势顺势送出几步，以体现对他人的关怀和尊敬，见图 2-30。

⑤ 递接物品。要领是：双手递送、接取物品，不方便双手时，也可用右手，但绝不可单

图 2-30

用左手。双方距离比较远时，应起身站立，主动走近对方递送或接取物品。递送时最好直接递至对方手中并且要方便对方接取。递送有文字、图案、正反面的物品时，要正面向上且朝向对方；接取物品时，要缓而且稳，不要急欲抢取。图 2-31 为递物品示意图。递送带尖、带刃或其他易于伤人的物品时，应使其尖、刃等朝向自己或朝向他处，切不可朝向对方，见图 2-32。

图 2-31

⑥ 展示物品。要领是：应使物品在身体的一侧展示，不要挡住头部。展示的位置不同表明物品的意义不同：当手持物品高于双眼时，适用于被人围观时采用；当手持物品位于眼睛下方，胸部上方，双臂横伸时在肩至肘部以内时，给人以放心、稳定感；当手持物品位于眼睛下方，胸部上方，双臂伸直时在肘部以外时，给人以清楚感，通常在这个位置展示想让对方看清楚的物品；当手持物品位于胸部以下，给人以漠视感，通常展示不太重要或不太明

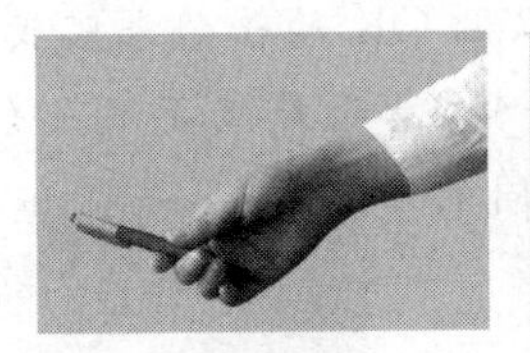
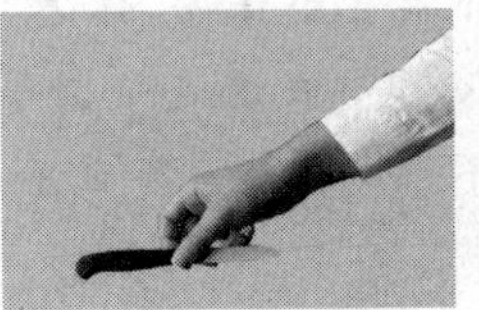
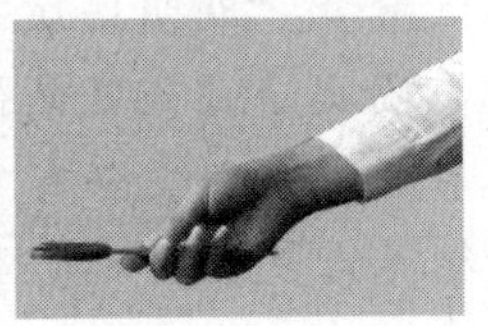

图 2-32

显的物品时采用。图 2-33 为展示物品示意图。

⑦ 鼓掌。鼓掌是在观看文体表演、参加会议、迎候嘉宾时，表示赞赏、鼓励、祝贺、欢迎等情感的一种手势。要领是：以右手掌心向下有节奏地拍击左掌，不可左掌向上拍击右掌；不可右掌向左，左掌向右，两掌互相拍击。鼓掌时间要长短相宜，5～8 秒为宜。

(2) 常见手势语。

① OK 手势。拇指和食指合成一个圆圈，其余三指自然伸张，见图 2-34。这种手势在西方某些国家比较常见，但应注意在不同国家其语义有所不同。如在美国表示“赞扬”“允许”“了不起”“顺利”“好”；在法国表示“零”或“无”；在印度表示“正确”；在中国表示“零”或“三”两个数字；在日本、缅甸、韩国则表示“金钱”；在巴西则是“引诱女人”或“侮辱男人”之意；在地中海的一些国家则是“孔”或“洞”的意思，常用此来暗示、影射同性恋。

图 2-33

图 2-34

【小故事】

OK 手势闹出笑话

礼仪专家李荣建曾因为 OK 手势闹出笑话。他在上中学的时候，由于学校修路把侧门关闭了，就要绕很远去上课。有一次眼看就要迟到了，于是他决定翻墙进去，但学校明令禁止跳墙，经常派保安埋伏在墙下。他正犹豫不决的时候，看见一位同学刚好经过。隔着栅栏门，他小声问：“墙底下有没有保安?”同学四下看看，也不说话，只是冲他比画了个 OK 的手势。他一见很高兴，如武林高手一般，攀住墙头，“噌”的一下翻了过去。就在他双脚落地之时，3 个保安过来将他团团围住，二话不说，把他带到了保卫处。回到教室，李荣建十分生气地问那位同学:“明明墙底下有3个保安,你怎么做OK的手势来骗我?”那位同学也十分气愤地说:“你是真傻还是装傻呀?我这是中国手势,意思是墙下有3个保安!”可见,同一种手势在不同的地方就会有不同的含义,甚至不同的手势却是表示相同的含义。

② 伸大拇指手势。大拇指向上,在说英语的国家多表示OK之意或是打车之意;若用力挺直,则含有骂人之意;若大拇指向下,多表示坏、下等之意。在我国,伸出大拇指这一动作基本上是向上伸表示赞同、一流、好等,向下伸表示蔑视、不好等之意。伸大拇指手势见图2-35。

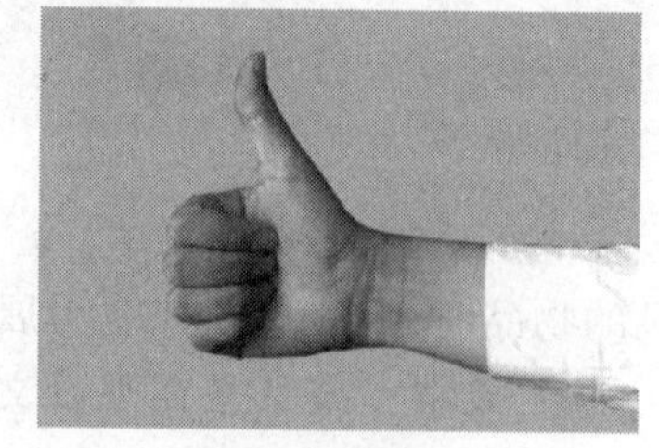

图 2-35

③ V形手势。伸出食指和中指,掌心向外,其语义主要表示胜利(英文victory的第一个字母);掌心向内,在西欧表示侮辱、下贱之意。这种手势还时常表示“二”这个数字。

【小故事】

小明的手势

小明刚上三年级,这天他考数学,考得挺好。放学回到家,90多岁的太奶奶就问他:“今天考得咋样啊?”他说考得挺好,冲太奶奶做了个V形手势,太奶奶哪懂得洋手势的意思呀,说道:“哦,这孩子学习不行,考了个‘鸭巴子’”。“鸭巴子”是方言,就是指得了2分,鸭子的形状像阿拉伯数字2。第二天放学,太奶奶又问小明:“孩子,你今天考得咋样啊?”小明今天考的是语文,他考得也很好,就冲太奶奶做了一个OK的手势,太奶奶还是不懂这个洋手势的意思,叹了口气,说道:“唉,这孩子学习不行,还不如昨天呢,考了个大零蛋!”

④ 伸出食指手势。伸出食指在我国以及亚洲一些国家表示“一”“一个”“一次”等;在法国、缅甸等国家则表示“请求”“拜托”之意。使用这一手势时,一定要注意不要用手指指人,更不能在面对面时用手指指着对方的面部和鼻子,这是一种不礼貌的动作,且容易激怒对方。

⑤ 捻指作响手势。就是用手的拇指和中指弹出声响,其语义或表示高兴,或表示赞同,或是无聊之举,有轻浮之感。应尽量少用或不用这一手势,因为其声响有时会令他人反感或觉得没有教养,尤其是不能对异性运用此手势,这是带有挑衅、轻浮之举。

(3) 克服不良的手势。手势是人的第二面孔,具有抽象、形象、情意、指示等多种表达功能,在使用手势和手势语时,以下不良的手势和手势语应注意克服;否则,将会给对方传达出不良的信息。

① 指指点点。工作中绝不可随意用手指对交际对象指指点点,与人交谈时更不可这样做。指点着别人说话,往往会引起他人较大的反感。

【小案例】

错误的数数法

某日,小郑奔赴机场,准备接待当天到达的香港客户。小郑笑容可掬地站在机场出口,迎候客户的到来。接着小郑按惯例开始清点人数:"1,2,3,4,……"小郑轻轻地念着,同时用手指点数客户。在接下来的接待中,小郑服务十分周到,但是他发现客户们还是有点不高兴。小郑百思不得其解。

【点评】 在人际交往过程中,应掌握不同情况下手势的正确使用。在清点人数时,可以采用默数的方式,即用目光进行清点,心里默记。本案例中,小郑的行为既不礼貌,也不符合职业道德。

② 随意摆手。在接待服务对象时,不可将一只手臂伸在胸前,指尖向上,掌心向外,左右摆动。这种动作的一般含义是拒绝别人;有时,还有极不耐烦之意。

③ 端起双臂。双臂抱起,然后端在胸前这一姿势,往往暗含孤芳自赏、自我放松或置身事外、袖手旁观、看他人笑话之意。

④ 双手抱头。这一体态的本意是自我放松,但在服务时这么做,则会给人以目中无人之感。

⑤ 摆弄手指。工作中无聊时反复摆弄自己的手指,活动关节或将其捻响,打响指,要么莫名其妙地攥紧拳,或是手指动来动去,在桌面或柜台不断敲扣,这些往往会给人不严肃、很散漫之感,令人望而生厌。

⑥ 手插口袋。这种表现会使客人觉得服务人员忙里偷闲,在工作方面并未尽心尽力。

⑦ 搔首弄姿。这种手势,会给人以矫揉造作、当众表演之感。

⑧ 抚摩身体。在工作之时,有人习惯抚摩自己的身体,如摸脸、擦眼、搔头、挖鼻、剔牙、抓痒、搓泥,这会给别人缺乏公德意识、不讲究卫生、个人素质极其低下的印象。

⑨ 勾指手势。请他人向自己这边过来时,用一根食指或中指竖起并向自己怀里勾,其他四指弯曲,示意他人过来,这种手势有唤狗之嫌,对人极不礼貌。

四、举止

为做到举止文明,就要在各类交际场合努力克服不良举止。这里所说的不良举止是常被人视为"小节""冒失"的动作举止。"小节"虽小,但它却是影响人整体形象的主要因素,是构成个人公德的重要内容。不拘小节、行为莽撞、举止失措的"冒失鬼"是不受人欢迎的。在交往中要努力克服以下不良举止。

1. 打呵欠

当你与人谈话时,尤其是当对方在滔滔不绝地发表意见时,那时你也许感到疲倦了,但要克制自己不打呵欠,因为这会引起交际对象的不快。打呵欠在社交场合中给人的印象是:你不耐烦了,而不是因为你疲倦了。

2. 掏耳和挖鼻

大家正在喝茶、吃东西的时候,掏耳的小动作往往令旁观者感到恶心。即使你想"洗耳恭听",此时此地也不是时候。同样,用手指挖鼻也是非常失礼的动作。

3. 剔牙

宴会上,谁也免不了有剔牙的小动作。既然这个小动作不能避免,就要注意剔牙时不要露出牙齿，而且不要把碎屑乱吐一番。最好用左手掩嘴，头略向侧偏，吐出碎屑时用纸巾接住。

4. 搔头皮

有些头皮屑多的人，在社交场合也忍耐不住头皮屑刺激的瘙痒，而搔起头皮来。搔头皮必然使头皮屑随处纷飞，这不仅难看，而且令旁人大感不快。搔头皮这种现象在社交场合是非常失礼的。特别是在宴会上，或者较为严肃、庄重的场合，这种小动作是很难叫人谅解的。

5. 双腿抖动

双腿抖动多发生在坐着时，站立时较为少见。这种小动作虽无伤大雅，但双腿颤动不停，会令对方觉得不舒服，而且会给人情绪不安定的感觉，这也是失礼的。同样，让跷起的腿钟摆似地打秋千也是相当难看的姿态。

【小故事】

我的财都被他抖掉了

有一位华侨到国内洽谈合资业务，洽谈了好几次，最后一次来之前，他曾对朋友说："这是我最后一次洽谈了，我要跟他们的最高领导谈，谈得好，就可以拍板。"过了两个星期，他和朋友相遇，朋友问："谈成了吗?"他说："没谈成。"朋友问其原因，他回答："对方很有诚意，进行得也很好，就是跟我谈判的这个领导坐在我的对面，当他跟我谈判时，不时地抖着他的双腿，我觉得还没有跟他合作，我的财都被他抖掉了。"

6. 频频看表

在与人交谈时，如果无其他重要约会，最好少看自己的手表。这样的小动作会使对方认为你还有什么重要的事情，会使谈话进行不下去；同时，你的这种小动作可能引起对方的误会，认为你没有耐心再谈下去。如果你确实有事在身，不妨婉转地告诉对方改日再谈，并表示歉意。

【小训练】

请在全班组织一次服务人员服务形象设计的小品表演会，由学生分组进行服务场景设计和角色扮演，师生共同欣赏。有条件的可以录像，然后回放品评。

课后练习

1. 服务人员仪容的基本要求是什么？
2. 你的皮肤属于哪种类型？有什么特点？在保养方面要注意哪些要点？
3. 请每日按照科学的化妆和护肤方法进行仪容修饰与保养。
4. 请对着镜子检查一下，此刻的你，在个人卫生方面还有哪些地方需要改进？
5. 你的脸形、发质和职业最适合哪种发型？

6. 以下是某饭店制定的“餐饮业从业人员个人卫生规定”，阅读后请回答问题。

餐饮业从业人员个人卫生规定

(1) 应保持良好的个人卫生，操作时应穿戴清洁的工作服、工作帽(专业操作人员还需戴口罩)，头发不得外露，不得留长指甲，涂指甲油，佩戴饰物。

(2) 操作时手部应保持清洁，操作前手部应洗净。接触直接入口食品时，手部还应进行消毒。

(3) 接触直接入口食品的操作人员有下列情形时应洗手。

① 开始工作前；

② 处理食物前；

③ 上厕所后；

④ 处理生食物后；

⑤ 处理弄污的设备或饮食用具后；

⑥ 咳嗽、打喷嚏或擤鼻子后；

⑦ 处理动物或废物后；

⑧ 触摸耳朵、鼻子、头发、口腔或身体其他部位后；

⑨ 从事任何可能会污染双手的活动(如处理货项、执行清洁任务)后。

问题：

(1) 对某饭店制定的这项规定你有何看法？

(2) 服务人员怎样才能更好地遵守这些规范？

7. 服务人员服饰的基本要求是什么？

8. 男士西装的穿着有哪些要求？

9. 女士西服套裙应如何穿着？

10. 请绘制一张表格，分别列举出适合服务人员佩戴的饰物和不适合(或禁止)服务人员佩戴的饰物？

11. 服务人员常规用品应如何使用？

12. 作为男性服务人员请每天出门前对照以下“男士仪容仪表自我检测”仔细审视自己，看看自己哪些方面需要改进，以养成良好的习惯。

男士仪容仪表自我检测

发型款式大方、不怪异，头发干净整洁、长短适宜。无浓重气味，无头屑，无过多的发胶、发乳。

鬓角及胡须已剃净，鼻毛不外露。

脸部清洁滋润。

衬衣领口整洁，纽扣已扣好。

耳部清洁干净，耳毛不外露。

领带平整、端正。

衣、裤袋口伏贴。衬衣袖口清洁，长短适宜。

手部清洁，指甲干净整洁。

衣服上没有脱落的头发和头皮屑。

裤子熨烫平整，裤缝折痕清晰。裤腿长及鞋面。拉链已拉好。

鞋底与鞋面都很干净，鞋跟无破损，鞋面已擦亮。

13. 作为女性服务人员，请每天出门前对照以下“女士仪容仪表自我检测”仔细审视自己，看看自己哪些方面需要改进，以养成良好的习惯。

女士仪容仪表自我检测

头发保持干净整洁，有自然光泽，不要过多使用发胶；发型大方、高雅、得体、干练，前发以不要遮眼、遮脸为好。

化淡妆：眼亮、粉薄、眉轻、唇浅红。

服饰端庄：不太薄、不太透、不太露。

领口干净，脖子修长，衬衣领口不过于复杂和花哨。

饰品不过于夸张和突出，款式精致、材质优良，耳环小巧、项链精细，走动时无声响。

公司标志佩戴在要求的位置，私人饰品不与之争夺别人的注意力。

衣袋中只放小而薄的物品，衣装轮廓不走样。

指甲精心修理过，不太长，不太怪，不太艳。

裙子长短、松紧适宜。拉链拉好，裙缝位正。

衣裤或裙子以及上衣的表面无明显的内衣轮廓痕迹。

鞋洁净，款式大方简洁，没有过多装饰与色彩，鞋跟不太高、不太尖。

衣服上没有脱落的头发和头皮屑。

丝袜无勾丝、无破洞，无修补痕迹，包里有一双备用丝袜。

14. 每位同学动手为自己制作一枚身份牌，可以假设自己是某服务企业的工作人员。

15. 请每天拿出10～20分钟时间练习站姿等姿态。

16. 你对自己的仪态满意吗？请观察一下你周围的人士站姿、坐姿、走姿等方面存在什么问题，提醒自己避免出现这些问题。

17. 观察一下路人的走姿，看看什么样的走姿给你的感觉最好。

18. 你的眼神是否充满了自信和活力？

19. 今天你微笑了吗？试着每天清晨起床后，对着镜子整理仪容的同时，把甜美愉快的笑容留在脸上。

20. 观察一下日常生活中各个微笑的脸，说说“微笑的脸”有哪些特征。

21. 在与服务对象的交往中，有哪些手势语显得失礼，是我们要避免使用的？

22. 服务人员要注意克服哪些不良举止？

23. 案例分析。

新加坡的“人人OK”运动

新加坡国家环境局和新加坡人民协会正在民众中开展以养成八项个人卫生习惯为主要内容的“人人OK”运动，旨在推动民众负起维护公共环境清洁卫生的责任，引导民众养成注重个人和环境卫生的习惯。这八项个人卫生习惯是：不乱丢垃圾；吐痰、咳嗽和打喷嚏使用纸巾；经常用肥皂洗手；保持公共厕所清洁；把垃圾装进袋子再丢进垃圾桶；保持环境清洁，防止害虫滋生；健康饮食和定期运动；坚持测量体温，身体不适时不到人多的地方。

新加坡把养成良好的个人卫生习惯放在国家战略的高度，进行全民动员。

思考与讨论：

(1) 这八项个人卫生习惯你能做到吗？

(2) 对新加坡的“人人 OK”运动有何感想？

面试因何失败

南山宾馆根据收到的求职材料约见小赵作为预选对象。面试时，小赵涂着鲜艳的口红，烫着时髦的发式，穿着低领紧身的吊带，首饰华丽而夸张，给人一种轻佻的感觉。第一轮面试小赵就落选了。事后一位人事总监对她说：“我认为你不可能仅仅由于化了美丽的妆而得到一个职位，但是我可以肯定你会因为穿错了衣服而失去一个职位。”

思考与讨论：

(1) 本案例对你有何启示？

(2) 结合本情境内容谈谈面试时应该怎样着装。

微笑也要有分寸

某日华灯初上，一家饭店的餐厅里客人满堂，服务员来回穿梭于餐桌和厨房之间，一派忙碌气氛。这时一位服务员跑去向餐厅经理汇报，说客人投诉有盘海鲜菜中的蛤蜊不新鲜，吃起来有异味。

这位餐厅经理自信颇有处理问题的本领和经验。于是不慌不忙地向投诉的客人那个餐桌走去。一看，哟，那不是老食客张经理吗！他不禁心中有了底，于是迎上前去一阵寒暄：“张经理，今天是什么风把您吹来了，听服务员说您老对蛤蜊不大对胃口……”这时张经理打断他说：“并非对不对胃口，而是我请来的香港客人尝了蛤蜊以后马上讲这道菜大家千万不能吃，有异味变了质的海鲜，吃了非出毛病不可！我是东道主，自然要向你们提意见。”餐厅经理接着面带微笑，向张经理解释，蛤蜊不是活鲜货，虽然味道有些不纯正，但吃了不要紧的，希望他和其余的客人谅解包涵。

不料此时，在座的那位香港客人突然站起来，用手指指着餐厅经理的鼻子大骂起来，意思是，你还笑得出，我们拉肚子怎么办？你应该负责任，不光是为我们配药、支付治疗费而已。这突如其来的兴师问罪，使餐厅经理一下子怔住了！他脸上的微笑变成了哭笑不得。到了这步田地，他揣想如何下台阶呢？他在想，总不能让客人误会刚才我面带微笑的用意吧，又何况微笑服务是饭店员工首先应该做到的。于是，他仍旧微笑着准备再作一些解释，不料，这次的微笑更加惹得那位香港客人恼火，甚至流露出想动手的架势，幸亏张经理及时拉拉餐厅经理的衣角，示意他赶快离开现场，否则难以收场了。

思考与讨论：

(1) 餐厅经理出现错误的主要原因是什么？

(2) 如果你是餐厅经理，你如何做？

第三章　服务基础礼仪

非礼勿视，非礼勿听，非礼勿言，非礼勿动。

——孔子

在人与人的交往中，礼仪越周到越保险。

——[美]托·卡莱尔

第一节　日常会面礼仪

会面是服务的开始。会面礼仪是与人交往时的最基本、最常用的礼节，它最能反映服务人员的礼仪水平，可以帮助服务人员顺利地通往客户交际的殿堂。人们见面后互致问候，不熟悉的人之间相互介绍，然后握手，互换名片，寒暄后才进入正题。这看似简单，却蕴含着复杂的服务礼仪规则，表达着丰富的服务交往的信息。掌握基本的会面礼仪，能使服务人员适应各种交际场合的礼仪要求，赢得客户的好感，塑造良好的服务形象，赢得商机。

一、称呼

在交际中，双方见面时，如何称呼对方，这直接关系到双方之间的亲疏、了解程度、尊重与否及个人修养等。一个得体的称呼，会令彼此如沐春风，为以后的交往打下良好的基础；否则，不恰当或错误的称呼，可能会令对方心里不悦，影响彼此的关系乃至交际的成功。

【小故事】

叶永烈采访陈伯达

著名传记作家叶永烈在着手写陈伯达传记时，必须采访陈伯达，采访时究竟怎样称呼陈伯达，叶永烈颇费了一番心思。采访的前一天晚上，叶永烈辗转反侧，明天见到了陈伯达到底该怎么称呼他呢？叫他陈伯达同志，不合适，因为陈伯达是在监狱服刑的犯人；叫他老陈，也不行，因为陈伯达已经是84岁的老人了，而自己才48岁，究竟应怎样称呼他呢？突然叶永烈灵机一动，称呼他陈老，这是再恰当不过的称呼了。果然，第二天采访时，叶永烈一声“陈老”亲切得体的称呼，令陈伯达听了感动万分，眼里充满了泪花。由此可见，一个得体的称呼真可谓交际的“敲门砖”啊！

1. 常用的称呼

(1) 职务性称呼。以交往对象的职务相称，以示身份有别、敬意有加。这是一种最常见的称呼，一般在较为正式的职业场合，如官方活动、公司活动中使用。这种称呼具体可以分为三种情况。

① 只称职务，如董事长、市长等。

② 职务前加上姓氏，如王总经理、张局长等。

③ 职务前加上姓名，如王强部长、谭旭处长等。

(2) 职称性称呼。对于有专业技术职称，尤其是具有中高级职称者，可以直接以其职称相称。这种称呼具体可以分为三种情况。

① 只称职称，如教授、工程师等。

② 职称前加上姓氏，如李教授、刘工程师等。

③ 职称前加上姓名，如刘亚珍教授、吴俊明工程师等。

(3) 行业性称呼。在职场中按所从事的行业进行称呼，一般可以直接以职业作为称呼，如老师、医生、会计、律师等。此类称呼前均可以加上姓氏或姓名，如汪老师、张医生、李敏律师等。

(4) 学衔性称呼。在职场中按对方的学衔进行称呼，一般可以增加被称者的权威性，也有助于增强现场的学术气氛。这种称呼具体可以分为四种情况。

① 只称学衔，如博士。

② 学衔前加上姓氏，如王博士。

③ 学衔前加上姓名，如王晓明博士。

④ 将学衔具体化，说明其所属学科，并在后面加上姓名，如生物工程学博士王晓明。这种称呼最正式。

(5) 姓名性称呼。在职场中直接称呼姓名，一般只适用于同事、同学和熟人之间。这种称呼具体可以分为三种情况。

① 直呼姓名，如张岩松、付强。

② 只呼其姓，不称其名，一般要在姓氏前面加上“老”“小”“大”等前缀，如老刘、小王、大赵。

③ 只称其名，不称其姓，一般在亲友、同学、邻里间使用，尤其适用于上级称呼下级、长辈称呼晚辈，如岩松、言刚。

(6) 亲属性称呼。亲属，即与本人直接或间接拥有血缘关系者。在日常生活中，对亲属的称呼业已约定俗成，众所周知。面对外人，对亲属可根据不同情况采取谦称或敬称。

① 对本人的亲属应采用谦称。称辈分或年龄高于自己的亲属，可以在其称呼前加“家”字，如“家父”“家叔”。称辈分或年龄低于自己的亲属，可在其称呼前加“舍”字，如“舍弟”“舍侄”。称自己的子女，则可在其称呼前加“小”字，如“小儿”“小女”“小婿”。

② 对他人的亲属，应采用敬称。对其长辈，宜在称呼前加“尊”字，如“尊母”“尊兄”。对其平辈或晚辈，宜在称呼前加“贤”字，如“贤妹”“贤侄”。若在其亲属的称呼前加“令”字，一般可不分辈分与长幼，如“令堂”“令爱”“令郎”。

(7) 性别性称呼。对于从事商界、服务性行业的人，一般约定俗成地按性别的不同分别称呼“小姐”“女士”“夫人”“先生”，“小姐”是对未婚女性的称呼，“夫人”是对已婚女性的称呼，“女士”是对已婚或婚姻状况不明确者的称呼，“先生”主要是对男士的称呼。

【小故事】

小姐还是太太

一位先生为外国朋友定做生日蛋糕。他来到一家酒店的餐厅，对服务小姐说："小姐，您好，我要为我的一位外国朋友订一份生日蛋糕，同时打一份贺卡，你看可以吗？"服务小姐接过订单一看，忙说："对不起，请问先生，您的朋友是小姐还是太太？"这位先生也不清楚这位外国朋友结婚没有，他为难地抓了抓后脑勺想想说："小姐？太太？一大把岁数了，太太。"生日蛋糕做好后，服务小姐按地址到酒店客房送生日蛋糕，敲门，一位女士开门，服务小姐有礼貌地说："请问，您是怀特太太吗？"女士愣了愣，不高兴地说："错了！"服务小姐丈二和尚摸不着头脑，抬头看看门牌号，再回去打电话问那位先生，房间号码没错。服务小姐又一次敲开了门，"没错，怀特太太，这是您的蛋糕。"那位女士大声说："告诉你错了，这里只有怀特小姐，没有怀特太太。""啪"的一声，门被关上了，蛋糕掉到了地上。

2. 称呼的禁忌

(1) 忌使用错误的称呼。如因字多音而叫错对方的姓氏，误称未婚女性为夫人等，容易使人产生不悦或误会。

(2) 忌使用过时的称呼。如对官员使用"老爷""大人"等已过时的称呼，不符合现代社会的标准，显得不伦不类。

(3) 忌使用不通行的称呼。如南京人爱称人"师傅"、山东人爱称人"伙计"，这样的称呼具有一定的地域性，在全国不通行，有时还会引起误会，如广东等地的南方人把"师傅"当成"出家人"、把"伙计"当成"打工仔"。

(4) 忌使用不当的行业称呼。行业称呼具有行业特点，如工人可以称为"师傅"，称呼政府职能部门的公务人员为"师傅"则不合适；同样，现在一些美容院和理发店将美容师和理发师称呼为"老师"也是不合适的。

(5) 忌使用庸俗低级的称呼。在交际中，尤其是职场中使用"老大""哥们儿""姐们儿"等称呼会显得庸俗低级，甚至带有黑社会的味道，不合适。

(6) 忌使用绰号为称呼。在交际中，特别是职场中不能随意用别人的绰号来称呼对方，如"四眼""张瘸子"等，还有一些人的小名也不能叫，如"小狗子""狗剩"等过去家人起的所谓贱名。

(7) 忌使用替代性的称呼。在交际中不应该使用一些替代性的称呼来代替正规的称呼，如医院的护士叫病人的床号"八床""五床"等代替病人的姓名，服务行业称呼客人为"几号"或"下一个"等。

(8) 忌使用不适当的简称。有时为了显示亲热，有人会使用简称来称呼领导，如"李局(长)""张处(长)"，但并不是所有的称呼都可以用简称的，如范局长不能简称"范局"，戴校长不能简称为"戴校"。

(9) 忌不使用称呼。不使用称呼，即和别人沟通时用"喂""哎"等词语开头，这是很不礼貌的，也会令人十分不满，引起误会。

(10) 忌使用昵称。在正式交际场合中坚决不能使用"宝贝""亲爱的""哥""姐"等昵称，一来可反映出自身的素质问题；二来会令人十分尴尬。

【小案例】

“小”字别乱喊

孙西是某咨询公司的高级培训师，上个月，他与公司的一名同事去杭州出差做一个项目。在企业做了一天的内部访谈后，第二天到市场一线做实地调研，由各地的区域经理负责安排接待陪同。

市场调研到了嘉兴，当地的区域经理白天陪同他们一起走访市场，晚上安排一起吃饭。区域经理几杯啤酒下肚，便开始称兄道弟。当他得知孙西比自己小几岁后，敬酒时便对孙西的同事喊着“张经理我们干一杯”，然后冲孙西说：“小孙，咱们也喝一杯。”

孙西一听，感觉有点儿不对味，故意推辞：“不好意思，我吃完饭回去还得整理一下调研材料，就免了吧。”那个区域经理觉得被扫了面子，又冲着孙西的同事说：“张经理，你看小孙可真不够意思！”

孙西闻言，更加不舒服了，他端起酒杯很绅士地对那个区域经理说：“请问您贵姓？”区域经理很纳闷，答道：“我姓彭。”“哦，小彭，咱们第一次见面，也不是很熟悉，但我要很负责地跟你说句话，你听好了——即使是你们老板跟我一起吃饭，敬酒时也会很尊敬地称我一声‘孙老师’或‘孙经理’！好了，这杯酒我敬您。喝完我就先告辞了。”孙西一饮而尽，留下那个屁股刚抬起一半准备喝酒的区域经理，站也不是，坐也不是。

3. 使用称呼的技巧

（1）初次见面更要慎重称呼。初次与人见面或谈业务时，要称呼姓＋职务，要一字一字地说得特别清楚，比如：“王总经理，你说得真对……”如果对方是个副总经理，可删去那个“副”字；但若对方是总经理，不要为了方便把“总”字去掉而变为经理。

（2）称呼对方时不要一带而过。在交谈过程中，称呼对方时，要加重语气，称呼完了停顿一会儿，然后再谈要说的事，这样能引起对方的注意，他会认真地听下去。相比之下，如果称呼得很轻又很快，有种一带而过的感觉，对方听着会不太顺耳，有时也听不清楚，就不能引起听话的兴趣。如果不太注意对方的姓名，而过分强调了要谈的事情，就会适得其反，对方就不会对你的事情感兴趣。所以一定要把对方完整的称呼认真、清楚、缓慢地讲出来，以显示对对方的尊重。

（3）关系越熟越要注意称呼。与对方十分熟悉之后，不要因此而忽略了对对方的称呼，一定要坚持称呼对方的姓＋职务（职称），尤其是有其他人在场的情况下。人人都需要被人尊重，越是朋友，越要彼此尊重。如果熟悉就变得随随便便，“老王”“老李”甚至用一声“唉”“喂”来称呼了，就极不礼貌，也是令对方难以接受的。

（4）要记住对方的姓名。美国著名人际关系专家戴尔·卡耐基说：“一个人的姓名是他自己最熟悉、最甜美、最妙不可言的声音。”“在交际中，最明显、最简单、最重要、最能得到好感的方法，就是记住别人的名字。”任何交际场合，记住并准确地称呼对方的姓名，会让对方感到亲切自然，一见如故，易缩短双方的心理距离。否则，即使对有过交往的熟人，如果张冠李戴，双方也会因此生疏起来。

【小故事】

善于记住他人名字的拿破仑三世

据说拿破仑三世除了军事才能出众以外，还以其记忆力好而闻名于世，他能够记得每一个见过面的人。他的方法其实非常简单：如果没有听清楚对方的名字，他就会直言不讳地再问一遍；如果碰到比较难记的名字，他就会问对方名字的具体拼写方法。在与人交谈的过程中，他会把对方的名字重复说几遍，并暗自寻找对方独特的外部特征，然后把这些特征与这个人的名字联系在一起。如果对方是重要人物，他还会悄悄地把他的名字写在纸上，以便牢牢记住。通过这些方法，拿破仑三世记住了每一个与他见过面的人的名字。

【点评】 这个方法并不麻烦，但是要做到也不容易。你必须在这方面花一些心思，在你接触每个人时，把对方的名字及特征都要在自己的大脑中进行登记，并在必要的时候重复这个过程，这样你才能记住所有你见过的人的名字。

(5) 称呼要入乡随俗。称呼应随不同的交际环境而变化，入乡随俗，根据所处的环境、习惯来称呼。在多数大城市，对女性往往以"女士""小姐""夫人"相称，对男性以"先生"相称，但在我国大多数农村和中心城市，这样的称呼未必合适。在工厂，"师傅"是较常用的尊称。在艺术界、学术界，为表示尊重往往称"老师"。

【小训练】

小陈该怎样称呼

小陈刚被领导提升为部门经理，高兴之余，他也有些为难。老赵是比他工作时间长、年龄又比他大的老员工，自己进入这个公司的时候，还得到过老赵的许多帮助。现在自己成为老赵的直接领导，该怎么称呼老赵呢？以前小陈总叫"赵老师"，现在继续这样叫合适吗？叫"老赵"显然会让老赵不快。叫名字，又一下子显得生疏了。

【问题】 小陈到底应当怎样称呼呢？请你给小陈提一些好的建议。

二、介绍

介绍是人与人相互沟通的出发点，能有效地缩短人与人之间的距离。介绍分为自我介绍和居间介绍。

1. 自我介绍

自我介绍即将本人介绍给他人。从某种意义上说，自我介绍是进入社会交往的一把钥匙。在缺少介绍人的情况下，自我介绍是非常必要的，运用得好，可为交际活动的顺利进行助一臂之力。

(1) 自我介绍的场合。自我介绍的场合一般选择在正式场合，在没有干扰的情况下，具体如下。

① 应聘求职、会议场合可以作自我介绍。

② 因为业务关系需要与相关人士接洽时需要作自我介绍。

③ 当遇到你知晓或久仰的人士，他不认识你时，可以作自我介绍。

④ 出差、办事与别人不期而遇时，为了增加了解和信赖，可以作自我介绍。

⑤ 初次前往他人居所、办公室登门拜访时要作自我介绍。

⑥ 参加聚会，主人不可能作细致的介绍，与会者可以与同席或身边的人相互自我介绍。

(2) 自我介绍的顺序。自我介绍的顺序要求遵循尊者有优先知情权，位低者先行的原则，具体如下。

① 职位高者与职位低者相识，职位低者应该先作自我介绍。

② 男士与女士相识，男士应该先作自我介绍。

③ 长辈与晚辈相识，晚辈应该先作自我介绍。

④ 资深人士与资历浅者相识，资历浅者应该先作自我介绍。

⑤ 已婚者与未婚者相识，未婚者应该先作自我介绍。

(3) 自我介绍的方式。根据不同场合、环境的需要，自我介绍的方式有应酬式、公务式、礼仪式、社交式和问答式五种，见表3-1。

表3-1 自我介绍的形式

类型	适用场合	使用目的	内容	举例
应酬式	适用于公共场合、一般性的社交场合，如旅途中、商场里	面对泛泛之交而不想深交的人	只包括本人姓名	“你好，我叫/是张明。”
公务式	适用于工作场合，如业务洽谈、工作联络	与对方建立工作关系	包括本人姓名、单位、部门或从事的具体工作三要素，缺一不可	“你好，我叫张明，是五湖四海医药公司的营销部经理。”
礼仪式	适用于讲座、报告、演说、庆典、仪式等正规场合	向对方表示友好、敬意	包括本人姓名、单位、职务等项内容，还可以适当加一些谦辞、敬语等	“各位来宾，大家好！我叫张明，我是五湖四海贸易公司的营销部经理。我代表本公司热烈欢迎大家的光临……”
社交式	适用于各类社交活动，如私人交往、联谊会、网络交流等	使对方认识自己、了解自己，建立进一步交往的平台	包括本人姓名、职业、籍贯、爱好、自己跟交往对象双方所共同认识的人等	“你好，我叫张明，我是18级营销班的。李军是我的老乡，我们都是北京人……”
问答式	适用于一般的交际应酬场合	应聘求职、应试求学、初次交往等	主要根据提问进行介绍，有问必答	问：“请问您贵姓?”答：“您好！免贵姓张。”

【小案例】

罗兰的自我介绍

罗兰去参加朋友的生日宴会，在那里她遇上了几个不认识的人。当时朋友正在忙里忙外地招呼客人，所以没有顾得上更多地关照罗兰这个“自己人”。正当性格内向的罗兰胆怯地坐在客厅一角，不知道自己该不该和那些陌生人寒暄几句，更不知道自己应该如何启齿时，一位温文尔雅的先生走了过来，主动跟她打招呼：“小姐，您好！我叫邓雨轩，请问您怎么称呼?”缺乏准备的罗兰有点儿慌乱地随口应道：“叫我小罗好了。”

其实，罗兰这时打心眼里感谢这位不熟悉的邓先生过来跟她打招呼，使她不至于“孤立无援”，而且她也真想大大方方地同邓先生聊上几句。然而意想不到的是，罗兰就那么一句“叫我小罗好了”，让邓先生的热情顿减，立马扭头走了回去。

【点评】 在作自我介绍时需选用恰当的方法，把握好相应的时机和场合，掌握好分寸。本例中属于一般性的社交场合，需介绍自己的姓名，而不应该只介绍自己的姓。

(4) 自我介绍的注意事项。做自我介绍时应注意以下几方面。

① 注意时机。要抓住时机，在适当的场合进行自我介绍。在对方有空闲，而且情绪较好，又有兴趣时，这样就不会打扰对方。

② 注意态度。自我介绍的态度一定要自然、友善、亲切、随和，应镇定自信、落落大方、彬彬有礼。既不能怯场，又不能虚张声势、轻浮夸饰。语气要自然、语速要正常、语音要清晰。自我介绍时出现畏怯紧张、结结巴巴、目光不定、面红耳赤等情况，会给人缺少经验、缺乏自信的感觉，为他人所轻视。

③ 注意时间。自我介绍要简洁、言简意赅，尽可能节省时间。一般以半分钟左右为佳，不宜超过1分钟，且越短越好。话说得多了，不仅显得啰唆，而且交往对象未必记得住，也未必感兴趣。为了节省时间，做自我介绍时，还可利用名片、介绍信作为辅助手段。

④ 注意内容。自我介绍的内容包括三项基本要素：本人的姓名、现供职的单位以及具体部门、担任的职务和所从事的具体工作。这三项要素，在自我介绍时，应一鼓作气连续报出，这样既有助于给人以完整的印象，又可以节省时间，不说废话。要真实诚恳，实事求是，不可自吹自擂，夸大其词。

【小贴士】

自我介绍要善于巧解姓名

名字是一个人的有声名片，要向他人介绍自己的名字，让人印象鲜明，恒久不忘，就需要巧解姓名，把自己的名字介绍得顺耳入心。

相声大师马三立有段著名的自我介绍：“我叫马三立。就是马啊，剩三条腿还立着呢——马三立！三立，立起来，被人打倒；立起来，又被人打倒；最后，又立起来了。”

从自己的名字中寻找特点、亮点，与众不同、标新立异地予以介绍，会收到意想不到的效果。

⑤ 注意方法。作自我介绍前，应先向对方点头致意，得到回应后再向对方介绍自己。如果有介绍人在场，自我介绍则被视为不礼貌的行为。应善于用眼神表达自己的友善，表达关心以及沟通的渴望。如果想认识某人，最好预先获得一些有关他的资料或情况，诸如性格、特长及兴趣爱好等。这样在自我介绍后，便很容易融洽交谈。在获得对方的姓名之后，不妨口头加重语气重复一次，因为每个人都乐意听到自己的名字。

他人在进行自我介绍时，我们也要注意以下方面：一是引发对方做自我介绍时应避免直话相问，缺乏礼貌，如“你叫什么名字”，而应该尽量客气一些，用词更敬重些，“请问尊姓大名”“您贵姓”“不知怎么称呼您”“您是……”等；二是要仔细聆听他人的自我介绍，记住对方的姓名、职业等。如果没有听清楚，不妨在个别问题上仔细再问一遍，这比他人作过自我介绍，而你还是不明情况的好；三是等一个人作了自我介绍后，应做相应地回应——向对方做自我介绍，这才是礼貌的。

【小贴士】

尴尬不堪的介绍

情景：A男士和A女士两位秘书在门口迎接来宾。

一辆小轿车驶到，一男士下车。A女士走向前，道："王总您好！"呈上自己的名片，又道："王总，我叫李月，是××集团的秘书，专程前来迎接您。"王总道谢。A男士上前："王总您好！您认识我吧？"王总点头。A男士又问："那我是谁？"王总尴尬不堪。

【点评】 介绍是社交场合相互了解的一种方式，自我介绍应做到及时、准确、清楚，不应该理所当然地认为对方认识自己。即使原来有一面之交，对方也许会忘记，所以不应该让对方难堪。

2. 居间介绍

（1）居间介绍的时机。居间介绍即交际中的第三者介绍。在居间介绍中，为他人做介绍的人一般为社交活动中的东道主、社交场合中的长者、家庭聚会中的女主人、公务交往活动中的公关人员（礼宾人员、文秘人员、接待人员）等。

居间介绍的时机包括：在家中接待彼此不相识的客人；在办公地点接待彼此不相识的来访者；与家人外出，路遇家人不相识的同事或朋友；陪同亲友，前去拜会亲友不相识者；本人的接待对象遇见了其不相识的人士，而对方又跟自己打了招呼；陪同上司、长者、来宾时，遇见了其不相识者，而对方又跟自己打了招呼；打算推介某人加入某一交际圈；受到为他人做介绍的邀请。

（2）居间介绍的顺序。为他人介绍时，要注意顺序。先确定被介绍的双方哪一方更应该被尊敬，对于更应该受尊敬的人，他有优先了解对方信息的权利。在我国古代习惯以职位高低、资历深浅、年龄大小来决定受尊敬的程度。在西方，习惯以性别来决定受尊敬的程度，女士优先。国际上公认的介绍顺序如下。

① 将男性介绍给女性。

② 将年轻者介绍给年长者。

③ 将职位低者介绍给职位高者。

④ 将未婚女子介绍给已婚女子。

⑤ 将晚到者介绍给早到者。

如果被介绍的人同时具备以上两个原则，应该按后一个原则来介绍。如当一个晚到的女客人遇到一个早到的男客人时，就需要把晚到的女客人介绍给早到的男客人；当一位年轻的女士遇到一位年长的男士时，就需要把女士介绍给男士。

介绍的顺序应该注意场合。如严肃的工作场合，就要按照职位高低来介绍，把职位低的人介绍给职位高的人。对于公司的客户，即使是公司的总裁，在面对一个普通客户时，也要把总裁介绍给客户，因为客户永远是上帝。

【小案例】

不注重细节的小李

小李从某职业技术学院营销专业毕业两年多了，目前在一家中型私营企业从事销售工作。工作中，小李很勤奋，业务做得也算顺利，但是他有个缺点，就是不注重细节，和客户打交道时常出小差错，为此不知道被部门领导说过多少次。这次小李陪同部门经理去拜见甲方负责人，由于先前小李和甲方负责人有过几次接触，所以双方一见面，小李就指着甲方负责人对部门经理说："张经理，他就是徐总经理……"说者无心，听者有意，徐总经理的眉头微微皱了一下，接下来和张经理谈话不是很热情，交流很快就结束了。小李感到很迷茫，心想徐总经理平时感觉挺好的，今天怎么会这样呢。返回的路上，张经理指出了小李的问题所在。

【点评】 其实徐总经理态度冷淡就是因为小李不注意细节，在做介绍时没有遵循礼仪原则，让对方感觉没有受到尊重，所以结果可想而知。

(3) 居间介绍的方式。居间介绍的方式如表 3-2 所示。

表 3-2 居间介绍的方式

类型	适用场合	使用目的	内容	举例
标准式	适用于正式场合，如业务洽谈、宴会	使双方认识，并建立工作、交换等联系	以双方的姓名、单位、职务等为主	"我给两位引见一下，这位是我们公司营销部的李小姐，这位是五湖四海集团公司的总经理张先生。"
礼仪式	适用于正式场合，是一种最为正规的他人介绍	与标准式略同，只是语气、表达、称呼上都更为礼貌、谦恭	包括双方姓名、单位、职务等项内容，还可以适当加一些谦辞、敬语等	"张先生，您好！请允许我把我们公司的销售部经理李军先生介绍给您。李先生，这位是五湖四海医药公司总经理张明先生。"
推荐式	适用于比较正规的场合	将被介绍人举荐给另一位被介绍人	通常会对主要被介绍者的优点加以重点介绍	"这位是五湖四海医药公司的张明总经理，这位是我们公司的李军总经理。李总经理是管理方面的专业人士，他还是经济学博士呢。张先生，我想您一定愿意结识他吧。"
强调式	适用于各类社交活动，如私人交往、联谊会等	使双方认识，并引起对其中一位被介绍者的重视	包括双方的姓名，往往还会刻意强调其中一位与介绍者之间的特殊关系	"这位是张教授的学生，这位是李经理，请李经理多多关照。"
引见式	适用于一般的交际应酬场合	将被介绍者双方引到一起即可	不需具体介绍双方，由他们自行认识	"两位认识一下，这位是张经理，请张经理多多关照。"
简介式	适用于一般的社交场合，如聚会、茶话会、舞会	使双方认识	双方姓名一项，甚至只提到双方姓氏为止	"我来介绍一下，这位是小李，这位是小周，你们认识一下吧。"

(4) 居间介绍的注意事项。在为他人做介绍时，介绍者对介绍的内容应当字斟句酌，慎之又慎。在交往中，在为他人做介绍时，由于实际需要的不同，介绍时所采取的方式也会

有所不同。

在正式场合,内容以双方的姓名、单位、职务等为主。在一般的交际场合,其内容往往只有双方姓名一项,甚至可以只提到双方姓氏为止。接下来,则由被介绍者见机行事。在比较正规的场合,介绍者有备而来,有意将某人举荐给某人,因此在内容方面,通常会对前者的优点加以重点介绍。

在进行居间介绍时,介绍者与被介绍者都要注意自己的表达、态度与反应。介绍者为被介绍者介绍之前,不仅要尽量征求一下介绍双方的意见,而且在开始介绍时还应再打一下招呼,切勿上去开口即讲,显得突如其来,令被介绍者措手不及。

介绍时要注意实事求是,掌握分寸,不能胡吹乱捧。介绍姓名时,一定要口齿清楚,发音准确。把易混的字咬准,如"王"和"黄"、"刘"和"牛"等;对同音字、近音字必要时要加以解释,如"邹"和"周"、"张"和"章"、"徐"和"许"等。

居间介绍见图 3-1。

图 3-1

(5) 接受介绍时的礼仪。介绍需要讲究必要的礼节,而接受介绍时采取什么态度和行为来表现自己呢? 被介绍者在介绍者询问自己是否有意认识某人时,一般不应加以拒绝或扭扭捏捏,而应欣然地表示接受。若自己实在不愿意时,则应说明缘由。

当介绍者走上前来,开始为被介绍者进行介绍时,被介绍的双方应起身站立,面带微笑,神态庄重、专注,被介绍人的目光一定要注视着对方的脸部。不要让其他事情分散你的注意力,不要东张西望,以免给对方留下心不在焉、不重视或不欢迎的印象。

当介绍者介绍完毕后,如果双方均为男性,握手绝对必要,这象征着信任和尊敬。握手时问候对方并复述对方姓名。你可以说"能认识你很高兴,李先生""你好,张先生"等。此时的常用语还有"久仰大名""认识你非常荣幸""幸会,幸会"等。必要时还可作进一步的自我介绍。如果把男性介绍给女性认识时,女性觉得有握手必要时,可以先伸出手来,表示出热诚。

交谈后走时要互相道别,一声"再见"可以给对方留下很好的印象。

在接受介绍时,如果没有听清对方的名字,可以请对方再说一遍,不要觉得不好意思。你可以说:"对不起,我没听清楚你的名字,可否请你再讲一次。"这样对方不仅不会生气,甚至还会觉得很受用,因为这表示你很在乎他的名字。

(6) 集体介绍的礼仪。集体介绍是他人介绍的一种特殊形式,是指介绍者在为他人介绍时,被介绍者其中一方或者双方不只是一个人而是多人。集体介绍时,原则上应参照他人介绍的顺序进行。在正式场合或隆重场合,介绍顺序是个礼节性极强的问题,其要领如下。

① 当被介绍双方地位、身份大致相似时,应是一人礼让多数人、人数少的一方礼让人数多的一方,先介绍一人或人数少的一方,再介绍人数较多的一方或多数人。

② 当被介绍双方的地位、身份存在明显的差异,地位、身份明显高者为一个人或人数少的一方时,应先向其介绍人数多的一方,再介绍地位、身份高的一方。

③ 被介绍双方均为多人时,应先介绍位卑的一方,后介绍位尊的一方;先介绍主方,后介绍客方。介绍各方人员时,则应由尊到卑,依次而行。

④ 当被介绍者不只双方而是多方时,应根据合乎礼仪的顺序,确定各方的尊卑,由尊而卑,按顺序介绍各方。如果需要介绍各方成员时,也应按由尊到卑的顺序依次介绍。

【小贴士】

集体介绍时的特别注意事项

在集体介绍时有两点需要特别注意。一是尽量不要使用被介绍方单位的简称。例如,将“上海吊车厂”简称为“上吊”、将“怀来运输公司”简称为“怀运”等。这样听上去容易使人产生歧义,甚至于哗然大笑。至少,要在首次介绍时使用准确的全称,然后再采用不产生歧义的简称。二是在介绍时要庄重、亲切,切勿随意拿被介绍者开玩笑。

三、握手

【小贴士】

握手的由来

史前时期,人类的祖先以打猎为生,世界对他们来说是充满危险的。因此,当陌生人相遇时,如果双方都怀着善意,便伸出一只手来,手心向前,向对方表示自己手中没有石头或武器,走近之后,两人互相摸摸右手,以示友好。这样沿袭下来,便成为今天人们表示友好的握手。

关于握手礼来源的另一种说法是:中世纪时,骑士们都穿着盔甲,全身披挂后,除两只眼睛外,其余都包裹在盔甲里,随时准备冲向敌人。如果表示友好,互相走近时就应脱去右手的甲胄,伸出右手,表示没有武器,互相握手,这是和平的象征。

当今,握手已成为世界上最为普遍的一种礼节,其应用的范围远远超过了鞠躬、拥抱、接吻等。在日常交际中,必须注意握手的基本礼节。

1. 握手的要求

握手的标准方式是行礼时行至距握手对象约1米处,双腿立正,上身略向前倾,伸出右手，四指并拢，拇指张开与对方相握。握手时的手势见图 3-2。握手时应用力适度，上下稍许晃动 3～4 次，随后松开手来，恢复原状，见图 3-3。具体应注意以下几点。

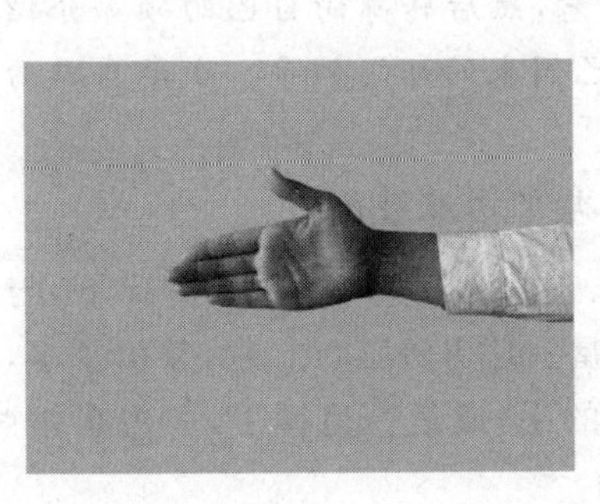
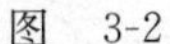

图 3-2

图 3-3

(1) 讲究次序。根据礼仪规范，握手时双方伸手的先后次序，一般应当遵守“尊者先伸手”的原则，应由尊者首先伸出手来，位卑者只能在此后予以响应，而绝不可贸然抢先伸手，否则违反礼仪的举动。握手的次序规则见表 3-3。

表 3-3 握手的次序规则

男女握手	男女之间握手，男士要等女士先伸出手后才握手。如果女士不伸手或无握手之意，男士向对方点头致意或微微鞠躬致意。男女初次见面，女方可以不和男士握手，只是点头致意即可
	男女握手时，男士要脱帽和脱右手手套，如果偶遇匆匆忙忙来不及脱，要道歉。女士除非对长辈，一般可不必脱手套
主宾握手	主人有向客人先伸出手的义务。在宴会、宾馆或机场接待宾客，当客人抵达时，不论对方是男士还是女士，女主人都应该主动先伸出手，以表示对客人的欢迎
	客人告辞时，则应由客人首先伸出手来与主人相握，在此表示的是“再见”之意
长幼握手	长幼之间握手，年幼的一般要等年长的先伸手。和长辈及年长的人握手，不论男女，都要起立趋前握手，并要脱下手套，以示尊敬
上下级握手	下级要等上级先伸出手。但涉及主宾关系时，可不考虑上下级关系，做主人的应先伸手
一个人与多人握手	应讲究先后次序，由尊而卑，即先年长者后年幼者，先长辈后晚辈，先老师后学生，先女士后男士，先已婚者后未婚者，先上级后下级，先职位、身份高者，后职位、身份低者

值得注意的是：在公务场合，握手时伸手的先后次序主要取决于职位、身份；而在社交、休闲场合，则主要取决于年龄、性别、婚否。

【小案例】

不懂握手规矩的小李

小李大学毕业后被恒达商业集团公司录用，并被安排在办公室工作。一次，单位接到一个通知，说某省考察团要来拜访，单位领导非常重视，让办公室认真负责接待。办公室主任把这次接待任务交给了小李，特意叮嘱他不能出任何差错。经过多方请教和努力，小李很快拟定了一个极其详尽而且合理的接待方案，递交上去后，得到了办公室主任的认可和赞赏。

更巧的是小李与这次来访的考察团团长非常熟识，故被列为主要迎宾人员并陪同有关部门领导前往机场迎接贵宾。当考察团团长率领其他工作人员到达后，小李面带微笑，热情地走上前去，先于部门领导与考察团团长握手致意，然后转身向自己的领导介绍这位考察团团长，接着又热情地向考察团团长介绍了随自己同来的部门领导。小李自以为此次接待相当顺利，但他的某些举动却令其领导十分不满。

【问题】 小李的举动为什么会令其领导不满？他的问题何在？

(2) 神态专注。与人握手时神态应专注、热情、友好、自然。在通常情况下，与人握手时，应面带微笑，目视对方双眼，并且口道问候。在握手时切勿三心二意，敷衍了事，漫不经心，傲慢冷淡。如果在此时迟迟不握他人早已伸出的手，或是一边握手，一边东张西望，目中无人，甚至忙于跟其他人打招呼，都是极不礼貌的。

(3) 注意力度与时间。握手时用力应适度，不轻不重，恰到好处。如果手指轻轻一碰，刚刚触及就离开，或是懒懒地、慢慢地相握，缺少应有的力度，会给人勉强应付、不得已而为之之感。一般来说，手握得紧是表示热情。男人之间可以握得较紧，甚至另一只手也加上，包括握着对方的手大幅度上下摆动，或者在手相握时，左手又握住对方胳膊肘、小臂甚至肩膀，以表示热烈。但是注意既不能握得太使劲，使人感到疼痛，也不能显得过于柔弱，不像个男子汉。对女性或陌生人，轻握是很不礼貌的，尤其是男性与女性握手应热情、大方、用力适度，通常是握紧后打过招呼即松开。但如亲密朋友意外相遇、敬慕已久而初次见面、至爱亲朋依依惜别、衷心感谢等场合，握手时间可长一点，甚至紧握不放，话语不休。在公共场合，如列队迎接外宾，握手的时间一般较短。握手的时间应根据与对方的亲密程度而定。

【小贴士】

握手方式与性格

(1) 控制式。用掌心向下或向左下的姿势握住对方的手。这种人想表达自己的优势、主动、傲慢或支配地位。一般具有说话干净利落、办事果断、高度自信的特点。凡事一经自己决定，就很难改变观点，作风不大民主。

(2) 谦恭式。即用掌心向上或向左上的手势与对方握手。这种人往往性格软弱，处于被动、劣势地位，处事比较谦和、平易近人，不固执，对对方比较尊重、敬仰，甚至有几分畏惧。

(3) 对等式。即握手时两人伸出的手心都不约而同地向着左方握在一起。这种人比较友好，也可能是很遵守游戏规则的、平等的竞争对手。

(4) 双握式。即在右手相握的同时，再用左手加握对方的手背、前臂、上臂或肩部。加握部位越高，其热情友好的程度也显得越高。这种人热情真挚、诚实可靠、信赖别人。

(5) 捏手指式。即只捏住对方的几个手指或手指尖部。女性与男性握手时，为了表示自己的矜持与稳重，常采取这种方式。如果是同性别的人之间这样握手，就显得有几分冷淡和生疏。若换成显贵人物，则其意在显示自己的“尊贵”。

(6) 拉臂式。即将对方的手拉到自己的身边相握。这种人往往过分谦恭，在他人面前唯唯诺诺、轻视自我、缺乏主见与敢作敢为的精神。

(7) 死鱼式。即握手时伸出一只无任何力度、质感，不显示任何积极信息的手。这种人的性格不是生性懦弱，就是对人冷漠无情，待人接物消极傲慢。

2. 握手的禁忌

在人际交往中，握手虽然司空见惯，看似寻常，但是由于它可被用来传递多种信息，因此在行握手礼时应努力做到合乎规范，注意以下禁忌。

(1) 不要用左手与他人握手，尤其是在与阿拉伯人、印度人打交道时要牢记此点，因为在他们看来左手是不洁的。

【小案例】

郑某吃哑巴亏

郑某是一个推销员，常驻西安。一次，一家建筑公司的老板进门谈生意，握手时，郑某因只顾和熟人说话，竟用了左手相握。建筑公司老板嫌郑某没礼貌，起身就走，并撂下话说："八台搅拌机不从你们这儿买了。"郑某懊悔地说："那种搅拌机一台1万多元，不懂礼仪让我吃了个哑巴亏。"

【问题】 你如何理解"不懂礼仪让我吃了个哑巴亏"这句话？

(2) 不要在握手时争先恐后，而应当遵守秩序，依次而行。

(3) 特别要记住，如与基督教信徒交往时，要避免两人握手时相握的手形成交叉状。

(4) 不要戴着手套握手，在社交场合女士的晚礼服手套除外。

(5) 不要在握手时戴着墨镜，只有患有眼疾或眼部有缺陷者才能例外。

(6) 不要在握手时将另外一只手插在衣袋里。

(7) 不要在握手时另外一只手依旧拿着香烟、报刊、公文包、行李等东西而不肯放下。

(8) 不要在握手时面无表情，不置一词，好似根本无视对方的存在，而纯粹是为了应付。

(9) 不要在握手时长篇大论，点头哈腰，滥用热情，显得过分客套，让对方不自在、不舒服。

(10) 不要在握手时把对方的手拉过来、推过去，或者上下左右抖个没完。

(11) 不要在与人握手之后，立即揩拭自己的手掌，好像与对方握一下手就会使自己受到感染似的。

【小故事】

跨越大洋的世纪握手

1972年2月21日上午11时30分，美国第37任总统理查德·尼克松乘坐"空军一号"专机飞抵北京，这是中华人民共和国成立后美国国旗首次在北京上空飘扬。身着深蓝色大衣的周恩来总理为尼克松在首都机场南机坪举行了欢迎仪式。当飞机舱门打开后，尼克松和夫人先行走下舷梯，在离地面还有三四级台阶时，为表示平等，刻意换上大衣的尼克松身体前倾，向周总理伸出手说："我非常高兴来到中华人民共和国的首都——北京。"周总理一语双关地回答说："你的手伸过了世界上最辽阔的海洋——我们25年没有交往了！"尼克松单独下机和周恩来握手的场面，是尼克松刻意安排的，意味深长。这一举动既向世界宣示了已对抗20余年的中美两国改善和发展相互关系的决心，也纠正了1954年在日内瓦和谈会议上，美国国务卿杜勒斯拒绝与周恩来握手的错误。

四、名片

名片是现代社会中必不可少的社交工具。两人初次见面，先互通姓名，再奉上名片，单位、姓名、职务、电话等历历在目，既回答了一些对方心中想问而有时又不便贸然出口的问题，又使相互之间的距离一下子拉近了许多。在交际中，熟悉和掌握名片的有关礼仪是十分重要的。

1. 名片的起源与功能

名片在我国至少已有2000多年的历史。在秦汉时称为谒，是用竹片或木片做的。到了汉末，谒改称为刺。汉以后用纸，仍相沿称为刺。六朝时期称为名，唐朝称为牓子、门状，宋朝也称门状，明朝称名帖，清朝时称名刺、名片。直至清末，名片都是手写的，因此，唐宋时又称名片为手状。

从名片的起源和历史演变过程中可以看到其名称在不断演变，但名称无论怎样变化，其用途都是相近或相通的。在现代交际中，名片可用于自我介绍、结交朋友、维持联系、业务介绍、通知变更、拜会他人、简短留言、用作礼单、替人介绍等。

【小故事】

名人与名片二则

(1) 孙中山用名片见一品大员。传说光绪年间，孙中山留学归来，途经武汉，想面见湖广总督张之洞，请门官递进自己的名片，上书："学者孙中山求见之洞兄。"张之洞看后不悦，便在名片背后写了一行字由门官转递孙中山："持三字帖，见一品宫，儒生妄敢称兄弟？"孙中山见了微微一笑，心想这分明是副对联的上句，便从容答出："行千里路，读万卷书，布衣亦可傲王侯。"张之洞看过，不觉暗自吃惊，知道这是一位博学之士，急令门官打开大门，热情相见，一时传为美谈。

(2) 于右任借名片化险为夷。1905年，于右任写了一本《半哭半笑楼诗草》，抨击时政。陕甘总督升允见后，认为"逆竖昌言大逆不道"而密奏清政府，慈禧阅后批复就地处决。此时于右任在开封，他的同学李合肃的父亲李丙田探知消息后，雇人日夜兼程送信。于右任获信后，当即转移，临行时，他随手揭下了旅馆墙上的20多张名片，沿途每遇人盘查，便拿出一张，以名片中的姓名应付，蒙混过重重关卡。结果名片用完时，他也逃出了虎口。

2. 名片的设计

名片设计的具体内容见表3-4。名片范例见图3-4。

表 3-4 名片设计的具体内容

序号	项目	内 容
1	规格	首选规格：9cm×5.5cm，10cm×6cm(多为境外人士使用)，8cm×4.5cm(为女士专用)
2	材质	通常应以耐折、耐磨、美观、大方、便宜的纸张作为首选材料，如白卡纸、再生纸等
3	色彩	宜选用单一色彩的纸张，并且以米白、米黄、浅蓝、浅灰等庄重、朴素的色彩为佳
4	图案	一般而言，名片上除了文字符号外，不宜添加任何没有实际效用的图案。如果本单位有象征性的标志图案，则可将其印于本人归属一项的最前面，但不可过大或过于突兀
5	文字	在正常情况下应采用标准的汉字简化字，如无特殊原因，不得使用繁体字。在少数民族聚居区、外资企业以及境外使用的名片，可酌情使用少数民族文字或外文
6	字体	以汉字印制名片时，一般采用楷体或仿宋体，尽量不要采用行书、草书、篆书等不易辨认的字体；以外文(主要采用英文)印制名片时，一般采用黑体字，在涉外交往中使用的名片也可采用罗马体，但很少用草体
7	板式	横式：行序自上而下，字序由左而右。竖式：行序由右而左，字序自上而下
8	内容	名片上一般印有姓名、工作单位、身份、社会兼职、通信地址、邮政编码、电话号码、传真、E-mail、网址等。名片的背面，一般都印上相应的英文，作为对外交往时使用。但也有些名片在背面印上企业或公司的简介、经营范围、产品及服务范围，以起到宣传和方便客户了解的作用。很多企业有标准的员工名片格式，有的要加印公司的标识，甚至企业经营理念，并且规定名片统一规格、格式等，以给客户一种统一的视觉形象。

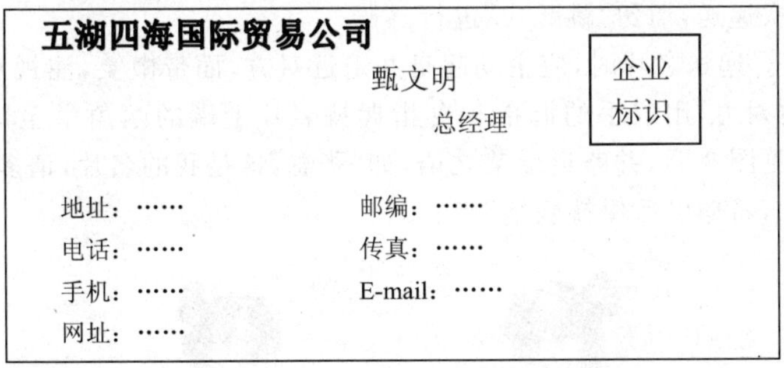

五湖四海国际贸易公司

甄文明

总经理

企业标识

地址：……　　邮编：……

电话：……　　传真：……

手机：……　　E-mail：……

网址：……

图 3-4

【小贴士】

有趣的名人名片

“棋圣”聂卫平的名片：上部是漫画肖像，中部用钢笔签字，下部是围棋局部。图文并茂，看名片如见其人。

舞蹈家杨丽萍的名片：印着“孔雀头”手形剪影的特有标志，让人一看就想到她那优美独特的孔雀舞姿。

画家刘旦宅的名片：名字自己手写，独特、潇洒，名下嵌有一方红红的印章，很有中国传统文化的风韵。

剧作家沙叶新的名片：左下方是自己的漫画肖像——一副略微变形的眼镜，写着“我，沙叶新，上海人民艺术剧院院长——暂时的；剧作家——永久的。某某委员、某某理事、某某教授、某某顾问都是挂名的。”透出名片主人的幽默个性和艺术追求，也反映出一种淡然的学者心态。

3. 名片的使用

(1) 准备名片。人们在交往时,尤其是商务人员应有意识地准备一定数量的名片(必须干净、平整、有序),并将其放在专用的名片夹内,装入上衣口袋或随身携带的公文包中,以便拿取。不要将名片与其他杂物混放在一起,以免拿取名片时手忙脚乱,给别人留下不好的印象(如做事无条理、不精干等);也不要将名片放置在钱包、工作证或裤袋内,否则是一种非常失礼的行为。

(2) 递送名片。在交际中,若想主动结识他人,且对方也有结识的意愿,则可以向对方递送名片。在递送名片时应当注意以下礼仪。

① 把握时机。递送名片要把握适宜的时机,不宜过早或过迟,否则可能徒劳无功。通常,在与他人刚见面时、相谈甚欢时或交谈结束时递送名片最为合适。切忌在他人用餐时递送名片,否则极易引起对方的反感。

② 讲究顺序。递送名片时应讲究一定的顺序。通常,两人交换名片时,应当按照以下顺序进行:男士先向女士递送;辈分较低者先向辈分较高者递送;职位较低者先向职位较高者递送;拜访者先向接待者递送。

需向多人递送名片时,则应先向职位较高者递送,后向职位较低者递送,或者按照座次顺序由近及远依次递送,切勿"跳跃式"进行。

③ 态度恭敬。递送名片时,应主动起身并走近对方,面带微笑,注视对方,将名片正面朝上、字迹正对着对方,用双手的拇指和食指握持名片上端的两角举至体前,上身略微前倾,递送给对方(见图 3-5),并略道谦恭之语,如"张总,这是我的名片,请多多关照"或者"小王,这是我的名片,希望以后保持联络"等。

图 3-5

此外,递送名片应当有选择性地进行,而不要把名片视同传单散发,否则名片不会受到他人的重视。

(3) 接受名片。为了表示尊重和友好,在接受他人名片时应当遵守以下的礼仪规范。

① 态度恭谦。接受他人名片时,应放下手中的一切事务,起身相迎,面带微笑,点头致意,用双手的拇指和食指接住名片下端的两角并略道恭谦之语,如"很高兴认识您"或者"能

得到您的名片，我深感荣幸”等，见图 3-6。

② 认真阅读。接过名片后，应将名片上的内容从头到尾默读一遍，并记住对方的姓名。遇有显示对方荣耀的职务或头衔时，可轻声读出，以表示对对方的尊重或敬佩，见图 3-6。若对名片上的内容有所不明，则可当场请教对方，见图 3-7。切忌在接过他人的名片后，随手将名片放入口袋中，之后又拿出来观看或者询问对方姓甚名谁。

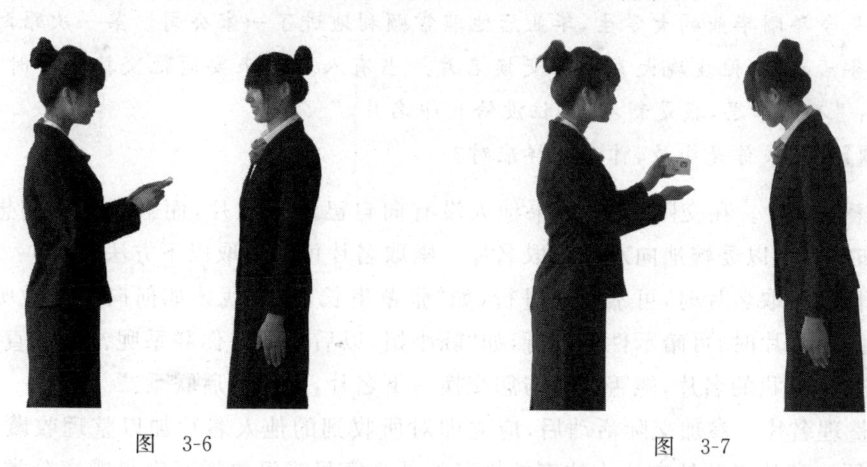

图 3-6　　图 3-7

③ 妥善存放。阅读了他人的名片之后，应将名片谨慎地放入名片夹、上衣口袋或公文包内，以示尊重和珍视。切忌将他人的名片拿在手中把玩、涂改、乱揉、乱折，或者随意放在桌上、裤子口袋内等，否则，就是不尊重对方的表现，会引起对方的反感。

【小案例】

细节体现教养

两位商界的老总，经中间人介绍，相聚谈一笔生意。这是一笔双赢的生意，如果合作得好，双方都能获得很高的利润。看到美好的合作前景，双方的积极性都很高。A 老总首先拿出友好的姿态，恭恭敬敬地递上了自己的名片；B 老总单手把名片接过来，一眼没看就放在了茶几上。接着他拿起了茶杯喝了几口水，随手又把茶杯压在名片上。A 老总看在了眼里，随口说了几句话，便起身告辞。

事后，他郑重地告诉中间人，这笔生意他不做了。当中间人将这个消息告诉 B 老总时，他简直不敢相信自己的耳朵，一拍桌子说：“不可能！哪儿有见钱不赚的人?”他打通 A 老总的电话，一定要他讲出个所以然来。A 老总道出了实情：“接我名片的动作中，我看到了我们之间的差距，并且预见到了未来的合作还会有许多不愉快，因此，还是早放弃的好。”闻听此言，B 老总放下电话，痛惜失掉的生意，为自己的失礼感到羞愧。

递送名片时要注意礼节，接受名片的一方同样要遵守应有的礼仪规范，勿以善小而不为，勿以恶小而为之，细节体现教养，细节决定成败。

(4) 回递名片。俗话说，来而不往非礼也。商务人员在接受了他人的名片后，应当立即向对方回递一张自己的名片，否则会让对方误认为无意与其交往。若尚无名片、忘带名片或名片用完了，则应向对方做出解释，并致以歉意或告知改日补上。此外，还应注意，未经名片主人的许可，不可当面将对方的名片给他人传看。

【小案例】

没名片的小吴

小吴是今年刚毕业的大学生，毕业后他非常顺利地进了一家公司。第一次跟随领导外出参加商务活动时，他发现大家都在交换名片。当有人走过来要同他交换名片时，他非常尴尬地说："不好意思，我是新人，单位没给我印名片。"

【问题】 如果你是小吴，你会怎样应对？

（5）索取名片。在交际场合，如果他人没有向自己递送名片，而自己又特别想得到对方的名片时，则可以委婉地向对方索取名片。索取名片可以采取以下方法进行。

向尊长者索取名片时，可恭谦地进行，如"张董事长，以后我该如何向您请教呢？"向平辈或晚辈索取名片时，可暗示性地进行，如"陈小姐，以后如何与你联系呢？"或者直接发问，如"陈小姐，这是我的名片，能否有幸与您交换一下名片，以便日后联系？"

（6）整理名片。参加交际活动后，应立即对所收到的他人名片加以整理收藏，以便今后取用方便。存放名片的方法大体有按姓名的外文字母或汉语拼音字母顺序分类、按姓名的汉字笔画的多少分类、按专业或部门分类、按国别或地区分类四种，这些分类方法还可以交叉使用。

【小案例】

修改名片带来的麻烦

小王刚刚升任为公司的销售经理，为了回报领导对他的器重，小王准备在即将到来的外贸谈判中好好表现一下，这可是他第一次作为谈判代表与外商接触。为了这次意义重大的交易磋商，他在各方面都做了充分的准备：住宿、就餐、娱乐等。外商来到后对主人的热情感到十分满意，也透露了想与我方做这笔生意的诚意。激动的谈判时刻终于到来了，谈判之前，在小王与外商代表见面后，互递名片。小王把自己的名片递给外商后，突然想起他最近新换了手机号码，而名片上印的是原来的号码，于是，他很有礼貌地把已经递出的名片要了回来，掏出笔，划掉名片上已经打印好的旧号码，写上了自己的新号码。没承想外商在看过小王第二次递上来的名片之后，马上拒绝了与小王谈判的要求，看着外商离去的身影，小王一行人当即傻了眼……

【小训练】

3～5 人一个小组，每组设计一个服务中的见面场景，将称呼、介绍、握手等见面礼、问候、递接名片等交际礼仪，连贯地演示下来，学生对各组的表演进行评价，最后教师进行总结。表演之前，每组应就设计的场景和成员的角色进行说明。

第二节　拜访与接待

一、拜访

拜访是公务、商务等社会活动中一件经常性的工作，是最常见的社交形式，同时也是联络感情、增进友谊的一种有效方法，服务人员也经常需要拜访客户等。要使拜访更得体、更有效，更好地实现拜访的目的，就要重视和学习拜访的礼仪。

【小贴士】

拜访的类型

1. 根据拜访目的分类

(1) 商业拜访：是指为了加强商务联系、购销商品而进行的拜访。

(2) 情感拜访：是指为了交流感情、增进友谊而进行的拜访。

(3) 礼节性拜访：是指为了表达对对方的尊重、关心而进行的拜访。

2. 根据拜访性质分类

(1) 公务拜访：是指机关团体、工商企业为达到团体的目的而进行的拜访。

(2) 友情拜访：是指个人、家庭之间为促进感情交流、加强联系而进行的拜访。

3. 根据拜访方式分类

(1) 应邀拜访：是指拜访者接到有关团体或个人发出的正式邀请后进行的拜访。

(2) 主动拜访：是指有关团体或个人主动联系而进行的拜访。①

1. 拜访前的准备

服务人员在拜访其他单位之前，应当做好充分准备，准备的主要内容如下。

(1) 了解拜访对象。在拜访之前，商务人员应当了解一下拜访对象，特别是初次拜访的对象。所需了解的内容主要包括以下方面。

① 受访单位的基础信息。包括单位名称、所属行业、发展规模、业务情况等。

② 受访单位的特殊信息。包括该单位引以为荣的事件、曾经获得的荣誉、发展业务时的深层次考虑等。

③ 主要受访人员的基本信息和特点。包括受访人员的性别、年龄、性格、兴趣、生日、健康状况、个人爱好、个人荣誉、家庭状况，以及人们对他的评价等。

只有充分了解了拜访对象的相关信息，才能在正式拜访时准确地找到与对方沟通的突破口，从而促进拜访目的的实现。

(2) 事先礼貌预约。拜访前应事先和被访对象约定，以免扑空或扰乱被访人的计划。切忌“突然袭击”的造访，打扰受访者的工作计划。拜访时要准时赴约。拜访时间长短应根

① 张再欣. 现代商务礼仪[M]. 北京：中国人民大学出版社，2016：70.

据拜访目的和被访人意愿而定，一般而言时间宜短不宜长。万一因故不得不迟到或取消访问，应立即通知对方。

预约是指在拜访前应通过电话等方式把拜访的相关事宜告诉对方，预约包括以下三个方面。

① 预约时间。要约定在双方合适和方便的时候，并协商决定具体的拜访时间和大概持续的时间。如果由自己提议见面时间，也必须考虑对方的时间安排，并同时提供几个时间段供对方选择。一般情况下，对方认为不合适的时间、繁忙的工作时间、节假日、凌晨与深夜、常规的用餐时间和午休时间都不宜作为拜会时间。繁忙的工作时间一般是指每个月月初和月尾、每周的周一上午和周五下午等。

拜访前一天应致电对方，确认是否有变更，如果需要更改时间，则应尽快联络对方，表达歉意并另约时间。

② 预约地点。拜访的地点可以是拜会对象的工作地点，也可以是其私人住所或者是环境幽雅的咖啡厅、茶座等。对商务人员来讲，一般应将拜会的地点约定在工作场合，除非对象特意邀请去其住所见面。

③ 约定人数。在预约的时候，宾主双方都要事先向对方通报届时到场的具体人数及其各自的身份。宾主双方都要尽量避免拜访中安排对方不喜欢甚至极为反感的人。一般情况下，双方参与拜访的人员及其人数一经约定，便不宜随意变更。做客的一方要特别注意，切勿在没有告知主人的情况下随意增加拜访人员，以避免给主人已有的安排计划造成不必要的干扰，影响拜访的效果。

【小贴士】

预约客户的三种方式

预约对于拜访的成功与否起着决定性作用，也在一定程度上影响拜访的质量。因此在实施预约时可以考虑以下三种方式。

(1) 提升档次法。一般情况下，客户会认为来拜访自己的商务人员职务越高，资历越老，说明其所代表的企业对自己越重视，档次越高，拜访成功的可能性也越大。因此，职务较低、资历较浅的商务人员在预约时不妨多用此法，即告知客户，你是受公司某高层之托，代表该高层去拜访对方。这样不仅可以让客户觉得自己受到重视，更能使其对于在公司里的地位和话语权有较好的联想，有利于提升拜访的成功率。

(2) 客户决定法。虽然预约是由拜访者主动发起的，但是并不代表拜访者在预约和拜访中就占有主动权。事实上，有经验的拜访者经常是在自己尽力促成拜访的同时，适当地将拜访的时间、地点等因素的决定权交给客户。多用些“您什么时候比较方便”“您近几天何时有空”等语句会让客户觉得主动权在自己手中，感觉自己是受到尊重的。

(3) 迂回预约法。如果有些客户以近期很忙，没有时间为由来拒绝拜访，那么不妨采用迂回预约法。也就是首先确定一个较远的时间，这样可以减少客户的抗拒心理，然后在距离该时间较近的某一天致电确认。当然确认的结果极有可能遭到拒绝，但是在此基础上再提出预约，约个较近的时间成功率会高出许多。①

① 黄亚兰. 礼仪在商务拜访中的重要作用和技巧探析[J]. 中国商贸，2012(1)：240-241.

④ 准时赴约。拜访要严格遵守约定的时间。如果确实出现特殊情况需要推迟或者取消拜访,必须尽快通知对方并表示歉意。当再次和对方会面时,还应该对上次的失约再次表示歉意,并具体说明原因。此外,登门拜访尽量准时到,不要提前到,让对方措手不及,出现令双方尴尬的局面。

【小故事】

守时的康德

德国著名古典哲学家康德是一个十分守时的人,他认为守时是一种美德,代表着礼貌和信誉。1779 年,他想要去一个名叫珀芬的小镇拜访老朋友威廉先生,事先写信告诉威廉,说自己将会于 3 月 5 日上午 11 时之前到达。康德 3 月 5 日一早就租了一辆马车上了去威廉先生家的路。途中经过一条河,需要从桥上穿过去。但马车来到河边时,车夫停了下来,对车上的康德说:"先生,对不起,桥坏了,再往前走很危险。"康德只好从马车上下来,看看从中间断裂的桥,他知道确实不能走了。康德看看时间,已经 10 时多了,他焦急地问:"附近还有没有别的桥?"车夫回答:"有,在上游,如从那座桥上过去,最快也得 40 分钟才能到达目的地。"康德算了算时间,那就赶不上约好的时间了。于是,他跑到附近的一座破旧的农舍旁边,对主人说:"请问您这间房子肯不肯出售?"农妇听了很吃惊地问:"我的房子又破又旧,而且地段不好,你买这座房子干什么?""你不用管我有什么用,你只要告诉我你愿不愿意卖?""当然愿意,200 法郎就可以。"康德毫不犹豫地付了钱,对农妇说:"如果您能够从房子上拆一些木头,在 20 分钟内修好这座桥,我就把房子还给你。"农妇再次感到吃惊,但还是立即把儿子叫来,及时修好了那座桥。马车终于平安地过去了。10 时 50 分的时候,康德准时来到了老朋友威廉家门前。这时,已等候在门口的老朋友看到康德,大笑地说:"亲爱的朋友,你还像原来一样准时啊!"可他哪里知道康德中间买房修桥的事。康德认为,守时也是一种信誉。

【小幽默】

邀　　请

星期一的早上,格娜茨什克太太将她 3 岁的小儿子送到幼儿园,然后就出外买东西去了。在超级市场,她碰见了邻居派费萨克太太。

"您今天晚上有时间吗?"格娜茨什克太太问。

"有。"派费萨克太太答道。

"明天下午呢?"

"也有。"

"那么后天呢?"

"可惜没有时间,后天我们有客来访。"

"多么遗憾!"格娜茨什克太太说,"我真心想邀请您,后天来我家喝茶呢!"

(3) 做好赴约准备。商务拜访,正式赴约出发前还要做好以下五个方面的准备工作。

① 心理准备。当预约得到肯定的答复后,要认真做好赴约的心理准备。制定拜访目标,明确谈话主题、思路,考虑好话语。

② 形象准备。形象准备原则上是力求与客户层次接近并略显高一些,或表现出权威的形象。正式的商务拜访,拜访者要服饰整洁大方、符合规范,并与自己的职业相称,同时,还应注意仪表的修饰。朋友之间的私人拜访,则不必太讲究,只要整洁大方即可。

③ 物品准备。物品准备包括准备拜访材料和检查携带物品是否齐备。

- 准备拜访材料。拜访是有一定目的的交际活动,为了促进拜访目的(如签单、收款等)的达成,拜访者在拜访前一定要根据拜访的内容,准备好相关的材料,如建议书、洽谈书、协议备忘录、产品介绍、公司宣传册、宣传单、样品、报价单、合同书、发票等,从而保证见面后能清晰、有效地表述自己的意愿,既不浪费对方的时间,又能达到拜访的目的。准备充足的书面资料,足以说明你的诚意,也足以能使你在拜访中有条有理、主旨分明,给对方留下良好的印象。
- 检查携带物品是否齐备。在拜访前,拜访者一定要把自己的名片准备好,并放在容易取出的地方,要适时呈上自己的名片。如有必要还要准备一些礼品,这对于促进情感的交流、增进相互了解有一定的作用。此外,笔、记录本等物品也要带好。

④ 出发准备。作为拜访者,一定要对拜访的地点有所了解,特别是对自己首次去的地方,要提前了解一下交通路线,以免耽误时间。最好与拜访对象通话确认一下,以防临时发生变化。选好交通路线,算好时间出发,确保提前 5～10 分钟到达。

⑤ 意外情况的处理。爽约很难让人产生信赖感,因此,有约一定要守时。如果确实由于特殊原因而不能按时赴约,一定要想办法通知对方,诚恳地说明爽约的原因,并表示歉意。如果实在来不及或没有办法通知对方,一定要在事后及时向对方说明原因,并表示歉意。在致歉的同时,还可提出重新安排拜访的时间、地点,并在拜访时对上次的爽约作些解释,以取得对方的谅解。

【小案例】

有备无患

王莉在某公司市场部工作,她准备去拜访顺达公司的市场部经理胡军先生。王莉预约的拜访时间是本周三下午三点。事前王莉准备好了有关的资料、名片,并对顺达公司及胡军先生进行了了解。拜访前王莉对自己的仪容、仪表进行了精心、得体的修饰。到了周三,王莉提前五分钟到达顺达公司。在与胡军先生的交谈过程中,王莉简明扼要地表达了拜访的来意,交谈中始终紧扣主题,给胡军先生留下了很好的印象,最终促成了合作。

2. 拜访中的礼仪

拜访过程中,要遵守以下礼仪规范,以使拜访活动取得理想的效果。

(1) 按时到达。按时赴约,这是拜访的基本礼节。一般情况下,拜访者要比事先约定的时间提前 5～10 分钟到达。这样,一方面可以避免到得早而被拜访者还没有做好迎客的准备,出现令被拜访者难堪的场面;另一方面也不会因到得晚而让被拜访者焦急等待。拜访时按时到达,会给被拜访者一个守信、守时的印象,可以使双方的交流合作有一个良好的开端。

【小幽默】

换只手表

乔治·华盛顿是美国的第一位总统。他有一个年轻的秘书，一天早晨，这位秘书来迟了，他发现华盛顿正在等候着，感到很内疚，便说他的表出了毛病。华盛顿平静地回答："恐怕你得换一只表，否则我得换一个秘书了。"

(2) 礼貌登门。当拜访者到达被拜访者的门口时，首先要整理一下自己的衣服、发型，然后按门铃或敲门。按门铃或敲门时要注意不可用力太大、时间太长。到达时，如果被拜访者的门开着，也不可贸然进入，仍要按门铃、敲门或叫一声，等被拜访者发出"请进"的邀请之后方可进入。进门后要轻轻地把门关上，并将自己随身带的大衣、雨具、手套等物品交给接待人员或被拜访者安放。

(3) 耐心等候。若是提早到达或是被拜访者的前一个约会还没结束，拜访者应在接待人员或被拜访者安排的地点就座，耐心等候，不要表现出不耐烦的样子，不要到处乱走或乱翻别人的文件、资料，也不要利用这点时间去忙自己的事情，因为这样会让人觉得你不够专心和诚心。

(4) 进门问候。无论是商务拜访还是朋友之间的拜访，进门后，首先应向主人问好，并热情地与其握手。若是初次见面，还应稍作自我介绍，以免显得唐突。若主人的同事或其他客人也在场，则还应主动向他们打招呼。如果大家互不相识，点头致意即可。

问候完毕后，应等待主人安排座位，再与其一同落座，而不可自己找座位坐下，更不可主动坐上尊位。

【小贴士】

坐沙发的技巧

坐沙发时，应使臀部挨着靠近沙发前端的地方，并浅浅地坐着。如果是女士则应挺直脊背，双膝并拢偏向一侧，显得较为优雅。不能因为感觉坐在坐垫上舒服，而将身体倚在靠背上，并深陷地坐进去。如果带有皮包，既不能将它放在沙发上自己的身边，也不能放在桌子上，应将它放在沙发靠近自己脚边的位置。

(5) 言行得体。入座后，要坐得端正、自然，不要过于拘谨，也不要过于放松。同时，还应注意以下事项。

① 以礼还礼。接受接待人员、秘书或被拜访者奉茶时，要立即欠身双手相接，并致谢。如果茶水太烫，要等晾凉了再喝，必要时也可以把杯盖揭开，不可以一边吹气一边喝。把杯盖放到茶几上时，要盖口翻上。喝茶时要慢慢品饮，不要一饮而尽，也不要发出声音。对于主人准备的点心、水果，最好略加品尝并给予赞赏。

② 言谈合理。准备与主人交谈时，最好关掉手机或将手机调为静音。与主人交谈时，应当开门见山、言辞有礼，并紧贴主题进行，切勿东拉西扯，浪费主人的宝贵时间。对于对方所提的要求，能够做到的应大胆应承；做不到的，不要信口开河。当与主人的意见相左时，应注意调整谈话技巧，切勿争论。

拜访者的语言表达要清晰、准确，不夸大其词，也不要过于谦卑；肢体语言要适度，动作幅度不可过大。

到公司去拜访,不要和在场的其他人谈及自己公司的事或与被拜访公司的业务往来事宜。

要注意控制时间。谈话时切忌海阔天空,浪费时间。最好在约定时间内完成访谈。如果客户表现出有其他要事的样子,不要再拖延,如未完成工作,可约定下次拜访时间。

③ 保持卫生。要保持室内卫生,不要乱扔瓜果纸屑。若室内有禁止吸烟的警示或主人没有吸烟的习惯,则应克制烟瘾,不要吸烟。

④ 客随主便。拜访礼仪强调"客随主便",以充分体谅受访者。由于受访者的国别、民族、年龄、性别以及爱好、兴趣、习惯各有不同,事先要了解清楚,并给予充分的尊重。没有被邀请,不要主动提出参观其他办公室或设施,更不能未经许可到处乱窜或是东张西望。在他人办公室乱翻乱动,是对主人的大不敬。即使去拿书刊杂志翻阅,也要征求主人的意见。对于初次见面或见面次数不多的客户,商务人员在拜访时可以通过一些公关技巧亲切地拉近彼此之间的距离,但是必须因人而异,点到即止。切不可故作熟悉,任意妄为。亲切自然的交际之道和客随主便的拜访之礼必须同时加以体现。

⑤ 展示形象。商务拜访的过程中应始终给受访者展示彬彬有礼的整体形象。应以得体合宜的外在形象和稳重谦逊的内在涵养来彰显自我品味,给人以良好印象。深色的西服套装搭配黑色的皮鞋,并以袜色作为过渡,以浅亮的衬衫相配提升商务人员的精神状态,配之以与衬衫西装两色相同色系颜色构成的斜纹领带,使全身色彩协调,神采飞扬。再以自信稳重的仪态动作,亲切和善的面部表情,专注热忱的眼神交流,生动幽默的话语特色塑造内外合一的良好形象,令受访者好感油然而生。

【小幽默】

拜访耶稣

一个教师在课堂上打了一会儿瞌睡,当他醒来时,他哄骗学生说:"我做了个梦,梦里我去见耶稣了。"

第二天,他的一个学生也在课堂上打起了瞌睡。这个教师就拿着教鞭敲着桌子叫醒他,说:"你怎么能在上课时睡觉?"

学生回答说:"我也去拜访耶稣了。"

老师问道:"那么耶稣对你说什么了?"

学生回答:"他告诉我,他昨天根本没看见我尊敬的老师。"

3. 适时告辞

拜访结束时彬彬有礼地告辞,可给对方留下良好的印象,同时也给下次的拜访创造良好氛围和机会,所以及时告辞、礼貌告辞这一环节相当重要。

(1) 及时告辞。拜访时间长短应根据拜访目的和主人意愿而定,通常宜短不宜长,适可而止。当宾主双方都已经谈完该谈的事情,就要及时起身告辞。另外,如果遇到下面五种情况,要及时"知趣"而返。

一是双方话不投机,或当你说话时,被受访者反应冷淡,甚至不愿搭理。

二是受访者站起身来，或是总结谈话内容，并说出以后可以再继续交流的话。

三是受访者虽然显得很“认真”，但反复看手表或时钟。

四是受访者把双肘抬起，双手放在椅子的扶手上。

五是快到了休息或聚餐时间。

提出告辞时，被拜访者往往会说上几句“再坐坐”之类的客套话，那往往也只是纯粹的礼节性客套。所以，如果没有非说不可，就要毫不犹豫地起身告辞。

准备告辞时，最好不要选择在被拜访者或其他人说完一段话之后，因为这会使人误以为对他的那段话听得不耐烦。所以最适合的告辞时间，是在自己说完一段话之后。同时，告辞前别打哈欠，伸懒腰。

(2) 礼貌辞行。当受访者有结束会见的表示时，应立即起身告辞。提出告辞后，拜访者就应该起身离开座位。即使主人有意挽留，也应尽快离去，不要拖延时间。

起身告辞时，应该对受访者的友好、热情等给予适当的肯定，并说一些“打扰了”“添麻烦了”“谢谢了”之类的客套话。如果必要，还可以说些诸如“这两个小时过得真快”“和您说话真是一种享受”“请您以后多指教”“希望我们以后能多多合作”等话。

起身告退时，如果还有其他客人，即使和这些客人不熟悉，也要遵守“前客让后客”的原则，礼貌地向他们打招呼。

出门后，回身主动伸手与受访者握别，说“请留步”“请回”“再见”。待受访者留步后，走几步，再回首挥手致意“再见”。不要让受访者远送，也不要站在门口与受访者攀谈过久，要懂得“客走主安”的道理。从对方的公司或家中出来后，切忌在楼梯或走廊里窃窃私语，以免被人误会。

若是重要约会，拜访之后给对方发一条短信致谢，会加深对方的好感。

【小幽默】

话　别

小林是个不太会说话的人。这天去火车站送别妻子，妻子怕小林难受，就说：“亲爱的，你不要到站台送我了，我怕你伤心，而且要花1块钱买站台票。”小林脱口而出：“没关系，花1块钱就能把你送走，挺值的！”

【小训练】

以小组为单位，创设商务交往的情景，模拟练习商务拜访，注意相关细节。

二、接待

接待来自各方的客户是服务人员日常的一项重要工作。日常接待工作看似简单，却是在客户心目中树立良好的企业形象、部门工作形象以及展示企业员工形象不可或缺的，它甚至直接关系到企业的成败。亲切微笑、迅速及时、细致周到是接待工作成功的必然要求。

1. 接待的准备

服务性企业在对外商务活动中，大至与其他组织的交往，小到与客户个人的往来，都离不开“迎接”这一重要环节。一次周密的迎接活动，能使来宾对企业产生良好的印象，也能给来宾留下美好的回忆。服务性企业的接待分为两种类型：一种是常规的一线部门服务接待；另一种是办公室公务接待。服务性企业的对客服务大厅均设有特定的迎接柜台，由专门的服务人员负责接待与引导客户，如餐厅的迎宾员、酒店的礼宾员、银行的大堂经理等，这些服务人员承担着日常的客户迎接工作。办公室公务接待除了接待客户外，也需要接待本公司内部其他部门的同事、其他合作企业的人员等，因接待对象的类型与接待任务的不同，迎接工作也会出现变化，所以迎接来宾前，必须首先确定接待规格。

(1) 确定接待规格。接待规格是从陪同管理人员的角度而言的。接待规格过高，会影响高管的正常工作；接待规格过低，会影响上下左右的关系。因此，必须依据来访人员的身份和来访目的，考虑双方的关系和惯例，综合确定接待规格。一般来说，主要迎送人员的身份和职务应与来访者相差不大，以对口、对等为宜。如果当事人因故不能出面，或不能完全对等，应灵活变通，由职位相当的人士或副职出面，其他迎送人员不宜过多。

① 高规格接待。高规格接待就是本企业陪同人员比来客职务要高的接待。高规格接待通常有以下几种情况：总公司派一般工作人员向分公司管理者口授意见；合作企业高管派人到本企业商谈重要事宜；下属部门来访，要办重要事宜；影响企业收益的重要客户前来消费或协商等。这些情况一般都要求高管出面接待。

② 常规服务接待。服务性企业的常规服务接待主要是针对普通散客或团队客的一线服务接待，如银行大堂经理迎接客户，为客户拿号后进行分流；酒店礼宾员迎接客户后，引导客户到前台办理入住，协助客户搬运行李；餐厅迎宾员不仅要对客户鞠躬问好，更要做好引位服务；旅行社的前台接待人员还承担着旅游线路营销的职责。常规服务接待是这些对应岗位的重要工作内容，它不仅影响客户当下的服务感受，也关系到接下来其他部门或其他人员的对客服务工作是否能够顺利进行①。

【小贴士】

公务接待的规格划分

公务接待一般可以分为高规格接待、低规格接待与同等接待三种。其中，高规格接待与服务性企业的高规格接待一致。低规格接待通常在基层单位中比较多见，一般有以下几种情况：上级领导部门或主管部门领导来本地、本单位视察；老干部故地重游；老干部和上级领导路过本地短暂休息；外地参观团来本地参观等。这种接待不可兴师动众，领导只需出面看望一下。同等接待即陪同人员与来访人员的职务、级别大体一样的接待。一般是来的客户什么级别，本单位也派什么级别的人员陪同，职称或职务相同则更好，或按预约由具体经办部门领导对等接待，较高层次的领导只需在事前看望一下。

(2) 接待人员形象自检。在工作时间，无论有无客户前来，常驻迎接柜台的服务人员都应保持良好的精神面貌，时刻准备为客户提供常规接待服务。每位接待人员都要从仪容仪表、服务态度、接待流程、专业技能等方面做好接待准备，可以依据表 3-5 的内容做好自检工作。

---

① 伍新蕾. 服务礼仪与形体训练[M]. 大连：东北财经大学出版社，2016：232-233.

表 3-5　接待人员形象自检表

自检项目	接待人员形象规范
仪容仪表	1. 面部干净
	2. 制服整齐
	3. 发型整洁
	4. 少量淡雅香水
	5. 女士柔美淡妆
待客态度	1. 热情微笑
	2. 目光有神
	3. 礼貌真诚
	4. 语调亲切
	5. 遇事灵活
行为表现	1. 热情问候，真诚致谢
	2. 专心待客，把客户当成最重要的人
	3. 明确说明，真诚应对
	4. 耐心解答客户的所有问题
	5. 站在客户的立场思考问题
	6. 对业务了如指掌

2. 迎接客户

只要有客户来访，服务人员都应主动招呼、礼貌应答，并委婉而迅速地了解来访客户的身份、来访目的与具体要求，以便尽快决定接待规格、程序和方式。

(1) 高规格迎接。高规格迎接客户必须准确掌握来访客户所乘的交通工具和抵达时间，并提前通知全体迎送人员和有关部门。如果情况发生变化，应及时告知有关人员，做到既顺利接送来客，又不多耽误迎送人员的时间。对于经常见面的客户，有关人员在双方见面的会客室里静候即可。如果来宾人数较多，主方可以多安排几位公关接待人员在楼下入口处迎候。如果来宾中有级别较高或身份重要的人物，东道主的高层管理者应该亲自到门口迎候。迎接客户时，应在客户抵达前到达迎接地点，看到来宾的车辆开来，接待人员要微笑挥手。

高规格迎接是表达主人情谊、体现礼仪素养的重要环节，在整个过程中，应遵循以下礼仪规范。

① 做好迎接准备。

- 掌握基本状况。商务人员一定要充分掌握来宾的基本状况，尤其是主宾的个人情况，如姓名、性别、年龄、籍贯、民族、单位、职务、专业、偏好等，必要时还需了解其婚姻、健康状况、政治倾向与宗教信仰等。如果来宾尤其是主宾曾经来访过，则在接待规格上要注意前后一致，无特殊原因不宜随意升格或降格。来宾如报出自己一方的计划，比如来访的目的、来访的行程、来访的要求等，应在力所能及的前提下满足其特殊要求，尽可能给对方以照顾。
- 制订具体计划。为了避免疏漏，一定要制订详尽的接待计划，以便按部就班地做好接待工作。根据常规，接待计划至少应包括迎送方式、迎送规格、交通工具、膳宿安排、工作日程、文娱活动、游览、会谈、会见、礼品准备、经费开支以及接待和陪同人员等基本内容。
- 确认抵达时间。有时候，来宾到访时间或因其健康状况，或因紧急事务缠身，或因天气变化和交通状况等的影响，难免会有较大变动。因此，接待方务必在对方正式启程前与对方再次确认一下抵达的具体时间，以便安排迎宾事宜。

【小故事】

周公吐哺，天下归心

周公姓姬名旦，是周文王第四子，武王的弟弟，我国古代著名的政治家，曾两次辅佐周武王东伐纣王，并制作礼乐，天下大治。因其采邑在周，爵为上公，故称周公。

关于“周公吐哺”的典故，据说周公自言：“吾文王之子，武王之弟，成王之叔父也；又相天下，吾于天下亦不轻矣。然一沐三握发，一饭三吐哺，犹恐失天下之士。”周公唯恐失去天下贤人，洗一次头时，曾多回握着尚未梳理的头发；吃一顿饭时，也数次吐出口中食物，迫不及待地去接待贤士。周公堪称礼贤下士的待客典范，也为后世为政者的典范。孔子的儒家学派把周公作为人格的最高典范，孔子终生倡导的是周公的礼乐制度。

② 讲究迎宾礼仪。

- 迎宾人员。一般来说，迎送人员与来宾的身份要相当，但如果己方当事人因临时身体不适或不在当地等原因，不能前来迎送，也可灵活变通，由职位相当的人士或由副职出面。遇到这种情况，应从礼貌出发向对方做出解释。另外，迎宾人员最好与来宾专业对口。
- 迎宾地点。来宾的地位身份不同，迎宾地点往往有所不同。一般情况下，迎宾的常规地点有：交通工具停靠站（如机场、码头、火车站等）、来宾临时住所（如宾馆）、东道主的办公地点门外等。在确定迎宾地点时，还要考虑以下因素：双方的身份、关系及自身的条件。
- 迎宾时间。到车站、机场去迎接客人，应提前到达，绝不能迟到让客人久等。客人刚下飞机或下车就能瞥见有人等候，一定会感激万分；如果是第一次到这个城市，还能因此获得一种安全感。若迎接来迟，会使客人感到失望和焦虑不安，还会因等待而产生不快，事后无论怎样解释，都无法消除这种失职和不守信誉造成的印象。
- 迎宾标识。如果迎接人员与客人素未见面，一定要事先了解一下客人的外貌特征，最好举个小牌子去迎接。小牌子上尽量不要用白纸写黑字，这样会给人晦气的感觉；也不要写“××先生到此来”，而应写“××先生，欢迎您”“热烈欢迎××先生”之类的字样；字迹力求端正、大方、清晰，不要用草书书写。一个好的迎宾标识，既便于找到客人，又能给客人留下美好印象——当客人迎面向你走来时会产生自豪感。在单位门口，不要千篇一律地写上“Welcome”一词，而应根据来宾的国籍随时更换语种，这样会给来宾一种亲切感。
- 问候与介绍。接到客人后，切勿一言不发、漠然视之，而要先与之略作寒暄，比如说一些“一路辛苦了”“欢迎您来到我们这个美丽的城市”“欢迎您来到我们公司”之类的话。然后要向客人介绍自己的姓名和职务，如有名片更好；客人知道你的姓名后，如一时还不知如何称呼你，你可以主动表示“叫我小×或××好了”。其他接待人员也要一一向客人做自我介绍，有时可由领导介绍，但更多的时候是由秘书承担这一职责。在做介绍时，态度要热情，要端庄有礼，要正视对方并略带微笑，可以先说“请允许我介绍一下”，然后按职务高低将本单位的人员依次介绍给来宾。对于远道而来、旅途劳顿的来宾，一般不宜多谈。

- 握手。握手是见面时最常见的礼节，双方相互介绍之后应握手致意。握手时，要注视对方，微笑致意，并使用“欢迎您”等礼貌用语。迎接来宾时，迎宾人员一定要主动与对方握手。
- 献花。有时迎接重要宾客还要向其献花，一般以献鲜花为宜，并要保持花束的整洁、鲜艳。在社交场合，献什么花、怎么献花，常因民族、地域、风情、习俗、目的的不同而有所区别。一般情况下，应注意从鲜花的颜色、数目和品种三个方面加以考虑。
- 为客代劳。接到来宾后，在走出迎宾地点时应主动为来宾拎拿行李，但对来宾手上的外套、钱包或是密码箱等则不必“代劳”。客人如有托运的物件，应主动代为办理领取手续。
- 休息室接待。在迎送身份特殊的客人（VIP）时，可事先在机场、车站、码头安排贵宾休息室并准备一些饮料、播放一些高雅的音乐，以消除客人旅途的劳顿。如对方是外宾，休息室内还可挂上所在国家的国旗，摆放一些报纸，以增加酒店与客人之间的感情。

【小贴士】

迎宾等候队列

迎宾队列分为两种形式：一种是领头羊式，适合在户外与室内两种场景下迎接客户时使用；另一种是南飞雁式，适合在室外迎接客户时使用。

(1) 领头羊式。采用领头羊式的队列迎客时，以进门方向为准，第一领导位于左手距门最近的位置，其他人员按照身份的高低顺序排列，这是遵循以右为尊的原则，将右侧让给客人，见图 3-8。领头羊式还可以升级为夹道迎客，即迎宾队列相对而站，客户从中间道路穿行，此时第一领导位于右手距门最近的位置，这是遵循以中间为尊、以右为尊的原则。客户来临时，首先由第一领导侧转身，面向客户行致意礼，致欢迎词之后，保持欠身致意的姿态，其他参与迎接的人员以侧转身致意的方式齐声复诵欢迎词，并行注目礼，最后大家集体还原为站立的姿态，继续引导客户前行。这种迎宾方式常用于会见、宴请等活动，多数在会见厅、会议厅或宴会厅门前进行。

(2) 南飞雁式。南飞雁式的队列用于在室外等候迎宾，如车站、码头、机场等地方。迎宾人员中身份最高者安排在前端的中央位置，其他人员按照身份的高低，依据“以右为尊”原则呈金字塔形依次排列。当宾客出现，需要上前迎接时，队列在行走过程中改变为领头羊式。许多高规格政务接待场合均采用此种方式，以示隆重，见图 3-9。

无论使用哪种迎宾队列，微笑的表情、规范的站姿、上身略向前倾的致意方式及温馨而整齐的声音，都会给客户带来美好的心情，也能反映出企业员工良好的精神状态。另外，这两种方式也可以用于欢送宾客。需要注意的是，采用领头羊式的队列迎宾时，队列头部朝向来宾到来的方向；送宾时，队列尾部朝向来宾离去的方向。

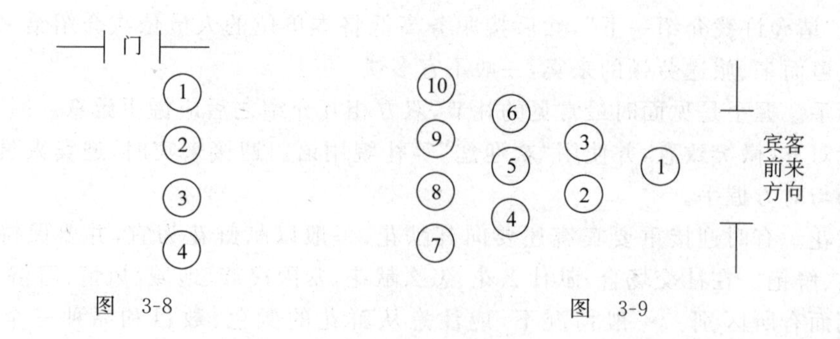

图 3-8　　图 3-9

③ 注意陪同礼仪。

- 话题。在接待客人时,客人一般会对将要参加的活动的筹备情况、当地风土人情、当地物产、富有特色的旅游景点、近期本市发生的大事、本市知名人士的情况等感兴趣。
- 陪车。客人抵达后从机场到住地以及访问结束后由住地到机场,有时需要主人陪同乘车。主人在陪车时,应请客人坐在自己的右侧。有司机的时候,后排右位最佳,应留给客人。上车时,应主动打开车门,以手示意请客人先上车,自己后上。一般最好让客人从右侧门上车,主人从左侧门上车,以免从客人座前穿过。如客人先上车坐到了主人的位置上,则不必请客人挪动位置。
- 宾馆接待。将来宾送至宾馆,要主动代为办理登记手续,并将其送入房间。进入客人房间后,应告知客人餐厅何时营业,有何娱乐设施,有无洗衣服务等,以便客人心中有数。客人一到当地,最关心的就是日程安排,所以应事先制订活动计划。客人到宾馆后,应马上将日程表送上,以便客人据此安排私人活动。根据活动安排,客人将与哪些人会面与会谈,也应向客人作简略介绍。为了帮助客人尽快熟悉访问地的情况,还可以准备一些有关这方面的出版物给客人阅读,如本地报纸、杂志、旅游指南等。考虑到客人旅途劳累,主人不宜久留,应让客人早些休息,分手前要说好下一次见面的时间和地点,并留下自己的地址和电话号码,以便客人有事时联系。

(2) 常规服务迎接。常规服务迎接应遵循恭候迎接、引导安排这样的步骤,但因企业经营内容的不同,具体接待内容也存在差异。以餐厅迎宾员为例,有客户来到餐厅门前,应立刻根据对方的年龄、性别、身份、所处时间等进行有针对性的问候"先生(或女士),中午(或下午、晚上)好！欢迎光临,请问您有预订吗?"如对方已有预订,可按照对方提供的信息将其引导到准确位置上;如无预订,则按照客户的要求,根据餐厅实际情况为客户安排令其满意的餐位。整个过程应保持目光交流并真诚微笑。需要注意的是,如果客户手提过多行李,在征询客户同意后,可帮助客户提行李。整个迎接过程应流畅且充满人情味,让客户感觉到所有服务细节和所形成的整体服务链是美好的。为了实现这样的迎接效果,企业应对服务迎接流程进行认真梳理,结合自身企业的服务特色进行精心设计,形成规范化、主题化的模式。

【小案例】

规范化、主题化迎接模式两例

以武侠特色为主题的连锁餐饮企业风波庄,其迎宾问候方式别具一格。这里所有的服务员自称"小二",假设两位女士前来用餐,"小二"会在门口拱手并问候:"两位女侠,光临敝店,不胜荣幸。”接着向餐厅里一挥手,喊道:“峨眉派两位女侠到!两位女侠,这边请!”顺势就将客户引导到写有“峨眉派”的餐桌处。初次来到这里的客户都觉得极其有趣,仿佛真的进入了金庸先生的武侠江湖中。

以巴厘岛风情为主题的广东紫金御临门温泉度假村,其建筑完全秉承了巴厘岛式风格,室内室外随处可见从巴厘岛带回的木雕、壁挂、石刻神像等民间手工艺品,所有服务人员均身穿巴厘岛传统服装,用合十礼来迎接客户,使人仿佛置身于真正的巴厘岛上。

以上新颖的迎宾方式除了能展示对客户的欢迎,更能凸显该企业的特色,给客人良好的感受。

3. 客户引导礼仪

(1) 引导三要素。迎接客户之后,通常需要为客户做引导。在迎接客户时,简短的问候之后一般会说“里边请”“这边请”“您请”之类的引导语言,并且通过一系列肢体语言进行明确引导。在引导客户前进的途中,引导人员会遇到不同的引导环境,如走廊、大厅、楼梯、电梯、会客室等,具体引导方式可因环境而变,但引导礼仪的以下三要素始终不能变。

① 引导的位置。无论是在走廊引领还是在室内引领,无论是在楼梯引导还是在电梯指引,都应遵循“以客为尊”的原则。

② 引导的语言。引导客户时要有明确而规范的引导语言,如“您好,这边请”。如果需要转弯,则说:“您好,请向左转。”在引导过程中要尽量使用敬语,以表达对客户的尊重,还要始终注意语言的交流,并且关注客户的表现,及时做出提醒。比如,有台阶时要及时提醒客户“请小心台阶”,或者发现地板刚刚擦过要提醒客户“请小心脚下”等,以确保客户安全。所以,引导语言的作用是问候、指引、提醒,确保客户心情舒畅并安全到达。

③ 引导的手势。在引导时,大多使用横摆式等手势,目视来宾,面带微笑。

(2) 走廊引导礼仪。在走廊引导时,服务人员原则上应站在客户的左前方,传达“以右为尊”的服务理念,客户人数越多,引导的距离应该越远,以免有厚此薄彼、照顾不周之嫌。

行进在走廊时,引导人员应在客户前方1米处引领,让客户走在道路中央线上,并时时注意后面。走廊两边均是墙壁时,引导人员应在左前方引导,让客户走在右边。如果走廊一边为墙壁、一边为栏杆,则应把靠墙壁的一边让给客户。

陪同引导客户时,有两点需要注意:一是协调行进速度。本人的行进速度必须与客户相协调,不能径自前进、我行我素,应微微侧身将头部与上身转向客户,边走边向客户介绍环境,与客户寒暄交谈,以示热情友好;二是及时关照提醒。陪同引导时,一定要处处以客户为中心,经过拐角、道路坎坷、昏暗之处时,必须关照提醒客户留意。走到拐角处时,一定要先停下来,使用横摆式或回摆式手势为客户做出方向引导,并转过身说“请向这边来”,然后继续行走。

此外,如果走廊两边有展示画或橱窗,客户有兴趣停下观看,引领者应让客户站在靠近橱窗的一侧观看,并进行简单介绍。在引领过程中,若有其他服务人员超越客户,其他服务人员应对客户说“对不起,打扰一下,借光过一下”,然后超越客户走过去,超越后再次说感谢的话语。引领者与同事迎面相遇时,可点头或挥手示意。

(3) 室内引导礼仪。在室内时，服务人员应在外侧引导客户，传达“以内为尊”的服务理念，用前摆式邀请客户前行，在行进途中需要及时用斜下摆式的手势提醒客户小心行走。

① 进门引导礼仪。进门前，如果房门紧闭，应先敲门以示通报。正确的敲门动作是右手握空心拳，弯曲右手食指，用第二骨节轻叩大门三声，第一声轻，第二、三声重，并配合询问：“您好，可以进来吗?”如有门铃，则先按三声门铃。得到肯定回答后，带客户进入其中。如室内无人，则敲门后自行进入。

进门时，应视门的具体情况随机应变。如果是手拉门，引导人员应先拉开门说“请稍等”，再用靠近把手的手拉住门，站在门旁，开门用回摆式手势请客户进门，自己最后进屋把门关上；如果是手推门，引导人员应推开门说“不好意思，请稍等”，然后先进屋握住门后把手，用横摆式手势请客户进来，这时身体的一半应露在门外，而不应仅从门后探出头来；如果是旋转式门，引领人员应先迅速过去，在另一边等候客户，如果与同级、同辈者进入，互相谦让一下非常有必要。无论进入哪一类型的门，引领人员在接待引领时，都要做到“口”“手”并用且运用到位，即运用手势的同时要说“您请”“请走好”“请小心”等提示语。此外，走在前面的人打开门后要为后面的人拉着门，后进的人应主动关门。

② 会客室引导礼仪。到达会客室后，需要向客户说明：“到了，就是这里。”当客户走入会客室后，接待人员应用前摆式手势指示，请客户坐下，看到客户坐下后，行点头礼并离开，随后奉上茶水等。客人如有外套、帽子、雨伞等物，可接过挂放于衣帽架或明显处，并向客人说明：“××先生，您的外套挂在这里。”应将来客让至上座入座，以示尊重和欢迎。一般来说，室内离门口最远的座位就是上座。如果客户错坐下座，应请客户改坐上座。比如，指示给客户某个固定的座位，说明之后，要用手势引导，在固定的位置处加以停顿，同时观察客户有没有理解。这个过程就体现了肢体语言的美，同时要说“请这边坐”等敬语。如果上司还没到，在与客人聊天时，注意不要谈论本公司的长短及涉密事项，可聊一些轻松的无关紧要的话题。

在给客人送茶时，茶具不能有破损和污垢，要洗干净、擦亮，杯内的茶水倒至八分满即可，不可倒满，免得溢出来溅洒到客人身上。茶水冷热也要控制好，不要烫着客人。端送茶水最好使用托盘，既雅观又卫生；托盘内放一块抹布更好，以便茶水溢出时擦拭。端茶时，有杯柄的茶杯可一手执杯柄、一手托在杯底或单手执杯柄；若茶杯没有杯柄，注意不要用手握住茶杯，以减少手指和杯沿部分的接触，更不可把拇指伸入杯内。敬茶时可以按由右往左的顺序逐个奉上，也可按主要宾客或年长者——其他客人、上级领导——其他客人这个顺序敬奉。

【小幽默】

倒 茶 水

有客人来家里。爸爸倒了杯茶水，对四岁的儿子说：“去，给叔叔端杯茶。”

儿子端着杯子送到客人手里，不小心把茶水洒到了客人的裤子上。

爸爸连忙向客人道歉，帮忙清理完，对儿子说：“茶水太少了，再倒点去。”

儿子一听，把剩下半杯茶水也倒在客人裤子上了。

【小案例】

小李的接待观

小李是公司新入职不到两个月的员工。在这不到两个月的时间里，就数次接到顾客的投诉。

原来，小李自以为是大学生，在业务接待中对顾客爱理不理、态度非常冷淡。他认为：我是大学生，搞业务如果还赔着笑脸“低三下四”地接待，那岂不成了侍候他们了！再说了，每天的工作都不清闲，哪还有那么多精力去赔笑脸？

甚至有一次，一位白发苍苍的老人为了解业务，在小李面前一直站着说话、半蹲着身子写材料，前后近半小时，而小李则抖着腿，有一搭没一搭地应付着，更不用说起身请老人坐下说话、给老人端杯水了。

正好经理巡视路过，在月末的大会上点名，严厉地批评了小李。经理说这样的接待行为无疑严重影响了企业形象，绝不允许这样的行为再发生……①

【点评】 大学生刚毕业从事商务工作，需要学习、了解的东西很多，应该虚心地向同事们学习。应该从尊重人、懂礼貌等基础做起。

(4) 电梯引导礼仪。电梯分为手扶电梯与厢式电梯两种，其引导方式也略有不同。

① 手扶电梯引导礼仪。到达手扶电梯时，应请客户先上电梯，自己随后跟上。所有人靠右侧站立，将左侧留给急行的人。其实如果你留心，就可以看到手扶电梯中央都用黄线做出了明显的标志，示意乘梯靠右侧站立，左侧则是作为突发意外时的一个应急通道，可以让其他人员快速通过。快下电梯时，提前提醒客户“电梯到达，小心脚下”。客户下电梯后，引导人员再下电梯，并继续引导。

服务人员应养成靠右侧站立的习惯，有急事需要在扶梯上行走时，应靠左侧通行；需要他人让路时，应说“对不起”或“劳驾，让我过去可以吗？”等话语。此外，出于方便保护尊者安全的目的，应请尊者居于比自己靠上一个台阶的位置；与女士同行时，可请女士处于居下的位置。乘坐手扶电梯时，不可将重物置于扶梯的扶手带上，不要站在台阶边缘处，不要触摸扶梯间隙处，以免发生危险。

② 厢式电梯引导礼仪。厢式电梯引导可分为两种情况，一种是只需引导客户到达电梯即可；另一种是需要陪同客户乘坐电梯。

- 引导至电梯口。如果只有一位客户，引导人员可用靠近电梯按钮一侧的手指按动按钮，请客户进入，客户进入后道别。如果有两位以上的客户，引导人员应与电梯门成90°角站立，用靠近电梯门一侧的手采用直臂式手势护梯，另一只手用回摆式手势邀请客户进入，也可以采用单手护梯兼邀请的手势，将另一只手置于身后表示庄重。
- 陪同进入电梯。陪同客户来到电梯门前后，先按电梯按钮。电梯到达后，门打开时，若电梯内无人，则要先说“不好意思，请稍等”，引导人员可先行进入电梯，一只手按住“开门”按钮，另一只手拦住电梯侧门，礼貌地说“请进”，请客户进入电梯；如

① 未来之舟. 职场礼仪[M]. 北京：中国经济出版社，2008：65.

果电梯里已经有人，引导人员可用靠近电梯按钮一侧的手指按动按钮，请客户进入，然后紧随进入，站到电梯内控制钮附近，身体背对电梯壁，与电梯门成90°角。电梯到达楼层，下电梯时一只手按住开门钮，另一只手挡住门，说“各位先请”。等客户都走出去后，引导人员再走出来继续引导。遇到人多拥挤的特殊情况时，站在最靠近门的引导人员应先出去，按住门外与电梯行进方向相符的按钮，这样可以为客户让出通道，并且能够控制住电梯门，保证电梯门不会自动关闭夹住客户。如果电梯上有值班员负责，则引导人员应当后进后出。

如果没有引导客户乘梯的任务，一般情况下，服务人员应使用员工专用电梯，不与客户混用同一部电梯。进出电梯时，遵循“先下后上”的原则，侧身而行，以免碰撞、踩踏别人。进入电梯后应寻找合适的站立位置，尽量站成“凹”字形，以便让后进入者有地方可站，有其他人要出电梯时也应主动礼让。如果刚进入电梯就听到电梯满员的提示音响起，应立即主动下来，不要长时间不动等待他人离开。进入电梯后，正面应朝电梯口，以免造成面对面的尴尬。乘电梯遇到陌生人时也要保持礼貌，表情、目光要温和有礼。他人为自己按楼层按钮、让路时，要立即道谢。人多拥挤时，在下电梯之前要提前换好位置。上电梯后，自己无法按楼层按钮时，应当请靠近按钮的乘客帮助自己，可以说：“劳驾，请您帮我按第××层，谢谢！”除非不得已，尽量不要碰触他人。无意中碰触他人或踩到他人的脚时，要立刻道歉。公事和私事都不宜在电梯里与他人讨论。

【小故事】

不懂电梯礼仪的营销人员

营销人员王强到工作室所在的办公大楼门口迎接前来体验产品的顾客张太太。这是王强第一次接待顾客，他表现得极为热情，一见面就嘘寒问暖。进入电梯时，王强抢先踏入，紧靠着最里面站好，想把更多的空间留给顾客。

电梯里，除了王强和张太太还有其他乘梯者，王强为了不冷场，便充分发挥了他的口才，继续和张太太攀谈，问这问那、口若悬河，但是张太太只是礼貌地冲他微笑，偶尔轻声简单回答他的问题，并没有攀谈的意思。这让王强觉得非常尴尬。最终，张太太匆匆地参观了工作室，并表示有急事要先回去了。

后来，王强才知道，原来是因为上次在电梯里对顾客接待不周的原因，顾客认为自己没有得到应有的尊重。知道原委后，王强非常后悔自己的电梯失仪行为。

【点评】 电梯虽小，礼仪别有洞天，乘电梯尤其考验人的礼仪修养水平。通过得体的电梯礼仪，可以在短短的几十秒内给他人留下良好的印象。

(5) 楼梯引导礼仪。引导客户上楼梯时，应该让客户走在前面、接待人员走在后面，如果客户不知道路线，可提示客户在上层的楼梯口处等候；下楼梯时，接待人员应该走在前面，让客户走在后面。上下楼梯时，接待人员应该提醒客户注意安全。走到每一楼层时一定要先停下来说“这是第×层”，然后继续引导前行。

如果没有引导客户上下楼梯的任务，作为服务人员，尤其是酒店员工，一定要走指定的楼梯通道，而且要减少在楼梯上停留的时间，坚持“右上右下”原则，以方便对面来者上下楼梯。上下楼梯时应稳重慢行、礼让他人，尽量避免在楼梯转弯等处发生“碰撞事故”。迎面遇到尊者上下楼梯时，应在距离尊者约 3 个台阶的地方停住并靠边站立，同时面向对方微笑致意，待尊者走过之后再继续行进。与尊者同行时，从安全的角度考虑，上楼梯时应请尊者先行，下楼梯时应请尊者走在自己身后。与女士同行时，可请女士处于楼梯居下的位置[①]。

4. 送别礼仪

送别是留给客人良好的最后印象的一项重要工作。不管你前面的接待工作做得多么周到，如果最后的送别让客人备受冷落，整个接待工作就会功亏一篑。服务讲究的是有始有终，浑然一体的迎送礼仪才能在客户心中留下良好的完整印象。客户到来时享受到迎接的礼遇，在离开时也希望能够享受到同样品质的送别服务。做好送别工作，关键在于一个"情"字。无论是常规的一线部门服务接待，还是办公室公务接待，送客的诚挚态度都应是一致的。

（1）常规服务送客。在客户消费完毕离开时，无论是正在为其服务的工作人员，还是恰巧遇到客户的工作人员，都需要表达对客户离开的重视。如果手中正有工作，当有客户离开时，应暂停手边的工作，微笑地看着客户说声"谢谢您的光顾，欢迎您再来"。切忌只顾招呼新来的客户而忽略离开的客户。针对客户离开的道别，其热情度要一如迎接客户时，甚至要更加积极热烈，以便给客户留下一个深刻的记忆。所以，服务性企业要将送别服务流程设计得与迎宾流程一样饱满与丰富，让客户感觉来到与离开这里都会受到重视。比如，以武侠特色为主题的连锁餐饮企业风波庄，其欢送词语同样有趣，众"小二"看到有"侠客"用餐结束即将离开，他们会集体一边行拱手礼，一边说："青山不改，绿水长流，各位侠客，后会有期，恕不远送。"而许多日本企业则是要求服务人员用长时间的鞠躬来送别客户，并且一定要等到对方离开自己的视线之后才能起身。

（2）会谈后送别。

① 提出道别。在日常接待活动中，宾主双方由谁提出道别是有讲究的。按照常规，道别应当由客人先提出来，假如主人首先与来客道别，难免会给人以厌客、逐客的感觉。

② 送别用语。宾主道别，彼此都会使用一些礼貌用语表达对对方的惜别之情，最简单、最常用的是一声亲切的"再见"。除此之外，"您走好""有空多联系""多多保重"等是得体的送别用语。

③ 送别的表现。一般客人告辞离去，服务人员只需起身将其送至门口，说声"再见"即可。如果上司要求你代其送客，则应视需要将客人送至相应地点：如果对方是常客，通常应将其送至门口、电梯门口或楼梯旁、大楼底下、大院门外；如果是初次来访的贵客，则要陪伴对方走得更远些。如果只将客人送至会议室或办公室门口、服务台边，则要说声"对不起，失陪"，目送客人走远；如果将客人送至电梯门口，则宜点头致意，目送客人至电梯门关上为止；若将客人送至大门口或汽车旁，则应帮客人携带行李或稍重物品，并帮客人拉开车门，开车门时右手置于车门顶端，按先主宾后随员、先女宾后男宾的顺序或客人的习惯引导客人上车，同时向客人挥手道别，祝福旅途愉快，目送客人离去。在送别的过程中，切忌流

① 伍新蕾. 服务礼仪与形体训练[M]. 大连：东北财经大学出版社，2016：237-240.

露出不耐烦、急于脱身的神态,以免给客人匆忙打发他走的感觉。

【小故事】

李嘉诚送客

很多知名企业家也很注意送人的礼节。一位内地企业家在接受电视采访时谈到了他去李嘉诚办公室拜访李嘉诚的经历。

那天,李嘉诚和儿子一起接见了他。会谈结束之后,李嘉诚起身从办公室陪他出来,送他到电梯口。更让人惊叹的是,李嘉诚不是送到即走,而是一直等到电梯上来,他进去了,再举手告别,等到门合上。身为亚洲首富的李嘉诚肯定是日理万机,可他依旧注重礼节,亲自送人,没有丝毫的怠慢。这位内地企业家面对着电视机前的亿万观众动情地说:"李嘉诚这么大年纪了,对我们晚辈如此尊重,他不成功都难。"

第三节 服务语言艺术

服务与语言的关系非常密切。没有语言的服务被称为不完整的服务,因此,服务人员对语言知识了解程度的深浅和语言艺术水平的高低,将直接影响服务的成败。服务语言是服务性行业的从业人员向客人表示意愿、交流思想情感和沟通信息的重要交际工具,是一种对客人表示友好和尊敬的语言。在服务过程中,它具有体现礼貌和提供服务的双重特性,是服务人员完成服务工作的重要手段。

【小案例】

重叠的菜盘

小李是某三星级酒店餐饮部的服务员。一次,有三个客人在酒店餐厅就餐,他们点了很多菜,其中的一道菜叫"海参扒肘子"。当最后一道菜上来时,小李发现餐桌上已经没有足够的空间可以放下新的菜品了,于是她不假思索就把新上的菜放在了客人吃的还剩一个肘子的海参扒肘子的餐盘上。其中一个客人发现后,半开玩笑地跟小李说:"小姐,我们这道菜还没有吃完,你怎么就把菜放到上面了?"恰逢小李当天的心情不好,听到客人说的话,更是不舒服,于是就顶了一句:"到这儿来吃饭,还在乎这么一个肘子吗?又不是没有钱。"本来开玩笑的一句话,经小李这么一说,客人笑意全无。于是,两个人就争吵了起来。客人觉得面子上很过不去,于是向餐厅经理投诉,小李受到经理的批评,向客人道歉。同时,酒店只得又重新做了一盘海参扒肘子给客人。

【点评】 本案例中的服务人员没有正确使用服务语言,与客人发生摩擦,严重影响了酒店的声誉,教训是深刻的。俗话说:"一句话使人笑,一句话使人跳。"这句话形象地概括了使用礼貌用语的作用和要求。服务人员要善于运用这一有用的交际工具,只有这样才能做好本职工作,赢得顾客的信赖和喜爱。

一、服务语言的原则

服务语言是服务人员在服务过程中使用的语言，广泛运用于旅游、餐饮、金融、娱乐、医疗、交通等诸多服务领域及各种服务活动中。服务语言的工作对象是“客人”和“客户”，他们在交际中不仅希望解决具体和实际的问题，而且希望得到“心理满足”，即经历愉快的人际交往，服务语言是其中最重要的服务工具，因此，重视服务语言的特殊性，在服务工作中把握好应用服务语言的原则，对于提高服务质量，树立企业良好的形象具有十分重要的意义。

（1）规范性原则。与一般的人际交往语言不同，服务语言具有鲜明的规范性。首先它要符合国家规定的语言文字规范，在服务工作中以全民通用语言——普通话作为交际工具，这样可以消除服务活动中的语言沟通障碍；其次，要遵守服务行业的各种工作语言标准和规范。各服务行业的各个部门、工种或岗位都有相应的“模式语言”，以规范从业人员的服务用语，避免语言表达的随意性。如各行业都规定了本行业的服务用语50句及服务忌语50句等。这对提高服务工作质量发挥了重要作用；最后，要表达准确。要求服务人员在描述事情时应尽量详尽，时间、地点、人物、事实等应符合实际情况，避免引起不必要的误解。

【小案例】

“车要爆了”

经过一番努力，小蓉通过了国家导游资格考试，并顺利拿到了导游IC卡，正式开始“导游天下”。第一次带团，她既开心又紧张，生怕遇到突发情况。于是，她热情周到地为游客做好导览服务，小心翼翼地带领团队进行参观。

可是，老天爷偏偏要考验这个新导游。旅游大巴在前往另一个城市的高速公路上突然爆胎了，司机不得不将大巴车紧急停靠在路边，随即下车检查车体。小蓉也跟随司机下车查看究竟，发现一个轮胎已经破裂，另一个轮胎也被扎了一个小孔。正当小蓉与司机商量该如何处理时，一些游客在车上不耐烦地大声询问停车缘由。小蓉着急地走上车，拿起车上的讲解话筒，大声说：“咱们的车要爆了！请大家休息片刻，我们会立刻解决。”话音刚落，全车游客立刻炸了锅，如潮水般迅速向车下涌。小蓉这时才反应过来，自己把“车胎要爆了”说成“车要爆了”，才造成了大家的误会。她只能不好意思地向游客解释，搞得大家哭笑不得。

（2）礼貌性原则。为了实现服务工作的目标，争取服务对象的理解、支持和合作，在任何情况下，服务人员使用服务语言都要注意保持文明礼貌性。服务语言不同于一般的人际对话，一般的人际对话虽然也讲文明礼貌，但属于个人之间的交际，而服务语言还需考虑组织利益和服务对象的利益，因而在保持文明礼貌的程度上要求很高。服务对象对组织和服务人员的态度各不相同，有理解支持的、有冷漠反感的、有存在隔阂误会的，甚至恶意诽谤的。服务语言的文明礼貌高要求突出表现在，不仅对理解、支持工作的服务对象要讲究语言的文明礼貌，以提供心理服务；对冷漠反感、存在隔阂误会的服务对象更要注意服务语言的文明礼貌性，提供心理服务；即使是对恶意诽谤的服务对象，也要在坚持原则、反对谬误和不合理要求的同时，在服务语言的具体运用上讲究语言策略和方式。

(3) 得体性原则。所谓“得体”，是指运用语言要切合语言对象、切合语言环境。把“得体”原则贯彻到服务工作领域，就是要求从业人员善于根据工作性质、工作对象、工作内容和环境场所等条件的不同，对服务语言进行恰如其分的调控，以达到不同条件下满足客人服务要求的工作目标。例如，在医疗服务中会涉及病情的解释，患者的文化层次不同，对医学知识了解的多少也不一样，那么，医务人员解释病情时，就必须兼顾语言的科学性和通俗性，话语既符合医学科学，又能让患者听懂；在诊疗过程中往往会涉及患者的体征或隐私，就要求医务人员的语气和表情等形体语言庄重而又随和，使患者在一种比较轻松的气氛中以信任的态度面对医务人员；向患者解释不良诊断时，则要注意言语措辞的技巧性，既尊重患者的知情权，又不给患者造成心理压力和负担。这样使用服务语言就体现出对语境适应的较高得体性。

(4) 控制性原则。服务语言的对象是特定的“客人”和“客户”，服务语言具有很强的目的性，这就决定了从业人员服务语言的表达过程必须受到严格的控制。首先是工作角色自我控制。在日常生活中，交际双方通常是以“高姿态”“低姿态”和“平姿态”三种关系方式进行的，由于服务工作的特殊性，要求服务人员在工作中正确理解工作角色关系，适应服务工作角色，控制自己采用“低姿态”和“平姿态”方式同服务对象进行语言交流。其次是工作情绪的自我控制。语言表达自我控制的效果受个人情感、情绪的影响很大，过于兴奋或者过于不兴奋的极端情绪都必然导致语言失控。因此，一般来说，服务工作语言要求从业人员在客我交际中的情绪变化不要过大。以明快、愉快为工作情绪基调，控制上限到快乐情绪，下限到安静、沉着情绪，这样有利于服务语言的发挥；而非常兴奋、忧郁、悲愤、焦虑、不满、沮丧、颓废都是极端情绪，会导致服务语言失控，需要加以调整。再次要注意语言技巧的控制，包括语音、语速的控制，灵活运用幽默、委婉等各类语言技巧以及熟悉专业用语等。

【小幽默】

一位旅客

一位旅客很气愤地问导游：“我怎么在潜水时，看不到很多热带鱼呢？”当时导游如果向客人解释是因为海洋状况近期受到特殊因素影响等，客人可能还是不信服或不满意。然而，富有幽默感的导游蹦出了机智之言：“不好意思，今天大多数鱼儿去参加一对帅哥美女的婚礼去了，剩下只有少数看家的了。”客人听了，一笑了之，还十分佩服导游的机智幽默。

二、礼貌用语

在服务岗位上，准确而恰当地运用礼貌用语，是服务礼仪对广大服务人员的一项基本要求，同时也是服务人员做好本职工作的基本前提之一。礼貌用语，对于服务行业而言，是有其特殊界定的。要求服务人员在其工作岗位上使用的礼貌用语，主要是指在服务过程中表示服务人员自谦恭敬之意的一些约定俗成的语言及其特定的表达形式。

(1) 礼貌用语的特点。礼貌用语属于语言交际范围，使用得好可以将所处场合变得和谐融洽。服务人员在其工作岗位上所使用的礼貌用语，大致具有以下三个特点。

① 主动性。在工作中使用礼貌用语，应当成为广大服务人员主动而自觉的行动。唯其如此，礼貌用语的使用方能口到、心到、意到。正是出于这一原因，服务人员在与服务对象进行语言交际时，应率先主动地采用礼貌用语。

② 约定性。在服务岗位上，服务人员常用的礼貌用语，在其内容与形式上，往往都是约定俗成、沿用已久、人人皆知的。所以，对其只能完全遵从，而绝对不宜独辟蹊径。不然，就难以得到认同，难以发挥功效。

③ 亲密性。服务人员在运用礼貌用语时，还应力求做到亲切而自然。让服务对象听在耳中，暖在心里，心领神会。运用礼貌用语时讲究亲密性，必须是诚心所致，不落俗套，而非甜言蜜语、巧言令色、阿谀奉承，让人肉麻①。

(2) 礼貌用语的常用类型。在服务工作中，服务人员使用的礼貌用语有以下几类。

① 问候用语。问候又叫问好或打招呼。它主要适用于人们在公共场所相见之初时，彼此向对方询问安好，致以敬意，或者表达关切之意。在正常情况下，应当身份较低之人首先向身份较高之人进行问候。

在服务岗位上，一般要求服务人员对问候用语勤用不怠。具体来讲，适宜用问候用语的主要时机有五个：一是主动服务于他人时；二是他人有求于自己时；三是他人进入本人的服务区域时；四是他人与自己相距过近或是四目相对时；五是自己主动与他人进行联络时。

在工作中，服务人员应首先向服务对象进行问候。如果被问候者不止一人时，则服务人员对其进行问候时，有三种方法可循：一是统一对其进行问候，而不再一一具体到每个人。例如，可问候对方"大家好！""各位午安！"。二是采用"由尊而卑"的礼仪惯例，先问候身份高者，然后问候身份低者。三是以"由近而远"为先后顺序，首先问候与本人距离近者，然后依次问候其他人。当被问候者身份相似时，一般应采用这种方法。

在问候他人时，具体内容应当既简练又规范。通常，适用于服务人员采用的问候用语，主要分为以下两种。

- 标准式问候用语，即直截了当地向对方问候。其常规做法，主要是在问好之前，加上适当的人称代词，或者其他尊称。例如，"你好""您好""各位好""大家好"。
- 时效式问候用语，即在一定的时间范围内才有作用的问候用语。它的常见做法，是在问好、问安之前加上具体的时间，或是在两者之前再加以尊称。例如，"早上好""早安""中午好""下午好""午安""晚上好""晚安"。

【小故事】

令人乏味的问候

四海公司的王经理到沿海某市出差，住在当地的一家较高档的酒店。当他到餐厅去用午餐走出电梯时，站在电梯口的一位女服务员很有礼貌地向他点头，并且说："您好，先生！"他微笑着回答道："中午好，小姐。"当他走进餐厅后，迎宾员也很有礼貌地对他说："您好，先生！"他微笑地点了一下头，没有开口。

---

① 舒静庐. 服务礼仪[M]. 上海：上海三联书店，2014：61-62.

王经理吃好午饭后，顺便到饭店内的庭园走走。当他走出大厅时，门口的一位男服务员又是同样的一句话："您好，先生！"这时王经理只是敷衍地略微点了一下头，已经不耐烦了。当王经理重新走进大厅时，不料迎面而来的仍然是那个男服务员，"您好，先生！"的声音又传入他的耳中，此时王经理已心生反感，漠然地径直向电梯走去，准备回客房休息。谁知在电梯口仍碰见原先的那位服务员小姐，又是一声："您好，先生！"王经理这时已忍耐不住了，开口说："难道你不能说一些其他的话同客人打招呼吗？"

【点评】 王经理之所以会产生反感，主要是因为该饭店的几个服务员在短短的时间里，多次和同一个客人照面，却只会机械呆板地使用同一敬语进行问候，反而会给客人造成诚意不够、没有从内心深处表达敬意的印象。

② 迎送用语。迎送用语主要适用于服务人员在自己的工作岗位上欢迎或送别服务对象。具体而言，它们又可划分为欢迎用语与送别用语，二者分别适用于迎客之时或送客之际。在服务过程中，服务人员不但要自觉地采用迎送用语，而且必须对于欢迎用语、送别用语一并配套予以使用。做到了这一点，才能使自己的礼貌待客有始有终。

- 欢迎用语。欢迎用语又叫迎客用语。一般而言，服务人员在使用欢迎用语时，应注意以下三点：一是欢迎用语往往离不开"欢迎"一词的使用。在平时，最常用的欢迎用语有"欢迎""欢迎光临""欢迎您的到来""莅临本店，不胜荣幸""见到您很高兴""恭候光临"。二是在服务对象再次到来时，应以欢迎用语表明自己记得对方，以使对方产生被重视之感。具体用法，是在欢迎用语之前加上对方的尊称，或加上其他专用词。例如，"先生，我们又见面了""欢迎再次光临""欢迎您又一次光临本店"。三是在使用欢迎用语时，通常应当一并使用问候语，并且在必要时须同时向被问候者主动施以见面礼，如注目、点头、微笑、鞠躬、握手，等等。
- 送别用语。送别用语又叫告别用语。送别或告别用语仅适用于送别他人之际。在使用送别用语时，经常需要服务人员同时采用一些适当的告别礼。最为常用的送别用语主要有"再见""慢走""走好""欢迎再来""一路平安""多多保重"等。使用送别用语时，通常应注意以下两点：一是不要忘记使用。当服务对象因故没有消费时，服务人员更要一如既往地保持风度，不要在对方离去时默不作声。二是不要加以滥用。在有些特殊的服务部门里，有些送别语假如使用不当，便会令人感到不甚吉利。例如，在医疗部门，对于病愈而去者，就不宜说什么"欢迎再来！"

③ 请托用语。请托用语通常是指在请求他人帮忙或是托付他人代劳时，照例应当使用的专项用语。在工作岗位上，任何服务人员都免不了可能会有求于人。在一般情况下，服务人员经常使用的请托用语可以分为以下三种。

- 标准式请托用语。它的内容主要是一个"请"。当服务人员向服务对象提出某项具体要求时，只要说出一个"请"字，例如，"请稍候""请让一下"等，往往更容易为对方所接受。
- 求助式请托用语。这一形式的请托用语，最为常见的有"劳驾""拜托""打扰""借光"以及"请关照"等。它们往往是在向他人提出某一具体的要求时，比如请人让路、请人帮忙、打断对方的交谈，或者要求对方照顾一下自己时，才被使用的。
- 组合式请托用语。有些时候，服务人员在请求或托付他人时，往往会将标准式请托用语与求助式请托用语混合在一起使用，这便是所谓组合式请托用语。“请您帮我一个忙”“劳驾您替我扶一下这件东西”“拜托您为这位大爷让一个座位”等，都是较为典型的组合式请托用语。

④ 致谢用语。致谢用语又称道谢用语、感谢用语。在人际交往中，使用致谢用语，意在表达自己的感激之意。

对于服务人员来讲，在下列七种情况下，理应及时使用致谢用语，向他人表白本人的感激之意：一是获得他人帮助时；二是得到他人支持时；三是赢得他人理解时；四是感到他人善意时；五是婉言谢绝他人时；六是受到他人赞美时；七是获赠礼品与款待时。无论在何种情况下，坦然真诚地道谢，才能向客户、领导、同事、朋友传达自己内心的那份真挚谢意。

致谢用语在得到实际运用时，内容会有变化。从总体上讲，它基本上可以被归纳为三种基本形式。

- 标准式的致谢用语。通常只包括一个词语——“谢谢！”在任何需要致谢之时，均可采用此种致谢形式。在许多情况下，如有必要，在采用标准式致谢用语向人道谢时，还可以在其前后加上尊称或人称代词，如“谢谢您”等。这样做，可以使其对象性更为明确。
- 加强式的致谢用语。有时，为了强化感谢之意，可在标准式致谢用语之前，加上某些副词。此即所谓加强式的致谢用语。对其若运用得当，往往会令人感动。最常见的加强式致谢用语有“十分感谢”“万分感谢”“多多感谢”“多谢”等。
- 具体式的致谢用语。具体式的致谢用语，一般是因为某一具体事宜而向人致谢。在致谢时，致谢的原因通常会被一并提及。例如，“有劳您了”“让您替我们费心了”“上次给您添了不少麻烦”等。

⑤ 征询用语。在服务过程中，服务人员往往需要以礼貌的语言主动向服务对象进行征询。在进行征询时，唯有使用必要的礼貌语言，才会取得良好的反馈。征询用语，就是服务人员此时应当采用的标准礼貌用语。有时，它也叫作询问用语。

服务人员在自己的岗位上服务于人时，遇到下述五种情况时，一般应采用征询用语。一是主动提供服务时；二是了解对方需求时；三是给予对方选择时；四是启发对方思路时；五是征求对方意见时。

服务人员在具体使用征询用语时，必须要把握好时机，并且需兼顾服务对象态度的变化。在正常情况下，服务人员应用最广泛的征询用语主要有以下三种。

- 主动式征询用语。主动式征询用语多适用于主动向服务对象提供帮助时。例如，“需要帮助吗？”“我能为您做点儿什么？”“您需要什么？”它的优点是节省时间，直截了当。缺点则是稍微把握不好时机，便会令人感到有些唐突、生硬。
- 封闭式征询用语。封闭式征询用语多用于向服务对象征求意见或建议时。它往往只给对方一个选择方案，以供对方及时决定是否采纳。例如，“您觉得这件东西怎么样？”“您不来一杯咖啡吗？”“您是不是很喜欢这种颜色？”“您是不是想先来试一试？”“您不介意我来帮助您吧？”
- 开放式或选择式征询用语。开放式或选择式征询用语是指服务人员提出两种或两种以上的方案，以供对方有所选择。这样做，往往意味着尊重对方。例如，“您需要这一种还是那一种?""您打算预订雅座,还是预订散座?""这里有红色、黑色、白色三种,您究竟喜欢哪一种颜色的?"

⑥ 应答用语。应答用语是服务人员在工作岗位上服务于人时,用来回应服务对象的召唤,或是在答复其询问时所使用的专门用语。在服务过程中,服务人员所使用的应答用语是否规范,往往直接反映着他的服务态度、服务技巧和服务质量。

应答用语可以分为三种基本形式。在某些情况下,它们往往相互之间可以交叉使用。

- 肯定式应答用语。它主要用来答复服务对象的请求。重要的是,一般不允许服务人员对于服务对象说一个"不"字,更不允许对其置之不理。这一类的应答用语主要有"是的""好""随时为您效劳""听候您的吩咐""很高兴为您服务""我知道了""好的,我明白您的意思""我会尽量按照您的要求去做""一定照办"等。
- 谦恭式应答用语。当服务对象对于被提供的服务表示满意,或是直接对服务人员进行口头表扬、感谢时,一般宜用此类应答用语进行应答。它们主要有"这是我的荣幸""请不必客气""这是我们应该做的""请多多指教""您太客气""过奖了"。
- 谅解式应答用语。在服务对象因故向自己致以歉意时,应及时予以接受,并表示必要的谅解。常用的谅解式应答用语主要有"不要紧""没有关系""不必,不必""我不会介意"等。

⑦ 赞赏用语。赞赏用语主要适用于人际交往中称道或者肯定他人时。服务人员在工作岗位上对服务对象使用赞赏用语时,讲究的主要是少而精和恰到好处。在实际运用中,常用的赞赏用语大致分为下列三种具体的形式。有时,它们可以混合使用。

- 评价式赞赏用语。它主要适用于服务人员对服务对象的所作所为,在适当时予以正面评价之用。经常采用的评价式赞赏用语主要有"太好了""真不错""对极了""相当棒"等。
- 认可式赞赏用语。当服务对象发表某些见解后,往往需要由服务人员对其是非直接做出评判。在对方的见解的确正确时,一般应对其做出认可。例如,"还是您懂行""您的观点非常正确"等。
- 回应式赞赏用语。回应式赞赏用语主要适用于服务对象夸奖服务人员之后,由后者回应对方之用。例如,"承蒙夸奖,真是不敢当""我做得不像您说的那么好""还是您技高一筹""得到您的肯定,的确让我很开心"等[①]。

⑧ 祝贺用语。在服务过程中,适时地使用一些祝贺用语,不但是一种礼貌,而且是人之常情。一句真诚的祝贺通常能为"人逢喜事精神爽"的客户锦上添花。

- 应酬式祝贺用语。因祝贺的具体内容各异,所以在使用祝贺用语前要对对方的心思有所了解和揣摩。常见的应酬式祝贺用语有"祝您成功""一帆风顺""心想事成""身体健康""生意兴隆""全家平安"等。
- 节庆式祝贺用语。节庆式祝贺用语主要在节日、庆典以及对方喜庆之日使用,它时效性极强,视不同场合而用往往可增添节日喜庆的气氛。节庆式祝贺用语主要有"节日愉快""活动顺利""新年好""春节快乐""生日快乐""新婚快乐""百年好合"

---

① 舒静庐. 服务礼仪[M]. 上海:上海三联书店,2014:62-68.

“福如东海，寿比南山”“旗开得胜，马到成功”“恭喜”等。

⑨ 推脱用语。在工作中，出于服务对象要求过高，或我方条件较差等原因，服务人员通常难以满足服务对象某些要求，这种情况下可以使用推脱用语。

- 道歉式推托用语。当对方的要求难以被立即满足时，不妨直接向对方表示自己的歉疚之意，以求得对方的谅解。如“很抱歉，让您失望了”。
- 转移式推托用语。不纠缠于对方的某一具体细节问题，而是主动提及另外一件事情，以转移对方的注意力，如“您可以去对面的酒店看一看”“我可以为您向其他航空公司询问一下”“这件东西其实跟您刚才想要的差不多”等。
- 解释式推托用语。在推托时应尽可能准确说明具体缘由，以使对方觉得推托合情合理、真实可信，如“国家民航总局××号文件已经通知，机票不得自行打折”“下班后我们酒店还有其他安排，很抱歉不能接受您的邀请”“您的心意我领了，但东西我不能收”等。

⑩ 致歉用语。在交往过程中，常常会出现由于组织的原因或是个人的失误，给交际对象带来了麻烦、损失，或是未能满足对方的要求和需求，此时应使用致歉用语。常用的致歉用语有：“抱歉”“对不起”“很抱歉”“请原谅”“打扰您了，先生”“真抱歉，让您久等了”等。

真诚的道歉犹如和平的使者，不仅能使交际双方彼此谅解、信任，而且有时能化干戈为玉帛。道歉也讲艺术。在交往中，有些人有时放不下架子或碍于面子，不愿直接道歉，这也是人之常情。其实，道歉的方式很多，道歉时可采用委婉的手法。比如，今天的交际对象是你以前曾经冒犯过的人，那么你可以说：“真是不打不相识啊，俗话说得好，不是冤家不聚头，让我们从头开始！”道歉并非降低你的人格，及时得体的道歉也充分反映出你的宽广胸襟、真诚情感和敢于承担责任的勇气。

服务人员可以使用的道歉用语还有“失言了”“失敬了”“失迎了”“不好意思”“多多包涵”“十分失礼”“很是惭愧”“太不应该了”“真过意不去”等，这些道歉用语可以单独使用，也可以与其他礼貌用语合并使用。

三、文明用语

在使用语言时必须讲究文明，既表现出使用者良好的文化素养、待人处世的实际态度，又能够令人产生高雅、温暖、脱俗之感。文明用语的使用，作为服务人员从以下方面入手。

(1) 讲普通话。普通话是我国法定的现代汉语标准语音。它以北京语音为标准音，以北方话为基础方言，以典范的现代白话文著作为语法规范。推广普通话，既是我国的一项基本国策，也是提高服务质量的一项重要举措。服务人员一定要与服务对象使用普通话，这样才能减少沟通障碍，使服务工作顺利进行，树立良好的企业形象。

(2) 发音正确。服务人员在运用口语时，讲普通话要注意声调，发音准确，更不能念白字，这是文明用语的一个重要方面。

(3) 控制音量。讲话时，音量的控制也非常重要。太大的声音会令人反感，以为你在那里装腔作势；音量太小会使人听不清楚，以为你怯懦。一般来说，应根据听者距离的远近来调节自己的音量，达到最适合的状态。

(4) 注意语速。说话时一直保持同一种语速会使人产生听觉上的疲劳，容易昏昏欲睡，打不起精神。因此，在与服务对象交谈时，应该把握说话的语速，不要太快或太慢，应追求一种有快有慢的音乐感。在主要的语句上放慢速度作强调，在一般的内容上稍微加以变化。

【小训练】

语速调整的情景模拟

假设同学们要向客户介绍信用卡的办理流程，面对三种不同类型的客户——急躁型客户、迟缓型客户、活泼型客户，请选用合适的语速与扮演不同类型客户的同学进行交流。模拟结束后，请不同类型的客户谈谈沟通的感受。

(5) 声音优美。每个人的声音都是有感情的，也是有色彩的。如何让自己的声音富有吸引力，展现出独特的个人魅力也是一门艺术。

【小贴士】

声音的秘密

相信很多人都看过《窈窕淑女》这部电影，它讲的是语言学家希金斯教授将一个满是乡下口音的卖花女伊利莎在短期内训练成为一个操着贵族口音的千金小姐。而这有效的短训是从什么地方开始的？答案是声音和语言。希金斯教授让伊利莎在留声机上一遍又一遍地训练语音和语调，之后才是着装、姿态、社交礼仪的训练。可见，要改变人的谈吐，声音里蕴藏着巨大的可挖掘能量。

首先，不要用鼻音说话。如果你用手捏住鼻子，你发出的声音就是一种鼻音。在现实生活中，用鼻音说话的人会让人产生不舒服的感觉，因为用鼻音说话让人听起来感觉像感冒了一样毫无生气。如果你希望说服一个人，就不要用鼻音说话，要用胸腔发音。只有字正腔圆的说辞才能对他人产生说服力。

其次，说话声音不能过尖或过低。尖锐的声音比沉重的鼻音更加难听，想想那些又高又尖的声音，往往是女人在遭受惊吓或刺激时发出的声音，或是生性泼辣的女性骂人时发出的声音，刺耳的声音会给我们带来不舒服的感觉。此外，声音过低也会让人觉得此人身心疲惫、萎靡不振。同时，不能将低语与柔和清晰的说话混为一谈，即使你以最低的声音说话，声音也需要助力。

再次，嘴唇不能僵滞。一个人如果在说话时嘴唇僵滞，会出现口齿不清的情况，嗫嚅者说话就是如此，其嘴唇僵滞或者懒散，吐字不清楚，常出现省字连词的情况，这样人们根本听不清楚其在说什么，甚至会因此产生误解。

最后，去掉口头禅。在平常跟人讲话或者听人讲话时，经常可以听到“嗯”“那个”“然后”之类的词语，如果一个人在说话时反复不断地使用这些词语，那就是口头禅。一旦弄清自己的毛病，在以后与人讲话的过程中就要时时提醒自己注意这一点。

(6) 语气谦恭。在人际交往中，语气往往被认为具有言外之意，因为它往往会真实地流露出交谈者一定的感情色彩。服务人员一定要注意始终表现出热情、亲切、和蔼、耐心的语气。不要有意无意之间语气流露出急躁、生硬和轻慢。如说“快点，还有别的事呢!”“别乱动,你赔得起吗?""看清价格再说"等都显示出不好的语气,令服务对象不快。

(7) 用词文雅。服务人员在与服务对象交往时,要有意识地使用文雅词语,用词用语力求敬人、高雅、脱俗。在注意切实致用、避免咬文嚼字的前提下,可有意识地采用一些文雅的词语。例如,在正式场合欢迎客户到来时,使用雅语"欢迎光临",显然比说"您来了"要郑重得多;对一位有文化的老人使用雅语"敬请赐教",自然也比直言"有什么意见请提"更好听。在服务过程中,服务人员应对中国传统的约定俗成的文明用语熟记多用。

【小训练】

文雅词汇的选用

在不同的场景下使用的文雅词汇不同,请将左边的场景与右边的词汇正确配对。

系列场景(1)		系列场景(2)	
① 赠送礼物	拜访	① 请人帮忙	赐教
② 求人原谅	笑纳	② 归还原物	久仰
③ 赞美见解	恭候	③ 请人指点	留步
④ 欢迎购买	打扰	④ 好久不见	奉还
⑤ 赠送作品	光顾	⑤ 初次见面	劳驾
⑥ 麻烦别人	借光	⑥ 请人勿送	拜托
⑦ 等候客人高见	高见	⑦ 与人道别	请教
⑧ 看望别人	包涵	⑧ 托人办事	久违
⑨ 求给方便	斧正	⑨ 请人指导	告辞

通过练习我们发现,平时需要使用文雅词汇的场合很多,处处都能体现人的素质与修养。但在具体运用文雅词汇时,还要考虑客户的文化水平,灵活遣词造句,处理好文雅语言与通俗语言的关系。比如,一位护士帮助农村老奶奶填写病历,问道:"老人家,您贵庚?您配偶的名字是?"老奶奶听得一头雾水。此时,护士应该采用通俗的话语,以利于双方的沟通。

此外,在服务语言的基本要求中,时刻要努力回避不雅之语,杜绝脏话、粗话、黑话、怪话、废话等[①]。

四、行业用语

行业用语又叫行业语、行话,一般是指某一社会行业所使用的专门用语,主要用以说明某些专业性、技术性的问题。服务人员只有恰到好处地使用了某些行业用语,才能更好地说明问题,才能显示其业务上很在行,才能赢得服务对象的充分理解和信任。在具体运用服务行业用语时要注意以下四点。

(1) 要实事求是。即要客观、正确地使用行业用语,不要不懂装懂,随口乱说,更不可随意编造,以假充真。

(2) 要使用得当。即一定要准确使用,并注意行业的规范性与地方的差异性,力求使

① 伍新蕾. 服务礼仪与形体训练[M]. 大连:东北财经大学出版社,2016:171-172.

用行业服务用语正确无误。

(3) 要适得其所。行业用语要简单明了,使用适度,不可过多地使用专业术语,以顾客听懂为度。正如英国名人培根曾说:“交谈时的含蓄和得体,比口若悬河更可贵。”

【小案例】

热情过度

一对老夫妻去一家服装店闲逛,刚一进门,呼啦一下子围上来三四位女售货员,有的喋喋不休地宣传其品牌的特色;有的奉承叔叔阿姨身材好、气质好,适合穿这款品牌的服装;有的则拥着他们去她的柜台;有的则说叔叔阿姨不是一般的消费者,准是“白领”“工程师”,夸得老两口身上直起鸡皮疙瘩。随后他们来到一家化妆品商店的柜台前。商品琳琅满目,他们本想买些中档护肤品,可是售货员的宣传却虚张声势,高深晦涩,刻意引用许多专业性很强的术语,令人雾里看花,不知所云。更有一位打扮时尚的售货员走过来拿着专业广告来迷惑他们:“请您使用××品牌的润肤霜,它是采用 H_2O 天然分子之精华,经几千次反复提炼而成……”唬得老夫妻面面相觑,落荒而逃。

(4) 要注意行业服务忌语坚决不用。行业服务忌语是服务业的忌讳之语,即服务人员在服务于人时不宜使用。应当努力避免使用的某些词语,主要包括四类。

① 不尊重之语。在服务过程中,任何对服务对象不尊重之语,均不得使用。在正常情况下,不尊重之语多是触犯了服务对象的个人忌讳,尤其是其身体条件、健康条件方面相关的某些忌讳。例如,面对残疾人时,切忌使用“残废”一词。一些不尊重残疾人的提法,诸如“傻子”“呆子”“侏儒”“瞎子”“聋子”“麻子”“瘸子”“拐子”之类,更是不能使用。

② 不友好之语。在任何情况下,都不允许服务人员对服务对象采用不友善,甚至满怀敌意的语言。例如,在服务对象要求服务人员为其提供服务时,后者以鄙视前者的语气说:“你买得起吗?”当服务对象表示不喜欢服务人员推荐的商品、服务项目,或者是在经过了一番挑选,感到不甚合意,准备转身离开时,服务人员小声嘀咕“没钱还来干什么”“装什么大款”“一看就是穷光蛋”等。凡此种种,皆属于不友好之语。在工作中如此对待服务对象,既有悖于职业道德,又有可能引起不必要的争执或麻烦。

③ 不耐烦之语。服务人员在工作岗位上要做好本职工作,提高自己的服务质量,要在接待服务对象时表现出热情与足够的耐心。要努力做到:有问必答,答必尽心;百问不烦,百搭不厌;不分对象,始终如一。

④ 不客气之语。服务人员在工作中,客气话是一定要说的,而不客气的话则坚决不能说。如在劝阻服务对象不要动手乱摸乱碰时,不能说“老实点”“瞎动什么”“弄坏了你管不管赔”。

【小幽默】

关于服务的“幽默”

(1) 顾客:请问服务员同志,那副近视眼镜多少钱?

服务员:上面不是写着价钱吗?

顾客:我眼睛近视,看不清楚。

服务员:买一副不就看得清楚啦!

(2) 顾客：哎呀！这里的苍蝇怎么会这么多？

服务员：不必害怕，这里的苍蝇不会脏，它们长期生活在我们的餐厅里，从来不上厕所。

服务人员只有在工作岗位上不使用服务忌语，时刻牢记服务忌语的危害，才能做好工作。

第四节　客户沟通礼仪

在信息技术突飞猛进的时代，我们与客户的通信联络方式越来越丰富，无论是有声的语言交际，还是无声的文字沟通，均是双方思想和感情的表达，会直接影响客我关系的建立和发展，因此，必须重视与客户沟通的方法和礼仪要点，以求服务能够达到理想的效果。

一、交谈

美国前哈佛大学校长伊立特曾说："在造就一个有修养的人的教育中，有一种训练必不可少，那就是优美、高雅的谈吐。"交谈是交流思想和表达感情最直接、最快捷的途径。在服务交往中，因为不注意交谈的礼仪规范，或用错了一个词，或多说了一句话，或不注意词语的色彩，或选错话题等而导致交往失败或影响企业形象的事时有发生。因此，在交谈中必须遵从一定的礼仪规范，才能达到双方交流信息、沟通思想的目的，才能赢得顾客的满意。

【小案例】

从交谈到贺礼

夏日，南京某饭店大堂，两位外国客人向大堂副理值班台走来。大堂倪副理立即起身，面带微笑地以敬语问候，让座后两位客人忧虑地讲起他们心中的苦闷："我们从英国来，在这儿负责一项工程，大约要三个月，可是离开了翻译我们就成了睁眼瞎，有什么方法能让我们尽快解除这种陌生感?"倪副理微笑地用英语答道："感谢两位先生光临指导我店，两位的到来使大厅蓬荜生辉，这座历史悠久的都市同样欢迎两位先生的光临，你们在街头散步时的英国绅士风度也一定会博得市民的赞赏。"熟练的英语所表达的亲切的情谊，一下子拉近了彼此间的距离，气氛变得活跃起来。于是外宾更加广泛地询问了当地的生活环境、城市景观和风土人情。从长江大桥到六朝古迹，从秦淮风情到地方风味，倪副理无不一一细说。外宾中一位马斯先生还兴致勃勃地谈道："早就听说中国的生肖十分有趣，我是1918年8月4日出生的，参加过第二次世界大战，大难不死，一定是命中属相保佑。"

说者无心，听者有意，两天之后就是8月4日，谈话结束之后，倪副理立即在备忘录上做记录。8月4日那天一早，倪副理就买了鲜花，并代表饭店在早就预备好的生日卡上填好英语贺词，请服务员将鲜花和生日贺卡送到马斯先生的房间。马斯先生从珍贵的生日贺礼中获得了意外的惊喜，激动不已，连声答道："谢谢，谢谢贵店对我的关心，我深深体会到这贺卡和鲜花之中隐含着许多难以用语言表达的情意。我们在南京逗留期间再也不会感到寂寞了。”

【点评】 本案例中的大堂倪副理对待两位客人的做法，是站在客人的立场上，把客人当作上帝的出色范例。他们通过与客人的交谈，设身处地，仔细揣摩客人的心理状态。两位英国客人由于在异国他乡逗留时间较长，语言不通，深感寂寞。倪副理深入体察、准确抓住了外国客人对乡音的心理需求，充分发挥他的英语专长，热情欢迎外国客人的光临，还特别称赞了他们的英国绅士风度，进而自然而然地向客人介绍了当地的风土人情等，使身居异乡的外国客人获得了一份浓浓的乡情。客人在交谈中无意中流露生日时辰，倪副理及时敏锐地抓住这条重要信息，从而成功地策划了一次为外国客人赠送生日贺卡和鲜花的优质服务和公关活动，把与外国客人的感情交流推向了更深的层次。可见，善于交谈，对做好服务工作多么重要。

交谈是一门艺术，正如古语云：“一言之辩，重于九鼎之宝；三寸之舌，强于百万之师。”精湛的语言艺术在人际交往中的威力是不可低估的。成功的交际活动往往依赖于成功的交谈，要提高交谈的质量，首先就要从交谈的礼仪入手，表达得体，说话得当，这样彼此的交往才会大为增色。

1. 交谈的基本礼仪

(1) 态度谦虚诚恳。交谈首先要有一个正确的谈话态度。正确的谈话态度是坦率、真诚，要讲实话，讲肺腑之言。坦率往往能唤起彼此间的信任感和亲切感，加深双方的了解与友谊，这是交谈成功与否的关键所在。真诚是指话语从内容到语气都诚恳可信，愿意同你交往。同时，交谈中必须精神专注、思想集中，而不是糊弄应付；否则就会话不投机半句多，影响谈话效果。

(2) 表情亲切自然。表情是人体语言最丰富的部分，人的喜怒哀乐都可以通过表情来反映。交谈时的表情要亲切自然，首先应当注意保持微笑，因为真诚的微笑最能打动人；同时要养成用目光与对方交流的习惯，用目光传递真诚与尊重。

(3) 语调平和沉稳。语气语调是说话者真情实感的“显示器”，恰当地运用语气语调，可以增强语言魅力；多姿多彩的语气，会给话语添上形象色彩、感情色彩、理性色彩、风格色彩。

要善于根据不同的交际对象，运用不同的音调恰当得体地表现不同的思想感情。如夫妻、母女等亲密者之间的交谈，其语气语调应为“气徐声柔”，给人以温馨感；如果谈话对象是长辈、领导、师长，表达的是敬爱之情，语气语调应为“气平声谦”，给人以敬重感；如果对象是下级、晚辈或年幼者，表达关心与爱护之情，语气语调应为“气舒声长”，给人以亲切感；如果对象是朋友、同事，抒发信任之情，语气语调应为“气平声沉”，给人以诚挚感；如果对象是陌生人，语气语调应为“气缓声轻”，给人以礼貌感。

(4) 举止大方得体。为了表示交谈的诚意，举止一定要配合。坐姿要端正，不能懒散地靠在沙发上，诸如双腿叉开、高跷二郎腿等不雅坐姿都应该避免。手势要自然得体，不能过多，不要出现用笔敲击桌面、玩弄钥匙等小动作，也不要出现用手指指人等幅度过大的动作。

(5) 话题贴切妥帖。话题选择得当，可使交谈有个良好的开端，引导双方各抒己见，深入交谈；话题选择不当，交谈就容易中断、错位，很快陷入困境。选择话题可以把握两个要点。

一是以对方感兴趣的事情为话题。只有双方都对某一话题感兴趣，才能你一言我一语地交谈下去。以对方感兴趣的事情为话题，就必须了解对方的兴趣。而与刚认识的人交谈是最不容易的，因为不了解对方的性格、爱好。这时宜从平淡处开口，而不要冒昧提出太深入或太特别的话题。最简单的是谈天气，或从所处的环境中寻找话题。比如："今天来的人真不少""这儿您从前来过吗?""您和主人在哪里共同学习过?""这盆花养得真不错"等。另外，还可以询问对方的籍贯，然后引导对方详谈其家乡的风土人情。

二是以对方擅长的事情为话题。交谈犹如打乒乓球，你发的球要让对方容易接，才有可能一来一去地打出多个回合。人际关系只有在不断的语言交往中才会逐渐融洽。如果你发的球对方不好接，双方的来往就会中断，对方甚至会认为你在故意为难他。这样，就会影响双方关系的进一步发展。

【小故事】

芭芭拉的采访

美国记者芭芭拉·华特初遇美国航空业巨头亚里士多德·欧纳西斯，午餐时趁他与大家谈论业务的短暂空隙，采访了他。"欧纳西斯先生，您在海运和空运方面，还有其他方面都取得了巨大的成就，这是令人震惊的，请问您是怎样开始的?"这个话题触动了欧纳西斯先生的心弦，他立即同芭芭拉侃侃而谈，动情地回顾了自己的奋斗史，而芭芭拉的采访也因此取得了成功。

(6) 掌控周到适度。同时与几个人交谈，目光应照顾到在场的每一个人，不要把注意力只集中在你感兴趣的一两个人身上，冷落任何一个人都是失礼的。有人欲与你谈话，应乐于与之交谈；有人想参与你们的谈话，应点头示意，表示欢迎，并在谈话中不时朝向新来者，以示认可。

谈话要注意分寸。措辞要得体、文明，不庸俗，不粗鲁；要有放有抑有收，不过头，不嘲弄，把握好"度"；不要唱"独角戏"，夸夸其谈，忘乎所以，不给别人插嘴的机会，或者没完没了，以致影响别人的工作和休息；要察言观色，注意对方的情绪，对方不爱听的话少讲，一时接受不了的话不要急于讲。开玩笑要看对象和场合，一般不与性格内向、多疑敏感的人开玩笑，对方情绪低落、心情不快时不要开玩笑，庄重、肃穆的场合不要开玩笑。

谈话还要注意把握时间。和其他形式的交际活动一样，交谈也要有时间观念，要适可而止、见好就收，要多给他人留下说话的时间。如普通场合的小规模交谈，以 30 分钟内结束为宜，最长不要超过 1 个小时；个人每次的发言，最长也应控制在 3～5 分钟。

(7) 寒暄恰当得体。寒暄是谈话之前的开场白，是谈话进入正题的必要过渡，寒暄可以打破陌生人之间的界限，缩短交谈双方的情感距离，顺利引出交谈的话题。因此，一个恰当的寒暄过程，往往预示着正式谈话的顺利进行。寒暄的内容常常是天气冷暖、身体状况、工作忙闲、最近活动、谈话环境等。

社交中和对方初次见面，标准的说法有"您好""很高兴认识您""见到您非常荣幸"；比较文雅一点的,可以说“久仰”“幸会”。跟熟人寒暄,用语应该亲切一些,如“好久不见了”“您的气色真不错”“今天天气真好”“上班去吗”等。

【小贴士】

皮埃尔的“润滑原则”

法国古董商皮埃尔被朋友们称为“社交润滑剂”,他一张口就能够调动别人的愉悦情绪。然而,皮埃尔并不是口若悬河、无的放矢的滑稽大王,他有自己的一套“润滑原则”:“不在任何场合讲任何人的坏话,不传播任何坏消息,即使是纽约世贸大厦被飞机撞毁的消息,也由新闻记者去传播吧,我只谈那些能带给人们欢乐和他们感兴趣的话题。没有比谈论别人的缺点更破坏自己形象的事情了!我在谈话中努力寻找对方感兴趣的话题,我先询问别人的兴趣,如果恰好我也对他的兴趣在行,我们就能很快进入状态。由于对歌剧、品酒、油画和古董知识的了解,我结识了不少潜在客户,开拓了新的商业机会。”皮埃尔认为:“闲谈是建立个人良好形象的最佳方式,因为它能让人轻松、愉快,以最快、最简捷的方式消除人与人之间的距离。这是我与客户建立个人关系的唯一方法。”

2. 交谈的语言艺术

(1) 准确流畅。在交谈时如果词不达意、前言不搭后语,很容易被人误解,达不到交际的目的。因此在表达思想感情时,应做到口音标准、吐字清晰,说出的语句应符合规范,避免使用似是而非的语言。应去掉过多的口头语,以免语句不连贯;语句停顿要准确,思路要清晰,谈话要缓急有度,从而使交流活动畅通无阻。

语言准确流畅还表现在让人听懂,因此言谈时尽量不用书面语或专业术语,因为这样的谈吐让人感到太正规、受拘束或是理解困难。

【小幽默】

自作自受

古时有一笑话,说的是有一书生突然被蝎子蜇了,便对其妻子喊道:“贤妻,速燃银烛,你夫为虫所袭!”他的妻子没有听明白,书生更着急了:“身如琵琶,尾似钢锥,叫声贤妻,打个亮来,看看是什么东西!”其妻仍然没有领会他的意思,书生疼痛难熬,不得不大声吼道:“快点灯,我被蝎子蜇了!”真乃自作自受。

(2) 委婉表达。交谈是一种复杂的心理交往,人的微妙心理、自尊心往往在里面起重要的控制作用,触及它,就有可能产生不愉快。因此,对一些只可意会不可言传的事情、人们回避忌讳的事情、可能引起对方不愉快的事情,不能直接陈述,只能用委婉、含蓄、动听的话去说。常见的委婉说话方式有以下几种。

① 避免使用主观武断的词语,如“只有”“一定”“唯一”“就要”等不带余地的词语,要尽量采用与人商量的口气。

② 先肯定后否定,学会使用“是的……但是……”这个句式。把批评的话语放在表扬之后,就显得委婉一些。

③ 间接地提醒他人的错误或拒绝他人。

(3) 适时赞美。善于发现他人的优点，并恰到好处地赞美他人，能促进人际关系的和谐，有利于交谈的顺利进行。但赞美别人也要讲究技巧，赞美要适时，并给人真诚的感觉。例如，当看到对方理了新发型、换了新衣服，如果适时地给予赞美，立刻能使对方感到愉悦，如"新发型真时尚啊""你的新衣服真不错"。但赞美时也要注意表达，如果告诉对方"你的新衣服真不错，我从来没看到你穿得这么漂亮"，那么这句赞美将适得其反。

赞美别人不要过分地恭维，那样只会让人觉得是虚情假意。赞美应因人而异，要了解不同人群喜欢听什么样的赞美。男人喜欢别人称赞他幽默风趣、有风度、有才华；女人渴望别人注意自己年轻、漂亮、时尚；老人乐于别人欣赏自己身体健康、养生有道、经历丰富；孩子则爱听别人表扬自己聪明、懂事。

(4) 幽默风趣。交谈本身就是一个寻求一致的过程，在这个过程中常常会出现不和谐的地方而产生争论或分歧，这就需要交谈者随机应变，凭借机智抛开或消除障碍。幽默还可以化解尴尬局面或增强语言的感染力。它建立在说话者高尚的情趣、较深的涵养、丰富的想象、乐观的心境、对自我智慧和能力自信的基础上。幽默风趣不是要小聪明或"卖嘴皮子"，而是既诙谐又入情入理，应体现一定的修养和素质。

【小幽默】

"还没插秧呢"

有一次，梁实秋的幼女文蔷自美返回我国台湾地区探望父亲，他们便邀请了几位亲友，到"鱼家庄"饭店欢宴。酒菜齐全，唯独白米饭久等不来。经一催二催之后，仍不见白米饭踪影。梁实秋无奈，待服务小姐入室上菜之际，戏问曰："怎么饭还不来，是不是稻子还没收割？"服务小姐眼都没眨一下，答称："还没插秧呢！"本是一个不愉快的场面，经服务小姐这一妙答，举座大乐。

(5) 耐心倾听。有一句老话"人长着一张嘴巴，两只耳朵，就是为了少说多听"，是很有道理的。与人交谈不但要善于表达自己的意思，而且要善于聆听对方话，这在社会交往活动中是个不容忽视的问题。认真听取他人讲话可以获得更多的信息，抓住机会向别人学习；可以避免和减少说话的失误，使谈话简而精；同时也是对对方的尊重。我们不仅口才要好，而且要有一副好"耳才"，做一个善于倾听的人。

【小贴士】

我还要回来

美国知名主持人林克莱特有一天访问一名小朋友，问他说："你长大后想当什么呀？"小朋友天真地回答："嗯……我要当飞机的驾驶员！"林克莱特接着问："如果有一天，你的飞机飞到太平洋上空，所有引擎都熄火了，你会怎么办？"小朋友想了想："我会先告诉坐在飞机上的人绑好安全带，然后我挂上我的降落伞跳出去。"当在场的观众笑得东倒西歪时，林克莱特继续注视着这个孩子，想看看他是不是一个自作聪明的小家伙。没想到，接着孩子的两行热泪夺眶而出，林克莱特这才发觉这个孩子的悲悯之心远非笔墨所能形容。于是林克莱特问他："你为什么要这么做？"孩子的回答透露了他真挚的想法："我要去拿燃料，我还要回来！我还要回来！"

【点评】 沟通是双向的，我们并不是单纯地向别人灌输自己的思想，还应该学会积极地倾听。

(6) 用语礼貌。用语礼貌，一是要求交谈中多使用礼貌用语，这样不仅会得到人们的尊重，提高自身的信誉和形象，而且会对自己的事业起到良好的辅助作用；二是要拒绝不文明语言。表3-6中的语言在交谈中均不宜采用。

表3-6 不文明语言示例

粗话	为了显示自己为人粗犷，出言必粗，如把爹妈叫"老头儿""老太太"；把吃饭叫"撮一顿"，在交际中使用这种粗话是很失身份的
脏话	即口带脏字，讲起话来骂骂咧咧，出口成"脏"；讲脏话的人，不但不文明，而且自我贬低，低级无聊
黑话	即流行于黑社会的行话，讲黑话会令人反感和厌恶，难以与他人进行真正的沟通和交流
荤话	即说话者把艳事、绯闻、男女关系之事挂在口头，说话"带色""贩黄"不仅表明说话者品位不高，而且对交谈对象也不够尊重
怪话	有些人说话或怪里怪气，或讥讽嘲弄，或怨天尤人，或黑白颠倒，或耸人听闻，想要以自己的谈吐之"怪"而令人刮目相看；爱讲怪话的人，难以令人对其产生好感
气话	即说话时闹意气、泄私愤、图报复，大发牢骚，指桑骂槐；在交谈中说气话，不仅无助于沟通，而且容易伤害人、得罪人

二、电话

【小贴士】

电话的语言要求

(1) 态度礼貌友善。使用电话交谈时，不能简单地将对方视作一个"声音"，而应看作一个面对面正在交谈的人。尤其是对办公人员来说，我们面对的是组织的一名公众。如果你们是初次交往，那么，这样一次电话接触便是你给公众的第一次"亮相"，应十分慎重。因此，在使用电话时，多用肯定语，少用否定语，酌情使用模糊用语；多用些致歉语和请托语，少用些傲慢语、生硬语。礼貌的语言、柔和的声音，往往会给对方留下亲切之感。正如日本一位研究传播的权威所说："不管是在公司还是在家庭里，凭着个人在电话里的讲话方式，就可以基本判断出其'教养'的水准。"

(2) 传递信息简洁。电话用语要言简意赅，将自己所要讲的事用最简洁、明了的语言表达出来。在通话时最忌讳发话人吞吞吐吐，含混不清，东拉西扯。正确的做法是：问候完毕对方，即开宗明义，直言主题，少讲空话，不说废话。

(3) 控制语速语调。通话时语调温和，语气、语速适中，这种有魅力的声音容易使对方产生愉悦感。如果说话语速太快，则对方会听不清楚，显得应付了事；太慢，则对方会不耐烦，显得懒散拖沓；语调太高，则对方听得刺耳，感到刚而不柔；太低，则对方会听不清楚，感到有气无力。一般说话的语速、语调和平常一样就可以了，即使是长途电话，也无须大喊大叫，把受话器放在离嘴两三寸的地方，正对着它讲即可。另外通电话时，周围有种种异样的声音，会使对方觉得自己未受尊重而变得恼怒，这时应向对方解释，以保证双方心情舒畅地传递信息。

(4) 使用礼貌用语。在电话交际中应使用礼貌用语，尤其是“你好”“请”“谢谢”“对不起”“再见”十个字礼貌用语应该常用不懈。

1. 接听电话的礼仪

(1) 及时接听。电话铃声一响，应该立即去接，最好不要让铃声响过三遍，即所谓的“铃响不过三”。若电话铃声响过数遍后才做出反应，会给人以不愉快的感觉。如果因为其他原因在电话铃声响三声之后才接起电话，在接起电话后首先要说声：“对不起，让您久等了！”在工作岗位上遇到距离自己较近的电话铃声鸣响的情况下，即便不是自己的专用电话，也应主动接听，帮助传达消息。

(2) 自报家门。接听电话时，首先要问好和自报家门，如：“您好，这里是×××公司，请问您找谁？”严禁以“喂”字开头，因为“喂”字表示是希望先知道对方是谁，在等着对方告诉你。而且，如果“喂”时语气不好，就极易让人反感。所以，接听电话时的问候应该是热情而亲切的“您好！”。如果对方首先问好，则要立即问候对方，不要一声不吭，故弄玄虚。

(3) 热情友好。接听电话要使用文明用语，要对对方礼貌、热情，态度要谦和、诚恳，语调要平和，音量要适中。可用“请问您找谁”“我能为您做什么”等礼貌用语。对方说明要找的人，可回答“请稍等”，然后去找。如遇要找的人不在，可婉转告诉对方：“×××不在办公室，请问您有什么事情需要转告吗？”假如要找的人正在开会，则应礼貌地告诉对方并让对方晚些时候再打过来。不要用生硬的口气说话，如“他不在”“打错了”“没这个人”“不知道”等。

(4) 认真记录。代接他人电话时，若对方有重要事情转告或需要记录时，应认真予以记录，如时间、地点、联系事宜、需要解决的问题等。记录完毕后，应将重点内容再复述一遍，以证实是否有误。电话记录还应包括对方的姓名、单位、联系方式、致电时间、是否需要回电等内容。之后还应注意向相关人员及时转达电话内容，不可延误。

(5) 礼貌结束。要结束电话交谈时，一般应当由打电话的一方提出，然后彼此客气地道别，说一声“再见”，再挂电话，不可只管自己讲完就挂断电话。如果确实需要自己先行结束谈话，要向对方做出解释，并真诚致歉。通话完毕后，应等对方放下话筒后再轻轻放下电话，以示尊重。

【小案例】

接到不懂礼仪的人打来电话时……

总是有一些不懂得礼仪的人，在打电话时不考虑对方的感受，遇到这种情况时应如何应对呢？

(1) 反复陈述型。接到“反复陈述型”的电话，应适时说：“×先生，容我对你刚才所讲的做个总结，如果有遗漏或错误的地方，请随时更正或补充。”

(2) 一心二用型。有的人在和你通电话时又和别人讲话。应付这样的人，可以建议他在不忙时和你见面再谈,或要求他重复刚刚说的话:"×小姐,我这里听得不是很清楚,请你再说一遍好吗?听起来你好像也在和其他人说话。"

(3)避重就轻型。当对方避重就轻时,你可以直接切入主题:"×先生,你到底需要什么?我要如何才能帮你的忙?"

(4)喋喋不休型。接到"喋喋不休型"而又与己无关的电话,应立刻打断他的话:"对不起,×太太,我不认为这件事我能帮什么忙,但听起来应该和我们的业务部有关,请你稍等,我帮你转业务部李小姐。"

【小案例】

问询员的委屈

北京某饭店的一位问询员,每天都要接到若干问询电话。一次,他接到驻外地的一位外商打来的长途电话,询问他夫人所住的房间号。问询员几经翻阅登记簿,未见其人,便如实相告。不料这位外商竟然用不怎么熟练的中国话骂了起来。问询员感到十分委屈,但考虑到对方可能是有急事,为急宾客之所急,便强忍委屈,继续查找。后来终于知道,原来这位外商的夫人是用另一个名字登记入住的。当外商谈完事后,又专门打电话向问询员道歉。

【点评】 如果当时问询员得理不让人,对外商的无理之举穷追不放,或是采取对骂的方法,那么也许是挽回了面子,心理上感到一些平衡,但却会使对方产生强烈的逆反心理,不但不会承认自己有错,而且无益于事情的圆满解决。问询员的做法,维护了自身乃至整个饭店的良好形象。

2. 拨打电话礼仪

(1)选好时间。打电话给别人,首先要注意选择好恰当的时间。通常情况下,公务电话最好避开临近下班以及用餐时间,因为这些时间段打电话,对方往往急于下班或用餐,极有可能得不到满意的答复。

公务电话应尽量打到对方单位,如果确实需要往家里打电话,则需避开吃饭以及睡觉的时间。通常,最佳打电话的时间是上午9:00—12:00;下午2:00—5:00;晚上8:00—10:00。

如果知道对方的上下班时间,则应避免对方刚上班半小时或下班前半小时通话。

如果不是十万火急的情况,一般不要在节假日、用餐时间和休息时间给对方打工作电话。

若是拨打国外电话,还应该注意时差。

(2)事先通报。电话接通后,要先通报自己的姓名、身份,如"您好,我是×××公司销售部小陈"。必要时,还要询问对方现在是否方便接听电话。若对方现在不方便接听电话,则应等对方方便时再打电话。

(3)控制长度。打公务电话时,必须对电话的长度进行控制,基本要求是"以短为佳,宁短勿长",即所谓的电话礼仪的"三分钟原则"。

作为商务场合的电话，刚开始的寒暄是必不可少的，但是要点到为止，不能没完没了，本末倒置。然后开门见山，直奔主题。特别是打重要电话或国际长途电话时，最好事先做好充分准备，把需要的谈话内容要点先罗列在纸上，打电话时就不会出现丢三落四的现象。

通话时要干脆利落，不要东拉西扯，既浪费时间，又给对方留下不良印象。

交谈完毕后，再简单复述通话内容，然后结束通话。

(4) 文明礼貌。通话过程中态度要热忱，吐字要清晰，语气要亲切。通话时要集中精力，不可边吃边说，更不可一边打电话一边同旁人聊天，或兼作其他工作，给人心不在焉的感觉。

打错电话时，要主动向对方道歉，不可一言不发，挂断了事。

无论哪方原因掉线，都应主动再打一遍，并说明原因，而不要等对方打来。

通话完毕时要说"再见""打扰您了"等礼貌性用语。

(5) 举止得体。通话时，要站好或坐端正，举止得体。不可以坐在桌角上或椅背上，也不要趴着、仰着、斜靠着或双腿高架着。

使用电话要轻拿、轻放。

不要在通话的时候把话筒夹在脖子下，抱着话机随意走动。

通话的时候，不要发声过高，免得让受话人承受不起。标准的做法是：使话筒和嘴保持3厘米左右的距离，以正常、适中的音量就可以。

【小贴士】

拨打电话的空间环境考虑

拨打电话时，也应考虑自己所处的空间环境。

(1) 一般而言，工作电话在办公室内打，私人电话在家中打。

(2) 在电影院、音乐厅、剧院等公众场合时，无紧急情况不要拨打电话。

(3) 拨打电话时，要同时考虑及留意对方接听电话所处的空间环境。

(4) 谈论机密或敏感的商业问题时，应在保密性强、安静的环境中拨打电话，且在接通后询问对方是否方便。

【小案例】

一时口误遭冷遇

王先生在兴发公司购买的产品出了一点小问题，于是他打电话找兴发公司的业务员寻求解决办法。

王先生拨通了兴发公司的电话后，一时口误将兴发公司说成了倾鑫公司。兴发公司的业务员小李一听对方要找的是自己的竞争对手，于是冷冷地说了句"你打错了"，还没等王先生回过神来，便"啪"地一下挂断了电话。对此，王先生觉得心里很不舒服。他之前购买产品时就是与业务员小李联系的，当时小李表现得温文尔雅，而这次就因为一时的口误，小李便表现出态度冷淡。经过这件事之后，王先生再也不想购买兴发公司的产品了。

【点评】 业务员小李在接到他人打错的电话后，态度冷淡并随即挂断电话的行为是极其不尊重发话人的行为，损害了兴发公司的商务形象。正确的做法如下：接通电话后，首先向发话人问好，并作自我介绍，然后主动询问发话人需要哪些帮助等。当发话人出现口误时，则应友好地告知对方，而不可表露出愤怒或不耐烦的情绪。

3. 使用手机礼仪

手机是一种移动电话，它已成为现代商务人员使用最频繁的电子通信工具。商务人员在使用手机时，应当注意以下几个方面的礼仪。

(1) 遵守秩序。使用手机时不允许破坏公共秩序，具体来说，此项要求主要是指以下几点。

在会议中、和别人洽谈的时候，最好把手机关掉，起码也要调到振动状态。这样既显示出对别人的尊重，又不会打断发言者的思路。而那种在会场上铃声不断，像是业务很忙，使大家的目光都转向他的，实际给人的印象只能是缺少教养。

注意手机使用礼仪的人，不会在公共场合或座机电话接听中、开车中、飞机上、剧场里、图书馆和医院里接打手机，就是在公交车上大声地接打电话也是有失礼仪的。

公共场合特别是楼梯、电梯、路口、人行道等地方，不可以旁若无人地使用手机，应该把自己的声音尽可能地压低一下，而绝不能大声说话，同时不要妨碍他人通行。

在一些场合，比如在看电影时或在剧院打手机是极其不合适的，如果一定要回话，或许采用静音的方式发送手机短信是比较适合的。

在餐桌上，关掉手机或是把手机调到振动状态还是必要的。避免正吃到兴头上的时候，被一阵烦人的铃声打断。

在体育比赛场馆，观看射击等比赛项目，运动员需要安静环境，这时也应注意关掉手机或调到静音状态。

(2) 考虑对方。给对方打手机时，尤其当知道对方是身居要职的忙人时，首先想到的是，这个时间他(她)方便接听吗？并且要有对方不方便接听的准备。在给对方打手机时，注意从听筒里听到的回音来鉴别对方所处的环境。如果很静，应想到对方在会议上，有时大的会场能感到一种空阔的回声，当听到噪声时对方就很可能在室外，开车时的隆隆声也是可以听出来的。有了初步的鉴别，对能否顺利通话就有了准备。但不论在什么情况下，是否通话还是由对方来定为好，所以“现在通话方便吗”通常是拨打手机的第一句问话。其实，在没有事先约定和不熟悉对方的前提下，我们很难知道对方什么时候方便接听电话。所以，在有其他联络方式时，还是尽量不打对方手机好些。

不要在别人能注视到你的时候查看短信。一边和别人说话，一边查看手机短信，是对别人不尊重的表现。

当与朋友面对面聊天时，不要正对着朋友拨打手机，避免发射高频大电流对朋友产生辐射，让对方心中不愉快。

(3) 注意安全。使用手机时必须牢记“安全至上”，否则不但害人，还会害己。要注意以下方面：不要在驾驶汽车时使用手机电话，或是查看短信内容，以防止发生车祸；不要在病房、油库等地方使用手机，免得所发出的信号有碍治疗，或引发火灾、爆炸；不要在飞机飞行期间使用手机，否则极有可能使飞机"迷失方向"，造成严重后果。

(4) 放置到位。在一切公共场合，手机在没有使用时，都要放在合乎礼仪的常规位置。不要在没有使用的时候放在手里或是挂在上衣口袋外。放手机的常规位置有：一是随身携带的公文包里，这种位置最正规；二是上衣的内袋里；有时候，可以将手机暂放腰带上，也可以放在不起眼的地方，如手边、背后、手袋里，但不要放在桌子上，特别是不要对着对面正在聊天的客户。

【小贴士】

网络电话的接打礼仪

网络电话就是运用软件通过无线网或是手机数据流量传输到开发者服务器，通过回拨方式连接打电话者和接电话者双方。无论是在公司的局域网内，还是在学校或网吧的防火墙背后，均可使用网络电话，实现计算机——计算机的自如交流，无论身处何地，双方通话时完全免费。

(1) 下载安装要正规。网络电话品种很多，在很多平台都可以下载，而且只要是智能手机就可以使用这些软件，总的来说使用还是非常方便的。但是也要注意，下载的时候要尽可能地选择官网下载。如果是在非正规的网站下载，很有可能会中病毒，为了我们的手机安全，一定要选择正规的下载渠道。

(2) 注册按要求填写。注册的时候一定要填写自己的手机号码，如果没有填写正确的信息，那么使用的时候会出现问题。这样不仅影响正常使用，以后更换也会非常麻烦，所以建议在注册时按要求认真填写。

(3) 多使用 Wi-Fi 网络。因为网络电话更多的是要依靠网络，在有 Wi-Fi 的情况下也非常经济，很多公用场所都有免费的 Wi-Fi 可以使用，从而能够轻松拨打电话。

(4) 接通时自报家门。使用网络电话拨号后，对方收到的电话显示的是网络号码，因此要先自报家门。杜绝使用网络电话拨打一些违反社会道德、法律的电话，如包括恐吓、诈骗、恶意骚扰、扰乱公共秩序、赌博、色情活动等内容的电话，如发现，应立即举报给公安部门。

(5) 不散播不良信息。利用网络电话时，不能出现侮辱、骚扰他人，涉及赌博、毒品、六合彩、色情类、宗教、政治及其他涉嫌违规的内容，不能有一些虚假广告、涉及个人隐私以及危害国家、社会、他人的短信等。一旦计算机检测出有不良的短信内容，账号可能会被锁定，余额也会被冻结，情节严重的，会被举报给公安部门。

【小训练】

电话沟通模拟

请同学们两人为一组，设定不同主题(如产品咨询、电话报修、会议通知等)与不同场景(如拨打电话、接听电话、转接电话、电话留言等)，进行电话沟通模拟练习，每组模拟时间控制在5分钟以内。

三、网络

1. 网络的基本规范

【小案例】

违背网络礼仪的小李

小李的女友小丽向他提出了分手，小李怀恨在心，为泄私愤，他在本市一家有名的网络论坛上发布了一个名为“拜金女被人包养，为钱抛弃初恋男友”的帖子。帖子中虚构了女友贪慕虚荣，主动投入有钱富商怀抱而将初恋男子抛弃的情节，并公布了女友的真实身份，引发网友围观。

经朋友提醒后，小丽在网上发现了该帖子，立刻要求该社区版主删除帖子，并向派出所报了案。民警利用网络侦查手段锁定并找到了小李，对其捏造事实诽谤他人的行为给予了应有的处罚。

(1) 充分尊重他人。当今，在互联网上交流已成为一种重要的交际方式。在互联网上人与人之间的交流，由于各种因素，双方往往难以完全正确理解对方所要表达的意思，这样就很容易使人际关系陷入“言者无心、听者有意”的困境。所以，在网络交往中更要充分尊重他人。

① 记住别人的存在。互联网为来自五湖四海的人们提供了一个交流的空间，这是高科技的优点。但往往也使我们在面对计算机屏幕时忘了自己是在跟其他人打交道，忽略了其他人的存在，自己的行为也因此容易变得更粗劣和无礼。因此，有些话如果你当面不会说，那么在网络上也不要轻易说出口。现实生活中，有法律法规来约束我们的行为；在虚拟的网络世界里，尽管法律法规没有那么完善，同样有相应的条款来约束我们的行为。

② 尊重他人的隐私。别人与你的电子邮件或私聊的记录应该是隐私的一部分。如果你认识某个人用笔名上网，在论坛未经同意就不得将其真名公开。如果不小心看到别人打开的计算机上的电子邮件或秘密，不应该到处传播。

③ 尊重别人的时间。在提问题前，自己先花些时间去搜索和研究。可能同样的问题以前已经被问过多次，现成的答案随手可及，这样可免去别人为你寻找答案而消耗时间和资源。

(2) 注意言行举止。应注意以下几个方面。

① 网络留言文明。因为网络的匿名性质，无法根据人的外观对其做出判断，网络语言就成为了解一个人的唯一途径。所以，在网络上留言要格外注意文明、礼貌、规范。如果你对某个领域不是很熟悉，就不要贸然开口。发帖前要仔细检查自己的用词和语法，不要说脏话和故意挑衅的话。网络交流不得使用攻击性、侮辱性的语言。对于常用的语言符号，应当熟练掌握，以便理解对方的意思；同时也要谨慎使用语言符号，以免对方不理解而导致交流障碍。

② 注意交流的语气。在谈话中听来有趣和合理的东西，变成书面语就可能会显得咄咄逼人、唐突甚至粗鲁。大多数人写网络信息时，都不像写普通书面文章时那么认真和注

意修饰。实际上,在把信息发表到网上之前应该好好地检查一下。与此同时,你也应当认真阅读别人所写的内容,他们真正要表达的也许不一定是你所理解的那种意思。

(3) 宽容他人的错误。任何人上网都有一个从生疏到熟练的过程,作为新手都会有犯错误的时候。所以,当看到别人写错字、用错词,问一个低级问题或者写一篇没必要的长篇大论时,请不要太在意。如果真的想给别人建议,最好用留言私下提出。

(4) 进行合理争论。网络上的争论可以说是一场“没有硝烟的战争”。其实这些争论都属于正常现象,要注意的是争论时要以理服人,不要人身攻击和使用侮辱性的语言。

【小贴士】

文明上网自律公约

(中国互联网协会 2006 年 4 月 19 日)

自觉遵纪守法,倡导社会公德,促进绿色网络建设;
提倡先进文化,摒弃消极颓废,促进网络文明健康;
提倡自主创新,摒弃盗版剽窃,促进网络应用繁荣;
提倡互相尊重,摒弃造谣诽谤,促进网络和谐共处;
提倡诚实守信,摒弃弄虚作假,促进网络安全可信;
提倡社会关爱,摒弃低俗沉迷,促进少年健康成长;
提倡公平竞争,摒弃尔虞我诈,促进网络百花齐放;
提倡人人受益,消除数字鸿沟,促进信息资源共享。

2. 电子邮件礼仪

电子邮件又称 E-mail,是通过互联网进行信息交换的一种联络工具。它能够帮助人们以非常低廉的价格快速地传递信息,逐渐成为交际中不可或缺的联络手段。电子邮件礼仪即指在书写和收发邮件时应当遵守的礼仪规范。

(1) 电子邮件的书写礼仪。电子邮件的书写通常应按照纸质信函的格式进行。书写电子邮件时,还应当注意以下礼仪。

① 主题明确。添加邮件主题是电子邮件与纸质信函的主要不同之处。商务人员在撰写电子邮件时,一定要在 Subject(主题)栏设定一个邮件主题。该主题应明确、具体、提纲挈领,但不宜过长(如“关于洽谈会的准备事宜”等),以便收件人通过主题快速判断邮件内容的轻重缓急,减轻查找或阅读邮件的负担。

② 内容规范。与纸质商务信函一样,电子邮件也应当用语规范、内容完整。与此同时,电子邮件的书写还应注意以下两个方面:一是尽量避免使用晦涩难懂的缩略语,且不要使用网络用语和符号表情,以免影响商务信函的专业性和严肃性;二是在英文电子邮件中,切勿使用大写字母书写正文,以免被误解为态度恶劣或强硬。

③ 签名恰当。商务人员可在电子邮件的签名档中列入写信人的姓名、公司、电话、传真、地址等信息,还可列入个人的座右铭或公司的宣传口号等信息,但信息行数不宜过多,一般不超过 4 行。

④ 附件合理。商务人员可以通过电子邮件的附件发送整理成文档形式的文件,还可

以发送照片、音频、视频等文件。在使用邮件的附件功能时，应在邮件的正文中对附件进行简要说明，并提示收件人查看附件。

若附件为特殊格式的文件，则应在正文中说明其打开方式，以免影响收件人查看。

应为附件设定有意义的文件名。当附件的数目较多（多于2个）时，应将其打包成一个压缩文件。

若附件容量较大（超过25MB），则应事先确认收件人所使用的邮件服务系统有足够的容量收取，否则，应将附件分割成多个小文件分别发送。

（2）电子邮件的收发礼仪。在发送和接收电子邮件时，应当注意以下礼仪。

① 及时确认发送状态。发送电子邮件后，一定要及时确认邮件是否已经发送成功。确认邮件发送状态的方法通常有以下两种：一是检查被发送的邮件是否已显示在“已发送”列表中，若该列表中有显示，则表明发送成功；二是邮件发送几分钟后，检查邮箱中有无系统退信，若无系统退信则表明发送成功。

② 通知收件人。在发完电子邮件后，一定要打电话通知收件人查收并阅读邮件，以免耽误重要事宜。

③ 及时回复。收到重要或紧急的电子邮件后，通常应当在2小时内回复对方，以示尊重。对于一些不紧急的电子邮件，则可暂缓处理，但一般不可超过24小时。

回复邮件时，最好只将原件中相关的问题抄到回件上，然后附上结构完整的答复内容。若只回复“已知道”“对”“谢谢”“是的”等，则是非常不礼貌的。

【小贴士】

令人反感的行为

曾有调查结果显示，以下几种行为最受电子邮件接收者反感：①转发伤风败俗的玩笑；②使用大写字母写邮件；③讨论敏感的个人问题；④对工作或老板抱怨不休；⑤就某问题争论不休；⑥不厌其烦地描述自己的不幸；⑦传播不负责任的流言蜚语；⑧随意批评他人；⑨详细谈论自己或者其他人的健康问题。

3. 微博礼仪

微博是近几年兴起的一种网络传播和交流的方式，其实就是一种通过关注机制分享简短信息的广播式的社交网络平台。微博可以相互关注，可以共享信息，可以交朋结友，而且使用起来极为方便和快捷，因而一经问世，立即风靡全网，现在依然是很受欢迎的私媒体和社交平台。

对话是微博的基本形式。虽然大家在微博上彼此互动却不见其人，但微博绝非是一个纯虚拟空间。微博上的一言一行，都能体现出每个用户的不同学识、气质形象与品行素养。而企业的官方微博则更是一个直接的窗口，展现一家企业、一个品牌的内涵。因而，不论是个人的微博，还是企业组织的微博，都应特别注重方法技巧与礼仪规范。

（1）文明高雅，客观评论。对于个人微博，发布的信息语言一定要文明高雅，内容要清新可读，不可语言粗俗，更不可攻击他人，甚至公开骂人；生气时尽量不发微博，不要让自己的心情影响别人；发送前一定要检查是否有错别字，转发时必须确保自己了解这件事情，评论别人的微博时要了解原文,客观地发表自己的意见,不能信口雌黄,更不能随意骂人,语言粗俗,这些都是基本的发微博的礼仪。

(2) 礼尚往来,互相关注。微博也是一个网络社交的平台,在微博上同样讲究礼尚往来,互相关注也是一种礼貌。一般来说,优先关注那些已经关注自己的人,那些回复自己消息的人,主要是获得心理的认知,感觉到互联网上有人关注你,体会到受人尊重的体验。如果你想和一个人交往,你不妨天天围着他的微博转,等到熟悉了,他会理会你,关注你。如果大家天天来关注你,你一直没有回复,时间久了,就没有人再理会你。也就是说,如果别人粉你(关注你),你也应当适时回访,也加上关注,叫"互粉"才是礼貌的。

(3) 官方微博,注重形象。如果你将来在某企业就职,专门管理企业的微博,就更需要讲究礼仪,这样才能树立企业的良好形象。因为从某种程度上来说,企业的官方微博就是企业形象的一个展示,甚至就是企业的形象。所以,维护好企业的官微,也就是维护好了企业的形象。虽然微博操作的权限属于具体的某一位员工,但操作者必须清楚,他的所言所行都是代表一个官方企业账号在公共的平台上互动和交流。与公众的关系不再是"我"与"你",而是直接以企业的形象及相关权限身份与众人在线的会面。因此,在具体操作上应尽量减少和避免微博编辑与客服人员的个人行为,而遵循亲和、干练的职业化水准来进行。企业的官微要对大事件高度敏感,对一些公众最为关心或是当前的热点,不妨多加转发;对于一些公益活动,不妨积极参与并转发;对于企业客户,要全心全意服务,并从服务中提升企业的形象。

(4) 语言文明,灵活互动。微博上的礼仪,大多数都是通过微博的发布、回复、评论及私信得以体现。发布微博的语言应当文明礼貌、生动、风趣。微博的文明用语,不仅仅有助于培养积极健康的心态,而且是一种热情、亲和、开放合作精神的体现。在微博互动时穿插趣味、生动性的回复,偶尔与大家开玩笑,也会起到很好的效果。微博文字中的"小表情",也可很好地辅助传递情绪,体现人性化的感性内涵。如果一些敏感性问题不适合公开交流,那么不妨私信对方,同时要注意,如果没有必要进行私密沟通的事宜,应尽可能不以发私信的形式来处理,以免让对方产生反感,甚至是拉黑。

【小贴士】

微信商务礼仪十条

(1) 昵称:建议使用真实姓名,最好带上你的公司名称或者产品名称,不然不能保证都对你过目不忘。

(2) 头像:尽可能接近本人,这样见到你本人的时候,容易对上号。

(3) 签名:给一些有用信息,你想告诉别人什么,就在这里了,免得别人还得问你。

(4) 打招呼:不要说"你好",不要问"在不在啊",请直接说明来意。

(5) 拉群:拉群之前请一定征求被拉对象的意见。

(6) 群昵称:建议针对群的主题修改一下自己的群昵称,降低一下沟通成本。

(7) 群名称:一个清晰明了的群名称,方便大家都能知道这是个什么群。

(8) 朋友圈:这个没有什么要求,如果做商务微信用,请不要每天发5条以上的吃喝玩乐的内容。

(9) 发数字：有时候发一串数字、电话号码、银行卡号什么的，请单独一条信息，不然很多手机没法单独复制。

(10) 邮件：对于比较重要的事情，邮件一定比微信更合适，发微信很容易被遗忘。

课后练习

1. 怎样对客户进行得体的称呼？

2. 请面对全班同学做1分钟自我介绍。

3. 握手有哪些礼仪规范？

4. 设计出富有个性的名片，然后相互之间练习名片的递接。选出最具特色的名片，进行一次名片展览。

5. 进行拜访礼仪实践。学生2～4人为一组，利用业余时间，到亲朋好友家进行拜访。拜访的目的可以是社会调查、礼节性拜访或是请教问题等。拜访结束后，每个人写出详细的拜访过程，在教师的指导下，在全班进行拜访总结。

6. 接待客户应该做哪些准备？

7. 如何迎接客户？

8. 根据以下情景寻找接待人员在客户引导时需要完善的地方。

服务人员小李在引导客户张先生上楼时，心想上楼时的位置是以前为尊、以右为尊，因此，她让客户走在自己的右前方。待到二楼拐弯处，小李立刻说了句："张先生，继续上。"到了三楼时，小李又提醒说："张先生，停下来，往右走。"她的引导让张先生非常不舒服，因此她也受到了部门经理的批评。一周后，小李吸取教训，在引导前来会谈的徐经理时，无论是在大堂还是在上楼梯时，穿着职业套裙的她都特意走在徐经理的左前方，但是这次她还是受到了部门经理的批评。

9. 如何送别客户？

10. 服务语言的应用有哪些原则？

11. 如何在服务工作中应用礼貌用语？

12. 如何在服务工作中做到用语文明？

13. 在服务工作中如何使用专业用语？

14. 下面是导游员在各种情景下的不礼貌语言，请予以更正。

(1) "……司机先生姓张……车号是……请大家记住车号，要是上错车了你自己负责。"

(2) "……在这次旅游过程中，由于种种原因，我们可能还有一些工作做得不够好，这是难免的，但是你们也有责任，例如有些人经常迟到……"

(3) "……注意听了，别东张西望，待会儿又要我再讲一遍。"

(4) "请大家准时上车，过5分钟不到，我们就开车，你就自己打的回酒店。"

(5) "飞机上不准打手机，请关掉手机，否则被没收了我也没办法。"

(6) "……下午要下雨，要带好雨伞，别怕麻烦，别淋雨感冒了传染别人。"

(7)“……明天叫早时间是6：45，7：15在3楼中餐厅用早餐。希望大家准时起床，不要贪睡，要睡觉你回家睡，别迟到了浪费其他人的宝贵时间。”

(8)“……什么？你是回民？没办法的。这里烧菜都用猪油的，不可能让大家迁就你们两个人吧！”

(9)“……不要贪小便宜，否则上当受骗了，别怪我没提醒你。”

(10)“请大家再想想，不要把东西遗忘在酒店，免得还要我寄给你。”[①]

15. 应如何与客户进行交谈？

16. 请根据交谈礼仪的要求与同学模拟一次交谈。

17. 请对以下三组事例中服务员不同的表达进行评价。

事例1：某天20:00,501刚入店的客人站在门口叫：“服务员，我的钥匙怎么打不开门？”服务员答道：

(1)“请给我试一下好吗？”服务员接过钥匙一试，门开了，服务员回答客人：“可能刚才是您使用不当，您看，门现在开了。”

(2)“请给我试一下好吗？”服务员接过钥匙，边试边说：“您将磁条向下插进门锁，待绿灯亮后立即向右转动把手，门就可以打开了。”开门后，服务员将钥匙插入取电牌内取电。

事例2：有些司机送客下车后喜欢将车停在车道两侧，这样会影响车道的畅通。礼宾在通知司机将车停到停车场时，采用了以下不同的说法。

(1)“对不起，这里不允许停车，请将车停到停车场。”

(2)“对不起，这里是行驶车道，为了您车身的安全，请将您的车位停到停车场。”

事例3：总台人员在办理入店登记时让同行的客人出示证件，而客人只愿出示其中一人的身份证，服务员这样对客人说：

(1)“住店客人必须登记，这是酒店(或公安局)的规定。”

(2)“为了便于各位出入房间和在酒店签单方便，同时也为方便你们朋友的查询，请大家出示一下证件，我们帮您登记。”

18. 与客户进行电话(手机)沟通应该注意哪些礼节？

19. 在网络这个虚拟世界中，应该注意哪些礼仪？

20. 案例分析。

斯诺讲的故事

斯诺在其《西行漫记》中曾经记述了这样一个耐人寻味的故事。

我坐下来和驻扎这里的交通处的一部分人员一起吃饭……像平常一样，除了热开水以外，没有别的喝的，而开水又烫得不能进口。因此我口渴得要命。

饭是由两个态度冷淡的孩子侍候的，确切地说是由他们端来的。

他们最初不高兴地看着我，可是在几分钟后，我的想法惹起了其中一个孩子的友善的微笑。这使我胆子大了一些，他从我身边走过时，我就招呼他：“喂，给我们拿点冷水来。”

那个孩子压根儿不理我。几分钟后，我又招呼另外一个孩子，结果也是一样。

---

① 李丽. 旅游礼仪[M]. 北京：中国轻工业出版社，2012：155.

这时我发现戴着厚厚玻璃眼镜的交通处处长李克农在笑我。他扯扯我的袖子，对我说："你可以叫他'小鬼'，或者可以叫他'同志'，可是，你不能叫他'喂'。这里什么人都是同志。这些孩子是少年先锋队员，他们是革命者，所以志愿到这里来帮忙。他们不是佣人。他们是未来的红军战士。"

正好这个时候，冷水来了。

"谢谢你——同志！"我道歉说。

那个少先队员大胆地看着我。"不要紧，"他说，"你不用为了这样一件事情感谢一个同志！"

我想，这些孩子真了不起。我从来没有在中国儿童中间看到这样高度的个人自尊。

思考与讨论：

(1) 斯诺记述的这个故事说明了什么？

(2) 得体的称呼在交际中有何重要意义？

不同的自我介绍

在一次非正式聚会中，我遇到两位初出茅庐的大学毕业生。男生A这样介绍自己："您好，我叫××，今年刚毕业，正在找工作。"我当时有些发愣，只好接话说："是吗？那加油哇，祝你早日找到满意的工作。"而女生B则这样介绍自己："您好，听说您是一位作家。"我赶紧说："哪里算作家，就是随便写写。"她笑吟吟地说："我也是，不过我更喜欢画画，我是一名美院毕业的学生。"之后我们很自然地谈起了美术和写作，谈得很高兴。

思考与讨论：

(1) 男生A和女生B的自我介绍哪一个更容易让双方找到交谈的话题？

(2) 自我介绍有什么秘诀？

握　手

艾丽是名热情而敏感的女士，在中国某著名的房地产公司任副总裁。有一天，她接待了来访的建筑材料公司主管营销的韦经理。韦经理被秘书领进了艾丽的办公室，秘书对艾丽说："艾总，这是××公司的韦经理。"艾丽离开办公桌，面带微笑，走向韦经理。韦经理先伸出手来，让艾丽握了握。艾丽客气地对他说："很高兴你来为我们公司介绍这些产品。这样吧，让我先看一看这些材料，再和你联系。"韦经理在几分钟内就被艾丽请出了办公室。几天内，韦经理多次打电话，但秘书的回答是："艾总不在。"

到底是什么原因让艾丽如此反感一个只说了两句话的人呢？艾丽在一次形象课上提到这件事："首次见面，他留给我的印象是不懂基本的商务礼仪，还没有绅士风度。他是一个男人，位置又低于我，怎么能像王子一样伸出高贵的手来让我握呢？他伸给我的手不但看起来毫无生机，握起来更像一条死鱼，冰冷、松软、毫无热情。当我握他的手时，他的手掌也没有任何反应，握手的这几秒钟他就留给我一个极坏的印象；他的心可能和他的手一样的冰冷；他的手没有让我感到他对我的尊重，说明他对我们的会面也并不重视。作为一个公司的销售经理，居然不懂得基本的握手方式，显然他不是那种经过高级职业训练的人。而公司能雇用这样的人做销售经理，可见公司管理人员的基本素质和层次也不会太高。这样素质低下的人组成的管理阶层，怎么会严格遵守商业道德，提供优质、价格合理的建筑材料呢？我们这样大的房地产公司，怎么能与这样的小公司合作呢？怎么会让他们为我们提供建材呢？”

思考与讨论：

（1）服务工作中基本的握手方式应该是怎样的？

（2）本案例对你有何启示？

小节误大事

风景秀丽的某海滨城市的朝阳大街，高耸着一座宏伟楼房，楼顶上“远东贸易公司”六个大字格外醒目。某照明器材厂的业务员钱先生按原计划，手拿企业新设计的照明器材样品，兴冲冲地登上六楼，脸上的汗珠未及擦一个，便直接走进了业务部张经理的办公室，正在处理业务的张经理被吓了一跳。“对不起，这是我们企业设计的新产品，请您过目。”钱先生说。张经理停下手中的工作，接过钱先生递过的照明器，随口赞道：“好漂亮啊！”并请钱先生坐下，倒上一杯茶递给他，然后拿起照明器仔细研究起来。钱先生看到张经理对新产品如此感兴趣，如释重负，便往沙发上一靠，跷起二郎腿，一边吸烟一边悠闲地环视着张经理的办公室。当张经理问他电源开关为什么装在这个位置时，钱先生习惯性地用手搔了搔头皮。好多年了，别人一问他问题，他就会不自觉地用手去搔头皮。虽然钱先生作了较详尽的解释，张经理还是有点半信半疑。谈到价格时，张经理强调：“这个价格比我们的预算高出较多，能否再降低一些？”钱先生回答：“我们经理说了，这是最低价格，一分也不能再降了。”张经理沉默了半天没有开口。钱先生却有点沉不住气，不由自主地拉松领带，眼睛盯着张经理，张经理皱了皱眉，“这种照明器的性能先进在什么地方？”钱先生又搔了搔头皮，反反复复地说：“造型新、寿命长、节电。”张经理托词离开了办公室，只剩下钱先生一个人。钱先生等了一会儿，感到无聊，便非常随便地抄起办公桌上的电话，同一个朋友闲谈起来。这时，门被推开，进来的却不是张经理，而是办公室秘书。

思考与讨论：

（1）请指出案例中钱先生的失礼之处。

（2）本案例对你有何启示？

成功的拜访

小李参加暑期大学生社会实践。今天，她要去采访一位企业家。电话预约后，来到那家公司，秘书请她在办公室先坐一会儿，因为张总临时有个紧急会议。过了半个多小时，门推开了，门口出现了张总略带疲惫的脸。小李马上站起身来，微笑着说：“您好，张总。真是非常感谢您能在百忙之中接受我的拜访。”“不用客气，请坐。”坐定之后，小李又诚恳地说：“说实在的，我刚才心里还有点忐忑。见到张总这么忙，真有点担心您无暇顾及我的这件小事，而且您工作这么辛苦，我占用了您宝贵的时间，实在是不好意思。”“哪里的话，约好的事情，我一定会做到的。”

“是呀，从张总的身上，我能看到贵公司忠实守信的形象。”听到小李这句真挚的赞扬，张总爽朗地笑起来，刚刚的疲惫一扫而空。接下来，双方的交谈显得既轻松又愉快，一小时很快就过去了。临别时，小李又向张总致谢：“今天采访进行得这么顺利，我要谢谢张总的配合。而且张总平易近人的言谈，努力开拓、求实创业的精神给我留下了深刻的印象，更让我感受到了你们企业蓬勃向上的活力和风采。回去我一定把这篇报道好好地写出来，让更多的人以您为榜样，从你们成功的事迹中得到激励。如果我毕业后能有机会来贵公司工作，成为贵公司的一员，那将是我莫大的荣幸。"

思考与讨论：

(1) 小李的这次拜访有哪些可取之处？

(2) 本案例对你有何启示？

接 待

某集团公司汪总经理的日程表上清晰地写着："12 月 23 日接待英国的威廉姆斯先生。"22 日下午，汪总经理在着手安排具体接待工作时，案头的电话铃响了，打电话的正是威廉姆斯先生，他说因在某市的业务遇到了麻烦，要推迟到 25 日才能抵达，问汪总经理是否可以并再三因改期表示歉意。尽管在 25 日汪总经理需要到省城参加一个会议，时间已经做了安排，但他还是很干脆地答复对方，25 日一定安排专人接待，26 日同威廉姆斯会面。因为汪总经理知道，威廉姆斯先生拥有众多的国外客户，同他合作，有望使本公司的商品打入更多的国外市场。于是总经理把接待威廉姆斯的任务交给了公关部经理焦小姐。接受任务后，毕业于文秘专业的焦小姐立即着手收集有关资料，并制订了详尽的接待方案。

25 日下午 4 时，威廉姆斯乘坐的班机准时降落，当威廉姆斯走出出口后，焦小姐便热情地迎了上去，并用一口纯熟的英语做了自我介绍，正在茫然四顾的威廉姆斯先生立即有了一种踏实的感觉。

焦小姐陪同威廉姆斯先生乘轿车离开机场向城市中心的宾馆驶去。一路上，焦小姐不时向威廉姆斯介绍沿途的风光及特色建筑，威廉姆斯对焦小姐的介绍很感兴趣。天色渐暗，华灯初上，望着窗外的景色，威廉姆斯富有感情地说："在我们国家，今天是个非常快乐的日子，亲人团聚，尽情享受生活的乐趣。"话语中透着几分自傲，又似乎有几分遗憾，焦小姐认真地倾听并不断地点头。

车子抵达宾馆，由服务人员将威廉姆斯先生引入房间稍事整理后，焦小姐请威廉姆斯先生共进晚餐。步入餐厅，威廉姆斯先生被眼前的景色惊呆了：圣诞树被五彩缤纷的灯饰装饰得格外绚丽，圣诞老人在异国慈祥地注视着远方的游子，餐桌上布满了丰盛的圣诞食品。威廉姆斯先生非常兴奋。进餐中，服务人员手捧鲜花和生日贺卡走进来呈给他，威廉姆斯先生更是激动不已。原来，这天正是威廉姆斯先生 55 岁生日。焦小姐举起手中的酒杯，对他说："我代表我们公司及汪总经理，祝您圣诞节欢乐，生日快乐！"威廉姆斯兴奋地说道："谢谢你们为我举行这么隆重的圣诞晚宴及生日宴会，你们珍贵的友情和良好的祝愿，我将终生难忘。"

26 日汪总经理由省城返回，双方的有关合作事项洽谈得非常顺利。威廉姆斯回国时，再三向焦小姐及公司对他的接待表示感谢。

思考与讨论：

(1) 某公司特别是焦小姐，在这次接待外宾的过程中有哪些值得我们学习的经验与做法？

(2) 本案例对你有何启示？

为何客人从此不登门

某酒店两个包间(A、B)内有两批客人就餐,A包间的客人就餐接近尾声时,服务员送上一盘果盘,称是酒店免费赠送的,恰好被B包间的客人看见,并提出要求:希望酒店也免费赠送他们一盘,服务员拒绝了,称是奉主管之命行事,只给A包间客人送。不公平的感觉,使B包间的客人义愤填膺,于是与服务员发生了争执。争执中,服务员甩下一句话:“不关我的事,你们找错对象了,去找主管吧!”主管来了,对客人解释说:“按本酒店规定,消费满300元方可赠送果盘,而你们只消费了100多元,不够条件,因此无能为力!”B包间的客人拂袖而去,走到另一家酒店用餐,从此再未跨进这家酒店的大门。

思考与讨论:

(1) 案例中岗位用语的使用存在什么问题?

(2) 如果你是服务员或主管,你会怎么解决这个问题?

电话里的女高音

某杂技团计划于下月赴美国演出,该团团长刘明就此事向市文化局作请示,于是他拨通了文化局局长办公室的电话。

可是,电话响了足足有半分多钟,不见有人接听。刘明正纳闷着,突然电话那端传来一个不耐烦的女高音:“什么事啊?”刘明一愣,以为自己拨错了电话:“请问是文化局吗?”“废话,你不知道自己往哪儿打的电话啊?”“哦,您好,我是市歌舞团的,请问王局长在吗?”“你是谁啊?”对方没好气地盘问。刘明心里直犯嘀咕:“我叫刘明,是杂技团的团长。”

“刘明?你跟我们局长什么关系?”

“关系?”刘明更是丈二和尚摸不着头脑。

“我和王局长没有私人关系,我只想请示一下我们团出国演出的事。”“出国演出?王局长不在,你改天再来电话吧。”没等刘明再说什么,对方就“啪”地挂断了电话。

刘明感觉像是被人戏弄了一番,拿着电话半天没回过神来。

思考与讨论:

(1) 本案例中“女高音”接电话哪些地方不符合礼仪规范?

(2) 接电话与塑造组织形象有怎样的关系?

老师的提醒

一名学生发了一封电子邮件给他的老师,信件开头就是“Hi”,然后直呼老师的名字。老师说,从信件用词看,这名学生的英文水平不低,怎么就不懂基本的通信礼仪呢?

为了证实自己的猜测,他回信要求这名学生打印或手写一封信给他。对比两封信,老师感慨不已:这名懂得通信礼仪的学生,为什么在虚拟世界里不遵守通信礼仪呢?

他再次回信提醒这名学生,传统的通信礼仪完全适用于现代的网络世界。

思考与讨论:

请结合案例谈谈你对电子邮件礼仪规范的认识。

第四章　行业服务礼仪

先利人，后利己；用心极致，满意加惊喜；在客人惊喜中，找到富有人生。

——金钥匙服务理念

客无亲疏，来者当敬。

——谚语

第一节　酒店服务礼仪

酒店服务礼仪，从概念上来说是指酒店从业人员面向客人的表示尊重的行为方式，是在酒店服务领域中大众所共同认可的一种行为表现和理解方式，酒店服务礼仪具有一定的仪式感。对于酒店从业人员而言，在其工作岗位和工作环境上必须要遵守酒店服务礼仪规范，以职业礼仪的要求为客人服务。

酒店服务礼仪的服务宗旨是顾客至上、礼貌待人。秉承着全心全意为客人服务的理念，基于我国的国情、民族文化传统的道德基础，在服务工作中讲求科学的服务理念、服务方法、服务艺术和服务规范。强调必须要尊重客人的文化习俗、宗教信仰，满足客人的心理感受，发自内心地为客人提供最为满意的服务，使其对酒店的服务满意和认可，树立较好的酒店形象，从而吸引更多的客户。

一、前厅服务礼仪

前厅部是宾客最先接触饭店的业务经营部门，是饭店的“窗口”，也是酒店服务与管理的“神经中枢”。前厅部担负着协调、沟通和指导酒店业务经营的重任，其工作情况能直接反映出饭店的服务与管理水平及工作效率。前厅部根据其业务特点可分为六大部门，即接待处、问询处、行李接待处、收银处、总机和酒店代表。不同部门具有不同的工作运行特点，六个部门互相协调合作，共同完成前厅部的各种业务。饭店能否给客人来时有“宾至如归”之感或离别时有“宾去思归”之念，在很大程度上取决于总服务台服务质量的好坏，而贯穿在饭店整个经营过程中的服务，其技巧和礼仪的质量如何，则更是其最重要的决定因素。

1. 门厅迎送服务

门厅迎送服务是对客人进入酒店正门时所进行的一项面对面的服务。迎宾员又称门童，是代表酒店在大门口迎送客人的专门人员，是酒店形象的具体体现。迎宾员要承担迎送、调车、协助保安员和行李员等人员的任务，通常应站在大门的两侧或是台阶下、车道边，站立时应微挺胸，眼睛平视，表情自然，抬头，双手自然下垂或前交叉相握，两脚与肩同宽，注意力集中，服务意识强。

(1) 迎客服务。

① 欢迎宾客光临,如果是走路来酒店的客人,应主动为其拉门,致欢迎词;如果是乘车来的客人,应将其所乘车辆引领到适当的地方停好,以免造成酒店门口交通堵塞。

② 趋前开启车门,站在两车门的中间,左手开车门成70°,右手挡在车门上沿,为客人护顶,防止其碰伤头部,并协助其下车。客人下车后,要留意有无物品遗留在车内,再轻轻将车门关上。

【小贴士】

开车门护顶禁忌

为宾客开车门时必须注意有两种客人不能护顶:一种是信仰佛教的客人,他们认为手挡在头顶上,会挡住佛光;另一种是信仰伊斯兰教的客人。判断客人是否为上述两种情况,应根据客人的衣着、言行举止、外貌等。

③ 如果客人携带较多的行李,应在征求其意见后,协助行李员搬运其行李。

④ 引领客人至前台时,应走在其右前方1米左右处,时时侧身照顾客人。

⑤ 团队客人乘坐的车辆到达后,必须立即与行李员联系,因为大型车辆停在酒店门前会妨碍其他车辆的出入,所以迎宾员应把车引导到稍微偏离正门的位置停放,并提醒司机留出空位。

⑥ 将客人介绍给前厅工作人员后,迎宾员应立即回到酒店正门,准备接待下一位客人。

(2) 送别客人。

① 客人离店时,迎宾员应主动为客人叫车,将车引导至客人身边,又不妨碍其他车辆停放的位置,协助行李员装好行李,并请客人清点,然后请客人上车,客人上车时应为其护顶,等其坐稳后再关车门。

② 如果客人只是暂时外出,可以说"一会儿见"。

③ 送别团体客人时,迎宾员应站在车门一侧,向每一位客人点头致意,欢迎客人再次光临,主动搀扶老人或行动不便的客人,待客人全部到齐,司机关门后,伸手示意司机开车,并目送客人离去。

(3) 贵宾迎送服务。

① 根据需要,负责升降某国国旗、中国国旗、店旗或彩旗等。

② 负责维持酒店门口的秩序,协助做好安全保卫工作。

③ 引导、疏通车辆,确保大门前交通顺畅。

④ 讲究服务规格,看是否需要铺设红地毯,并正确使用贵宾姓名或头衔向其问候致意。

(4) 注意事项。迎宾员在进行迎送服务时应注意以下事项。

① 搬运客人行李时,应与客人确认行李的数量,以免出现行李数量不符的情况。

② 下车时应按照相关原则优先为女宾、老年人、孩子和外宾开车门。

③ 遇有信仰佛教和伊斯兰教的客人,无须为其护顶,如无法判断则可以把手抬起而不护顶,但随时准备护顶。

④ 下雨天，迎宾员应替客人提供打伞服务，并有礼貌地请客人擦干鞋后再进入大厅。

⑤ 开车门轻、稳，注意勿使客人的衣、裙被车门夹住。

⑥ 与客人抵店时注意“第一印象”一样，最后的印象也很重要。送客时要怀着感激的心情，在车辆开动时面带微笑，躬身致意，挥手道别。

⑦ 送客时，应该站在车辆斜前方一两步远靠大门一侧的位置，以使客人清楚地看到迎宾员热情、有礼地欢送他们离店。

⑧ 国旗一定要是新的，不允许有任何破损和脏污。

⑨ 从酒店里向外看，我国国旗应挂在左边，外国国旗应挂在右边。

2. 客房预订服务

(1) 受理预订，要做到接待热情，报价准确，记录清楚，手续完善，处理快速，信息资料输入计算机或预订控制盘无误，订单资料分类摆放、整齐规范，为后面的预订承诺、订房核对等提供准确的信息。

(2) 受理电话预订，要接听及时，主动问好和询问要求。若有客人要求的房间，应主动介绍设备，询问细节，帮助客人落实订房，并做好记录。若无客人要求的房间，应向客人致歉。

(3) 当前台接收到预订网站发来的预订传真时，应立刻根据客房销售情况迅速回复传真，并注意保留网站的传真底本。

(4) 当客人来到服务台预订房间时，应主动热情地接待客人，询问细节，根据客人要求迅速帮助客人落实订房。

3. 入住接待服务

(1) 散客的入住接待服务。

① 识别客人有无预订。客人来到接待处时，接待服务人员应面带微笑，主动迎上前去，询问客人有无预订。若有预订，应问清客人是用谁的名字预订的客房，然后根据姓名找出客人的预订资料确认预订内容，着重注意客房类型与住宿天数。如客人没有预订，接待服务人员应先查看房态表，看是否有空房。若能提供客房，接待服务人员应向客人介绍客房情况，为客人选房。如没有空房，接待服务人员应婉言谢绝客人，并耐心为客人介绍邻近的酒店。

② 客人填写入住登记表。

③ 验证身份证件。

④ 安排客房，确定房价。

⑤ 确定付款方式。主要有现金结账、信用卡结账、传单结账、转账方式结账、微信支付等。

⑥ 完成入住登记手续，排房、定价、确定付款方式后，接待服务人员应请客人在准备好的房卡上签名，将客房钥匙交给客人。

⑦ 制作相关表格资料。将客人入住信息输入计算机内，并将与结账相关事项的详细内容输入计算机客人账单内。标注“预期到店一览表”中的相关信息，以示客人已经入住。若以手工操作为主的酒店，接待服务人员应立即填写五联客房状况卡条，将客人入住信息

传递给相关部门。

(2) VIP客人的入住接待服务。

① 接待VIP客人的准备工作。填写VIP申请单,上报总经理审批签字认可。VIP房的分配,力求选择同类客房中方位、视野、景致、环境和房间保养等方面处于最佳状态的客房。VIP客人到达酒店前,接待服务人员要将钥匙卡、钥匙、班车时刻表、欢迎信封及登记卡等放至客务经理处。客务经理在VIP客人到达前检查客房,确保房间状态正常、礼品发送准确无误。

② 办理入店手续。准确掌握当天抵达酒店的VIP客人的姓名。以VIP客人姓氏称呼VIP客人,及时通知客务经理,由客务经理亲自迎接。客务经理向VIP客人介绍酒店设施,并亲自将其送至房间。

③ 信息储存。复核有关VIP客人资料的正确性,并准确输入计算机。在计算机中注明哪些客人是VIP客人,以提示其他部门或工作人员。为VIP客人建立档案,并注明身份,以便作为预订和日后查询的参考资料。

(3) 团队客人的入住接待服务。

① 准备工作。在团队客人到达前,预先备好团队客人的钥匙,并与有关部门联系确保客房。要按照团队客人的要求提前分配好客房。

② 接待团队入店。前厅接待服务人员与销售部团队联络员一起,礼貌地把团队客人引领至团队入店登记处。团队联络员告知领队和团队客人有关事宜,其中包括早、中、晚餐地点及酒店其他设施等。接待员与领队确认客房数、人数及早晨唤醒时间、团队行李离店时间。经确认后,请团队联络员在团队明细单上签字,前厅接待服务人员也需在上面签字认可。团队联络员和领队接洽完毕后,前厅接待服务人员需协助领队发放钥匙,并告知客人电梯的位置。

③ 信息储存。入住手续办理完毕后,前厅接待服务人员将准确的房间号名单转交行李部,以便行李的发送。修正完所有更改事项后,及时将所有相关信息输入计算机。

【小案例】

"满意加惊喜"的前厅服务

今年25岁的小徐7年前来到海情大酒店,一直在前厅做服务工作。与他一同来酒店的服务生因为耐不住这份工作的枯燥和琐碎,而相继转行了,只有小徐,在这个岗位上一干就是7年。7年来,他像对待亲人一样,对待每一位求助的客人,赢得了客人的称赞。他也因此获得了一把象征酒店服务最高荣誉的"金钥匙"。

今年7月的一天中午,天气热得让人难受。一位住店客人反映他的护照不知何时丢失了,希望小徐帮助查找。小徐在酒店找了半天没有结果。他请客人回忆一下曾经去过什么地方,然后请客人放心,一定会尽力找到护照。整个下午,小徐顶着烈日,骑着自行车,逐一到客人曾经去过的地方查找,终于在一家酒吧找到了客人的护照。

还有一天上午,小徐正在酒店大堂巡视,随时准备为客人提供帮助。这时匆匆跑过来一位我国台湾地区的客人。原来客人的腰带扣突然断了,想请小徐帮忙解决一下。考虑到客人马上要随团出门旅游,小徐将客人领到卫生间,将自己的皮带解下来,请客人先解燃眉之急。客人高兴地随旅游团旅游去了，小徐找了根绳当作腰带系上，又开始为客人忙碌起来。等晚上客人回到酒店，小徐已将客人的皮带扣修好，放到了客人的房间，令客人非常感动。

小徐说，他理解的酒店前厅服务就是使客人"满意加惊喜"，让客人自踏入酒店到离开酒店，自始至终都感受到无微不至的关怀和照料，而他则努力成为一个客人旅途中可以信赖的朋友，一个可以帮助解决麻烦问题的知己，一个个性化服务专家。

(4) 注意事项。前厅接待服务人员在接待客人时应注意以下事项。

① 切记不要出现客人到跟前也不抬头、边写边谈、用笔指指点点等不礼貌的行为。

② 一般来说，VIP客人不在前台办理入住登记手续，而是在客房或贵宾室由客务经理直接办理，这是酒店对VIP客人的一种特殊礼遇。

③ 如果酒店无法为客人安排住宿，也不能将客人随意打发，要主动帮助其联络同等条件的其他酒店，经过客人的同意，要为客人介绍清楚，做到礼貌周到。为客人安排车辆，送客人到刚才为其预订的酒店。

【小贴士】

不同国家、地区的数字禁忌

在为客人办理入住手续时，除了要了解宾客对客房的具体要求外，还要注意根据不同国家、种族的不同禁忌，为其提供满意的住宿环境。这就要求前厅接待员要准确掌握不同国家或地区宾客的风俗禁忌。

(1) 韩国：与中国的数字忌讳相同，韩国人也忌讳4(因4与"死"发音相近)，饭店等建筑物没有第四层和四号房间。

(2) 日本：除了与韩国一样忌讳4之外，还忌讳9(因9与"苦"发音相近)。

(3) 新加坡：视4、6、7、13、37和69为消极数字，尤其忌讳7。

(4) 美国、加拿大：忌讳数字13和星期五，如果"13日"正赶上"星期五"被认为更不吉利。

(5) 欧洲国家：英国人普遍忌讳13，还忌讳3，英国和法国人在送花时，枝数和朵数都不能是13或双数；意大利人也忌讳送双数，认为双数不吉利；俄罗斯人忌讳数字13，不喜欢星期五，他们视7为吉祥数字，同样送花时枝数和朵数都不能是13或双数。

4. 行李部服务礼仪

(1) 着装整洁，仪容端庄，精神饱满，客人抵达时，热情相迎，微笑问候。

(2) 主动帮助客人提携行李，并问清行李件数，陪同客人到总服务台办理入住手续时，应站在客人身侧后两三步处等候，看管好客人行李并随时接受宾客的吩咐。

(3) 待客人办完手续后，应主动上前向客人或总台服务员取房间钥匙，提上行李引送客人到房间。在此过程中，行李员在客人右前方1米左右，遇到转弯应回头向客人示意。并注意根据客人情况介绍饭店设施。

(4) 引领客人至电梯，先将一只手按住电梯门，请客人先进电梯，进电梯后应靠近电梯按钮站立，以便操作电梯，出电梯时自己携行李先出，出梯后继续在前方引领客人到房间。

（5）随客人进入房间后，将行李放在行李架上或按客人吩咐将行李放好；根据客人情况向客人介绍房间设备的用法；房间介绍完毕后，征求客人是否还有吩咐，若客人无其他要求，即向客人道别，并祝客人住店期间愉快，将房门轻轻关上，迅速离开。

（6）客人离开饭店时，行李员在接到搬运行李的通知后，进入客房之前无论房门是否关着，均要按门铃或敲门通报，听到"请进"声，方可进入房间，并说"您好，我是来运送行李的，请吩咐"，当双方共同点清行李件数后，即可提携行李，并负责运送到车上，如客人跟行李一起走，客人离开房间时，行李员要将门轻轻关上，跟随客人到大门口，安放好行李后，行李员要与大门接应员一起向客人热情告别，方可离开。

5. 问询服务礼仪

（1）对大多数住店客人来说，饭店所在城市是陌生的，客人很可能会遇到很多麻烦，作为问询员，要耐心、热情地解答客人的任何疑问，做到有问必答，百问不厌。

（2）了解客人通常要问的问题。类似问题主要有：离这里最近的教堂在什么地方？你能为我叫一辆出租车吗？这里最近的购物中心在什么地方？我要去最近的银行，怎么走？我要去看电影，怎么走？哪里有比较好的中国餐厅、墨西哥餐厅、法国餐厅？附近有旅游景点吗？

（3）掌握有关店内设施及当地情况的业务知识。包括：酒店所属星级；酒店各项服务的营业时间；车辆路线、车辆出租公司、价格等；航空公司的电话号码；地区城市地图；本地特产及名胜古迹；其他一些酒店、咖啡厅的营业时间以及餐厅营业时间和商场的营业时间等。

6. 总机服务礼仪

（1）话务员是饭店"看不见的服务员"，虽然不和客人直接见面，但通过声音传播，也是从另一侧面反映饭店服务的水平和质量。故话务员在服务中应做到：坚守岗位，集中精神，话务时坚持用礼貌用语，接外线时，应立即问候并报出饭店的中外名称，切忌一开口就"喂"。为客人接线，动作要快而准，务必不出差错。

（2）话务员的发音要准确、清晰，语速快慢要适中，保证客人听得懂、听得清，音质要甜润、轻柔，语调要婉转、亲切，语气要友好、诚恳。接线中语言要简练，用词要得当；要避免使用"我现在很忙""急什么"等不耐烦语句。

（3）话务服务必须热心、耐心、细心，如果接听电话的客人不在时，应问清对方是否留言，如需留言，应认真做好记录，复述肯定；讲究职业道德，不偷听他人电话；通话结束后，应热情告别，待对方挂断电话后，方可切段线路。

（4）如遇到客人要求叫醒服务，应记录清楚，准确操纵自动叫醒机或准时用电话叫醒，不得耽误，无人接听时，可隔两三分钟叫一次，三次无人接听时，应通知客房服务员。

7. 大堂副理处理投诉的技巧

（1）注意投诉的地点和场合。可根据投诉性质来选择地点，在办公室或现场，但不宜在大堂、餐厅等人流多的地方处理投诉。

（2）认真听取客人的投诉。面对客人投诉，要保持头脑冷静，面带微笑，仔细倾听，并做好记录以表重视。要以谦和的态度感染客人，让客人的情绪渐趋平静。

(3) 对客人的投诉表示理解、同情和感谢。理解，就意味着尊重；同情，容易让客人觉得你值得信赖；感谢，让客人感觉到自己的投诉有望得到妥善解决。

(4) 及时处理好客人的投诉。听完投诉后，能够立刻判断出是酒店方面出错的，要立即向客人表示歉意，做出处理，并征求客人对解决投诉的意见，以示酒店对客人的重视。当投诉处理涉及酒店其他部门时，应立即通知部门经理，查清事实做出处理，大堂副理必须跟进事件，妥善解决问题。

(5) 处理完客人的投诉后，要再次向客人表示关注、同情及歉意，以消除客人因该事引起的不快。

(6) 处理投诉应详细记录投诉客人的姓名、房号、投诉时间、投诉事由和处理结果。将重大投诉或重要意见整理成文，呈总经理批示。

【小贴士】

前厅接待服务用语

您好！

欢迎光临！

这里是接待处，可以为您效劳吗？

先生(女士)，请稍等一下。

对不起，让您久等了。

这里是××饭店，非常乐意为您效劳。

先生(女士)，您喜欢什么样的房间呢？

先生(女士)，请问您的尊姓大名？

您对这间房感到满意吗？

先生(女士)，您对我们的服务感到满意吗？

请慢走！

祝您好运！

欢迎您再次光临！

二、客房服务礼仪

客房是酒店的主体，是酒店的主要组成部门，是酒店存在的基础，在酒店中占有重要地位。客房是带动酒店一切经济活动的枢纽，是客人在饭店中逗留时间最长的地方，因此，客房是否清洁，服务人员的服务态度是否热情、周到，服务项目是否周全、丰富，直接影响到客人对酒店的评价。

1. 楼层迎宾服务礼仪

(1) 在客人到来之前，整理好房间，调节好客房空气和温度，掌握客情，准备好香巾茶水。

(2) 仪表整洁大方，提前到达电梯口，主动问候客人，并说出自己的身份。

(3) 核对房卡,接过客人的房间钥匙,征求客人意见是否需要帮助其提行李。

(4) 引领客人到客房,帮助客人打开房门,退到门边,请客人进房,并根据客人要求摆放行李。

(5) 客人坐下后,及时送上香巾茶水,根据客人精神状态,详略得当地介绍房间设施和使用方法,以及相关服务项目。

(6) 在确认客人暂时无须其他服务后,祝客人住得愉快,礼貌地退出客房,面向客人轻手关上房门,回到工作间写好工作记录,随时准备为客人提供服务。

【小案例】

“热情服务”惹来尴尬

服务员小王第一天上班,被分在饭店主楼做值台,由于她刚经过三个月的岗位培训,对做好这项工作充满信心,自我感觉良好,一个上午的接待工作确实也颇为顺手。午后,电梯门打开,走出两位香港来的客人,小王立刻迎上前去,微笑着说:“先生,您好!”她看过客人的住宿证,然后接过他们的行李,一边说:“欢迎入住本饭店,请跟我来。”一边领他们走进客房,随手给他们沏了两杯茶放在茶几上,说道:“先生,请用茶。”接着她又用手示意,一一介绍客房设备设施:“这是床头控制柜,这是空调开关……”

这时,其中一位客人用粤语打断她的话,说:“知道了。”但小王仍然继续说:“这是电冰箱,桌上文件夹内有‘入住须知’和‘电话指南’……”未等她说完,另一位客人又掏出钱包抽出一张面值10元钱不耐烦地塞给她。霎时,小王愣住了,一片好意被拒绝甚至被误解,使她感到既沮丧又委屈,她涨红着脸对客人说:“对不起,先生,我们不收小费,谢谢您!如果没有别的事,那我就告退了。”说完便退出房间回到服务台。

【点评】 服务过程中一定要以客人为中心,给宾客宾至如归的体验。本案例中的服务员小王只是一味例行公事地提供热情服务,但忽略了宾客的感受,没有把握好热情服务的“度”,存在欠妥之处。

2. 客房清洁服务礼仪

(1) 填写钥匙领取登记表,领取客房钥匙,了解客房状态,将自己负责的房间分成退房、住房、预走房、空房、维修房等几类,决定清扫顺序,清理好工作车,准备好吸尘器等清洁工具。

(2) 来到客房门前,用食指关节,力度适中,缓慢而有节奏地敲门,并通报“客房服务员”。若客人开门,要礼貌问好并说明来意,征得客人允许后方可进入;若房内无人,则用钥匙开门,并把“正在清洁”牌挂在门把手上,开始客房清洁工作。

(3) 按照客房清洁流程和质量标准,做好客房清洁工作,一般流程如下。

开——开门、开空调、开窗帘;

撤——撤出用过的用品、用具、倒去茶水;

扫——扫蛛网、尘污,清去所有垃圾杂物;

铺——铺设床上用品;

抹——抹家具、设备;

摆——按陈设布置的要求补充好摆设用品、用具;

洗——洗卫生间；

封——消毒封坐厕；

补——补充卫生间用品并摆好；

吸——吸尘；

看——看清洁卫生和陈设布置的效果；

关——关窗帘、关灯、关门；

填——填写客房清洁的日报表。

(4) 住房的清扫一般在客人外出时进行，要特别留意，客人房内一切物品，应保持其原来位置，不要随便移动。不可随意翻阅客人的书刊、文件和其他材料，也不可动客人的录音机、照相机等物品，更不得拆阅其书信和电报。

(5) 房间整理完离开时，若客人不在要切断电源锁好门，若客人在房，要礼貌地向客人道歉："对不起，打扰了。"然后退出房间，轻轻关上房门。

【小案例】

急促的敲门声

经过岗前培训，小王被分配到酒店楼层做卡房服务员，第一天上班，她满怀信心，相信自己一定能够胜任这份工作，为宾客提供满意加惊喜的服务。下午，她接到客房服务中心通知，1501房间的张女士因客人来访要求服务员马上为其整理房间。小王接到通知立刻来到1501房间门口，由于怕影响客人来访时间，敲门也急促起来，张女士听到急促的敲门声，以为发生了什么事情，着急开门时不小心扭伤了脚，小王也因此遭到了投诉。

【点评】 敲门通报是客房服务中的一个基本礼仪，在酒店服务工作中，事无大小，都必须严格按照酒店礼仪规范来处理。

3. 客房日常服务礼仪

(1) 客人到达前，应了解其国籍、风俗习惯、生活特点、到达时间等情况，以便有针对性地搞好服务工作。工作前严禁吃葱、蒜等有浓烈气味的食物。工作中要热情诚恳，谦虚有礼，稳重大方，使客人感到亲切温暖。

(2) 日常工作中要保持环境的安静。搬动家具、开关门窗要避免发出过分的声响。禁止大声喧哗、开玩笑、哼唱歌曲。应客人呼唤也不可声音过高，若距离较远可点头示意，对扰乱室内安静的行为要婉言劝止。

(3) 在楼道与客人相遇，应主动问好和让路。同一方向行走时，如无急事不要超越客人，因急事超越时，要说"对不起"。

(4) 进入客人房间，须先轻轻敲门，经允许方可进入，敲门时不要过急，应先轻敲一次，稍隔片刻再敲一次，如无人回答，就不要再敲，也不要开门进去，特别是夫妇房间，更不能擅自闯入。

(5) 凡客人赠送礼物、纪念品，应婉言谢绝，如不能谢绝时，接受后应立即上报。

(6) 要关心客人健康，对病员要多加照顾。对饮酒过度或精神反常的客人，除妥善照顾外，应及时向上级报告。

(7) 服务台要随时掌握来往人员情况，发现不认识的人，要有礼貌地查问，防止无关人员进入客人房间。

(8) 客人到服务台办事，服务员要起立，热情接待。与客人说话，要自然大方，切忌态度生硬，语言粗鲁。

(9) 客人离开饭店后，应即刻清查房间，尤其是枕下、椅下等处，发现遗忘物品，若时间来得及，应追赶当面交给客人；如来不及，则速交接待单位。

4. 客房个性化服务礼仪

要使顾客高兴而来，满意而归，仅凭标准的、严格的、规范化服务是不够的，只有在规范化的基础上，逐渐开发和提供个性化服务，才能给客人以惊喜，才能让客人感觉到“宾至如归”，才能使客人“流连忘返”。以下相关做法会给我们以启发。

(1) 服务员早上清扫房间时发现，客人将开夜床时已折叠好的床罩盖在床上的毛毯上，再看空调是 23℃。这时服务员立即主动给客人加一张毛毯，并交代中班服务，夜床服务时将温度调到 26℃左右。

(2) 服务员为客人清扫房间时，发现客人的电动刮须刀放在卫生间的方石台面上，吱吱转个不停，客人不在房间。分析客人可能因事情紧急外出，忘记关掉运转的刮须刀，这时，服务员要主动为客人关闭刮须刀开关。

(3) 服务员清扫房间时，发现一张靠背椅靠在床边，服务员不断地观察，才发现床上垫着一块小塑料布，卫生间还晾着小孩衣裤，服务员这才明白，母亲怕婴儿睡觉时掉到地上，服务员随即为客人准备好婴儿床放入房间。

(4) 服务员发现客房中放有西瓜，想必是旅客想品尝一下本地的西瓜，绝对不会千里迢迢带个西瓜回家留个纪念。所以服务员主动为客人准备好一个托盘、水果刀和牙签。

【小贴士】

客房服务礼貌用语

您好！欢迎您光临我们酒店。

我是客房服务员，非常高兴能为您服务。

我可以帮您拿行李吗？

请往这边走。

这是您的房间，请进。

祝您节日愉快！

祝您玩得开心！

请好好休息，有事请打电话到服务台。

对不起，打扰您了。

我现在可以为您打扫房间吗？

您有衣服要洗吗？

先生(女士)，听说您不舒服，我们感到很不安。

我能为您做些什么事吗？

对不起，让您久等了。

对不起，等我弄清楚了再答复您好吗？

请告诉我，您今天早上大概是什么时候走。

请对我们的工作提出宝贵意见。

欢迎您下次再来，请慢走！

三、餐厅服务礼仪

餐厅是酒店的重要服务部门，它既是酒店宾客用餐的主要场所，也是客人进行人际交往的重要平台，餐饮服务质量的高低直接影响整个酒店的经营水平。因此，餐厅服务员不但要熟练掌握业务技能，还要遵守服务中的各种礼仪，为顾客提供最满意的服务，使顾客不但吃得饱，还要吃得愉快。

1. 迎宾礼仪

迎宾服务是餐厅为宾客提供服务的开端，礼貌得体、优雅大方的迎宾服务，在服务宾客的同时，也会为餐厅树立良好的形象。

(1) 迎宾员着装应华丽、整洁、挺括，仪容端庄、大方，站姿优美、规范。开餐前5分钟，迎宾员应恭候在餐厅大门两侧，做好迎客的准备。

(2) 迎宾员要神情专注，反应敏捷，注视过往宾客。当客人走向餐厅约1.5米处，应面带笑容，拉门迎客，热情问候："小姐(先生)，您好，欢迎光临""小姐(先生)，晚上好，请""您好，请问几位？有预订了吗"(以便迎候指引)客人离开餐厅时，礼貌道别："小姐(先生)，谢谢您的光临，请慢走，再见！"语调柔和、亲切，并致以30°的鞠躬礼。

(3) 如遇雨天，要主动收放客人的雨具。客人离厅时把雨具及时递上，并帮助客人打开雨伞，穿好雨衣。

(4) 迎宾要主动积极，答问要热情亲切，使客人一进门就感觉到他们是受到欢迎的尊贵客人，从而留下美好的第一印象，使客人感觉进餐厅用餐是一种美的享受。

2. 引位礼仪

(1) 引位服务礼仪要点。

① 引客入座时，迎宾员应对宾客招呼"请跟我来"，同时走在客人左前方距离1米左右的位置，并伴之以手势指引。手势指引的正确姿势应为手臂自然弯曲，手指并拢，掌心向上，以肘关节为轴指向目标。

② 把客人引到餐桌前，按女士优先的原则拉开椅子，帮助客人入座。待客人坐下前，再在后面将椅子轻轻推一下，为客人将椅子挪近餐桌。

③ 当重要宾客光临时，要把他们引领至本餐厅最好的位置就座。

④ 如果是夫妇、情侣来进餐，最好把他们引至较为安静的餐桌就座，这样便于他们说悄悄话。

⑤ 当有容貌漂亮、服饰华丽的女宾来进餐时，要将其引领到众多宾客都能看到的位置。这样既可满足客人的心理需求，又可给餐厅增添华贵的气氛。

⑥ 若是有明显生理缺陷的客人前来就餐，应尽量将其安排在不太显眼的地方，以能遮

掩其生理缺陷为宜。

⑦ 当餐厅内空位较多时，引位员可以让客人自行选择他愿意就座的餐位。

⑧ 如果宾客选择的餐位已有人占用时，应向客人解释，表示歉意，然后将客人引领至其他令他较为满意的座位上。

(2) 引位服务规范。引位服务一般由站立服务、引客、入座、服务、告退 5 个服务环节组成。

① 站立服务规范。引座小姐在引座台内或餐厅大门一侧成正立站姿。宾客走近 2～3 米处，由正立换成握指式站姿，同时用“小姐(先生)，您好”“请问你们几位”“请”或“请跟我来”等礼貌语欢迎宾客，使用礼貌语“请”需将语言和动作配合一致。

② 引客服务规范。引座小姐做出“请”的动作后，随即领客走入餐厅。走姿采用“一字步”为佳，行走速度每分钟为 90 步，步幅为半脚距离。

③ 入座、服务与告退服务规范。

- 安排入座技巧：先女宾后男宾，引座小姐需两手扶握椅背两侧，将座椅稍提拉开适当距离，然后用“小姐(先生)，请坐”礼貌语，与动作配合一致示意宾客入座，宾客就座时，迅速调整椅位。
- 口布服务技巧：引座小姐应从宾客左侧，用右手将杯中的口布取出，轻轻打开，迅速示意给宾客。
- 告退服务技巧：服务完毕，引座小姐成握指式站立，同时配合礼貌语“小姐(先生)，请慢用”招呼宾客，接着一脚后退一小步，向另一脚方向转体 90°离开。

3. 点菜礼仪

(1) 恭请点菜。如果不是事先包餐，餐厅值台员应及时主动递上菜单，请宾客点菜。同时，微笑站在点菜客人的右侧，身体不要倚靠餐桌，上身微前倾，耐心等候；认真、准确地记录宾客点的菜肴，点菜完毕，复述一遍，请其确认。

(2) 当好参谋。接受点菜时，热心当好参谋。根据宾客的就餐目的、人数、饮食偏好，介绍本店的特色菜、畅销菜、时令菜等，协助宾客控制好菜品的搭配及数量。

(3) 灵活机动。如遇宾客点到已无原料的菜品，应礼貌致歉解释，求得宾客谅解，并婉转建议宾客点其他菜品，注意语气要亲切委婉：“我们这里的××菜很有特色，您可以试试！”如宾客点出菜单上没有的菜肴时，不可一口回绝，可以说：“请允许我与厨师长沟通一下，我们会尽量满足您的要求。”对宾客饮食上的特别要求，应灵活机动，妥善处理。

【小案例】

酸辣汤的启示

服务员小赵刚上班，便迎来一对青年夫妇，点菜过程中，得知妻子刚怀孕 3 个月，胃口一直不好，今天特别想喝酸辣汤，但此时饭店并不供应酸辣汤。经过小赵与厨师的沟通，为他们特制了酸辣口味的两菜一汤，用餐完毕后，丈夫感激地告诉小赵，妻子对饭菜特别满意，吃得比平时多，并表示“孩子的满月酒一定会来这里办”。几个月后，这对夫妇真的抱着孩子，带着亲朋好友，再次光临酒店，并再次向小赵致谢。

【点评】 因人而异、满意舒心的真情服务，可以大大增加宾客的满意度，而宾客的满意度带来宾客的忠诚，宾客的忠诚必然会扩大酒店的知名度，从而带来酒店的持久发展。

4. 中餐服务礼仪

(1) 斟酒服务礼仪规范。

① 为宾客斟倒酒水时，要先征求宾客意见，根据宾客的要求斟倒各自喜欢的酒水饮料，一般酒水斟八分满即可。

② 斟白酒时，如宾客提出不要酒，应将宾客位前的空杯撤走。

③ 酒水要勤斟倒，宾客杯中酒水只剩 1/3 时应及时添酒，斟酒时注意不要斟错酒水。

④ 宾客干杯或互相敬酒时，应迅速拿酒瓶到台前准备添酒。

⑤ 主人和主宾讲话前，要注意观察每位宾客杯中的酒水是否已满上。

⑥ 在宾主离席讲话时，主宾席的服务员要立即斟上果酒、白酒各一杯放在托盘中，托好站在讲台侧侍候。

⑦ 致辞完毕，迅速端上，以备宾客举杯祝酒。

⑧ 当主人或主宾到各台敬酒时，服务员要托着酒瓶跟着准备斟酒，宾客要求斟满酒杯时，应予满足。

(2) 上菜服务礼仪规范。酒席宴会的上菜要严格按照上菜规则进行。

① 要掌握好上菜时机，按进餐的节奏，每一道菜都要趁热上，多台宴会的上菜要看主台或听从主管指挥，做到行动统一，以免造成早上或晚上、多上或少上等现象。

② 要遵循一定的上菜顺序。宴会的上菜顺序要按菜单排定的顺序执行，一般是先上冷盘，再上热炒菜和大菜，后上水果、汤和甜点。

③ 要正确选择上菜位置。

④ 每上一道菜要介绍菜名和风味特点，并将菜盘放在转盘上，再转向主位。

⑤ 上新菜前，先把旧菜撤走或摆向副主位。如盘中还有分剩的菜，应征询宾客是否需要添加，在宾客表示不要时方可撤走。

⑥ 一般宴会通常由主人自己分菜，高档宴会服务员要主动、均匀地为宾客分汤、分菜。分派时要胆大心细，掌握好菜的分量、件数，尽量准确均匀。

【小贴士】

上菜的礼仪习俗

上热菜中的整鸡、整鸭、整鱼时，中国传统的习惯是“鸡不献头，鸭不献掌，鱼不献脊”，即上鸡、鸭、鱼时，不要将鸡头、鸭尾、鱼脊对着主宾，而应当将鸡头与鸭头朝右边放置。上整鱼时，鱼腹可向主人，由于鱼腹的刺较少，肉味鲜美娇嫩，所以应将鱼腹而不是鱼脊对着主宾，表示对主宾的尊重；鱼眼朝向主人，鱼尾应朝向第二主人与第二或第四宾客(如果是转台，服务人员应该把以上鱼的部位转到位)；也可以根据宴会是否用酒，喝酒的习惯或习俗确定鱼的位置(一般上鱼的时候，鱼头冲客人，表示对客人尊重。这个时候，客人要喝鱼头酒，尾巴方向的人要喝鱼尾酒，一般是“头三尾四”“高看一眼”“腹五脊六”等)。

(3) 撤换餐具礼仪规范。为显示宴会服务的优良和菜肴的名贵，保持桌面卫生雅致，突出菜肴的风味特点，在宴会进行的过程中，需要多次撤换餐具或小汤碗。重要宴会要求每一道菜换一次餐碟,一般宴会换碟不得少于三次。

① 撤换餐碟时,要待宾客将碟中食物吃完方可进行。

② 如宾客放下筷子而菜未吃完时,应征得宾客同意后方能撤换。

③ 撤换时要边撤边换,撤与换交替进行。

④ 按先主宾后其他宾客的顺序先撤后换,所有操作在宾客右侧进行。

(4) 席间服务礼仪规范。宴会进行中,要勤巡视、勤斟酒、勤换烟灰缸。细心观察宾客的表情及示意动作,主动服务。

① 服务时,态度要和蔼,语言要亲切,动作要敏捷。

② 宾客用餐完毕,送上热茶和香巾,随即收去台上除酒杯、茶杯以外的全部餐具,抹净转盘,换上点心碟、水果刀叉,然后上甜品、水果,并按顺序分送给宾客。

③ 宾客吃完水果后,撤走水果盘,递给宾客香巾,然后撤走点心碟和刀叉,摆上鲜花,以示宴会的结束。

(5) 结束服务礼仪规范。中餐宴会结束后,服务员要提醒客人带齐物品。可代主宾挪开座椅,并恭候在餐厅门口热情欢送,客气道别。宴会的结束服务礼仪技巧主要包括以下几项。

① 检查现场。客人离席后,必须首先检查现场有无客人遗留的物品,如有应立即交还给客人。如客人已离去,应交餐厅经理处理,积极与有关单位或个人取得联系,尽快将遗留物品交还给失主。

② 收拣清理餐具及其他物件。收拣工作宜分工进行。应专人分别收拣酒杯、水杯、盘、碗、勺等。要先收毛巾、口布,再收饮具,后收餐具。

③ 清理现场。将桌、椅抹洗干净,撤还原处摆好,打扫好餐厅的卫生。

④ 结账。核实所用菜点、酒水、香烟、茶及其他食品的数量、价格等,及时与酒席宴会的举办人准确结账。

(6) 服务的注意事项。

① 服务操作时,注意轻拿轻放,严防打碎餐具和碰翻酒瓶、酒杯,从而影响场内气氛。如果不慎将酒水或菜汁洒在顾客身上,要表示歉意,并立即用毛巾或香巾帮助擦拭。

② 当宾主在席间讲话时,服务员要停止操作,迅速退到工作台两侧肃立,姿势要端正。餐厅内保持安静,切忌发出声响。

③ 席间如有顾客突感身体不适,应立即请医务室协助并向主管汇报。将食物原样保存,留待化验。

④ 宴会结束后,应主动征求宾主和陪同人员对服务和菜品的意见,客气地与宾客道别。服务员还要对完成任务的情况及时进行小结,以利发扬优点,克服缺点,不断提高餐厅服务质量和服务水平。

【小案例】

“一片热心”只换来客人“一声怒吼”

花源酒店的餐厅来了四位熟客,看得出来他们是久未相见的老朋友。在点菜时,服务员小李很热心地向客人推荐了餐厅特色茶花鸡,客人欣然接受。在客人津津有味地品尝茶花鸡时,小李看到客人的骨碟已满,就走近一位年轻人说:“对不起,先生,给您换一下骨碟好吗?”

此时客人右手正拿着一只鸡翅,见状忙侧身让开,为避免碰到小李,客人还把右手举过了肩膀,小李发现骨碟中还有一只鸡爪时,便提醒客人:“先生,还有一只鸡爪呢!”客人又连忙用左手拿起那一只鸡爪,手拿鸡爪和鸡翅的客人为不影响小李更换碟子,而双手高举做投降状,一旁的年老客人看到后便打趣说:“怎么,是不是喝不下酒向我投降啊?”客人一听,连忙自嘲说:“我是向漂亮的服务小姐投降,要说到喝酒,我哪会怕您。等小姐换好碟,我好好与您喝几杯。”等到小李换好骨碟,两位客人果真要比拼喝酒。

当两人干完第一杯酒正凑在一起说话时,小李过来说:“对不起,先生,给您倒酒。”两位客人不约而同地向两边闪,小李麻利地为两人斟满酒,两人又干了一杯,然后又凑在一起说话,小李又不失时机地上前说:“对不起,先生,给您斟酒。”

此时的年轻客人突然对着小李大声怒吼道:“没看到我们正在说话吗? 你烦不烦啊!”小李一脸的茫然,不知道该怎么办才好。

【点评】 服务员小李虽然工作主动、热情,却没有看清当时的情境,反而用自己的“热情服务”妨碍了客人的感情交流,所以“一片热心”只换来客人“一声怒吼”。可见,主动、热情、讲规程的服务不一定是最好的服务。正如全国劳模谭加加所说:“顾客满意的服务才是最好的服务!”

5. 西餐服务礼仪

(1) 客人订餐服务。服务要主动,态度要热情,面带微笑,语言亲切。

(2) 迎接客人服务。领位员要熟知餐厅座位安排、经营风味、食品种类、服务程序与操作方法。微笑相迎,主动问好,常客、回头客要称呼姓名。

(3) 餐前服务。客人入座后,桌面服务人员主动问好,及时递上餐巾。

(4) 开单点菜服务。客人审视菜单并示意点菜时,服务人员立即上前,询问客人的需求,核实或记录内容。

(5) 上菜服务。客人点菜后,服务人员应按面包、黄油、冷菜、汤类、主菜、旁碟、甜品、水果、咖啡和红茶的顺序上菜。20分钟内送上第一道菜,90分钟内菜点出齐。菜点需要增加制作时间的,应告知客人大致等待时间。各餐桌按客人点菜先后次序上菜。

(6) 看台服务。客人用餐过程中,照顾好每一个台面的客人。客人每用完一道菜,撤下餐盘刀叉,清理好台面,摆好与下一道菜相匹配的餐碟刀叉。操作快速、细致。

(7) 收款送客服务。客人用餐结束示意结账时,服务人员应将账单准备妥当,账目记录清楚,账单夹呈放在客人面前,收款、挂账准确无误。

(8) 注意事项。西餐服务人员在进行服务时应注意以下事项。

① 服务人员询问客人用餐时间、订餐内容、座位时要清楚,复述客人姓名、房号、用餐人数与时间要准确。台面摆放整齐、横竖成行,餐具布置完好整洁大方,环境舒适。

② 领位员引导客人入座,遵守礼仪顺序。订餐、订座客人按事先安排引导,座次安排适当。客人入座时应主动拉椅,交桌面服务人员照顾。

③ 询问客人餐前饮用何种饮料,服务操作主动热情,斟酒、送饮料服务规范,没有滴撒现象。递送菜单时应用双手。

④ 注意客人所点菜肴与酒水的匹配，善于主动推销，主动介绍菜品风味、营养与做法。

⑤ 上菜一律用托盘，热菜食品加保温盖。托盘走菜轻稳，姿态端正。菜点上桌介绍名称，摆放整齐。为客人斟第一杯饮料，示意客人就餐。

⑥ 上菜过程中，把好质量关，控制好上菜节奏、时间与顺序，无错上、漏上、过快、过慢状况发生。

⑦ 符合西餐服务要求，每上一道菜，主动及时地为客人分菜、派菜。分菜操作熟练准确，斟酒及时。客人需要用手食用的菜点，应呈上茶水洗手皿。客人用餐过程中，随时注意台面整洁。及时撤换烟缸，烟缸内烟头不超过三个。上水果甜点前，撤下台面餐具，服务要及时周到。

⑧ 客人起身离开时，服务人员要主动拉椅，提醒客人不要忘记个人物品，微笑送客，主动征求意见，告别客人。客人离开后，清理台面快速轻稳，台布、口布、餐具按规定收好，重新铺台摆放餐具，3 分钟后完成清台、摆台，重新整理好餐桌，准备迎接下一批客人。

6. 冷餐会服务礼仪

冷餐酒会又称自助餐会，适用于会议用餐、团队用餐和各种大型活动。冷餐会一般有设座式与立式两种就餐形式。不设座的立式就餐可以在有限的空间里容纳更多的宾客，而且气氛活跃，不必拘束。设座冷餐会的规格较立式高，得到的个人照顾多。冷餐会的服务礼仪程序如下。

(1) 餐前准备。

① 布置会场。从宴会通知单上了解参加人数、酒会形式、台形设计、菜肴品种、布置主题等事项。食品台的摆设，应方便宾客迅速、顺利选取菜肴，考虑宾客流动方向安排取菜顺序。餐桌在摆放时，要突出主桌，预留通道。布置环境，应围绕宴会主题进行，如元旦、周年庆典、圣诞节等。

② 食台的摆设。食台的摆设形式多种多样，除了设完整的自助餐台外，也可将一些特色菜分离出来，如色拉台、甜品台、切割烧烤肉类的工作车等。

③ 食台的布置。布置食台时，先在食台上铺台布，台子四周围桌裙，台中央可以布置冰雕、雕刻、鲜花、水果等装饰物点缀，以烘托气氛，增加立体感。

④ 菜肴及其他物品的摆放。菜肴陈列，应根据通知单上所有菜肴品种和食客的取食习惯来排列。宾客盛菜用盘，整齐地放在自助餐台最前端，立式自助餐台应附有杯托架、餐刀、餐叉、餐巾等用具。色拉、开胃品和其他冷菜放在人流首先能取到的一端，摆放时图案新颖美观。接着摆放热蔬菜、肉类菜、其他热主菜，菜肴的配汁与菜肴摆放在一起。热菜通常用保温锅保温。甜品、水果一般是单独设台摆放，也可放在主菜后面即人流最后取到的一端。

⑤ 设座式自助餐。要摆好宾客用餐桌，桌上的餐具有餐刀、餐叉、汤勺、甜品叉勺、面包碟、面包刀、餐巾、胡椒皿、盐皿。

(2) 餐中服务礼仪。

① 冷餐会开始前的鸡尾酒服务礼仪。在酒会开始前半小时或 15 分钟，一般在宴会厅门外大厅或走廊为先到的宾客提供鸡尾酒、饮料和简单小吃，直到酒会时间将到，才请宾客进入宴会厅。

② 入座就餐礼仪。除了主桌常设席卡外，其他客桌用桌花区别，由宾客自由选择入座，服务员为每位宾客斟冰水，询问是否需要饮料。主办单位等全部宾客就座后致辞、祝酒，宣布酒会正式开始。座式冷餐会中的开胃品和汤则常由服务员送到餐桌上，而面包、黄油是提前派好的。

③ 自助餐台服务礼仪。自助餐台应有厨师值台，负责向宾客介绍、推荐、夹送菜肴，分切大块烤肉，及时更换和添加菜肴，检查食品温度，回答宾客提问。

④ 其他服务礼仪。服务员要随时接受宾客点用饮料，并负责送到餐桌或宾客手中。巡视服务区域，及时整理餐台，换烟灰缸，撤走空盘。

⑤ 管理人员的现场控制技巧。管理人员在现场检查服务运转情况，协调厨房生产与餐厅服务工作，处理各种突发事件，指挥员工圆满地完成各项工作。

(3) 餐后结束服务礼仪。冷餐会结束后，由主管或经理及时结账，检查所有账目。厨师负责将余下的菜肴全部撤回厨房分别处理。服务员负责清理餐台、食台，将用过的餐具、物品交洗涤间，由宴会负责人写出“酒会服务报告”备案。

7. 鸡尾酒会服务礼仪

鸡尾酒会是较流行的社交、聚会的宴请方式。举办鸡尾酒会简单而实用，热闹、欢愉且又适用于不同场合。无论隆重、严肃或不拘礼节均可采用。它不需要豪华设备，可以在任何时候举行，与会者不分高低贵贱，气氛热烈而不拘泥。从酒会主题来看，多是欢聚、庆祝、纪念、告别、开业典礼等。鸡尾酒会以供应各种酒水为主，也提供简单的小吃、点心和少量的热菜。鸡尾酒会一般不设座，只准备临时吧台、食台，在餐厅四周设小圆桌，桌上放置纸餐巾、烟灰缸、牙签盒等物品。鸡尾酒会的礼仪服务程序如下。

(1) 准备工作。根据宴请通知单的具体细节要求，摆放台形、桌椅，准备所需的各种设备，如立式麦克风、横幅、会标等。

① 吧台。鸡尾酒会临时吧台，由酒吧服务员负责在酒会前准备好。根据通知单上的“酒水需要”栏，准备各种规定的酒水、冰块、调酒具及足够数量的玻璃杯具等。

② 食品台。将足够数量的甜品盘、小叉、小勺放在食品台的一端或两端，中间陈列小吃、菜肴。高级鸡尾酒会，还准备工作车为宾客切割牛排、火腿等。

③ 小桌、椅子。小桌摆放在餐厅四周，桌上置花瓶、餐巾纸、烟灰缸、牙签盒等物品，少量椅子靠场边放置。

④ 酒会前的分工。宴会厅主管根据酒会规模配备服务人员，一般以一人服务 10～15 位宾客的比例配员。专人负责送酒水，照顾和托送菜点及调配鸡尾酒，提供各种饮料。

(2) 鸡尾酒会服务礼仪。鸡尾酒会开始后，每个岗位的服务员都应尽自己所能，为宾客提供尽善尽美的服务。

① 负责托送酒水的服务员，用托盘托送斟好酒水的杯子，自始至终在宾客中巡回，由宾客自己选择托盘内的酒水或另外点订鸡尾酒。负责收回宾客放在小桌上的空杯、空盘，送至洗涤间洗涤。

② 负责菜点的服务员，要保证有足够数量的盘碟、勺、叉，帮助老年宾客取食，添加点心菜肴，必要时用托盘托送特色点心，负责回收小桌上的空盘、废牙签、脏口纸等送往洗涤间。

③ 吧台服务员，负责斟倒酒水和调配宾客所点的鸡尾酒，在收费标准内保证供应。

(3) 鸡尾酒会结束服务礼仪。宾客结账离去后，服务员负责撤走所有的物品。余下的酒品收回到酒吧存放，脏餐具送洗涤间，干净餐具送工作间，撤下台布，收起桌裙，为下一餐做好准备。

【小贴士】

餐厅服务礼貌用语

您好！欢迎您光临我们餐厅。
请您稍等，我马上给您安排。
请往这边走。请跟我来。请坐。
对不起，现在可以点菜吗？
这是今天的特色菜，欢迎各位品尝！
真对不起，这个菜今天已经卖完了。
您喜欢喝点什么酒？
饭后您想吃点甜品吗？
请问还需要什么？
现在可以上菜了吗？
对不起，让您久等了，这是您的菜。
我可以撤掉这个盘子吗？
对不起，打扰您了。谢谢您的帮忙。
现在可以为您结账吗？
对不起，我们这里不可以签单，请付现款好吗？
希望您吃得满意。谢谢，欢迎您再次光临！

第二节 旅游服务礼仪

旅游服务工作的出色完成是各个旅游相关岗位服务人员互相配合、共同努力的结果。游客对一次旅游活动的满意程度，取决于其中任何一个环节的服务“零缺陷”，而任何一个环节出现失误和闪失，都会引起游客对整个旅游活动的不满及对整个旅游服务工作的否定，甚至会发生投诉。在旅游行业存在一个著名的公式，即100－1＝0，这个公式包含三层含义：其一，旅游行业有100项工作，99项工作做得很出色，仅有1项工作客人不满意，就等于客人对所有的工作都不满意；其二，一项工作，做到了99％，仅有1％没有做到，就等于没有做到位；其三，有100名员工，99位员工都做得很好，只有一位员工没能做好，就等于工作没有做好。由此可见，旅游服务工作彼此相关，各部门协同工作非常重要。在旅行社服务工作中，遵从一定的服务礼仪规范，是提高游客满意度的重要前提。

一、旅行社服务礼仪

旅行社是旅游活动的组织者、安排者和联系者，是旅游业的主导力量，在整个旅游活动中处于核心地位。旅行社的这种“龙头”的性质，决定了它具有很强的综合性和协调性。旅行社与酒店、交通、景区等部门良好的沟通、协作关系，对保证旅游活动的圆满成功有着至关重要的作用，而旅行社在与游客和这些部门打交道的过程中，需要遵从一定的礼仪规范。

1. 门店接待礼仪

旅行社门店有两个重要的职能，即提供旅游咨询和销售旅游产品。旅行社门店接待是其日常工作的重要组成部分，门店工作人员最早和旅游者接触，并把产品的详细信息传递给旅游者，取得旅游者的信任，并最终把旅游产品销售给旅游者。可以说门店接待是旅行社与其业务合作伙伴或游客联系的直接途径，接待的好坏直接影响到旅行社的形象以及旅行社与其合作方、服务对象的关系，因此门店接待必须讲究礼仪规范。

(1) 环境宜人，赏心悦目。门店是旅行社以销售为主要目的的部门，其实就是市场营销学的终端，是消费者能够和商品直接接触并做出购买行为的场所。门店选址要尽量接近有效消费市场，面积不需太大，应处于人流量多的街区，有良好的交通通达性，并辅以醒目的街边招牌以及橱窗粘贴画。门店内部由办公桌设计改为柜台设计或休闲式设计，店内设施齐全，尽量增加顾客区域而减少员工区域。可以考虑选择旅行社门店相对集中的区域，这样既有利于借鉴同行的经验，取长补短，又有助于变竞争压力为动力，拓展经营，也符合顾客“货比三家”的购买心理。

门店柜台一般设有写字台、电话、传真机、复印机、办公计算机等物件，其摆放应整齐合理，以美观、方便、高效、安全为原则。门店柜台上不要堆放过多的书包、文件，常用的材料也要摆放整齐。若用玻璃台板，应注意玻璃下的整洁，不要横七竖八地压着各种车票、请柬、发票、文字报告等。应特别重视门店柜台的卫生。试想一下，客户来联系、洽谈业务，门店柜台里满地烟头、果皮，连找个干净点的沙发都难以如愿，这笔业务还能顺利做成吗？门店的布置，应给人以宁静、整洁的印象。墙上也可挂些各地的风景名胜、地图、旅行社的锦旗牌匾、旅行社徽标等物，显得清新大气。还可贴上工作计划表、经营图表、市场网络等，以示公司的业绩和员工的勉励。此外，要注意室内空气清新，保持适宜的室温和湿度。

【小贴士】

旅行社门店的5S管理

旅行社门店的5S管理可以提高工作效率、减少资源成本的浪费，提高员工士气，提升企业形象。旅行社门店的5S管理包括以下内容。

清理(Swirl)——坚决清理不必要的东西，腾出有效使用空间，防止工作时误用或掩盖需要的物件；

整理(Seton)——合理放置必要物品；

清洁(Selso)——彻底清洁工作场所内的物品，防止污染源(污迹、废物、噪声)的产生，达到“四无”(无废物、无污迹、无灰尘、无死角)标准；

维持(Setketsu)——制度化、规范化，并监督检查；

素养(Shitsuke)——培养员工良好的职业习惯，积极向上的工作态度和状态。从小事做起，养成良好的习惯，从而创造一个干净、整洁、舒适、合理的工作场所和空间环境。

(2) 讲究礼仪,主动热情。一个旅行社员工的素质和待人接物的礼仪水平,是从每个员工的言谈举止中体现出来的。门店虽然不大,但它既是工作的地方又是社交的场所。门店的工作人员的礼仪如何,往往是客商评价公司的重要依据。

① 注重仪表。旅行社接待人员要仪容得体,服饰整洁大方,仪态大方,体现出良好的精神状态,给顾客端庄文雅、自尊自信的良好形象。

② 遵守制度。遵守旅游公司的管理制度,按时上下班、不迟到、不早退、不能无故不上班。办公室不拨打或接听私人电话,不占用工作时间去上街买菜、逛商店,不在写字间打扑克等。在门店工作,要注意保持安静。与同事谈工作时,声音不宜太高,不要在过道里、走廊上大声呼唤同事。拨打电话或接听电话时,语调要平和、文明。

③ 礼貌待人。旅游咨询者走进门店后,门店服务人员要仔细观察、判断旅游咨询者进入门店的意图,要转向旅游者,用眼神来表达关注和欢迎。注目礼的距离以五步为宜,在距三步的时候就要面带微笑,热情地问候"您好,欢迎光临",并用手势语言敬请旅游者坐下。门店服务人员要主动为旅游咨询者提供帮助,可通过接触搭话使旅游咨询者的注意从无意注意转向有意注意,或者从对旅游产品的注意发展到对该产品的兴趣。而在与旅游咨询者搭话以后,应尽快出示旅游产品,使旅游咨询者有事情可做,有东西可看,有引起兴趣、产生联想的对象。

门店人员应实事求是地说明产品的有用信息,并列举旅游产品的一些卖点,根据旅游咨询者的情况,在旅游咨询者比较、判断的阶段,刺激旅游咨询者的购物欲望,促成购买,列举旅游产品的一些卖点或者亮点等特色,向旅游咨询者说明。促进旅游咨询者对打算购买的旅游产品的信任,坚定旅游咨询者的购买决心。当推销成功,旅行社门店应当依法与旅游者订立书面旅游合同,其目的是维护旅游者和旅游经营者的合法权益。旅游咨询者一旦签订好旅游合同后,门店服务人员就应该收取费用,并为旅游者开好发票。核对团款时要认真仔细,避免发生错收错付情况。门店服务人员在为旅游者开好发票、结束销售时,还应询问旅游者是否有亲人或者朋友一起去旅游,告知旅游出发前要注意哪些事项,什么时间、地点和导游或者全陪导游联系,并可以告知旅游途中要注意的事项。这不仅使旅游者体验到门店是真心实意地为他们服务的,而且对门店留下美好的回忆,起到良好的宣传效果。

(3) 散客代办,业务精到。办理散客代办业务要讲究流程,有条不紊地做好各项代办业务,不同的散客代办业务要区别对待。

① 当门店接待人员在接到办理散客来本地的委托代办业务时。首先了解对方旅游者的有关情况,详细记录对方(委托方)旅行社名称、委托人姓名及通话时间等,以便有据可查,根据实际情况认真填写好任务通知书并立即按内容进行预订,若客人需提供导游服务,应及时落实导游人员。委托的某些项目无法提供,应在24小时内通知委托者,以便委托方随时准备。

② 代办散客赴外地的委托业务。当门店接待人员在接受和办理赴外地旅游的委托时,应热情周到,耐心询问客人的要求,并记录。认真检查其证件,并有礼貌地请旅游者本人填写委托书等表格,对客人不明白的注意事项耐心解释。如果委托书中有我方不能办到的事情,应事先向旅游者说明,请其自行划除,并向其道歉。

③ 受理散客在本地的单项旅游委托业务。热情主动地询问旅游者的要求,微笑、耐心

地说明旅行社所能提供的各种服务项目和收费标准，拿出委托书请旅游者自行填写，当旅游者办妥单项委托服务手续后，礼貌地与旅游者道别，并及时通知有关部门。

(4) 特殊团队，特别对待。特殊团队是指有别于一般旅游观光并具有其自身特点的旅游团队。在组织接待安排时，不能等同于一般观光团的操作，应根据他们的自身特点，有针对性地组织操作和接待。

① 新闻记者或旅游代理商接待礼仪。旅行社组织接待代理商或新闻记者参与旅游，目的是介绍自己组合的旅游线路，使其通过观察、了解并熟悉本社的业务和旅游目的地的旅游业情况，产生组团消费本社旅游产品的愿望，宣传并介绍本社的旅游业务。旅行社组织旅行代理商或新闻记者旅游需注意以下几点：一是精心设计最佳的旅游线路。旅行社应派专人预先按线路采访一下，并落实各地的准备工作。每个地方突出什么，活动、交通、住宿、膳食怎样安排等，要反复检查确认。二是邀请团在考察过程中的活动，尤其是交通、食宿、参观游览、文娱活动等，应与将来旅行社组团的活动基本一致。三是配备最佳导游。选择好导游是邀请团活动成功与否的关键。要选择有经验而又学识丰富的导游，讲解既深入浅出，又诙谐动听、妙趣横生，让代理商或记者感到是一次很好的艺术享受，回去后有助于更好地宣传，起到扩大影响、吸引游客的作用。

② 大型团队接待礼仪。接待大型团队的旅游活动，其难度及要求比一般旅游团队都要高。接待人员必须同时具备较高的业务水平、宏观的控制能力与严密的工作作风，才能够圆满完成接待任务。应注意与各有关单位确认活动日程和确切的时间，检查接待人员的精神准备和物质准备，通知每人车号、客人数、房号；部门经理亲临机场或码头察看迎接团队的场地、乐队站立的位置、停车点；事先安排专人下榻饭店，与饭店客房部经理等共同检查房间内各种设施是否完好可用；与车队联系好出车顺序，车上贴好醒目车号和标志。

③ 残疾人团队接待礼仪。接待残疾人旅游团队，最重要的是要有满腔热忱，随时注意保护其自尊心。在生活服务方面，一定要细心周到，想方设法为他们提供方便；在导游工作方面应尽量满足他们的要求；在日程安排方面，要考虑到他们的身体条件和特殊需要，时间应宽松些，所去景点应便于残疾人活动。

2. 旅游产品推销礼仪

同其他产品一样，旅游产品这种特殊的商品也需要宣传和推销。旅游产品推销礼仪是指销售人员在推销过程中应遵循的行为规范与准则。它指导着销售人员的言行举止，是促成良好旅游商务关系的润滑剂。

(1) 约见客户礼仪。约见客户是指推销人员事先征得客户同意，面对面协调接触的活动。总的来说，销售员约见客户时，要事先联系好客户，征求对方同意后会面。约见时，应从对方利益出发，多为客户着想，最好由客户决定约见的时间、地点等相关事宜。销售人员应视客户的具体情况，选择天气良好、对方时间宽裕、情绪好的时候进行约见，可以主动提出几种建议由客户定夺。约见时间一旦确定，销售人员就应按时到达，绝不可失约。约见地点的选择，最好尊重客户的意见，选择客户熟悉的地方，或者选择安全、轻松、无外界干扰、交通较为便利的场所。总之，由客户选择约见地点比较礼貌。约见的形式可以多种多样，如电话预约、信函预约，也可以当面约见等。不论口头预约，还是书面预约，都要注意措辞的礼貌、得体。

(2) 拜访客户的礼仪。旅游产品的销售人员拜访客户要注意以下礼仪。

① 重视给顾客的第一印象。心理学调查表明，人们接触的最初两分钟，彼此印象最为深刻。因此，推销人员首先要特别注意自己的外貌，这是第一印象产生的最初原因，要热情开朗，诚恳自信，争取被顾客接纳。其次要选择合适的服装。据研究，初次见面给人印象的90%产生于服装。当然，并不是说服装要多么高档和华丽，但干净整洁、职业化是应当做到的。国外流行的着装 TPO(Time、Place、Object，时间、地点、目标)原则，值得推销人员借鉴。只有在顾客心目中留下并保持良好的第一印象，才能为推销工作的进一步开展打下基础，赢得先机。

② 讲究见面礼节。旅行社的商务接洽人员，要时时保持饱满的精神和面带微笑，并持关心对方的态度。称呼对方要用尊称。与对方握手时姿势要端正，正视对方的眼睛，体现出礼貌和真诚。问候、说话要谦和亲切。

③ 讲究洽谈的礼仪。在旅行社的商务洽谈中，融洽友好的气氛是洽谈得以顺利进行的重要条件。旅行社业务人员，必须使自己的语言表达文明礼貌、分寸得当，使洽谈双方始终处于一种友好的气氛中。出言不逊、恶语伤人，会引起对方的反感和不满，往往会给谈判制造障碍，甚至导致洽谈的破裂。要仔细倾听对方的发言，注意观察对方的举止、神情、仪态，以捕捉对方的思想脉络、追踪对方的动机，还可以通过适当的语言表达投石问路，探视对方的想法，获得必要的信息，这是更为直接有效的方法。在洽谈中说话一定要注意分寸，留有余地，不能说"满口话"，要使说话具有一定的弹性，给自己留下可以进退的余地。洽谈中，对某些复杂的事情或意料之外的事情，不可能一下子做出准确的判断，可以运用模糊语言避其锋芒，做出有弹性的回答，以争取时间做必要的研究和制定应对方法。对一些很难一下子做出回答的要求和问题，可以说"我们将尽快给你们答复""我们再考虑一下""最近几天给你们回音"等。这样留有余地的说法，可使自己避免盲目地做出反应而陷入被动的局面。洽谈中，不要急于求成，应始终保持一种平和心态，耐心等待；洽谈工作较为顺利时不要喜形于色；遇到客户推辞拒绝时，也不要垂头丧气。有涵养风度的接待人员，往往是先推销形象，再推销产品。

拜访结束，不要忘记礼貌地告别。

(3) 售后服务的礼仪。对旅行社而言，售后服务主要包括处理顾客投诉和回访旅游者两个方面。

① 处理投诉礼仪。当接到旅游者投诉后，无论投诉对象是谁，都要认真听取旅游者投诉，要头脑冷静，面带微笑，对宾客遇到的不快表示理解，并致歉意。接受客人投诉时，应尽量避开人群较多的地方，避免影响其他客人。无论旅游者投诉态度如何，投诉与事实有多大出入都要虚心接受。对旅游者的投诉，旅行社是否有过错都不要申辩，尤其是对火气正大、脾气暴躁的旅游者先不要解释，可以先向客人说"对不起"，表示安慰，如事态较严重要立即上报主管经理。迅速了解旅游者投诉的具体内容、投诉对象，并立即将旅游者的投诉反映给被投诉对象的所在部门，请他们迅速调查，核实处理，并将调查处理结果尽快反馈给游客，若一时难以处理的也应将有关情况及时反馈给旅游者。如投诉对象是所在旅行社或者就是导游人员本人，导游人员更应微笑接待，认真倾听，最好当着旅游者的面认真做好记录，不可边听边反驳旅游者的投诉。对一些简单、易解决的投诉，要及时解决并征求旅游

者对处理投诉的意见。对一些不易解决的投诉，首先要向旅游者道歉，并感谢旅游者对导游工作提出宝贵意见，向旅游者说明并及时向相关部门经理汇报。及时将处理结果通告旅游者，并再次道歉，以消除旅游者所遇到的不快。对于重大投诉或重要旅游者的投诉，要立即上报，及时处理，不得延误。一桩投诉处理完后，要注意详细记录投诉并写明处理结果，上报批示后归档。

② 旅游者回访礼仪。应高度重视旅游者的意见和建议，及时沟通、解释、感谢或补救。旅行社可以设立奖励制度，对提出合理化建议和意见者，给予适当的奖励。旅行社网址和游客意见箱应该长期设置，并专人负责，及时查看，及时回复和处理，并且长期实施。旅游者意见表由客人填写，可由导游人员直接带回并交给门店。电话访问必须及时，应在行程结束后的两天之内完成。要简洁明了，主题突出，有针对性。回访旅游者只针对重要客户，行程结束后三天之内完成。以不打扰旅游者为前提，要耐心、虚心地听取他们的建议和意见。

【小案例】

某旅行社门店接待案例

以下是某旅行社门店接待案例。案例中，A表示接待人员；B表示顾客。

A：您好，欢迎光临，请问我可以为您做点什么？（温文尔雅，又不硬性推销。）

B：我想趁暑假出去旅游，放松一下。

A：您是和您的家里人一起去享受快乐的假期吧？（委婉地了解出游人数。）

B：对，我们三口人一块去。

A：看起来先生一家经常外出旅游。都去过哪些地方呢？（了解游客的旅游经历。）

B：本省我们都已经去遍了，另外还去过北京、上海等许多国内的大城市。现在我对都市旅游已经不太感兴趣了。

A：现在是夏天，天气炎热。去亲近山水是个不错的选择，您说呢？就像我们这个门店布置得一样，清凉舒畅。（有针对性地试探游客的旅游偏好，并充分利用门店为夏季促销而特别进行的布置。）

B：有道理。

A：您看，我们这里有几条适合夏季旅游的线路，距离较远的有四川九寨沟、内蒙古的草原之旅、江西的庐山等线路；距离较近的有湖南的张家界、福建的武夷山等。价钱适中，行程也都比较轻松，适合家人一起出游。您可以具体了解一下这几条线路的具体情况，这里有线路介绍的小册子和精美的图片。（有针对性地提供不同选择，及时为游客提供直观的资料、图片，便于游客决策。）

B：增城的白水寨怎么样？

A：非常漂亮，而且是消夏避暑的好选择。这里有我们的旅游团队在白水寨旅游的录像资料，我给您播放一下。（在较简单直观的图片等资料的基础上，对有强烈意向的潜在游客播放时间更长、效果更直观的录像，推动其做出正确选择。）

B：真的非常漂亮。

A：您还可以用这台计算机上网，登录白水寨的网址，仔细浏览一下这个景点的详细情况。（通过游客上网进行自行浏览，促使其最终做出决策。）

B：没问题，就去白水寨了。既清凉避暑，距离又近，不至于让孩子感觉疲惫。

【点评】 本案例中的接待员讲究接待服务推销技巧，处处从游客角度考虑问题，想游客所想、急游客所急，接待员先了解游客准备出游的形式、人数，拥有的旅游经验以及旅游线路、旅游偏好等，再运用景点图片、录像资料、计算机上网等手段，进行有针对性的促销。由于接待人员每一步都占据着主动，促销取得了成功。可见，旅行社门店接待中讲究礼仪，有针对性地做好服务和推销工作，对旅行社经济效益和社会效益的提升都具有重要而深远的意义。

二、导游服务礼仪

导游是整个旅游活动的灵魂，在旅游团的参观游览过程中，导游服务是旅游服务的关键环节。一次旅游活动的成败取决于导游员的服务质量。导游员是旅游业最具代表性的工作者，是旅游服务接待工作的支柱力量。导游员是旅游从业人员中与旅游者接触最多、接触时间最长的人，他（她）给旅游者留下的印象也最为深刻，正如旅游专家所言："一名好的导游会带来一次愉快的旅游，反之，肯定是不成功的旅游。"国际导游界也给予导游地位充分的肯定，认为导游员是"旅游业的灵魂""旅行社的支柱"及"参观游览活动的导演"。可见，导游服务在整个旅游活动过程中具有至关重要的地位，而导游服务礼仪对提高导游服务质量进而提升整个旅游活动的质量具有重要作用。

1. 导游准备工作礼仪

（1）着装礼仪。在着装方面，导游员要遵循职业工作者的基本服饰礼仪规范要求，以朴素、整洁、大方且便于行动的服装为宜。带团时，导游员的服装穿着不可过于时尚、怪异或花俏，以免喧宾夺主，使游客产生不必要的反感。在夏季时，男士导游员不可穿无领汗衫、短裤和赤脚穿凉鞋参加外事接待活动，女士导游员不宜穿过长和过短的裙子，且穿裙子时袜口不可露在裙边之外。

（2）接团基本装备。导游员在接团准备中，要注意领取和备齐身份证、工作证、导游证、导游图、导游胸卡、个人名片、通讯录、记事本、喇叭、导游旗、接站牌等物质性工具。

（3）了解基本情况。全陪导游要熟知团队的整个旅游计划，掌握团队的游览日程和行程计划，包括抵、离旅游线路各站的时间以及交通工具类型和航班、车次、接站地点等，同时了解旅游团团员的性别构成、职业类型、文化程度、民族、宗教信仰及餐饮习惯等各个方面的信息。准备好对全团旅游者的第一次讲话的内容，包括旅游计划、风土人情、时间安排和注意事项等，尽量给旅游者留下良好的第一印象，初步树立自己旅游专家的形象。

地陪导游要适时核对接待车辆、就餐安排、交通购票等落实情况，要确定与接待车辆司机的接头时间和地点。了解全陪的性别、性格等相关信息以备与全陪导游做好沟通和配合。同时，要熟悉景点介绍，熟悉旅游团途经的各城市和旅游点的情况，包括历史、地理、人口、风俗、民情等。

2. 导游迎送礼仪

旅游团队的迎接和送别是导游人员的一项十分重要的工作，注意迎送礼仪对做好导游服务工作至关重要。

(1) 导游迎客礼仪。

① 接站服务礼仪。导游员应佩戴导游胸卡、打社旗及持接站牌，至少提前30分钟到达机场、车站或码头迎接游客。客人抵达后，导游员要主动持接站牌上前迎接，先自我介绍，再确认对方身份，寒暄问候，核对团号、实际抵达人数、名单及特殊要求等。导游应协助游客将行李集中放在指定位置，进行清点和检查，如果发现有丢失、损坏等现象，应积极向航空公司或其他相关部门报告、登记，如行李没有丢失或损坏，则移交给行李员，办好交接手续。

② 乘车礼仪。导游员要站在车门旁边引导客人乘车，要尊重老人和女性，爱护儿童，导游协助客人上车就座后，自己再上车；上车后清点人数，清点人数时要注意礼貌，可在心中默数，不可用手指点游客，待一切无误后请司机开车；下车时，导游员自己先下车，在车门口协助游客下车。

【小案例】

错误的数数法

这天小王精神饱满地奔赴酒店，准备当天的旅游接待工作。小王笑容可掬地站在车门旁边迎候游客们上车，接着小王按惯例开始清点人数，"1、2、3、4……"小王轻轻地念着，同时用手指点数游客。游客很准时，没有迟到的。在旅游过程中，小王的旅游知识尽管很丰富，服务也很周到，但是他发现游客们还是有点不对劲。小王百思不得其解。随后，小王向经验老到的导游员请教，才茅塞顿开。

③ 致欢迎词。在途中，应代表组团社或地接社及个人致欢迎词。致辞应包括热情的欢迎、诚恳的介绍(导游和司机)、提供服务的真诚愿望以及预祝旅途愉快等内容。并向游客介绍日程安排、活动项目、注意事项，以及将要入住的酒店的基本情况和住房、食宿安排等。如果游客精神状态良好，还可以向游客介绍沿途风景。

【小案例】

地陪欢迎词

各位团友：

大家好，欢迎大家来到延边朝鲜族自治州！

首先，我代表××旅行社的老总欢迎大家的到来。我是您此行的导游员，我叫×××，未来的几天，我们将深度体验朝鲜民族的文化特色，我们的行程一定是最愉快的，因为我相信，民族的才是世界的！同时，这里也送上一份朝鲜族人民的祝愿，祝愿我们的行程开开心心、顺顺利利！

我身边的这位就是我们的司机师傅，接下来的几天就由我们协同为大家服务，无论旅途中您有什么疑难，都可以随时向我们提出来，我们会尽最大的努力，为您排忧解难。

最后，预祝大家旅途愉快！

(2) 导游送客礼仪。

① 送客安排。旅游团离开之前，导游员应根据客人离去的时间，提前预订好下一站旅

游或返回的机(车、船)票。客人乘坐的车厢、船舱尽量集中安排,以利于团队活动的统一协调。按导游工作程序规定的时间要求,到达机场(车站、码头),送国内航班,应提前90分钟到达机场;送国际航班,应提前2小时抵达机场;送火车或轮船应提前60分钟到达车站或码头。送客前安排好结算、赠送礼品、摄影留念、欢送宴会等事宜。赠送礼品应方便携带、突出地方特色、具有保存价值。

② 致欢送词。在送行途中要致欢送词,使游客感受到自己的热情、诚恳、礼貌和教养,并预祝大家旅途愉快,向游客表达希望再次为其服务的愿望。即使在旅游活动中,导游员与游客之间出现过某种摩擦或误会,在送别游客时,导游员也要表现出应有的礼貌、礼节和礼仪,尽量做到旅游活动的善始善终,尽一切努力让游客满意。

【小贴士】

令人难忘的欢送词

重庆一位导游在送别一个日本东京汉诗研究所旅游团时所致的欢送词如下。

两天来,由于各位的盛情和通力合作,我们在重庆的游览就要结束了。在此,谨向各位表示深深的谢意!重庆和东京相距几千千米,但只不过是一水之隔。"我在长江头,君住长江之尾",中国和日本是一衣带水的友好邻邦。我唯一的遗憾是,不能按照日本古老的风俗,给你们一束古老的纸带,一头牵在你们手里,一头系在我们手里。船开了,纸带一分两半,但却留下不尽的思念,虽然没有这条有形的纸带,但却有一条无形的彩带,那就是友谊的纽带……

中国有句古话说:"物唯求新,人唯求旧",东西是新的好,朋友还是老的好。这次我们是新知,下次各位有机会再来重庆,我们就是故交了。祝各位百事如意、健康幸福、一路顺风!谢谢各位。

③ 离别礼仪。火车、轮船开动或飞机起飞后,应向游客挥手致意,祝客人旅途一路顺风,然后再离开。若自己确有其他事情不得不提前离开,一定要向游客说明缘由并真诚地向游客致歉。若客人乘坐的车、船、飞机晚点,应主动关心游客,必要时需留下与领队共同处理有关事宜。

3. 导游待客游览礼仪

游览服务是整个旅游活动的重头戏,导游人员高水平的服务可以使游客在游览过程中获得舒适愉悦的体验,高水平的服务除了要求导游员具有一定的文化修养、服务技巧等,还要求导游员遵从一定的服务礼仪规范。

(1) 导游员带客游览的礼仪规范要求。

① 守时守信。遵守时间是导游员应遵循的最为重要的礼仪规范。由于旅游者参观游览活动都有一定的行程安排并有较强的时间约束,因此为了确保团队活动的顺利进行,导游员必须尽早将每天的日程安排明白无误地告知每位游客,并且随时提醒。同时,应按照规定的时间提前到达集合地点,按约定的时间与客人会面。如有特殊情况,必须耐心地向游客解释,以取得谅解。此外,导游员还应该做到诚实守信,答应游客办理的事情,必须尽力帮助处理并及时告知处理结果。

② 尊重游客。导游员在带团过程中,应尊重旅游者的宗教信仰、风俗习惯,特别注意他们的宗教习惯和禁忌。对游客应一视同仁,不厚此薄彼,但对于旅游团中的长者、女士、幼童及残疾游客等特殊人员应给予更多的关照,做到体贴有加而非同情、怜悯。对重要客人的接待服务应把握好分寸,做到不卑不亢。对随团的其他工作人员(如领队或全陪)也应给予应有的尊重,遇事多沟通,多主动听取意见,以礼待人。

(2) 途中服务礼仪。抵达景点前,应向客人简要介绍景点的概况,尤其是景点的历史、价值和特色。还可根据客人的特点、兴趣、要求穿插一些历史典故和社会风貌等,以增加客人的游兴。到达景点时,应告诉客人该景点停留的时间、集合的时间和地点以及有关注意事项,如卫生间位置、旅游车车号以及保管好钱物等。

(3) 游览服务礼仪。带客游览过程中,导游员要认真组织好客人活动。应保证在计划的时间与费用内让客人充分地游览、观赏,做到讲解与引导游览相结合、适当集中与分散相结合、劳逸适度,并特别照顾老、弱、病、残客人。游览途中,导游员要特别注意游客的安全,要自始至终与游客在一起并随时清点人数,以防客人走失。要提醒游客看管好所带财物,防止发生丢失、被盗现象。对于行走困难的地方,要陪伴照顾好年老体弱者,以防发生意外,游客提出需要帮助时,应尽可能地予以满足,不能满足的要及时向游客解释并致歉。

4. 导游讲解礼仪

(1) 讲解控制好声音、语速,选择好讲解的地点。在导游过程中,导游员要熟悉业务,知识面广。讲解内容健康、规范,热情介绍、答复游客的提问或咨询,耐心细致;对游客的提问,尽量做到有问必答、有问能答;对回答不了的问题,致以歉意,表示下次再来时给予满意回答;与游客进行沟通时,说话态度诚恳谦逊,表达得体,例如:"请您随我参观""请您抓紧时间,闭馆时间到了""欢迎您下次再来"等。同时,导游讲解时声量过高会造成噪声,音量过大令人讨厌,说出外行话更让人瞧不起。音量过小,游客又听不清楚,"讲话的艺术在于适中"。导游在讲解时音量不可过高或过低,要以游客听清为准。因此,导游讲解的时间、位置都要注意选择。一般来说,导游要站在游客围成的扇面中心,这样有利于声音传播,使客人都能听到导游的讲解,导游也能听清客人的议论和问题。导游如果讲解得过快,游客听不清楚,精神高度紧张,容易引起疲劳。如果讲得过慢,又会耽误时间,影响游客观赏景物,让人感到不舒服。一般来说,需要特别强调的事情、容易招致疑惑和误解的事情、重要的地名、人名、数字等应放慢语速;众所周知的事情、不大重要的事情、故事进入高潮时要放慢语速。当然,导游语言要讲究变化。"所应遵循的原则,就是随时注意变化。"要根据讲解内容,做到宜徐则徐,宜疾则疾,徐疾有致,快慢相宜。

(2) 导游语言表达富有艺术性。

① 准确流畅。根据语言学的研究,导游语言是一种线性语言,讲解一定要流畅。一旦中断,就会影响意思表达,游客无法领会你想要表达的意思和感情,会产生诸如你准备不充分等其他不好的想法,伴随而来的是对导游的怀疑、不信任心理。因此,导游语言表达准确流畅,对导游人员来说至关重要。同一导游材料,不同导游去讲解,收到的效果会有所差别,甚至有天壤之别。我们在讲解之前,一定要把有关景点材料准备得滚瓜烂熟,并反复加以操练。同时,还要避免使用不良的习惯语,也就是平常所说的口头禅,诸如"这个……这

个……这个……”“嗯……嗯……嗯……”之类，最影响讲解内容的连贯性。只有这样，才能达到“黄河之水天上来，奔流到海不复回”的境界，取得庐山瀑布“飞流直下三千尺”的效果。

② 生动自然。导游员在讲解内容准确的前提下，应以生动、有趣且具感染力的语言活跃气氛，增添游客的游兴，以趣逗人。如果讲解时过度使用书面语言，照本宣科、死板老套不可取，“黄色幽默”和低级趣味的笑话更应杜绝。例如，在介绍千佛山公园概况时有位导游是这样讲的：“千佛山山脉来自岱麓，它翠峰连绵，树木蓊郁，松柏满谷，楼台高耸，殿宇错落，为济南天然屏障。”这段讲解由于玩弄美丽辞藻，过多使用书面语言而让人感到不自然，不能给游客以生动易懂、赏心悦目的感觉，无法实现导游讲解的目的。正确的办法是将其修改为通俗、生动的口头语言。我们可以尝试着将上面的一段文字修改如下。

“千佛山属于泰山的余脉，海拔 258 米。你看它东西横列，翠峰连绵，盘亘于济南市区的南面，被人形象地称为泉城的南部屏风。清朝著名文学家刘鹗在他的小说《老残游记》中，就有一段描述千佛山的话，他说从大明湖向南望千佛山，‘仿佛宋人赵千里的一幅大画，做了一架数十里长的屏风’，形容得非常贴切”。

导游这样的讲解让游客如身临其境、回味无穷。

要做到讲解生动，导游仅具备丰富的景观知识和语言词汇是远远不够的，还必须善用精彩描写，使语言生动形象，耐人寻味，如《迪庆香格里拉导游词》。

在雪山环绕之间，分布着许多大大小小的草甸和坝子，这是迪庆各族人民生息繁衍的地方。这里土地肥沃，水草丰美，牛羊骏马成群，特别是大小中甸，真有“天苍苍，野茫茫，风吹草低见牛羊”的风光。五月的中甸草原，碧绿的草地和山坡上的杜鹃花、格桑花和数不尽的各种小花争相怒放，姹紫嫣红，争奇斗艳，宛如一块块色彩斑斓的大地毯，骏马奔驰，牛羊滚滚，雄鹰翱翔，牧人在白云蓝天下唱起牧歌，挥动长鞭，这就是人间仙境的生活，一幅活生生的美丽图画。

这段讲解把人带入诗画般的意境，获得一种远离尘世的超脱之感。

③ 条理清楚。这是导游与游客沟通的根本。特别是对于内容丰富、复杂的景点，讲解必须有条理，善于运用富于逻辑的讲解顺序，先讲什么、后讲什么、中间穿插什么，都要事先组织好，否则会让人不知所云。良好的讲解顺序，将会给游客一个清晰的理解帮助，对后面景点的游览和导游的工作，都会有一个积极的影响。讲解的时候，特别是在讲解建筑物时，可采用空间逻辑的顺序来讲解。如在讲解席子巷时，可以这样来给游客讲解。

“好了，朋友们，现在我们所在的位置就是席子巷。席子巷是因为当年加工销售草席而闻名的。大家可以看一下，席子巷全长约 60 米，两边的房屋均为一楼一底的木式结构房屋……（在这里给游客介绍一下川南民居的建筑风格和特色。）好了，朋友们，大家可以看一下席子巷房屋的门有何特点？（游客一般会回答两扇，这时可以直接给他们介绍一下腰门和中国的封建等级制度。）这扇门叫作腰门……（介绍完以后，就可以给大家介绍一下脚底下特殊的青石路面。）好了，朋友们，大家欣赏完房屋以后，可曾留心脚下的特别之处？（然后，导游可以给游客介绍一下脚下的 99 块大青石铺就的路以及中国特殊的九五之数文化。）”

这样一段导游词，就很有逻辑性，先房屋后地面；房屋介绍时，先整体，后局部。这样，游客就很容易理解。

条理清楚还要求导游克服一些不良的口语习惯。有的导游用语暧昧、含混不清，有的解说反复啰唆、拖泥带水，这些不良习惯都会影响导游的表达能力，应当想方设法克服。导游言语运用要妥当，有分寸，以尊重游客为前提。

④ 灵活多变。导游讲解的灵活多变是指在景点基本内容的基础上，用多种不同表达方式因人、因地、因时制宜，力求讲解生动、风趣、幽默。导游员在讲解时必须充分考虑游客的文化背景、认知水平、兴趣爱好及职业特点等异同，并据此有针对性地决定内容的取舍和选择表达方式，以提高游客的接受和理解能力。如在讲解中穿插一些“边角料”——历史典故、神话传说、逸事野史，就是灵活多变的语言艺术手法的集中反映。如某导游员带领游客来到故宫九龙壁前，游客们自然会被这面瑰丽的工艺品上那龙腾云的图案所吸引。导游员对游客是这样说的：

大家的鉴赏力都值得钦佩，但视力不一定都好。请你们仔细找个破绽：这里龙身上的某一块瓦不是琉璃，而是木头仿制的。乾隆年间，一次皇帝巡视园内，看到墙壁上脱落一块瓦，命工匠补上。而炼制这种瓦需要数天时间，工匠急不择料，用木头雕制成一块瓦样，漆上逼真的色彩镶嵌上去以假乱真，骗过了皇帝的眼睛。今天谁能最先找到，谁的眼力一定第一！

游客听说，兴趣高涨。当他们找到这块传奇的木瓦时雀跃之余，相信这个传说真实可信。

⑤ 巧妙引用。这是指向游客引用叙述有关历史人物、事件、神话故事、逸闻典故等，以丰富游客的历史知识，使他们运用形象思维更好地了解眼前的景观。请看实例：

清乾隆年间，秦大士居住秦淮河畔，每日攻书苦读。因家境贫寒，其母用黄豆加上红糙米、红枣煮好，用小碗把豆装好，上面加一粒红枣，给他夜间读书时充饥。因黄豆酥烂，颗粒完整，汁味浓香，甜咸适度，富于营养。乾隆十七年(1752 年)，秦大士考中状元，人们就将他所食的煮黄豆称为“状元豆”，并成了秦淮小吃之一。

游客们纷纷被导游员引用的逸闻故事所打动，再吃状元豆时，感受就不一样了。又如：

看看这幅神奇的巨大的瀑布，它左边呈银白色，右边呈金黄色，在这两道彩瀑中间还奇迹般地开启了一道天然的门，关于这道神奇的门，还有一个美丽的传说：燕子姑娘成仙后，专门跟为富不仁的坏人作对。当地有个郭财主，家里的金银堆成了山，还拼命压榨老百姓，穷人们恨透了他。燕子仙姑知道后，便乔装成一个乞丐，来到郭财主的家，郭财主一见，就喝令手下将燕子仙姑棒打出去。只见燕子仙姑念念有词，忽见祥光一闪，郭财主家里的金山和银山便不见了，郭财主顿时气了个半死。燕子仙姑把郭财主的金山和银山搬到洞里后，这边堆金子，成了金山；那边堆银子，成了银山，她还特意在中间开了一道神奇的门，好人和穷人来了，门就自动打开，并送给穷人一些金银，让他们过上好日子。要是坏人来了，这门就自动关闭，坏人只得“望宝兴叹”。因此当地人至今还把它叫作“金山银山”。

美丽的传说，深深打动了游客，逗得游客乐此不疲，游兴顿增。

导游讲解还可以引用古代诗词、名人名言或客人本国本土的谚语、俗语、俚语、格言、顺口溜等进行讲解。例如：

导游讲解藏传佛教寺庙建筑布达拉宫时，引用五世达赖写的一首诗：“纯金成幢焰火红，普照世间光明中；日神含羞从夜台，跃向北州遁虚宫。四面梵天观诸方，何宫堪与此比长？徒劳无获求久劫，有漏乐中睡未央。”

游客从诗中明白要寻找一座宫殿来与布达拉宫媲美，结果只会是徒劳无获，只能像梵天一样坠入永远的轮回中。也让游客理解藏传佛教的领袖对这种民族风格而引以为豪的心情。又如：

大家请看，这里叫作细腰涧，左右两侧分别有一个大肚皮！对此，当地有这么一个顺口溜：说稀奇、道稀奇，细腰涧旁大肚皮。大肚皮，真滑稽，生男生女在一起。左生男，右生女，生男生女靠自己。男成龙、女成凤，生龙生凤皆欢喜。(《泰宁世界地质公园·上清溪》)

这里引用流传在当地的顺口溜，使景点讲解轻松俏皮、幽默诙谐，让游客在游览中感觉十分舒心。

⑥ 幽默风趣，轻松愉快。导游员在讲解的过程中，适当运用幽默，会令游客感到很有趣。值得注意的是，幽默要适度，内容要健康，安排要有间隔。如果总是幽默不注意知识性、科学性，也就收不到良好的效果，如果弄成了贫嘴笑料，搬出来哗众取宠，就会适得其反。在运用幽默方法时要注意超出常人正常思维范围，这样使人觉得既在意料外，又在情理中，做到语言艺术上的“柳暗花明又一村”，让游客在乐趣中得到精神享受。例如：

苏州西园的五百罗汉堂里，导游指着那尊“疯僧”塑像逗趣地说：“朋友们，这个疯和尚有个雅号叫‘九不全’，就是说，有九样毛病：歪嘴、驼背、斗鸡眼、烧脚、鸡胸、瘸瘸头、斜肩脚、招风耳朵，外加一个歪鼻头。大家别看他相貌不完美，但残而不丑，从正面、左面、右面看，你会找到喜、怒、哀、乐等多种感觉。另外，那边还有五百罗汉，大家不妨去找找看，也许能发现酷似自己的‘光辉形象’。”

又如，导游员为了让游客注意集合时间，避免游客走散，没有简单地反复提醒，而是“幽他一默”，她说：

“故宫南北长一千米，面积为京都皇宫的七倍，参观的人很多，诸位都是来自五湖四海，千万不可走散，淹没在人流里，到了晚上被关在这里。据说西太后有夜游紫禁城之说，一旦撞上了西太后会语言不通，大家都着急。所以请在某时某分于某地集合。拜托了！”

这样的表述，以新颖的刺激使时间和地点的概念得到强化，又显得导游员说话风趣，游客也轻松愉快，不感到压力，自然收到了较为理想的效果。

在导游实践中可以运用如下修辞手法，达到幽默的讲解效果。

- 比喻。比喻就是用相似的事物来打比方。导游用旅游者熟悉的事物，来介绍比喻参观的事物，能够很快使旅游者对陌生的事物产生理解和亲切感。如《中国茶叶博物馆导游词》对绿茶的介绍：

  “一般来说，绿茶芽叶越嫩越佳，一芽为莲蕊，如含蕊未放；二芽为骑枪，如矛端又增一缨；三芽称雀舌，如鸟儿初启嘴巴。冲泡后，呈青翠欲滴的绿色。”

  通过贴切的比喻，绿茶芽叶优美的姿态具体可感，给人以视觉的美感。

- 排比。排比是将几个内容相关、结构相同或相似、语气连贯的词语或句子组合在一起，以增加语势的一种辞格。导游讲解中运用得当，可产生朗朗上口、一气呵成的效果，增添感人的力量。如上海南浦大桥的一段导游词。

  大桥的建成已成为上海又一重要的标志，她仿佛一把钥匙，打开上海与世界的大门。她仿佛一面镜子,反映着中国最先进生产力水平的大都市的现代文明。她仿佛一部史册,叙述着中国的未来。她仿佛一部资质证书,充分证明中国完全可以参与和完成世界上的任何工程项目。她仿佛一曲优美的交响乐,奏出时代的最强音。

- 拟人。拟人是导游语言艺术中常用的把物当成人的一种手法,本体与拟体的交融,有助于渲染气氛,将感情与形象融为一体,使讲解变得更为生动和幽默。雁荡三绝中的灵峰,月色下,那些变幻多姿的石头,人们通过拟人化的想象赋予了它生命——“牛眠灵峰静,情侣月下恋,牧童偷偷看,婆婆羞转脸。”这是一幅多么神奇浪漫的爱情造像啊!
- 夸张。夸张就是“言过其实”,是指在客观真实的基础上,对事物进行夸大或缩小的描述。在导游语言艺术中,夸张可以强调事物的特征,表达情感,引起共鸣。如上海国旅的刘明在讲解青岛时说:“你们即将离开青岛,青岛留给你们一样难忘的东西,它不在你的拎包里和口袋中,而在你们身上。它就是你们被青岛的阳光晒黑了的皮肤,你们留下了友情,而把青岛的夏天带走了!”导游故意强调“被阳光晒黑了的皮肤”,并把这一事物特征夸张为“把夏天带走了”,生动而幽默。
- 类比。类比是指导游人员用旅游者熟悉的事物与眼前的景物比较,以达到触类旁通的目的。这能使来自不同社会、历史、文化背景下的游客,较好地领悟景观内容。关于王府井,导游对日本人讲可把它与东京银座比,对美国人讲可把它与纽约第五大街比,对法国人讲可把它与巴黎的香榭丽舍大街比;称苏州为“东方威尼斯”,称上海为“中国的悉尼”。向外国人介绍康熙,可说康熙与法国的路易十四、俄国的彼得大帝同时代。恰当的类比,不仅使旅游者易于理解,而且能使其产生一种虽在异国他乡却又如置身故里的感受,满足其自豪感。

5. 导游沟通协调礼仪

导游工作的性质与任务,不仅仅是景点介绍、讲解,还包括许多其他的工作,涵盖了旅游六大要素中吃、住、行、游、购、娱的方方面面。游客中的兴趣、爱好、要求各不相同,素质参差不齐,要使每个团员满意确实相当不易。对于导游人员来说,要做好以下沟通协调工作。

(1) 善于回答疑难问题。回答疑难问题可以运用下列礼仪技巧。

① 原则问题是非分明。游客提出的某些问题涉及一定的原则立场,一定要给予明确的回答。这些问题有些涉及民族尊严,有些涉及中国的国际形象,如中国香港地区的“一国两制”和我国台湾地区的问题等,要是非分明、毫不隐讳,并力求用正确的回答澄清对方的误解和模糊认识。

② 诱导否定。游客的性格各异,要求五花八门。对于游客的一些合理要求,作为导游人员应当尽量予以满足,而有些要求却不尽合理,按照礼貌服务的要求,导游不要轻易对客人说“不”。对方提出问题以后,不马上回答,而是讲一点理由,提出一些条件或反问一个问题,诱使对方自我否定、自我放弃原来提出的问题。

③ 曲语回避。有些游客提出的问题很刁钻,使导游在回答问题时肯定和否定都有漏洞,左右为难,还不如以静制动,或以曲折含蓄的语言予以回避。

有一位美国人问一位导游员:“你认为是毛泽东好,还是邓小平好?”导游巧妙地避开其话锋，反问道：“您能先告诉我是华盛顿好还是林肯好吗？”客人哑然。

④ 微笑不语。遭人拒绝是最令人尴尬难堪的事，为了避免遭遇这种难堪，一般人通常选择不轻易求人。所以不论是何种情况，导游人员都不应直截了当地拒绝游客的要求。但有时游客提出的一些要求，我们又不得不拒绝，此时，微笑不语可谓是最佳选择。满怀歉意地微笑不语，本身就向游客表达了一种“我真的想帮你，但是我无能为力”的信号。微笑不语有时含有不置可否的意味。

⑤ 先是后非。在必须就某个问题向游客表示拒绝时，可采取先肯定对方的动机，或表明自己与对方主观一致的愿望，然后再以无可奈何的客观理由为借口予以回绝。

在故宫博物院，一批外国游客看到中国皇宫建筑的雄伟壮观，纷纷要求摄影拍照，而故宫的有些景点是不允许拍照的，此时导游员诚恳地对客人说：“以感情上讲，我真想帮助大家，但这里有规定不许拍照，所以我无能为力。”

这种先“是”后“非”的拒绝法，可以缓解对方的紧张情绪，使对方感到你并没有从情感上拒绝他的愿望，而是出于无奈，这样在心理上游客容易接受。

⑥ 婉言谢绝。婉言谢绝是指以诚恳的态度、委婉的方式，回避他人所提出的要求或问题的技巧。即运用模糊语言暗示游客，或从侧面提示客人，其要求虽然可以理解，但却由于某些客观原因不便答复。为此只能表示遗憾和歉意，感谢大家的理解和支持。拒绝游客的方法还有不少，如顺水推舟法，即拒绝对方时，以对方言语中的某一点作为拒绝的理由，顺其逻辑得出拒绝的结果。顺水推舟式的拒绝，显得极为涵养，既能达到断然拒绝的目的，又不至于伤害对方的面子。

(2) 善于激发游客兴趣。游客游兴如何是导游工作成败的关键。游客的游兴可以激发导游的灵感，使导游在整个游程中和游客心灵相融，一路欢声笑语；相反，如果游客兴味索然，表情冷漠，尽管导游竭尽所能，也会毫无成效。激发游客游兴的礼仪包括两个方面：一是利用景观本身的吸引力；二是导游借助讲解来制造良好的氛围。

导游的景点介绍，一定要注意讲解的针对性、科学性和语言表达主动性的完美结合，应根据不同的景点（人文景观，如故宫、颐和园；自然景观，如桂林山水）进行详略不同介绍的礼仪；有的具体详尽，有的活泼流畅，有的构思严谨，有的通俗易懂。总之，景点介绍的风格特点和内容取舍，始终应以游客的兴趣为前提。

另外，在游览过程中，要善于变换游客感兴趣的话题，可根据不同游客的心理特点，选择满足求知欲的话题、刺激好奇心理的话题、决定行动的话题、满足优越感的话题或娱乐性话题。

(3) 善于调节游客情绪。情绪是人对于客观事物是否符合本身需要而产生的一种态度和体验。旅游活动中，由于有相当多的不确定因素和不可控制因素，随时都会导致计划的改变。例如，有时由于客观原因游览景点要减少，游客感兴趣的景点停留时间要缩短；预订好的中餐因为某些不可控制的因素，临时改变吃西餐；订好的机票因大风、大雾停飞，只得临时改乘火车。类似事件在接团和陪团时会经常发生。这些都会直接或间接影响到游客的情绪。调节游客情绪要注意以下几点。

① 避免以自我为话题中心。调解游客情绪时，最忌讳一方自以为是、夸夸其谈、炫耀自己，完全忽视他人。如果听者始终找不到机会参与谈话，心理上就会产生抵触情绪。为

了促进双方情绪的沟通，在谈话中应尽量使对方多开口，借以了解对方，挖掘双方的共同点，找出双方共同的话题，不能一个人垄断话题，也不要放弃调节情绪的机会。

② 谈论游客感兴趣的内容。在交谈中，应随时注意游客的反应，观察游客的表情、体态，判断其对谈话的关注程度，并经常征询游客的意见，给予对方谈话的机会。如果一旦发现游客对话题不感兴趣，应立即停住并转移话题，调整谈话的内容和方式。交谈中不要涉及个人隐私、敏感问题，否则谈话会陷入难堪的局面。

③ 谈话内容应以友好为原则。在调节游客的情绪中，双方可能会因对问题的不同看法而发生争论。有时争论是有益的，但争论也容易导致友谊破裂、关系中断。因此，应防止或避免无意义的争论，尤其是不冷静的争论。一旦争执起来，如果对方无礼，不要以牙还牙、出言不逊、恶语伤人，也不要旁敲侧击、冷嘲热讽；应宽容克制，尽可能地好言相劝，再寻找新的话题。

【小案例】

不能说“不”

某年秋季的一天，北京的导游员郭先生，陪同一个十多人的美国旅游团去八达岭长城游览。大家在长城玩得很开心。下午参观完定陵后，有些客人提出要继续参观长陵。郭先生告诉他们旅游计划上没有安排，况且时间也不够用，所以不能满足他们的要求。那些客人听后，不以为然，仍坚持要去长陵，并说自己另付门票也愿意去。经与司机商议后，郭先生同意了客人的要求。由于去长陵游览了，所以很晚才吃晚饭，但那些客人没有怨言，仍要求在适当的时候再去慕田峪长城游览。这回郭先生没有像上一次那样直接拒绝他们的要求，而是对他们说，可以去与旅行社联系一下，尽量满足大家的要求。第二天，他对客人讲，已经与旅行社联系过了，由于旅游日程安排太紧，无法抽出时间去慕田峪长城游览，希望大家谅解。客人见他确实为此事尽了心，便没有坚持去慕田峪长城。

【点评】 在接待过程中，经常会遇到客人提出某些难以办到的要求，遇到此类情况导游员应该注意：①不能直接说“不”字，因为那很容易伤害客人的自尊心，会使他们感到你对工作不负责任；②要表现出尽心的姿态，并通过行动让客人看到，你确实是在为他们提出的要求而努力；③不能马上说不行，也不要急于解释办不到的原因，因为这样客人不但不会接受，甚至还会引起反感。案例中的郭先生在客人第一次提出要求时，就是因为急于向客人解释不能去长陵的原因而没能得到客人的理解。第二次客人要求去慕田峪长城时，他采取了积极的态度，让客人感到他确实为此事尽了心，终于得到了客人的理解。可见，只要通过努力，尽管事情没有办成，客人是会理解你的。经过努力后的解释，不但不会引起客人的不满，还会赢得游客对你的信任。当然，对于客人提出的合理要求应尽力去帮助解决，而对于不合理的要求应说明原因或向旅行社汇报。无论如何，导游员要重视游客的要求，并对此做出积极的反应[①]。

6. 处理突发事件的礼仪

由于旅游活动有较多的不确定因素，加之涉及需要协调、衔接的部门和环节较多，很

① 孙艳红. 旅游服务礼仪[M]. 北京：电子工业出版社，2016：137.

难预料在组织游览过程中会发生怎样的突发事件。只有在服务的全过程中具有预测和分析突发事件的能力，充分做好防范的准备，才能减少和杜绝那些影响服务正常运作的突发事件。导游员如何对突发事件做到防患于未然？常见的突发事件及其处置原则如下。

第一，尽量在带团出游前对游览计划、线路设计、搭乘交通工具、景点停留时间、沿途用餐地点等做出周密细致的安排，并根据以往的带团经验，充分考虑容易出现问题的环节，准备好万一出现问题时所采取的对策及应急措施。

第二，应准备一些常用的药品、针线及日常必需品，将应付突发事件需要联系的电话号码（如急救、报警、交通票务服务、旅行社负责人、车队调度等）随时带在身上。

第三，出发前应亲切询问团队客人的身体健康状况，对老年团队成员尤其要细心。

第四，游览有危险因素的景点或进行有危险的活动，如爬山、攀岩、游泳等，一定要特别强调安全问题，并备有应急措施。

第五，事件发生以后要沉着冷静，既要安抚客人、稳定客人情绪，又要快速做出周密的处理方案和步骤，尽量减少事件带来的负面影响。

在具备了上述的基本条件后，可针对突发事件的性质和种类，采取补救、协调、缓和、赔偿、行政手段、法律手段等相应的对策。一旦突发事件发生，导游应该如何面对呢？

（1）路线与日程变更。一个旅游团，因订不到火车卧铺票而改乘轮船，游客十分不满，在情绪上与导游形成了强烈的对立。导游面带微笑，一方面向游客道歉，请大家谅解，由于旅游旺季火车的紧张状况，导致了计划的临时改变；另一方面耐心开导游客，乘轮船虽然速度慢一些，但提前一天上船，并未影响整个游程，并且在船上能够欣赏到两岸的风光，相当于增加了一个旅游项目……游客这才渐渐与导游缓和了关系。因此，路线与日程变更一定要讲究处理程序，具体要从以下方面着手。

① 如果遇到特殊情况需要改变旅游路线，包括增减或变更参观景点，增减旅行的天数或改变交通工具等，必须由领队提出，经与接团社研究认为有可能变更，并提出意见请示组团社后，导游才可实施新的旅游计划。

② 如个别游客要求中途离团或全团旅行结束后延长在旅游地时间，必须请示接团社、组团社后，可同意延长。

③ 如遇上接团社没有订上规定的航班、车次的票，而更改了航班车次或日期，应向游客做好解释，并提醒接团社，及时通知下一站做好准备。

④ 如遇到天气或其他不可抗力的原因临时取消航班，不能离开所在城市时，应注意争取领队、全陪的合作，稳定游客情绪，并立即与内勤联系，配合民航安排好游客当天的食宿。

（2）行李丢失和损坏。其处理程序如下。

① 在机场发生行李丢失，应凭机票及行李牌在机场行李查询处挂失，并保存好挂失单和行李单，与机场密切联系追查。

② 抵达饭店时才发现行李丢失，应按行李交接手续从最近环节查起。

③ 行李损坏，应掌握谁损坏谁赔偿的原则。一旦查不清责任，应答应给受损失者修理赔偿，费用掌握在规定的标准内，请客人留下书面说明，发票由地陪签字，以便向保险公司办理索赔。

(3) 游客病危或死亡。其处理程序如下。

① 游客发生病危时,全陪要及时向接团社汇报,积极组织抢救。如遇游客在乘火车途中发生急症,应及时与乘务员联系,进行抢救或通知前方站准备抢救。

② 如遇游客死亡,应立即报告接团社、组团社和保险公司,按照程序规定进行处理。

(4) 游客财物损失被盗。其处理程序如下。

① 游客丢失护照,领队应首先详细了解丢失情况,找出有关线索,努力寻找。如确实找不到,应尽快报告当地旅行社并开具证明,陪同协助游客速照快相,拿着照片去其护照国使领馆办理临时护照,没有使领馆的地区,到当地公安机关开具出境证明。

② 导游员迅速了解物品丢失前后经过,做出正确判断,是失主不慎丢失,还是被盗?并迅速报告公安部门,同时协助查找。

(5) 交通事故。如果在旅途中发生交通事故,导游员不要惊慌,而要稳定游客情绪,并在第一时间通知旅行社和当地交通部门。导游员要采取下列措施。

① 立即将伤员送往距出事地点最近的医院抢救。全陪应立即向组团社和接团社汇报,并请示事后处理意见。

② 保护现场,并尽快报告交通警察和治安部门。

③ 做好全团人员的安全工作,事故发生后,除有关人员留在医院外,应尽可能使其他团员按原定日程继续活动。

④ 做好事故善后工作。交通事故处理就绪或该团接待工作结束后,导游应立即写出事故发生及处理的书面报告。

【小案例】

把顺利圆满带回家

我国某个去国外旅游的团队愉快地结束了旅行,即将返程回国。在新加坡机场的礼品商店里,有一种很漂亮的狮身鱼尾水果叉,非常具有新加坡特色,很多游客都购买了一些,希望回国后作为礼物送给亲朋好友。可是,在经过一道安检门时,安检人员要求游客打开背包,欲没收背包里的水果叉,并礼貌地解释说:“对不起,按照规定,手提行李中不能携带水果刀、叉等物品,您的水果叉属于受管制物品,禁止携带,希望您能谅解。”正在游客们纷纷感到遗憾的时刻,随团导游迅速组织大家,将他们购买的水果叉拿出来,集中在一个旅行包内,又办理了一次托运手续,保证了游客们按时顺利登机。

【点评】 导游的热心送团服务让游客不留遗憾,把顺利和圆满带回了家,旅游导游服务工作做到了善始善终。同时,这里也反映出导游面对突发问题善于应变的品格。

第三节 会展服务礼仪

会展是指会议、展览等集体性的商业或非商业活动的简称。其概念内涵是指在一定地域空间,许多人聚集在一起,形成的定期或不定期、制度或非制度的传递和交流信息的群众性社会活动。其概念的外延包括各种类型的博览会、展销活动、大中小型会议、文化活动、节庆活动等。特定主题的会展是指围绕特定主题集合多人，在特定时空的聚集交流活动。狭义的会展仅指展览会和会议；广义的会展是会议、展览会、节事活动和各类产业（行业）相关展览的统称。会议、展览会、博览会、交易会、展销会、展示会等都是会展活动的基本形式，世界博览会为最典型的会展活动。

会展产业是通过举办大型国际会议和展览来带动当地的旅游、交通运输、饭店及相关服务业的一种新兴产业。随着世界经济的复苏和迅猛增长，尤其是全球化浪潮的推动，国外交流日益频繁，国际性的社会活动日益增多，各类会议的规模不断扩大、频率不断加快，逐渐形成庞大的会议市场，会展业以年均20%的增幅迅猛发展。目前国内会展产业链已经相当完善，已经成为21世纪的朝阳产业，有着巨大的发展潜力。因此，需要服务人员了解更多的会展礼仪服务的工作内容。

一、会议礼仪

会议是指三人以上参加、聚集在一起讨论和解决问题的一种社会活动形式。人们通过会议交流信息、集思广益、研究问题、决定对策、协调关系、传达知识、布置工作、表彰先进、鼓舞士气等。随着社会的发展，人们已经难以想象“没有任何会议”的情形。而会议服务礼仪止是适应会议工作内容的需要而产生的。开好一次会议绝非易事，如何有条不紊地做好各项会务工作是每个服务人员必须面对而又必须做好的问题。

1. 会议的安排

【小贴士】

商务会议的类型

（1）行政型会议。它是商界的各个单位所召开的工作性、执行性的会议。例如，行政会、董事会等。

（2）业务型会议。它是商界的有关单位所召开的专业性、技术性会议。例如，展览会、供货会等。

（3）群体型会议。它是商界各单位内部的群众团体或群众组织所召开的非行政性、非业务性的会议，旨在争取群体权利，反映群体意愿。例如，职代会、团代会等。

（4）社交型会议。它是商界各单位以扩大本单位的交际面为目的而举行的会议。例如，茶话会、联欢会等。

（1）会址的选择。大型会议的会址选择，对会议主题的深化有密切关系，对与会者参会的情绪也有很大影响。举办会议首先要选准会场会址。要本着适中、方便、舒适、经济的原则来确定会址，要考虑以下各方面因素，满足会议的多种需要。

① 交通要便利。会场位置必须方便与会者前往。周边路况不好或主要通道正在翻修扩建的会议场所，其他条件再好，也不能选择，因为让与会人员饱受颠簸之苦，是非常失礼的表现。

② 大小要适中。会场的大小，要根据会议内容和参加者的多少而定。会场大而参加

人员少，会给人一种空荡荡的感觉；会场小而参加者多，又会给人以局促之感。一般来说，会场的大小应与会议规模相符合，如果会议时间较长，场地不妨大一些。如果是出席人员较多的会议活动，必须明确进、退场路线，并保证通道宽阔、畅通无阻。

③ 设施要齐全。会场要有良好的设备配置，桌椅家具、通风设备、照明设备、空调设备、音像设备等要尽量齐全有效，卫生设施应便利。会议特殊需要的设备，如计算机、演示板、投影仪、麦克风等，更应特别关注，并事先做好检查。

④ 要符合主题。有些会议在室内举行，需要安静舒适的环境，如洽谈会、发布会等，应尽量避开闹市区，保证会场不受外界干扰。必要时可以在场外挂起“会议正在进行中，谢绝参观”的牌子，并要求关闭所有的手机，会场内也应具有良好的隔音设备。具有公关宣传性质的庆祝会、赞助会、展示会等需要在室外举行的会议活动，也可选在主办单位的门前广场，在追求隆重热烈效果的同时，应注意不要影响、堵塞交通。

总的来说，不同类型的会议应选择不同的地点和场所，见表 4-1。

表 4-1 会议类型与会议地点

会议类型	会议地点
培训活动	举办培训活动的最佳环境是能提供专门工作人员和专门设施的成人教育场所，如公司的专业培训中心、旅游胜地的培训点及学校等
研究和开发会议	研究和开发会议需要有利于沉思默想、灵感涌现的环境，培训中心或其他宁静场所最为适合
学会年会	一般由会员表决决定，大都选在当前最受欢迎的城市、能提供会议服务的酒店
表彰和奖励会议	重大的奖励、表彰型会议的环境一定要有档次，会议的目的是对杰出表现者予以奖励
交易会和新产品展览会	需要有展厅的场所，同时，到达会场所在城市的交通必须便利

⑤ 要方便停车。选择会务活动的地点，还应考虑附近有无停车场所，以方便与会人员前往。

⑥ 费用要合理。租借场地的成本费用需合理，既要讲究排场，又要勤俭节约。

此外，会务人员一定要对会场的照明、通风、卫生、服务、电话、扩音、录音等进行检查，确保与会者的舒适度和会议的顺利进行。一个好的会议场所，不仅可以让与会者感受到主办方的诚意，还能够达到事半功倍的效果；而一个让与会者感到不适的地方，则不会给会议带来良好的效果。

【小案例】

小江的马虎

小江应聘到一家公司，担任办公室秘书。有一次，公司为了联络各经销商的感情，准备召开一次重要的商务会议，于是让小江负责选择会议的地点。小江马马虎虎，没有认真地考察会议室的许多细节，也没有认真地准备与会议相关的事宜。结果开会那天，因为会议室太小，椅子不够，有些人只能站着开会，这样就挡住了别人的视线，致使他们不能看到主持人正在翻动的图表，空调也启动不了，窗户也打不开，所以室内闷热。有的人生气走了，业务经理非常不满意，小江也觉得很没面子。

【点评】 会议就是要传达一定的信息给与会者，不仅会议内容要有新意，值得大家关注，而且会场的环境应该舒适宜人，会议组织应该严谨有序，它是企业精神和企业形象的重要宣传途径。

(2) 会场的布置。对于一般的小型会议，会议室只要清洁、明亮，有足够的桌椅让与会者方便地看文件、做记录、讨论发言就行了。而大型会议的会场准备则比较复杂，需要体现会议的主题，应注意会场内座位的布局、主席台的布置以及其他可以渲染和烘托气氛所做的装饰等，一定要讲究科学性、合理性和艺术性。

① 会标。会标即会议全称的标题化。应将会议全称用大字书写后挂在主席台的正上方，一般用红底白字，也可以用红底金字。这是会议礼仪十分重要的一点。它能增强会议的庄重性，揭示会议的主题与性质，使与会者一进会场就被会标引导，容易进入会议状态。

② 会徽。会徽是体现或象征会议精神的图案性标志。要选择具有强烈感染和激励作用的图案，重大会议的会徽可向社会征集，也可在单位组织内部征集。会徽图案要简练、易懂、寓意丰富。

③ 标语。标语是会议主题的体现，会场上的气氛往往就是被恰到好处的标语、旗帜等渲染起来的。标语在准备会议文件时就应拟就，并报请领导批准。会议标语要集中体现会议精神，使其简洁、上口、易记，具有宣传性和号召力。

④ 旗帜。会议的旗帜包括主席台上悬挂的旗帜和会场内外悬挂的旗帜。主席台上的旗帜应悬挂在会徽两边，显得庄严隆重；主席台的两侧插上对应的红旗或彩旗，又可增添喜庆气氛。而会场门口和与会者入场的路旁插上红旗或彩旗，使会议的热烈气氛洋溢在会场内外，以衬托会议的隆重。

⑤ 花卉。花卉是礼仪不可缺少的重要道具。在会场上，花卉还能起到解除与会者疲劳的作用。选用花卉应突出中华民族的文化特色，以梅花、牡丹、菊花、兰花、月季、杜鹃、山茶、荷花、桂花、水仙等十大名花为代表的中国原产花卉，早已被赋予浓重的文化色彩，以这些花为主构成的花卉艺术品如插花、盆景等，都能以无声的语言向人们传播中华民族的文化，表现民族精神。因此，越是重大的会议，越应选取有代表性的中国原产花卉作为摆放的主体花卉，并将中国传统艺术花卉的插放造型作为会议花卉的礼仪形式。

⑥ 灯光。会议场所的灯光应该明亮、柔和，既给人适宜的照明，也可减缓因会议时间过长而带来身体或精神上的疲劳。大型会议的会场灯光应设计几套，以便会议颁奖、照相、演出等多种需要。

⑦ 座位。会场内座位的布局要根据会议的不同规模、主题，选择合适的摆放形式。"而"字形的布局格式比较正规，有一个绝对的中心，因此容易形成严肃的会议气氛，见图 4-1。

一些小型的、日常的办公会议以及座谈会等通常在会议室、会议厅进行，可以根据需要将座位摆放成椭圆形、圆形、回字形、T 形、马蹄形和长方形等，这些形式可以使参加会议的人坐得比较紧凑，彼此面对面，容易消除拘束感。座谈会、小型茶话会、联谊会等多选择六角形、八角形或者半圆形等布局形式。

图 4-2 所示从左至右依次为椭圆形、T 形、回字形、马蹄形会议室布局。

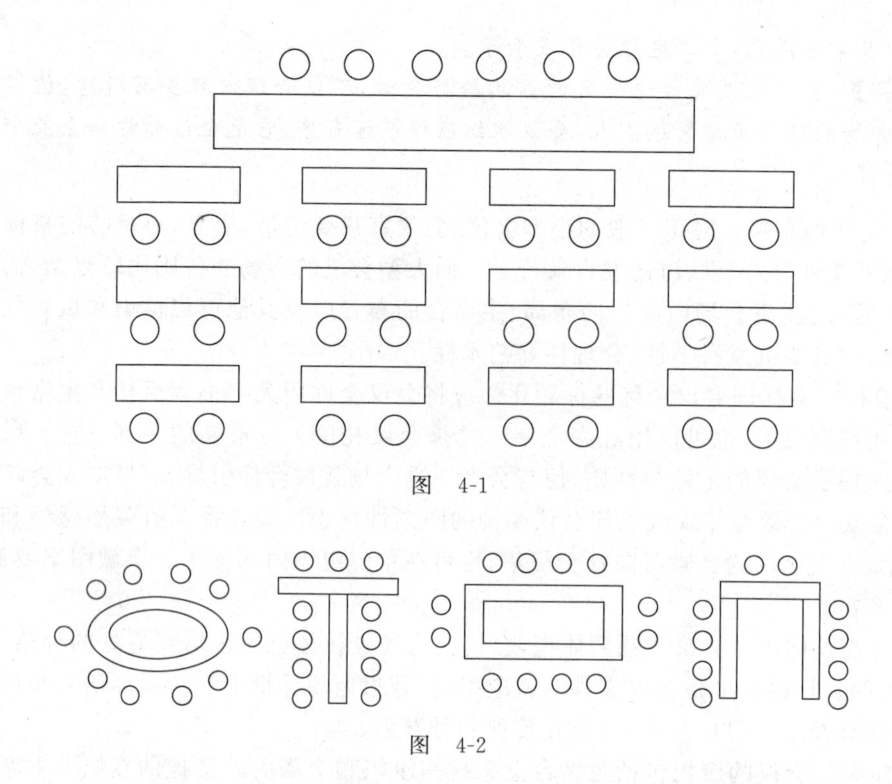
图 4-1

图 4-2

(3) 主席台的布置。主席台是会议的中心,也是会场礼仪的主要表现位置。主席台布置应与整个会场布置相协调,并作强调突出。

① 座位。主席台座位要满座安排,不可空缺。倘原定出席的人因故不能来,要撤掉座位,而不能在台上留空。主席台座位若有多排,则以第一排为尊贵。第一排的座位以中间为贵,依我国传统一般由中间按左高右低顺序往两边排开,即第二领导坐在最高领导左侧,第三领导坐在最高领导右侧,以此类推。如果人数正好成双,则最高领导在中间左侧,第二领导在中间右侧,以此类推。但目前国际上流行右高左低,因此安排涉外会议时,也要灵活依据有关规矩。时下一般处理方式为:开会以左为尊,宴请以右为尊。每个座位的桌前左侧要安放好姓名牌,既方便入座,也便于台下与会者和新闻采访人员辨认熟悉有关人士。主席台座位不要排得太挤,桌上也不要摆放鲜花之类,以免阻碍视线,但要便于主席团成员打开文件、做记录、翻阅讲话稿,并放置笔、茶水、眼镜等物。

② 讲台。主席台的讲台应设于主席台前排右侧台口,讲台不能放在台中央,使主席团成员视线受妨碍。讲台上主要放话筒,也可适当放上一盆平铺的花卉。讲台桌面要便于发言者打开讲话稿或摆放相关材料。整个主席台的台口可围放一圈花卉,但要选低矮些的绿色品种。

③ 话筒。发言席和主席台前排座位都应设有话筒,便于发言者演讲和会议主持人或领导讲话。一般发言席和主持人话筒专用,其他主席台前排就座者合用两三个话筒,并且一般置放于主要领导面前。

④ 后台。一般在主席台的台侧与后台,应设为在主席台就座领导和与会者的休息室,便于安排他们候会,并尽可能在后台排好上台入座次序,以免造成混乱。有时会议也会发

生一些小意外，后台还可以供有关人员作商量对策、排除困难之用。主席团成员开会也可利用后台休息室。所以，秘书人员切不可忽视后台的作用。

⑤ 会议其他用品。为方便会议进行，秘书人员应为会议准备各种工作文具用品，如纸、笔、投影仪、指示棒、黑白板、复印机、计算机数据库以及投票箱等。不同会议有各种不同的需求，满足与会者的需求是有关人员在安排会议、布置会场时必须考虑的。

【小贴士】

会议用品准备

(1) 茶杯。须经过消毒，消毒时间不少于20分钟；茶杯、杯盖无黄斑、无缺口；茶杯无水迹且光亮。

(2) 玻璃杯。不得有破损和缺口，杯子清洁、光亮、透明，无指印，并列放在杯垫上。

(3) 矿泉水。矿泉水瓶无灰尘，密封完好，瓶内无沉淀物，并在保质期内。

(4) 小毛巾。无斑点和异味，须经过消毒，消毒时间在20分钟左右。重要会议一律用新的小毛巾。冬季毛巾必须保暖。

(5) 毛巾竹篓。不得有破损，每次使用结束后，须用热水浸泡，晒干后保存，以备再次使用。

(6) 签到台。台布无污迹，无破损。

(7) 鲜花。新鲜，无枯枝、败叶。

(8) 热水瓶。表面清洁光亮，无水迹，水温控制在90℃以上。

(9) 挂衣架。清洁完好，无损坏，无缺少。

(10) 文具。笔，油墨饱满，书写通畅；纸本，干净整洁。

2. 会议的服务礼仪

(1) 会议准备阶段的礼仪。

① 时间选择。开会时间选择要合适。大型会议尽可能避开公众节假日。同时注意会期不能安排太长，否则会影响与会者的日常工作，当某些紧急事件发生时，可以取消或延期举行会议。

【小贴士】

会议时间安排

据心理学家测定，成年人能集中精力的平均时间为45～60分钟，超过45分钟，人就容易精神分散，超过90分钟，普遍感到疲倦。因此，每次会议时间最好不超过1小时，如果需要更长的时间，应该安排中间休息。

会议时间的安排要考虑到人们的生理规律。一般上午9:00—11:00，下午2:00—4:00，人们办事的效率较高。

② 邀请对象。对出席会议的对象的选择要考虑各种因素，与会者既要有与会资格，又要有参与能力和水平修养。如果被邀与会者不能完成会议的有关任务，会感到痛苦或尴尬，使与会成了一次不愉快的经历，对会议组织者来说，这也是礼仪考虑不周

的表现。

③ 详尽通知。会议通知的发送要做到：发得早——既便于与会者安排手头工作，又便于与会者为会议内容做准备；内容细——会议名称、届次、主要议题议程、出席范围、与会者应递交什么材料或做哪些准备、会期、会址等都应明明白白告知，便于与会者有备而来，从而提高会议效率；交代明——食宿如何安排、费用多少、交通线路怎样，都要交代清楚，以免造成麻烦。对特邀贵宾的通知，应派专人登门呈送，以示郑重。

【小案例】

工作失误

某公司定于某月某日在单位礼堂召开总结表彰大会，发了请柬邀请有关部门的领导光临，在请柬上把开会的时间、地点写得一清二楚。

接到请柬的几位部门领导很积极，提前来到礼堂开会。一看会场布置，不像是开表彰会的样子，经询问礼堂负责人才知道，今天上午礼堂开报告会，某公司的总结表彰会改换地点了。几位领导同志感到莫名其妙，个个都很生气，改地点了为什么不重新通知？他们一气之下，都回去了。

事后，会议主办公司的领导才解释说，因秘书人员工作粗心，在发请柬之前还没有与礼堂负责人取得联系，一厢情愿地认为不会有问题，便把会议地点写在请柬上，等开会的前一天下午去联系，才得知礼堂早已租给其他单位用了，只好临时改换会议地点。

由于邀请单位和人员较多，来不及一一通知，结果造成了上述失误。尽管领导登门道歉，但造成的不良影响也难以消除。

【问题】 秘书在会议准备时应注意什么问题呢？

(2) 会议召开阶段的礼仪。

① 接站。一般会议都规定了报到日期。在报到日期应安排好接站。在车站、码头、机场等主要交通站点，用醒目的牌子标明“××会议接站”，使与会者一下交通工具就看见接站牌而安心。对所接到的与会者要表示欢迎，并慰问其旅途劳顿。

② 登记。对到达报到地点的与会者，首先要做好签到、登记、收费、预订返程票、发放会议资料、发放会议身份证件等工作。这一过程应尽量在登记处一揽子解决，并应迅速办理，让与会者早点到客房休息。登记时，对与会者合理要求应尽量予以满足。大型会议的东道主应在会议召开前一天晚上，到会议各住宿地看望与会者，尤其是特邀贵宾和与会领导。

【小贴士】

常用会议的签到方式

(1) 簿式签到。会议工作人员预先要准备好签到簿，与会人员到会时让其在簿上签署自己的姓名，有的还需注明自己的职务、所代表的单位和团体名称，表示到会。这种簿子利于保存，便于查找关系，有纪念性意义。但只适用于小型会议或与会人员到会时间较为分散的会议，如较长时间的会议，要求与会人员提前一天或几天到会。一些大型会议，或与会人员到会时间集中，不宜采用这种办法。否则将会在签到处形成拥挤现象，造成秩序混乱，影响会议按时进行。

(2) 签到卡签到。就是将印制好的卡片预先发给与会人员,与会人员入场时交出一张卡片就行了。卡片签到也有两种办法:一种是签名的卡片,与会人员要在卡片上签上自己的姓名才能入场;另一种是由卡片上的固定号码代表出席人的姓名。重要会议使用的多是签名卡片,上面也印有证件号码或座次号码,这种方法可避免簿式签到易造成人员拥挤的弊端。

(3) 会议工作人员代签。这种办法适用于小型会议。会议工作人员持有本次会议的与会人员名单,来一人签一名,随时可以知道到会情况,这种办法较为简单,完全不用麻烦与会人员,而且统计迅速。采用这种方法,会议工作人员必须认识本次会议的全部或绝大部分与会人员,根本不认识或大部分不认识与会人员,就无法采用这种办法。如果是富有纪念性意义的会议,为了保存与会人员亲笔签到的笔迹,小型会议也可以不使用这种办法,可让与会人员直接签名。

(4) 座次表签到。事先印制好座次表,上面印有与会人员姓名和排座号,进行签到。即一边接受签到,一边在座次表上标号,这样做,随时可以知道到会人数与缺席人数及其姓名。

(5) 电子签到。只要与会人员进入会场时把签到卡片进行扫描,计算机就会将姓名、号码传到信息处理中心,入场完毕,签到情况就会在计算机显示屏上显示出来。电子签到具有快速、准确、简便的特点,目前一些大型会议都是采用电子签到的方式。

③ 联络。会议进行期间要注意与各小组联络,不要使一位与会者有被冷落的感觉。会议简报要对各小组相对均衡报道,不要只将视点聚焦于有大人物、有热点的小组,使其他小组产生不愉快情绪。

④ 安全。要确保每一个与会者的安全,包括其人身安全、财物安全以及食品卫生。涉密会议还必须强调文件安全。秘书人员要尊重每一个与会者,但涉及机密时,必须按章办事。

⑤ 服务。会议服务人员要严格按照会议拟定的程序,提前做好准备,以保证会议顺利进行。如大会需要奏乐,音乐就应当按时响起;大会需要投影,其他光源就需要适时关闭等。

会议开始后,会议服务人员应站立在会场周围,观察所负责区域宾客是否需要服务。

会议服务人员一般不得随意出入会议室或在主席台上随意走动。确有紧急事项,应通过传递纸条完成。

送茶水等物品时,应对客人说:"请用茶。"每隔20分钟加一次茶水。会议颁奖或邀请嘉宾上台,应由专门礼仪小姐引领。礼仪小姐应走在嘉宾左前方1米处,并微笑示意嘉宾注意行走安全。

会议结束时,会议服务人员应立即开启会议室大门,并在门口立岗送客,面带微笑道别。

将衣帽架上的衣、帽送还来宾,注意不可出错。

检查会议室是否有来宾遗忘的物品,如有发现应立即交还来宾或交领班处理。

【小贴士】

会场服务的注意事项

绝不能因为服务站立时间过长，而倚靠会场墙壁或柱子。

在会场服务时，应尽量不干扰讨论中的客人或正在发言的客人。

会场服务过程中，语言、动作要轻，避免影响发言者。

遵守会场规定，不得随意翻阅会议文件或打听会议内容。对于所听到的会议内容应保密。

⑥ 娱乐。若会期较长，在会议期间可安排一些影视放映和文艺演出，以调剂精神。也应鼓励与会者主动参与文体活动。可组织一些自娱自乐的演唱或球类、棋牌活动等，活跃会议气氛，调节与会者情绪。还可适当组织与会者参观游览，使会议节奏张弛得当。

(3) 会议结束阶段的礼仪。

① 照相。如果会议有照相一项应早作安排，免得个别与会者提前离开而不能参与。早安排也可使与会者在离会前拿到照片。

② 材料。发给与会者的材料要有口袋，便于集中携带。如需收回的材料要早打招呼，发现有人未交，应尽早查问。不一致的意见，不要写到会议的决议或纪要中。要乐于为与会者提供复印材料、邮寄材料或其他物品等有关服务。

③ 送客。将与会者所订票交给其本人时，要仔细核对车次、航班或船期，并仔细向与会者交代。若有不对或不周处，应主动承担责任。如果有人需要照顾而影响到了其他人，应向其他人解释，以争取大家谅解。在每一个与会者离开时，都要热情相送，对集中离开的与会者，要尽可能准备车辆送他们去车站、机场或码头，对贵宾则必须送至机场登机处。

【小贴士】

大型会议的与会者礼仪

1. 参加大型会议的一般礼仪

与会者应衣着整洁，仪表大方，准时入场，进出有序并依会议安排落座。开会时，应认真听讲，不要交头接耳，发言人发言结束时，应鼓掌致意。中途退场时，应轻手轻脚，不影响他人。

与会者即使对发言人的意见不满，也不可吹口哨、鼓倒掌或起哄，因为这些行为极其失礼。

2. 会议发言人的礼仪

(1) 正式发言。正式发言时，应衣冠整齐，步态自然且刚劲有力地走上主席台，体现出一种成竹在胸、自信自强的风度。发言时，应口齿清晰，讲究逻辑并简明扼要。如果是书面发言，则要时常抬头并扫视一下会场，不能只低头读稿，旁若无人。发言完毕后，应对听众的倾听表示谢意。

(2) 自由发言。自由发言则较随意，但要注意，发言应讲究顺序和秩序，不能争抢发言；发言应简短，观点应明确；与他人有分歧时，应以理服人，态度平和，听从主持人的指挥，不能只顾自己。

如果有会议参加者对发言人提问,应礼貌作答。对不能回答的问题,应机智而礼貌地说明理由。对提问人的批评和意见应认真听取,即使提问者的批评是错误的,也不应失态。

3. 会议主持人的礼仪

各种会议的主持人,一般都由具有一定职位的人来担任,其礼仪水平对会议能否圆满成功,起着重要的作用。会议主持人应注意以下几个方面。

(1) 主持人应衣着整洁,大方、庄重,精神饱满,切忌不修边幅,邋邋遢遢。

(2) 走上主席台时,步伐应稳健有力,行走的速度可因会议的性质而定,一般来说,愉快而热烈的会议上的步频应较慢。

(3) 入席后,如果是站立主持,应双腿并拢,腰背挺直。单手持稿时,右手持稿的底或中部,左手五指并拢并自然下垂。双手持稿时,稿应与胸齐高。坐着主持时,应将身体挺直,双臂前伸,两手轻按于桌沿。主持过程中,切忌出现搔头、揉眼等不雅动作。

(4) 主持人应口齿清楚,思维敏捷并简明扼要。

(5) 主持人应根据会议性质调节会议气氛,或庄重,或幽默,或沉稳,或活泼。

(6) 主持人不能跟会场上的熟人打招呼,更不能与其寒暄或闲谈,会议开始前或会议休息时间可对其点头并微笑致意。

3. 常见各类会议的礼仪规范

(1) 洽谈会。商界中有一条格言:"商界无处不洽谈。"许多商家往往就是通过洽谈,为自己开辟一条通往成功的道路。洽谈是指在商务交往中,存在着某种关系的有关各方,为了保持接触、建立联系、进行合作、达成交易、拟定协议、签署合同、要求索赔,或是为了处理争端、消除分歧,而坐在一起进行面对面地讨论与协商,以求达成某种程度上的妥协。因洽谈而举行的有关各方面的会晤,称为洽谈会。洽谈比起商务谈判更普遍、更经常、更简约。它更多突出的是彼此和睦对话的方式,色彩更温和,形式更灵活。洽谈会总的原则是:平等、互利、双赢。洽谈程序一般包括探询、准备、磋商、小结、再磋商、终结、洽谈的重建等环节。其中的每个环节又都有其特有的"起、承、转、合",需要洽谈人员沉着应对,处变不惊,对具体问题具体分析,并见机行事、随机应变,才能取得最终的成功。

① 洽谈会的准备。

- 广泛收集信息。在双方洽谈前,如果能够对对方有全面而深入的了解,早早着手准备,就可以在洽谈过程中"以我之长,克敌之短",达到自己预期的效果。商务洽谈前主要应收集的信息包括两个方面:一是对方公司的基本情况。如对方的法人资格、诚信状况、经营范围、历史沿革、主导产品、市场占有率、产品竞争情况、公司规模和管理水平等。与外商洽谈还要注意查清对方的法人资格、对方身份以及经中国银行认可的外国银行的资本和信誉证明;二是洽谈对手的基本情况。洽谈前一定要充分了解主谈对手的基本情况,包括他的年龄、学历背景、资历、个性特征、心理特点、做事风格以及他对我方的态度和评价等。对于参与此次洽谈的其他对手及对方的整个团队情况也应做到心中有数。
- 确定洽谈地点。根据商务谈判举行的地点不同,可以分为客座洽谈、主座洽谈、客主座轮流洽谈以及第三地点洽谈。客座洽谈，即在洽谈对手所在地进行的洽谈。主座洽谈，即在我方所在地进行的洽谈。客主座轮流洽谈，即在洽谈双方所在地轮流进行的洽谈。第三地点洽谈，即在不属于洽谈双方任何一方的地点所进行的洽谈。这四种洽谈地点的确定，应通过双方或多方协商一致，不可自作主张。如果我方担任东道主出面安排洽谈，一定要在各个环节安排到位，合乎礼仪。

- 安排洽谈座次。在洽谈会上，如果我方为东道主，那么不仅应当依照礼节布置好洽谈厅，预备好相关的用品，还应当特别重视礼仪性很强的座次问题，因为它既是洽谈者对规范的尊重，也是洽谈者给对手的礼遇。举行双边洽谈时，应使用长方形桌子或椭圆形桌子，宾主应分别坐于桌子两侧。若桌子横放，则面对正门的一方为上，应属于客方；背对正门的一方为下，应属于主方。若桌子竖放，则应以进门方向为准，右侧为上，属于客方；左侧为下，属于主方。在进行洽谈时，各方的主谈人员应在自己的一方居中而坐，其余人员遵循右高左低的原则，依照职位的高低自近而远地分别在主谈人员的两侧就座。假如需要译员，则应安排其就座于仅次于主谈人员的位置，即主谈人员的右面。举行多边会谈时，为了避免失礼，按照国际惯例，一般均以圆桌为洽谈桌来举行“圆桌会议”。如此一来，尊卑的界限就被淡化了，见图 4-3(http：//www.sohu.com/a/146462254_315625)。

图 4-3

② 洽谈会的礼仪。

- 介绍得体。商务洽谈中，首先要相互进行自我介绍。介绍时，不必过于拘泥于小节。如果是同行，就更要表现得自然、轻松，作自我介绍时要姓和名并提，还可以简短地说明自己所在的单位和职务、职称等信息。问及对方的姓名时注意礼节，讲究文明。
- 提问礼貌。在商务洽谈中，相互提问在所难免，但提问一定要注意以下礼仪：一是注意内容，不要“打破砂锅问到底”，提问对方难以应对的问题；二是委婉发问，不要像查户口般盘问对方；三是要善于转换话题，特别是对方一时答不上来或面露难色时，不宜生硬地再度追问。
- 沉着应对。商务洽谈在某种意义上说是一种心理上、精神上、智力上的较量。因此，洽谈人员在与对手“交战”时要时刻保持清醒的头脑、心态平和，才能沉着应战，以智取胜。为此，在洽谈前，应当想方设法了解对方的动机、心绪、态度、目标、优势与不足，甚至对方为人处世的态度。洽谈中最忌讳的就是急躁、不冷静。当洽谈遇到挫折时，老道的洽谈人员会冷静地分析洽谈的进展与已经达成的共识，希望能求同存异，寻找到“柳暗花明”的最佳途径，避免洽谈陷入僵局导致关系破裂。

- 文明交谈。洽谈既是一个紧张思考的过程，又是一个具有高度语言运用艺术的过程。在这一过程中，洽谈用语的运用，如叙述、辩驳、论证、说服等功能被加以综合运用，并得到最大限度的发挥。洽谈的成功与失败，以及如何在最有利的条件下达成一致，建立合作协议，取得圆满的结果，在一定程度上都取决于洽谈中语言技巧的运用以及语言表达的礼仪。商务洽谈中的文明交谈，不但体现在要健谈，还体现在要成为一个好的聆听者。倾听对方谈话时要用心、要真诚、要善于从对方的谈话中发现问题，从而也可以有的放矢地打动对方。口若悬河、滔滔不绝，不给对方发表意见的机会，甚至不礼貌地打断对方谈话，往往会让对方产生强烈的反感，使洽谈无法顺利进行。

此外，还要注意洽谈的时间要合理。洽谈会的时间要视具体情况而定。洽谈之前一定要对洽谈内容进行充分而妥善的准备，以便在最短的时间以最有效的方式完成洽谈任务，实现洽谈目标，同时也可以有效地提升工作效率。

(2) 发布会。发布会一般指新闻发布会，又称记者招待会。政府、企业、社会团体或个人都可公开举行，邀请各新闻媒介的记者参加。举行发布会，主要是为了把组织较为重要的成就以及信息报告给所有新闻机构，所以，在发布会上发布的消息对于产品和产品形象、组织和组织形象、先进人物和重要人物当选具有较重要的价值。

① 发布会的准备。筹备发布会，要做的准备工作很多，其中最重要的，要做好时机的选择、人员的安排、记者的邀请、会场的布置和材料的准备等。

- 时机的选择。在确定发布会的时机之前，应明确两点：一是确定新闻的价值，即对某一消息，要论证其是否具有专门召集记者前来予以报道的新闻价值，要选择恰当的新闻“由头”；二是应确认新闻发表紧迫性的最佳时机。以企业为例，新产品的开发、经营方针的改变或新举措、企业首脑或高级管理人员的更换、企业的合并、逢重大纪念日、发生重大伤亡事故等事件时，都可以举行发布会。如果基于以上两点，确认要召开新闻发布会，要选择恰当的召开时机，要避开节日与假日，避开本地的重大活动，避开其他单位的发布会，还要避开与新闻界的宣传报道重点相左或撞车。恰当的时机选择是发布会取得成功的保障。
- 人员的安排。发布会的人员安排关键是要选好主持人和发言人。发布会的主持人应由主办单位的公关部长、办公室主任或秘书长担任。其基本条件是仪表堂堂、年富力强、见多识广、反应灵活、语言流畅、幽默风趣，善于把握大局、引导提问和控制会场，具有丰富的主持会议的经验。

新闻发言人由本单位主要负责人担任，除了在社会上口碑较好、与新闻界关系较为融洽之外，对其基本要求是修养良好、学识渊博、思维敏捷、能言善辩、彬彬有礼。

发布会还要精选一批负责会议现场工作的礼仪接待人员，一般由相貌端正、工作认真负责、善于交际应酬的年轻女性担任。

值得注意的是，所有出席发布会的人员均需在会上佩戴事先统一制作的胸卡，胸卡上面要写清姓名、单位、部门与职务。

- 记者的邀请。对出席发布会的记者要事先确定其范围，具体应视问题设计范围或事件发生的地点而定。一般情况下，与会者应是与特定事件相关的新闻界人士和相关公众代表。为了提高单位的知名度和扩大组织的影响而宣布某一消息时，邀请的新闻单位通常多多益善；而在说明某一活动、解释某一事件，特别是本单位处于劣势而这样做时，邀请新闻单位的面则不宜过于宽泛。邀请时要尽可能地先邀请影响大、报道公正、口碑良好的新闻单位。如果事件和消息只涉及某一城市，一般就只请当地的新闻记者参加即可。

另外，确定邀请的记者后，请柬最好要提前一星期发出，会前还应用电话提醒。

【小贴士】

"通知"惹的麻烦

某公司就自己新开发的一个新产品系列，想通过新闻发布会形式推向市场。时间安排在周一上午10点。眼看时间就要到了，可是前来参加新闻发布会的媒体代表只有三四人，总经理非常焦急，询问负责发放通知的办公室主任小王，小王说："我都通知到了呀。"总经理想了一下又问："你是怎么通知的?"小王说："我给各媒体单位一一打了电话，他们也答应要来参加，可谁想到他们都没来。"总经理听后气不打一处来，但只是干着急，没有发火。他拍着自己的脑袋说："这也怪我没交代清楚。"

- 会场的布置。发布会的地点，除了可考虑在本单位或事件所在地举行外，还可考虑租用大宾馆、大饭店举行，如果希望造成全国性影响的，则可在首都或某一大城市举行。发布会现场应交通便利、条件舒适、大小合适。会议地点确定后，应实地考察，在会议召开前应认真进行会场布置，会议的桌子最好不用长方形的，要用圆形的，大家围成一个圆圈，显得气氛和谐、主宾平等，当然这只适用于小型会议。大型会议应设主席台席位、记者席位、来宾朋友席位等。
- 材料的准备。在举行发布会之前，主办单位要事先准备好如下材料：一是发言提纲。它是发言人在发布会上进行正式发言时的发言提要，它要紧扣主题，体现全面、准确、生动、真实的原则。二是问答提纲。为了使发言人在现场正式回答提问时表现自如，可在对被提问的主要问题进行预测的基础上，形成问答提纲及相应答案，供发言人参考。三是报道提纲。事先必须精心准备一份以有关数据、图片、资料为主的报道提纲，并认真打印出来，在发布会上提供给新闻记者。在报道提纲上应列出本单位的名称、联系方式等，便于日后联系。四是形象化视听材料。这些材料供与会者利用，可增强发布会的效果。它包括：图表、照片、实物、模型、录音、录像、影片、幻灯片、光碟等。

② 发布会进行过程中的礼仪。

- 搞好会议签到。要搞好发布会的签到工作，让记者和来宾在事先准备好的签到簿上签下自己的姓名、单位、联系方式等内容。记者及来宾签到后，按事先的安排把与会者引到会场就座。

- 严格遵守程序。要严格遵守会议程序，主持人要充分发挥主持者和组织者的作用，宣布会议的主要内容、提问范围以及会议进行的时间，一般不要超过两小时。主持人、发言人讲话时间不宜过长，过长了则影响记者提问，对记者所提的问题应逐一予以回答，不可与记者发生冲突。会议主持人要始终把握会议主题，维护好会场秩序，主持人和发言人会前不要单独会见记者或提供任何信息。
- 注意相互配合。在发布会上，主持人和发言人要相互配合。为此首先要明确分工，各司其职，不允许越俎代庖。在发布会进行期间，主持人和发言人通常要保持一致的口径，不允许公开争辩、相互拆台。当新闻记者提出的某些问题过于尖锐或难以回答时，主持人要想方设法转移话题，不使发言者难堪。而当主持人邀请某位记者提问之后，发言人一般要给予对方适当的回答，不然，对那位新闻记者和主持人都是不礼貌的。
- 态度真诚主动。发布会自始至终都要注意对待记者的态度，因为接待记者的质量如何直接关系到新闻媒介发布消息的成败。作为专业人，记者希望接待人员对其尊重热情，并了解其所在的新闻媒介及其作品等；希望提供工作之便，如一条有发表价值的消息，一个有利于拍到照片的角度等，记者的合理要求要尽量满足。对待记者不能趾高气扬，态度傲慢，一定要温文尔雅，彬彬有礼。

新闻发布会见图 4-4（http：//www. china. com. cn/top/2017-02/24/content_40350448_2. htm）。

图 4-4

③ 发布会的善后事宜。发布会举行完毕后，主办单位需在一定的时间内，对其进行一次认真的评估善后工作，主要包括以下内容。

- 整理会议资料。整理会议资料有助于全面评估发布会会议效果，为今后举行类似会议提供借鉴。发布会后要尽快整理出会议记录材料，对发布会的组织、布置、主持和回答问题等方面的工作进行回顾和总结，从中吸取经验，找出不足。

- 收集各方反映。首先要收集与会者对会议的总体反映，检查在接待、安排、服务等方面的工作是否有欠妥之处，以便今后改进。其次要收集新闻界的反映，了解一下与会的新闻界人士有多少人为此次新闻发布会发表了稿件，并对其进行归类分析，找出舆论倾向。同时，对各种报道进行检查，若出现不利于本组织的报道，应做出良好的应对策略。若发现不正确或歪曲事实的报道，应立即采取行动，说明真相；如果是由于自己失误所造成的问题，应通过新闻机构表示谦虚接受并致歉意，以挽回声誉。

【小训练】

在全班模拟组织一次新闻发布会，以新近学校或系发生的较大的新闻事件为主题，同学们分别扮演发言人、记者、会议服务人员。

(3) 茶话会。茶话会是我国传统的聚会方式。有非正式的茶话会，一般是民间自发组织或形成的，如一伙熟人聚在一起聊天，这家主人自然会给每位客人敬上一杯茶。大家边喝边说，热热闹闹，十分惬意。谈话一般也没有固定的议题。现在很多组织也经常利用这一形式进行日常的沟通，所以熟悉茶话会的礼仪是必要的。

① 茶话会的准备。正式的茶话会一般有主办单位或主办人，事先要发通知或请柬给被邀请人，其举办地是在会议厅、客厅或花园里。正式茶话会除了备有足够的茶水之外，一般还备有水果、糕点、瓜子、糖果等。召开茶话会多在节日，如五一节、五四青年节、中秋节、国庆节、元旦等，借节日之题而发挥，一般也是采用漫谈形式，无中心议题。在正式茶话会上的中心议题可以是祝贺、发感慨、谈感想、作总结、提建议、谈远景，也可以吟诗作唱，畅叙友谊，无一固定格式，气氛也比较活跃、轻松、自由，见图 4-5(http://blog.sina.com.cn/s/blog_d3932f530102vhzg.html)。

图 4-5

举办茶话会时，除了准备上好的茶叶之外，还应注意擦净茶具。茶具一般以泥制茶具和瓷制茶具为最佳，其次是玻璃茶具和搪瓷茶具。在我国，泡茶一般不加其他东西，但某些民族以及其他一些国家喜欢在泡茶时加上牛奶、白糖、柠檬片等。有的茶话会还准备咖啡等饮料。

正式茶话会简便易行，在服饰上也没有什么严格规定或特殊要求。正式茶话会有主办人和有关领导。主办人要负责对来宾的迎送和招呼以及主持会议；有关领导也常常以一个普通与会者的身份发言。茶话会不排座次，宾主可以随意交谈。

② 茶话会的举行。茶话会开始时，一般由主办人致辞，讲话应开宗明义地说明茶话会宗旨，还要介绍与会单位代表或个人，为交流和谈话创造适宜的气氛。

茶话会主持人要随时注意来宾在茶话会上的反映，随时把话题引导到大家都感兴趣的问题上，或轻松愉快的话题上。参加茶话会的每一个人都有义务维护茶话会的气氛，不使茶话会冷场，也不可使秩序太乱。

有人讲话时，要专心致志地倾听，不要随意打断他人的话，也不可显露烦躁，心不在焉，更不要妄加评论他人的话。自己发言的时候，用词、语气、态度要表现出文明礼貌修养，神态要自然有神，仪态要端庄大方。样子过分拘谨或做作会使人不快。发言时口中应停止咀嚼食物，更要防止嘴角上留有残渣。

自由交谈时不要独座一隅，纹丝不动，而应与左右交谈，尽快找到共同的话题，打破僵局，融洽气氛。

幽默风趣的语言在茶话会上是受欢迎的，但要避免开玩笑，伤害他人自尊；行为举止也不能无一约束，随便走动，推推搡搡，秩序就被搅乱了。

茶话会结束时，来宾应向主人道别，也要和新朋友、老相识辞行。不要中途退场或不辞而别。

茶话会应讲究实效，时间不宜过长，以1～2小时为宜。茶话会不带任务，但追求气氛与聚会的效果。通过与会者的交谈、畅叙，汇之以坐在一起喝茶时共同创造的氛围，来感受他人的思想感情，增进相互间的了解和友谊。

【小案例】

海尔的茶话会

海尔公司每年的年终岁末，都会组织全国乃至全球的经销商到公司参加公司联谊茶话会，在参加各种娱乐活动之外，公司会对当年成功和失败两方面的案例进行剖析，及时为各经销商提供一个交流生意经验教训的平台。针对国际经销商对中国和海尔公司了解不多的情况，公司会让大家了解中国博大精深的文化，了解公司"真诚到永远"的企业文化，并且深入公司的生产第一线，切实感受企业文化和对产品质量一丝不苟的追求。此举极大地调动了各位经销商的热情，树立了对海尔产品的信心，促进了公司产品的市场开拓和销售。

【点评】 海尔的茶话会进行得很成功。因为它体现了组织者对来宾的尊重和礼遇，为其营造了轻松、自由的气氛，满足了与会者与组织者进行交流和沟通的愿望，使他们切实感受到组织者的"真诚到永远"的海尔文化。组织者在务虚的过程中，取得了调动各方积极性、提高凝聚力的务实效果。

二、展览礼仪

展览是展览会的简称。所谓展览会，主要是指有关方面为了介绍本单位的业绩，展示本单位的成果，推销本单位的产品、技术或专利，而以集中陈列实物、模型、文字、图表、影像资料，供人参观了解的形式，所组织的宣传性聚会。

展览会，在商务交往中往往发挥着重大的作用。它不仅具有很强的说服力、感染力，可以现身说法打动观众，为主办单位广交朋友，而且可以借助个体传播、群体传播、大众传播等各种传播形式，使有关主办单位的信息广为传播，提高其名气与声誉。正因为如此，几乎所有的商界单位都对展览会倍加重视，踊跃参加。

展览会礼仪通常是指企事业单位在组织、参加展览会时，所应当遵循的规范与惯例。注重礼仪服务细节，处处体现礼仪规范，对于展览会的成功举办至关重要。

1. 展览会的特点

（1）形象的传播方式。展览会是一种非常直观、形象、生动的传播方式。展览会通常以展出实物为主，并进行现场示范表演，如在产品展览会上，有专人讲解和示范产品的使用方法。这种直观、形象的活动，容易给参观者留下深刻的印象。

（2）极好的沟通机会。展览活动给组织提供了与顾客直接沟通的极好机会，通常展览会上都有专人解答参观者的问题，并就他们感兴趣的问题进行深入讨论。这样，参展单位在让顾客了解本组织的同时，还能及时了解顾客对本组织传播内容的反映，参展单位可以根据顾客反馈的信息进一步做好工作。

（3）多种传媒的运用。展览会是一种复合的传播方式，是同时使用多种媒介进行交叉混合传播的过程，它集多种传播媒介于一体，有声音媒介，如讲解、交谈和现场广播，又有文字媒介，如印刷的宣传手册、资料，同时还有图像媒介，如各种照片、录像、幻灯片等。这种复合性的沟通效果是其他传播媒介无法比拟的。

2. 展览会的前期工作

展览活动是一种综合性的活动，要耗费大量的人力、物力和财力。因此举办展览活动是一件比较复杂的工作，需要设计人员用自己的聪明才智对其进行策划和实施。为保证展览活动的成功举办，需要做好以下几项工作。

（1）分析参展的必要性和可行性。展览会是大型的综合性公关专题活动，需投入较多人力、物力、财力，如不对其必要性和可行性进行科学的分析，就有可能造成两个不良后果，一是费用开支过大而得不偿失；二是盲目举办而起不到应有的作用。所以应对展览会的投入与产出进行详细计算，然后决定是否举办展览会。

（2）明确展览会的目的和主题。举办任何一个展览，都必须首先明确这一展览的主题和目的，并在此指导下精心确定内容，制作展览的实物、图表、照片、文字等，使之更有针对性，主题要围绕展览的目的而定，并写进展览计划，成为日后评价展览效果的依据。

（3）确定参展单位。大型展览会，主办单位或承办单位可以通过广告、新闻发布或者邀请等形式联系可能的参展单位，并将参展时间、地点、项目、类型、收费标准要求和举办条件等情况告知联系的单位，一方面通过采取各种公关技能吸引参展单位；另一方面为可能的参展单位提供决策所需的资料。

（4）预计参观者的类型和数量。展览会在策划阶段必须考虑所针对的顾客，参观者的类型将影响到信息的传播手段的复杂性和多样性。如果参观者对展出项目有较深的了解和研究，就需要展览会的讲解人员也是这方面的专家，介绍的资料要较为专业、详细、深入；如果参观者只是一般消费者，则应采用通俗易懂的语言进行直观的普及性宣传。参观者的数量将直接影响展览地点的选择，展览地点的面积应足以容纳参观者。

(5) 选择展览的时间和地点。展览会时间的选择一般按组织需要而定，有些展览则要顾及季节性，如花卉展览等。在地点的选择上：首先，要考虑的是方便参观者的因素，如交通、易寻找等；其次，要考虑场地的大小、质量、设备等；再次，展览会的地点周围环境是否与展览主题相得益彰；最后，要考虑辅助设施是否容易配备和安置等。

(6) 成立专门新闻发布机构。展览会中会产生很多具有新闻价值的信息，需要展览会公关人员挖掘，写成新闻稿发表，扩大展览会的影响范围和效果。专门机构要负责新闻发布的计划和组织实施计划，并负责与新闻界进行联系的一切事务。

(7) 准备资料、制定预算。准备资料是指准备宣传资料，如设计与制作展览会的会徽、会标、纪念品、说明书、宣传小册子、幻灯片、录像带等音像资料，包括展览会的背景资料、前言及结束语、参展品名目录、参展单位目录以及展览会平面图等资料的撰写与制作。举办展览会要花费一定的资金，如场地和设备租金、运输费、设计布置费、材料费、传播媒介费、劳务费、宣传资料制作费、通信费等。在做这些经费预算时，一般应留出5%～10%作准备金，以作调剂之用。

3. 展览会的组织

一般的展览会，既可以由参展单位自行组织，也可以由社会上的专门机构负责。不论组织者谁来担任，都必须认真做好各项具体工作，力求使展览会取得完美的效果。根据惯例，展览会的组织者需要重点进行的具体工作如下。

(1) 参展单位的确定。一旦决定举办展览会，邀请什么样的单位来参加，通常是非常重要的。在具体考虑参展单位的时候，必须两相情愿，不要勉强。按照商务礼仪的要求，主办单位事先应以适当的方式，发出正式的邀请或召集。

邀请或召集参展单位的主要方式为刊登广告、寄发邀请函、召开新闻发布会等。无论采用何种方式，均须同时将展览会的宗旨、展出的主题、参展单位的范围与条件、举办展览会的时间与地点、报名参展的具体时间与地点、咨询问题的方法、主办单位拟提供的辅助服务项目、参展单位所应负担的基本费用等，一并如实地告诉参展单位，以便对方做出决定。对于报名参展的单位，主办单位应根据展览会的主题与具体条件进行必要的审核，切忌良莠不齐。当参展单位的正式名单确定以后，主办单位应及时地以专函进行通知，令被批准的参展单位尽早有所准备。

(2) 展览内容的宣传。为了引起社会各界对展览会的重视，并且尽量地扩大其影响，主办单位有必要对其进行大力宣传。宣传的重点，应当是展览的内容，即展览会的展示陈列之物。对展览会尤其是对展览内容所进行的宣传，主要有以下方式。

举办新闻发布会；邀请新闻界人士到现场进行参观、采访；发表有关展览会的新闻稿；公开刊发广告；张贴有关展览会的宣传画；在展览会现场散发宣传性材料和纪念品；在举办地悬挂彩旗、彩带或横幅；利用升空的彩色气球和飞艇进行宣传。以上方式可以只择其一，也可多种同时使用。在具体进行选择时，一定要量力行事，并且要遵守有关规定，注意安全。

为了搞好宣传工作，在举办大型展览会时，主办单位应专门成立负责对外宣传的组织机构。其正式名称可以叫新闻组，也可叫宣传办公室。

(3) 展示位置的分配。对展览会的组织者来说，展览现场的规划与布置，通常是其重要职责之一。在布置展会现场时，基本的要求是：展示陈列的各种展品要围绕既定的主题，进行互为衬托的合理组合与搭配；要在整体上井然有序、浑然一体。

展品在展览会上进行展示、陈列的具体位置，称为展位。所有参展单位都希望自己能够在展览会上拥有理想的位置。但凡是理想的展位，一般都处于展览会较为醒目之处，除了收费合理之外，应当面积妥当，客流较多，设施齐备，采光、水电的供给良好。

在一般情况下，展览会的组织者要想尽一切办法充分满足参展单位关于展位的合理要求。假如参展单位较多，并且对于较为理想的展位竞争较为激烈，则展览会的组织者可依据展览会的惯例，采用下列方法之一对展位进行合理的分配：①对展位进行竞拍。由组织者根据展位的不同，制定不同的收费标准，然后组织一场拍卖会，由参展者在会上自由进行角逐，由出价高者拥有位置好的展位；②对展位进行投标。由参展单位依照组织者所公告的招标标准和具体条件，自行报价，并据此填写标单，然后由组织者按照“就高不就低”的行规，将展位分配给报价高者；③对展位进行抽签。组织者将展位编号分别写在纸上，由参展单位的代表，在公证人员的监督下进行抽签，以此来确定其各自的具体展位；④按“先来后到”的惯例进行分配。所谓“先来后到”就是以参展单位提交正式报告的时间先后为序，谁先报名，谁便有权优先选择自己所看中的展位。不管采用哪种方法，组织者均须事先广而告之，以便参展单位早做准备，尽量选到称心如意的展位。

(4) 展厅的布置。根据展览会的主题与内容，构思展览会场的整体结构，画出总体设计图，列出设计要点，必要时可以事先制作展区的展品和展板布置小样，然后根据设计图制作与布置参展的图表、实物或模型。要注意统筹美术、摄影、装修、灯光装饰技术，实物展品进场后要有必要的装修，并加强安全保卫工作。在展厅入口设置咨询服务台和签到处，并贴出展览会平面图，作为参观指南。展览会布置应考虑角度、方向、背景和光线等综合因素，要使展品展出后整齐、美观、富有艺术色彩，给人以美感。

(5) 展览会的工作人员培训。展览活动既是组织产品、服务的展示，也是组织员工精神面貌的综合素质的展示。展览活动工作人员的素质和工作技能对整个展览的效果影响很大，特别是一些专业性较强的展览，如果没有一定的专业知识，展览的组织、洽谈、解说、咨询等工作就会受到影响。此外，工作人员的公关素质、接待、礼仪、讲解的技巧，都影响着展览活动的成败。因此就应在举办展览活动之前，精心挑选所有工作人员并对其进行必要的专业知识和公关技能培训。培训内容包括：各项目、内容的专业基础知识；各自的职责及对各种可能发生的突发事件的处理原则和方法；公关知识、接待礼仪方面的训练。

(6) 展览会辅助服务项目。主办单位作为展览会的组织者，有义务为参展单位提供一切必要的辅助服务项目。否则，不仅会影响自己的声誉，还会授人以柄。由展览会的组织者为参展单位提供的各项辅助性服务项目，最好能事先告知参展单位，并且对有关费用的支付进行详细说明。

由展览会的组织者为参展单位所提供的辅助性服务项目，通常包括下述各项：展品的运输与安装；车、船、机票的订购；与海关、商检、防疫部门的协调；跨国参展时有关证件、证明的办理;电话、传真、计算机、复印机等现代化的通信设备;举行洽谈会、发布会等商务会议或休息时所用的适当场所;餐饮以及有展览时使用的零配件的提供;供参展单位选用的礼仪、讲解、推销人员。

(7) 进行展览的效果测定。展览的效果一般体现在观众对展品的反映、对组织形象的认识以及对整个展览会从内容到形式的总体看法等方面。为了检验举办各类展览活动的目的是否达到,必须对展览效果进行检测。测定的方法很多,如设立观众留言簿,召开座谈会听取反映,检验顾客对展品的留意程度等。

【小贴士】

小展位引人注目的八点技巧

(1) 采用照明系统。根据调查,照明可将展品认知度提高30%~50%。

(2) 成立主题式展览摊位。大企业通常是采用传统方式展览,且依赖大规模场地,而小企业可以创新设计以显突出。

(3) 依展位大小选择大小合适的展示用品及参展产品,以免过度拥挤或空阔。

(4) 善加利用组合式展览用具,避免使用看似低廉的桌布覆盖桌子。

(5) 尽量整齐化展览,展示单项或两项产品。

(6) 选用少量且较大的图片,创造出强烈的视觉效果。太过密集或太小的图片皆不易读取。

(7) 将图片置放在视线以上,图片应自壁板36英寸高以上的地方开始放置。

(8) 展位要使用大胆且抢眼的颜色,从远距离即可凸显出来,避免易融入背景的中性色彩。

4. 展览会工作人员的礼仪

展览会的工作人员应当具备良好的素质,明确办展览的目的和主题,了解展览的知识和技能,具备与展览产品有关的专业素质,还要懂得礼仪,从各自不同的角度影响顾客,使顾客满意。

(1) 主持人礼仪。主持人是一个展览会的操纵者,应该表现出决定性人物的权威性。在着装上,要穿西服套装、系领带,拿一个真皮公文包,显示出气派,由此使顾客也对其主持的展览会和产品产生信赖感。主持人的形象就是组织实力的一种体现。与宾客握手时,主持人应先伸出手去,等宾客先放手后再放手。

(2) 讲解员礼仪。讲解员应热情礼貌地称呼顾客,讲解流畅,不用冷僻字,让顾客听懂。介绍的内容要实事求是,不弄虚作假,不愚弄听众。语调清晰流畅,声音响亮悦耳,语速适中。解说完毕,应对听众表示谢意。讲解员着装要整洁大方,打扮自然得体,不要怪异和过于新奇而喧宾夺主。举止庄重,动作大方。

(3) 接待员礼仪。接待员站着迎接参观者时,双脚略开,与肩同宽,双手自然下垂或在身后交叉,这种站姿不仅大方而且有力。站立时切勿双脚不停地移动,表现出内心的不安稳、不耐烦,也不要一脚交叉于另一只脚前,因为这是不友善的表示。接待人员不可随心所欲地趴在展台上或跷着二郎腿,嚼着口香糖,充当守摊者。应随时与参观者保持目光接触,目光要坚定，不可游移不定，也不可眼看别处，要表示你的坦然和自信。

【小案例】

展会上究竟应该如何表现

以下是某展会工作人员的“礼仪经”。

很多中国参展商参展的时候，那些业务员第一天表现还不错，热情接待客户，礼貌周到。但是第二天，第三天，闲聊的、坐着发呆的、发短信的、乱逛的，等等。总之，做什么的都有。的确，第二天、第三天大家都很累了，热情肯定没有第一天高。之前我也是这样，能坐着就不站着。但是自从看了一位朋友的帖子，讲他在国外参展的时候，中国参展商跟外国参展商的差距，里面就有一句“他对面展位的一个国外的工作人员始终都是站在展位前，无论是否有人，总是面带微笑”。

于是他就观察了那位工作人员三个小时。他始终都是站在展位前面带微笑，有客人热情接待，没有客人还是站在那里面带微笑，而不是像其他人一样闲聊，发呆。

这篇文章对我启发很大。之后的展会我也仿效，发觉真的很有效果，客人多了，老板看着你也觉得顺眼。试想一下，你是老板。出了钱去参展，你的业务员却坐在那里闲聊、发呆，你心里好受吗？换客户的角度来想：千里迢迢来参加展会，想找几个可靠的供给商，结果看到一个个都是东倒西歪、精神面貌不佳，一副士气不振、不是很欢迎的态度，谁愿意跟你来合作？谁放心跟你来合作？

有时候，细节真的很重要，大家很辛劳地去参展，不是为了闲聊或玩。三四天站下来的确很累，可是你的付出一定会有收获，无论从客户方面还是从老板的态度方面。

5. 组织展览会应注意的问题

组织举办展览会，一方面可以开展促销活动，宣传产品；另一方面可以开展公关活动，宣传组织、塑造形象。为提高展览效果，应注意以下问题。

(1) 保持组织信息网络渠道的畅通，及时了解展览信息和其他相关信息，正确决策、充分准备、利用好展览会时机宣传组织和产品。

(2) 一旦展台场地的合同签订，马上同展览会的新闻发布机构人员取得联系；预先提供组织关于展览的详细情况，至少也应提供有关该组织的情况和展出的主要内容。借助展览的组织方对组织及产品进行宣传。

(3) 提早了解清楚官方揭幕者或剪彩者的身份，预先直接同其接洽，争取在正式开幕仪式举行时参观组织展台。这对于提高组织声望极为重要。

(4) 参展者应利用“CI”企业形象设计原理，使用系统的视觉识别材料。如有可能，在展台或布展上进行特殊装修或对样品进行特殊安排，以增加其独特性和新鲜感。

(5) 展览期间，组织重要人物出席或邀请知名度极高的社会名流来展台。参观者既可以直接邀请新闻记者，在展台旁边组织记者招待会；也可以通过展览会新闻发布机构的新闻报道或信息发布进行宣传。

(6) 展览会上，如果有大宗买卖成交或接待了一位重要的参观者，或者是一种很有潜在价值的新产品将要展出等，都是新闻媒介注意的重要题材。参展方公关人员应注意挖掘这种素材,甚至可以制造独特新闻,引起新闻界和社会顾客的注意。

(7) 参展者应审时度势,在展览期间抓住或制造机会,如借助公益赞助等其他公关活动促进产品的销售和塑造组织形象等。

(8) 展览会结束后,应争取记者给予报道,或者通过努力使本组织的展览成为有关的广播和电视节目构思的内容。

展览会见图 4-6(http://news.163.com/16/0508/00/BMGLDNJD00014AEE.html)。

图 4-6

【小案例】

美国加利福尼亚州商会的展览会

美国加利福尼亚州(以下简称加州)商会为了在中国销售加州杏仁,委托凯旋公关公司在中国策划一次宣传推广活动。经过调查分析,凯旋决定策划举行一次"健美人生巡回展",希望在消费者心中树立杏仁有利健康的形象。

活动选择在具有较强影响力的大型商场,进行专业健美操表演活动,并采用各种生动的形式来最大限度地加强对加州杏仁的宣传和推广。例如,张贴各种吸引人的标牌、制作一个超人模样的杏仁吉祥物、进行一次主题生动的庆祝会、展示杏仁营养宣传品、进行消费者调查等活动。

为了突出加州杏仁的形象,要求表演者穿着统一的印有加州杏仁商会标记的服装。舞台的幕后背景以及舞台覆盖物均设计成富有生命活力的绿色,一棵绿色的杏树在这片田野中,突出了杏仁的健康形象。特大型的印有加州杏仁商会会标的舞台覆盖物和舞台背景,非常有效地突出了这次活动的主题。此外,免费给在场的小朋友发放印有加州杏仁商会宣传语"送给幸福的人"的彩色气球。主持人不断地在舞台上带领小朋友们做游戏,并指导在场的观众参加健美运动。另外,加州杏仁商会的吉祥物也出现在这次活动中,颇受现场观众的喜爱,并引得媒体记者争相拍照留念。

这次以"健美人生巡回展"为主题的宣传推广活动,吸引了数十万观众参加,给消费者留下了深刻的印象,实现了产品信息的传递;同时通过吸引众多媒体的关注和报道,成功地拓展了中国市场,取得了预期的目的。

【点评】 展览会的主题突出,布展时所用的道具、展品、背景等搭配合理、相映成趣。

同时，展会的工作人员能够以参观者为中心，设计并且很好地组织多项与观众互动的活动，使展览会办得很成功。这次展览会既为美国加州商会的“加州杏仁”产品树立了健康的形象，又为未来成功拓展中国市场打下了良好的基础。

课后练习

1. 结合所学酒店服务礼仪的内容，由学生扮演顾客及各部门接待服务人员，按照客人入住酒店的接待程序进行模拟练习。

2. 下面是某星级酒店对客房服务员的工作要求，对照各条自查一下，看你能否做到。

“三轻”：即要求客房服务员工作时，要说话轻、走路轻、操作轻。

“六无”：即客房卫生要做到无虫害、无灰尘、无碎屑、无水迹、无锈蚀、无异味。

“五声”：宾客来店有欢迎声，宾客离店有告别声，宾客表扬有致谢声，工作不足有道歉声，宾客欠安有慰问声。

“五个服务”：包括主动服务、站立服务、微笑服务、敬语服务、灵活服务。

“八字”：要求客房服务员从宾客进店到离店，从始至终要做到“迎、问、勤、洁、灵、静、听、送”八个字。

迎：客人到达时要以礼当先、热情迎客；

问：见到客人要主动、热情问候；

勤：服务员在工作中要勤快、迅速稳妥地为宾客提供快速敏捷、准确无误的服务，不图省事，不怕麻烦；

洁：房间要清洁、勤整理，做到每日三次进房检查整理房间。坚持茶具消毒，保证宾客身体健康；

灵：办事要认真、机动灵活，眼观六路、耳听八方，应变能力强；

静：在工作中要做到说话轻、走路轻、操作轻，保持楼层环境的安静；

听：在工作中要善于听取客人意见，不断改进工作，把服务工作做在客人提出之前；

送：客人离店送行，表示祝愿，欢迎再次光临。

3. 某烹饪协会理事认为：餐饮服务员不仅要懂服务，还要懂菜肴，要弄懂不同菜肴的原材料、价格、营养成分、制作程序及其色、形、味等特点。你是否赞同这个观点？说说你的看法。

4. 中国是一个餐饮文化大国，长期以来在某一地区由于地理环境、气候物产、文化传统以及民族习俗等因素的影响，形成有一定亲缘承袭关系，菜点风味相近，知名度较高，并为部分群众喜爱的地方风味著名流派。其中，粤菜、川菜、鲁菜、淮扬菜、浙菜、闽菜、湘菜、徽菜被称为“八大菜系”。你了解“八大菜系”的特点吗？请把你掌握的信息跟同学们分享一下。

5. 结合所学旅行社服务礼仪，由学生扮演顾客及旅行社工作人员进行门店接待、旅游产品推销的模拟练习。

6. 结合所学导游服务礼仪，由学生扮演游客及导游人员进行导游迎送、讲解及突发事件处理的模拟练习。

7. 走访本地的几家旅行社，了解他们的规模、经营业务范围，感受旅行社的氛围。

8. 设定几个消费群体，为他们设计旅游线路或旅游产品，并向他们模拟推销这些旅游线路和旅游产品。

9. 会展服务礼仪有哪些？

10. 晓丹是五湖四海股份公司的办公室主任，公司董事会决定在北京举行年度股东大会，晓丹受聘负责会议筹备与接待服务工作。请问晓丹应该从哪些方面着手组织这次会议？

11. 某职业技术学院为推荐毕业生就业，专门邀请了10家企业的领导进行洽谈。请模拟演示这次会谈程序，最后安排企业领导与师生合影。

12. 某车展开幕，本次车展来了许多知名宾客进行参观，你作为本次车展的解说员，将为这些知名宾客进行解说，你将如何开展工作（这些知名宾客以演员、歌手为主，可以让一些同学扮演宾客）。

13. 案例分析。

亲身经历

一位作家以自己的亲身经历，详细谈了希尔顿饭店先进的管理情况。他说，他在饭店早上起床，一打开门，走廊尽头站着的漂亮的服务员就走过来说："早上好，凯普先生。"叫我早上好很正常，知道我叫凯普也不难。我马上问她，"你怎么知道我叫凯普？""先生，昨天晚上你们睡觉的时候，我们要记住每个房间客人的名字。"后来，我从四楼坐电梯下去，到了一楼，电梯门一开，有一个服务员站在那里微笑着对我说："早上好，凯普先生！""你知道我叫凯普？怎么可能？""先生，上面有电话下来，说您下来了。"然后，我去吃早点，吃早餐的时候，服务员送来了一个点心。我就问，这中间红的是什么？服务员看了一眼，后退一步告诉我那是什么。我又问，旁边那个黑黑的是什么？她看了一眼，后退一步告诉我那是什么。她为什么后退一步？原来，她为了避免她的唾沫碰到我的菜。或许大家都有过这样的经历，只是觉得很正常而忽略过去了。但我觉得这些看起来是很小的事，却体现出很深刻的道理。

思考与讨论：

（1）这些小事体现出什么深刻道理？

（2）这个案例给了你什么启示？

嘉宾们即将到来

五湖四海公司的新产品发布会即将开始，总经理秘书小叶正站在会议大厅的入口处，她一边做着最后的检查，一边等着嘉宾的到来。她检查主席台上放置的名签时，发现有问题，一位嘉宾因故不能前来，名签却没有撤掉，而另一位嘉宾刚才来电话说要来参加新产品发布会，名签却没有准备。这时她的手机又响了，原来是接电视台记者的汽车在路上抛锚了，重新派车已经来不及了。同时，会议秘书组的人员来报，宣传材料不够。此时嘉宾已经陆续到来。

思考与讨论：

（1）如何有条不紊地做好各项会务工作？

（2）本案例对你有哪些启示？

会场的“明星”

小刘的公司应邀参加一个研讨会，该研讨会邀请了很多商界知名人士以及新闻界人士参加。老总特别安排小刘和他一道去参加，同时也让小刘见识大场面。

开会这天，小刘早上睡过了头，等他赶到，会议已经进行了20分钟。他急急忙忙推开了会议室的门，“吱”的一声脆响，他一下子成了会场上的焦点。刚坐下不到5分钟，肃静的会场上响起了摇篮曲，是谁放的音乐？原来是小刘的手机响了！这下子，小刘可成了全会场的“明星”……

没多久，听说小刘已经离开了该公司。

思考与讨论：

（1）小刘失礼的地方表现在哪里？

（2）参加各种会议应该注意哪些礼仪？

把握好会议的细节

小曹大学毕业差不多三年了，就职于一家民营企业，工作表现一直不错，很受领导器重，前几天刚被提拔为办公室副主任，负责主持工作。看着同事羡慕的眼神，小曹更是意气风发、斗志昂扬。再过几天就是单位一年一度的新品展示会了，这是公司最重要的一次会议，决定着公司来年的销售发展情况。而他全权负责这次会议的组织安排。

小曹很认真地设计会议的每个议程，并安排相关人员对应负责，经过三天的埋头苦干，看着制作结束的议程表，他露出了满意的笑容。

展示会这天，小曹一早就来到公司坐镇，场景的布置、设备的提供、客户的进场都井然有序，整个展示会进展顺利。这时，忽然传来一阵嘈杂声，他循声走过去，看到几位客户站在公司的一个新产品前面，其中一位客户问：“请问一下，你们公司推出这款产品的特性是什么？与之前的产品相比哪些地方改进了？”

解说员愣了一下，说：“这款新产品很好，比以前的老产品先进很多！”

客户接着追问：“你这话等于没说，我当然知道先进了，不然你们公司也没有必要花费资金研发啊！我的意思是，希望你详细解说一下这款产品的优势所在！”

解说员憋了半天，脸涨得通红，说：“我不太清楚，你去问我们研发员吧！”

几位客户都在下面窃窃私语，这是什么解说员啊，对自己公司的产品都不熟悉，企业怎么培训的，这样的产品可信吗……

新品展示会的结局可想而知，小曹也被领导狠狠批评了一顿。

思考与讨论：

（1）小曹很认真地准备了新品展示会，为何却事与愿违？

（2）本案例对你有何启示？

第五章　形体动作训练

每种首创事业的成功，最要紧的还是所有当事人的基本训练。

——[俄]马明·西比利亚克

宝剑锋从磨砺出，梅花香自苦寒来。

——《警世贤文》

形体动作训练是形体训练的基础，是在形体舞蹈表演之前最基本的训练，要想熟练地完成舞蹈动作，不仅要有理想化的形体和仪态，还需要有刻苦的练习、良好的肌肉能力以具备舞蹈动作所要求的协调、灵活、柔韧与节奏感。只有身体各部位肌肉的协调配合，才能把舞蹈表现得富有流畅性，充满激情与活力，达到形体美的目标要求。

【小贴士】

舞蹈中眼睛看的“点位”

舞蹈中的 1 点＝钟表的 12 点

舞蹈中的 2 点＝钟表的 1 点与 2 点之间(就是右上指向的 45°)

舞蹈中的 3 点＝钟表的 3 点

舞蹈中的 4 点＝钟表的 4 点与 5 点之间(就是右下指向的 135°)

舞蹈中的 5 点＝钟表的 6 点

舞蹈中的 6 点＝钟表的 7 点与 8 点之间(就是左下指向的 135°)

舞蹈中的 7 点＝钟表的 9 点

舞蹈中的 8 点＝钟表的 10 点与 11 点之间(就是右下指向的 45°)

第一节　身体各部位动作训练

身体各部位动作训练主要是以身体各部位为一个训练体系进行的规范训练。通过基本动作训练，可以增强各部位肌肉的力量，扩大关节活动范围，提高动作的灵活性和柔韧性；同时，还能促进身体的发育，预防和克服形体的畸形发展，以形成优美的体态。

一、头部动作

(1) 低头。头向前低下，下颌用力向下，眼睛看地面(见图 5-1)。

(2) 仰头。下颌用力向上，头向后仰起，颈部肌肉尽量向上拉长(见图 5-2)。

(3) 倾头。头正直准备，头顶向左向右 45°倾斜，视 1 点(见图 5-3)。

(4) 转头。头正直准备,脸向左或向右 90°水平转动,使鼻尖对左肩或右肩(见图 5-4)。

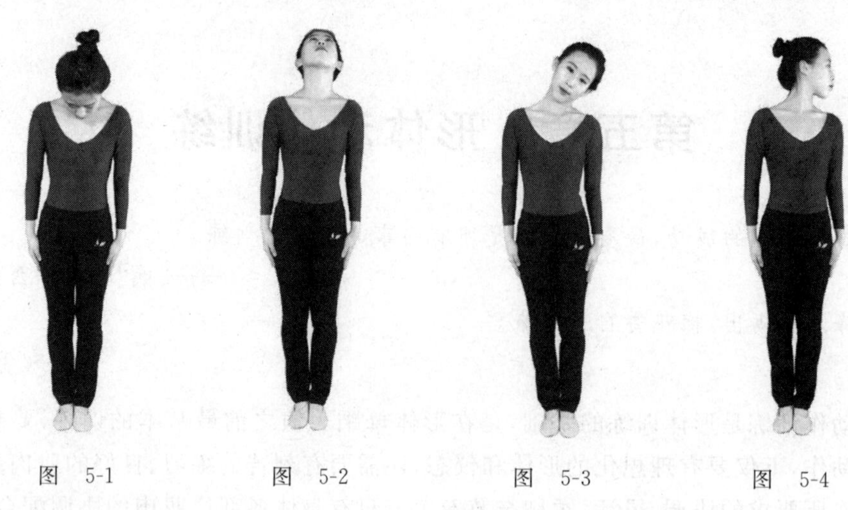

图 5-1　　图 5-2　　图 5-3　　图 5-4

二、肩部动作

(1) 耸肩。

① 单耸肩。一个肩向上抬起,另一个肩保持不动(见图 5-5)。

② 双耸肩。两个肩膀同时向上抬起,落下,抬起时颈部保持不动,不要往下使劲(见图 5-6)。

(2) 转肩。两肩同时由前向后转动或同时由后向前转动。

三、胸部动作

(1) 含胸。两肩向前扣,胸部正中心开始向内缩,头稍低,两臂稍向前摆(见图 5-7)。

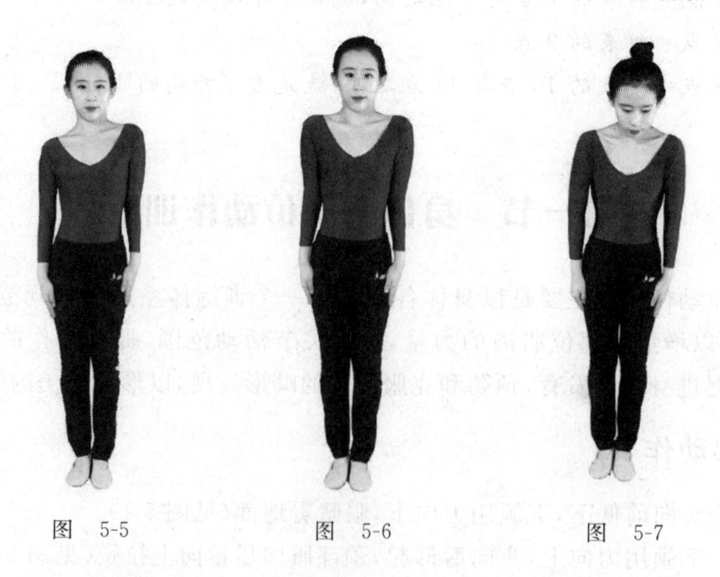

图 5-5　　图 5-6　　图 5-7

(2) 挺胸。胸部向前挺起,两肩向后展开,抬头,双臂向后摆。

四、腰部动作

(1) 前弯腰。双腿直立并拢站好,身体尽量拉长往前弯腰,可做 90°前弯腰(见图 5-8),也可做 180°前弯腰(见图 5-9)。

(2) 旁弯腰。大八字位站好,双臂在身体两侧下垂。动作时,右手上举掌心向内,胯部向右移动,上半身向左侧屈,然后还原(见图 5-10),也可做相反动作。

图 5-8　　图 5-9　　图 5-10

(3) 后弯腰。

① 跪立后弯腰。跪立姿势准备,两膝分开与肩同宽,双手臂上举,掌心向前。动作时,由双手开始带动头、颈、脊柱等关节向后弯曲,臀部向上顶起,双手最后落在两脚附近(见图 5-11),然后反向收回原位。

② 站立后弯腰。站立姿势准备,两膝分开与肩同宽,双手臂上举,掌心向前(见图 5-12)。动作时,由双手开始带动头、颈、脊柱、髋关节等向后弯曲,臀部向上顶起,双手最后着地(见图 5-13),然后反向收回原位。

图 5-11　　图 5-12　　图 5-13

五、胯部动作

(1) 摆胯。两腿打开与肩同宽,双手叉腰,胯部向左右摆动(见图 5-14)。

(2) 转胯。两腿打开与肩同宽,双手叉腰,胯部向前或向后按照顺时针或逆时针方向最大幅度转动。

六、手臂动作

(1) 前后摆臂。双手臂伸直同时向前或向后水平摆动,做前后摆臂动作时会和含胸、腆胸动作一起完成(见图 5-15 和图 5-16)。

(2) 上下摆臂。双臂伸直一上,一下,由双手带动同时向后摆动,双臂上下位置交替进行(见图 5-17)。

图 5-14

图 5-15

图 5-16

图 5-17

七、膝关节动作

(1) 屈膝。双膝并拢向下弯曲(见图 5-18)。

(2) 转膝。双腿并拢,双膝弯曲,以膝关节为轴转动(见图 5-19)。

八、踝关节动作

(1) 单踝转动。一脚全脚掌着地不动,另外一脚半脚掌着地,转动踝关节(见图 5-20)。

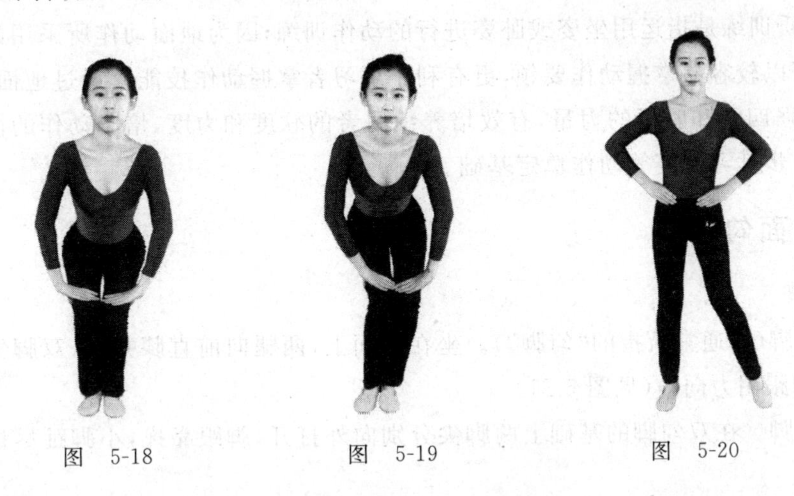

图 5-18　　图 5-19　　图 5-20

(2) 双踝转动。双腿并拢屈膝,双手扶膝盖,转动膝盖同时带动双踝转动。

【小贴士】

女性形体美的特征

(1) 身体的均衡美。均衡美是指身体的发育要符合一定的比例。如头、上肢与身长,躯干与身长的比例等要符合人的正常发育规律,同时要合乎大众审美标准。另外,均衡还表现在身体的协调性,这种协调包含人体各部分的尺度,也包含人体的姿态和动作、神情气韵、发肤的色彩之间的协调。

(2) 身体的比例美。黄金分割律为人们的审美观念提供了宝贵的形式美的依据。比对可以反映差异和互补,更凸显单一事物的完美性。例如,形体中的大与小、粗与细、长与短、屈与直,节奏上的轻与重、快与慢,行动上的静与动,都可以形成鲜明的反差,相互辉映。躯干是人的枢轴,应该给人一种稳定的感觉,而四肢是人的运动器官,应给人以灵活的感觉,如果四肢僵硬,躯干不直,只会给人笨笨的感觉。

(3) 身体的曲线美。从现代审美观点来看,女性的形体应倾向于挺拔、丰满,并且拥有健美而富有弹性的肌肉,还需要有充满青春活力的精神面貌和气质。女性美离不开女性的基本特征,适宜的胸围和腰围、健美的大腿等,这是女性特有的曲线美的重要部分。

(4) 身体的对称美。人体的对称是指从正面或侧面看身体左右两侧要对称。在正常的站或坐时，人体的对称轴要与地面垂直。控制人体对称轴的主要部位是脊柱，脊柱的偏斜则会破坏人体的对称。另外两肩、两臂、两跨、两膝、两腿、两足要对称，同时头部五官也要对称。

第二节　地面素质训练

地面素质训练是指运用坐姿或卧姿进行的动作训练，因为地面动作所采用的身体姿态重心较低，所以较容易掌握动作要领，更有利于练习者掌握动作技能。通过地面素质训练，可以逐渐增强四肢和躯干的力量，有效培养练习者的软度和力度，培养动作的协调性和表现力，为进一步学习舞姿等动作奠定基础。

一、地面勾绷脚

(1) 勾脚。

① 双勾脚(即通常所指的“勾脚”)。坐在地面上，两腿向前直膝并拢，双脚尖贴紧同时向上勾起，脚跟用力向前(见图 5-21)。

② 勾开脚。在双勾脚的基础上两脚尖分别向外打开，脚跟靠拢，小脚趾尽量贴向地面(见图 5-22)。

(2) 绷脚。

① 开绷脚。在勾开脚的基础上两脚分别下压脚背到脚趾，两脚跟靠拢，两脚掌分开，小脚趾尽量贴向地面(见图 5-23)。

② 绷合脚(通常所指的“绷脚”)。在开绷脚基础上，两脚背向内旋转，两脚夹紧(见图 5-24)。

图　5-21　　图　5-22　　图　5-23　　图　5-24

二、地面吸腿、直腿和开胯

(1) 单腿前吸腿、直腿。两腿直膝夹紧绷脚准备，一条腿不动，另一条腿为动力腿，膝关节弯曲向上抬起，脚掌贴紧地面向上吸，慢慢抬起脚跟，直到脚尖点地为止为“单腿吸腿”

(见图 5-25)；然后以膝关节为轴脚背带动向上提起，直到动力腿伸直 90°为止，为“单腿吸腿直腿”(见图 5-26)，两腿可交替进行。

图 5-25

图 5-26

(2) 单腿旁吸腿、直腿。两腿直膝夹紧绷脚准备，一条腿不动为主力腿，另一条腿为动力腿，脚背由绷合脚转成开绷脚，动力腿贴地面，膝关节弯曲，动力脚的脚尖贴着主力腿的内侧由下往上吸，直到动力脚的脚尖提至主力腿的膝关节内侧为止为“单腿旁吸腿”(见图 5-27)；然后以膝关节为轴，脚背带动向上直到动力腿伸直 90°为止为“单腿旁吸腿直腿”(见图 5-28)，两腿可交替进行。

图 5-27

(3) 双腿吸腿、直腿、开胯。两腿并拢直膝绷脚准备，膝关节弯曲向上抬起，两脚掌贴紧地面同时向上吸腿擦地，慢慢抬起脚跟，直到两脚尖点地为止，为“双腿吸腿”(见图 5-29)；然后两腿脚背带动，以膝关节为轴小腿向上抬起，使腿和身体形成 90°，为“双腿吸腿直腿”(见图 5-30)；在双腿吸腿动作基础上，两腿膝关节带动双腿向身体两侧分开，使两腿尽量分别贴紧地面为“双腿吸腿开胯”(见图 5-31)。

图 5-28

图 5-29

图　5-30

图　5-31

三、地面压腿

(1) 地面压前腿。坐在地面上，两腿直膝并拢绷脚，上身挺拔直立，双手臂在身体斜上方呈椭圆状(见图 5-32)，运动时以腰为轴，两手臂带动上身快速下压，使上身贴近两腿来拉长腿部后面韧带(见图 5-33)，然后抬起上身还原。

图　5-32

图　5-33

(2) 地面压旁腿。蹲在地面上，一条腿屈膝全脚掌大八字外开不动为主力腿，另一条腿在体旁伸直绷脚，双手臂分别在主力腿两侧扶住地面，后背尽量挺拔不要驼背，视 1 点，随着节拍有规律地下压上身和胯部来拉长腿部内侧韧带(见图 5-34)。

(3) 地面压后腿。蹲在地面上，一条腿屈膝全脚掌大八字外开不动为主力腿，另一条腿在身体后面伸直绷脚外开，双手臂分别在主力腿两侧扶住地面，后背尽量挺拔不要驼背，视 1 点，随着节拍有规律地下压上身和胯部来拉长腿部前面韧带(见图 5-35)。

四、地面踢腿

(1) 地面踢前腿。仰卧在地面上，一条腿直膝绷脚不动(见图 5-36)，另一条腿直膝绷脚，脚背发力快速向上踢起 90°以上，然后轻轻落下(见图 5-37)。

图 5-34　　图 5-35

图 5-36　　图 5-37

(2) 地面踢旁腿。侧卧在地面上,一只手放在胸前扶地,另一只手伸直放在头部下面扶地,双腿直膝绷脚,面向 1 点准备,下面的腿不动,上面的腿绷脚直膝向旁踢起 90°以上(见图 5-38),再轻轻落下。

(3) 地面踢后腿。俯卧在地面上,两腿直膝并拢,两臂弯曲,小臂贴于地面支撑上身,上身尽量挺拔,抬头视 1 点准备,一条腿不动,紧贴地面。另一条腿由脚背发力向后上方踢起到最高点,踢腿时速度要快,踢腿时胯尽量保持不动,不要掀起(见图 5-39),落地要轻。

图 5-38　　图 5-39

第三节　形体协调训练

协调是人体自我调节,准确且有控制的随意运动的一种能力。协调性是正常运动活动最重要的组成部分,也是体现运动控制的有力指标。通过形体协调训练,能够促使身体动作各方面更加协调，身体各个关节相互配合的能力增强，提高练习者的自我表现力、自信心和社会参与能力。

一、身体姿态

（1）站姿。双脚并拢正步站好，双腿直膝夹紧，收腹，挺胸，双手自然下垂于身体两侧，两肩自然下压，颈部上提，下颌微微抬起，眼睛平视（见图5-40）。

（2）蹲姿。双脚全脚掌着地同时并拢，屈膝，双手指尖扶地，身体重心位于正中，不要后倾，抬头，视1点（见图5-41）。

（3）坐姿。坐在地面上，双腿伸直，绷脚，两手臂在身体两侧伸直，手指尖点地，视1点（见图5-42）。

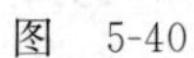

图 5-40

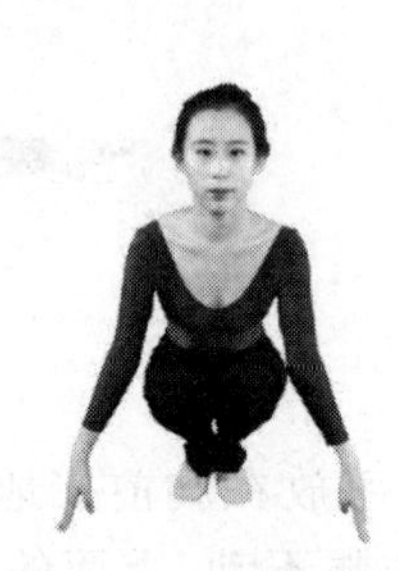

图 5-41

图 5-42

（4）卧姿。

① 仰卧。躺在地面上，面部朝上，双腿伸直夹紧绷脚，两手臂在身体两侧伸直，身体呈十字形（见图5-43）。

图 5-43

② 侧卧。侧身躺在地面上，面部朝前或朝后，双腿伸直夹紧绷脚，一只手臂在头的下方伸直，一只手臂屈臂放在胸前扶地（见图5-44）。

③ 俯卧。面部朝下，平躺在地面上，两手臂向上伸直，双腿伸直夹紧绷脚（见图5-45）。

图 5-44

图 5-45

二、手臂姿态

（1）手臂侧平举。站姿准备，双手臂伸直在两肩的高度成一条直线（见图5-46）。

（2）手臂上平举。站姿准备，双手臂在头顶伸直，两臂贴近耳朵，掌心向内（见图 5-47）。

（3）手臂前平举。两腿站姿准备，上身挺直向前 90°，双手臂伸直和身体成一条直线，掌心向下，手指尖用力向前拉长身体（见图 5-48）。

图 5-46　　图 5-47　　图 5-48

三、腰部肌肉协调训练

（1）腹肌训练。腹肌训练无须辅助人员。仰卧准备，微屈膝，双手握拳在身体前面呈屈臂状态（见图 5-49），起身时高度为 45°，不要完全起来（见图 5-50）。

（2）侧肌训练。侧肌训练需要有辅助人员来帮助完成。侧卧准备，微屈膝（辅助人员压在练习者的小腿处），双手抱于头后，侧肌发力，起身时越高越好（见图 5-51）。

图 5-49　　图 5-50

（3）背肌训练。背肌训练需要有辅助人员来帮助完成。俯卧准备，直膝（辅助人员压在练习者的小腿处），双手抱于头后，后背肌肉发力，上身向上抬起越高越好（见图 5-52）。

图 5-51

图 5-52

【小贴士】

形体美的衡量指数

女性形体美衡量指数与男性形体美衡量指数有所区别，具体如下。

(1) 女性形体美衡量指数

标准体重计算公式为：[身高(厘米)－100]×0.85 千克。

上下身比例：以肚脐为界，上下身比例应为 5∶8，符合“黄金分割”定律。

胸围应为身高的 1/2。

腰围的标准围度比胸围小 20 厘米。

臀围应大于胸围 4 厘米。

大腿围应小于腰围 10 厘米。

小腿围应小于大腿围 20 厘米。

足颈围应小于小腿围 10 厘米。

手腕围应小于足颈围 5 厘米。

颈围应等于小腿围。

肩宽即两肩峰之间的距离，应等于胸围的 1/2 减去 4 厘米。

(2) 男性形体美衡量指数

标准体重计算公式为：[身高(厘米)－100]×0.9 千克。

身体的中心点应在股骨大转子顶部。

向两侧平伸两臂，两手中指尖的距离应等于身高。

肩宽应等于身高的 1/4。

胸围应等于身高的 1/2 加 5 厘米。

腰围应较胸围小 15 厘米。

髋围应等于身高的 1/2。

大腿围应小于腰围 22.5 厘米。

小腿围应小于大腿围 18 厘米。

足颈围应小于小腿围 12 厘米。

手腕围应小于足颈围 5 厘米。

上臂围等于大腿围的 1/2。

颈围应等于小腿围。

课后练习

1. 准确做出身体各部位的单一动作。
2. 熟练掌握身体各部位训练组合。

3. 准确完成地面勾绷脚和地面吸腿、直腿的单一动作。

4. 准确掌握地面压腿和踢腿的动作要领。

5. 熟练掌握地面素质训练组合。

6. 完成身体的四种姿态。

7. 准确完成三种手臂姿态。

8. 熟练掌握形体协调训练组合。

第六章　芭 蕾 训 练

舞蹈不过是和自然运动保持和谐一致的人体运动罢了。

——[美]邓肯

凡人之动而有节者，莫若舞。肄舞所以动阳气而导万物也。

——[明]朱载堉

芭蕾起源于意大利，兴盛于法国和俄罗斯，有着“艺术皇冠上的明珠”之美誉。“芭蕾”一词本是法语 ballet 的音译，意为“跳”或“跳舞”。最初是欧洲的一种群众自娱或广场表演的舞蹈，在发展进程中形成了严格的规范和结构形式。现在芭蕾已经成为一门世界性的艺术，它不仅可以塑造人的外在形象，还可以升华人的内在气质。

芭蕾以其独特的舞蹈形式来展示人体优美的线条，动作流畅，舞姿多变，造型流动，技艺精湛。几百年来形成了一套规范、严谨、科学的芭蕾训练方法。芭蕾训练中常出现开、绷、直、立四个字，这四个字始终贯穿在芭蕾训练中，所有的动作必须在开、绷、直、立的基础上完成，所以称为芭蕾的基本元素。“开”是指髋关节向人体两侧外开，髋关节的打开，舒展了人体的线条，增加了人体下肢的表现能力。“绷”是指脚腕伸展，脚背上拱，脚心下窝，脚趾并拢，向远向下无限伸展。“直”是指人体重心的垂直。“立”是指人体每一个关节、肌肉都向上提，有无限提升感。芭蕾将身体美学表现得淋漓尽致，以至于对这种美的评判标准一直延续至今。现在虽然人们已经不再穿足尖鞋、紧身衣，但运用的还是芭蕾的训练体系，并将其融入塑造美的形体训练中。

芭蕾形体训练是一门基本能力的训练，是形体训练课程中最重要的部分之一，通过本章的学习，训练学生身体各部位肌肉的能力，增强直立感、协调性和肢体表现力，使之掌握芭蕾开、绷、直、立的审美特点，提升其原有的自然体态，获得必要的技术、技能和规范的动作，从而提高身体的基本素质。

第一节　芭蕾基础训练

芭蕾基础训练内容包括芭蕾的基本手形、手位和脚位等基础知识内容。

世界上各个流派的芭蕾在手位设置上不完全相同，这是因为各流派的表演风格的不同。这里介绍俄罗斯学派的七个手位，因为俄罗斯流派的手位在延伸舒展性上、在挺拔感觉上比较突出，并且有助于稳定重心和帮助学习者收紧背部及立腰的作用。在训练过程中，利用这七个手位主要是训练手指末梢神经的感觉，使加强动作的美感以及延伸到生活、工作中的每一个细节。

芭蕾的脚位充分展示了芭蕾“开”的特点，是学习芭蕾的基础，芭蕾中脚的五种基本位置，是学生最早要学习的动作。不只是因为简单，而是芭蕾课堂上大部分动作都是以这五种位置之一作为开始和结束姿态。外开并非易事，它需要时间和坚持不懈的刻苦锻炼。有些人的自然开度好，以下的动作就能很轻易地完成。有些人开度较差些，但多练习就会逐渐达到要求。

一、基础训练指南

芭蕾手的位置从一位到七位，两手臂始终要保持椭圆形，注意不要让手腕和肘关节下塌，手的七个位置运动路线要规范。熟练掌握手的七个位置之后，要头、手、身体各部位协调配合，要体会手位中的内在力量，尤其是后背肌群在动作中起到平稳、稳定的作用，要运用手的表现力来传情达意。

芭蕾脚位的开度要保持从大腿根、膝盖、脚腕、脚尖的上下一致。如果胯部不开，脚位可以站大八字或小八字，切忌某个局部开，某个局部关，造成上下扭曲而损伤。五位和三位站立要保持胯部正，不要因为某只脚在前，而一边的胯歪向前。胯不正的原因正是因为在前五位或前三位的脚没有伸直而形成，所以五位和三位站立不但要伸直两膝，而且要夹紧大腿。

二、实操训练

1. 手形

手自然放松，中指、无名指和小指并拢，食指外开，拇指自然放松（见图 6-1）。

2. 手位

一位：从肩到手指尖在身体前呈椭圆形，手心朝上，两手相距约一只拳头，小指边离大腿约两寸距离（见图 6-2）。

二位：保持一位手状态，两手臂向上抬至手心与胃部平行部位（见图 6-3）。

三位：保持二位手状态，两手臂向上抬至头顶斜上方（见图 6-4）。

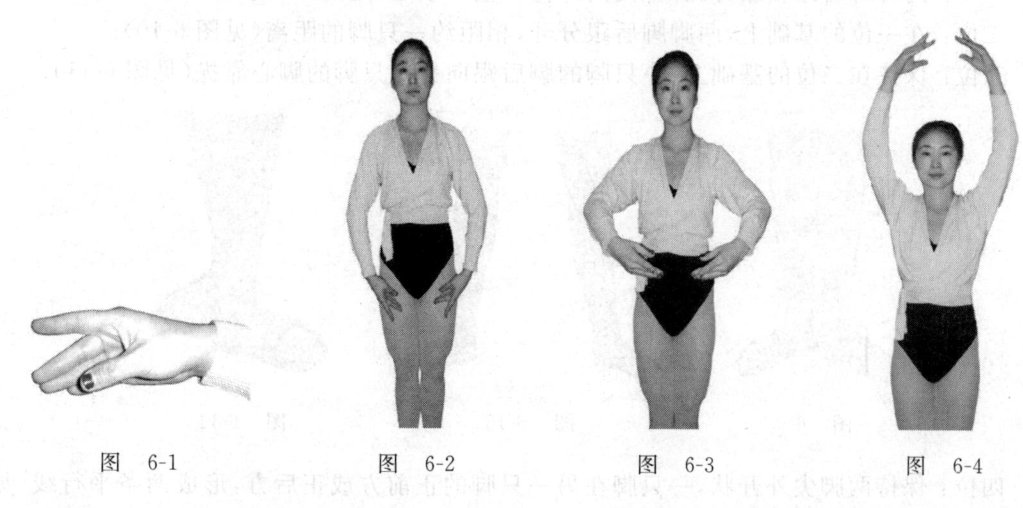

图 6-1　　图 6-2　　图 6-3　　图 6-4

四位：一只手臂保留在三位，另一只手臂从三位回至二位（见图 6-5）。

五位：一只手臂仍保持在三位，二位手臂向旁打开（见图 6-6）。

图 6-5　　图 6-6

六位：打开到旁的手不动，三位手下到二位（见图 6-7）。

七位：打开到旁的手仍不动，二位手打开到旁呈七位（见图 6-8）。

图 6-7　　图 6-8

3. 脚位

一位：两脚脚后跟相靠，两脚脚尖向外打开呈一字形（见图 6-9）。

二位：在一位的基础上，两脚脚后跟分开，相距约一只脚的距离（见图 6-10）。

三位：保持在二位的基础上，一只脚的脚后跟向另一只脚的脚心靠拢（见图 6-11）。

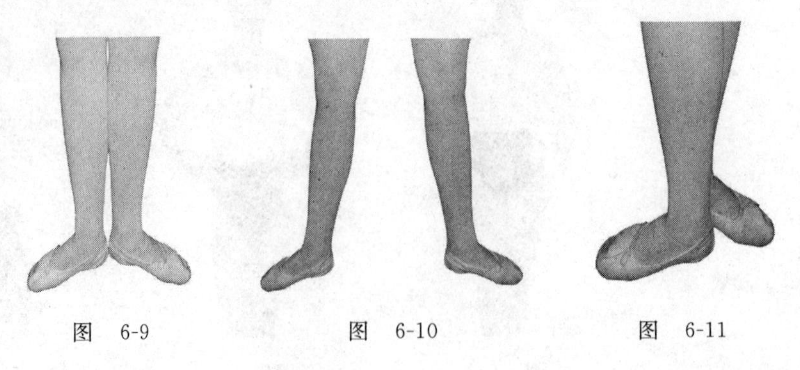

图 6-9　　图 6-10　　图 6-11

四位：保持两脚尖外开状，一只脚在另一只脚的正前方或正后方，形成两条平行线（见图 6-12）。

五位：在四位的基础上，两脚合拢并紧（见图 6-13）。

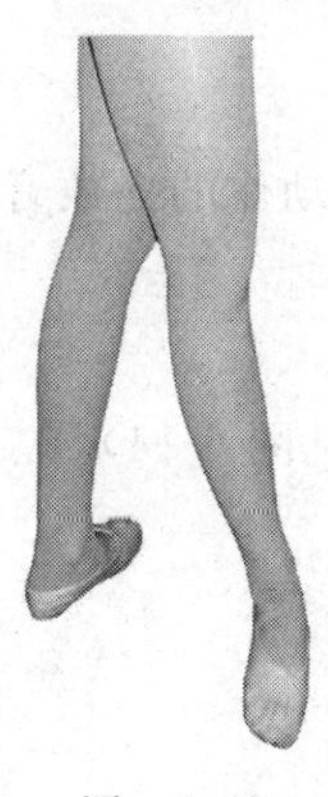

图 6-12

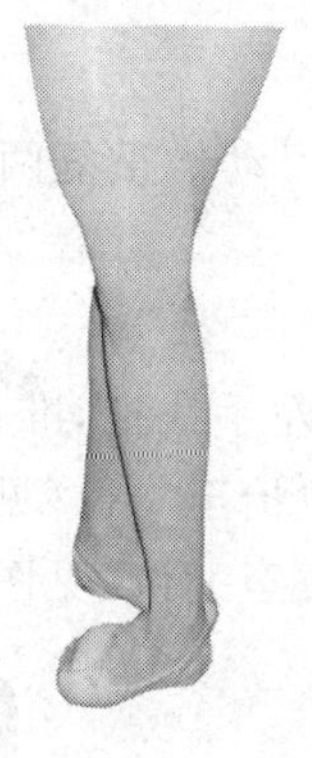

图 6-13

第二节 擦地训练

擦地是芭蕾舞基础培训入门的最基础的动作之一。正因为它简单易做，所以被列入基训的最初几个动作，但这个动作要认真地做起来，又并非像看起来那么容易，它的内涵贯穿"开、绷、直、立"全部真谛。擦地可以在一位和五位脚的位置上向前、向旁、向后方向做。擦地主要通过擦地绷脚背，立脚趾，整条腿向远处、向下延伸，伸展整条腿的肌肉，然后收回。通过擦出收回的不断运动来锻炼腿部力量，尤其是踝关节和脚趾的力量。

一、基础训练指南

1. 向前擦地

五位站立准备向前擦地，一条腿支撑并固定好重心，另一条腿保持与支撑腿平行状态，沿地面向前擦出，同时脚跟渐渐离地推起脚背。在动作腿不影响支撑腿重心的情况下，尽可能向远处伸展，脚掌点地，将脚背推至最高点。然后再将脚趾向远处伸展立起，用脚趾尖轻轻点地后，再一次收回原位。

2. 向旁擦地

一条腿支撑并固定好重心，另一条腿向旁沿地面擦出，同时脚跟渐渐离地推起脚背。在不影响支撑腿重心的情况下，动作腿尽可能向远处伸展，脚掌点地，将脚背推至最高点。然后再将脚趾向远处伸展立起，用脚趾轻轻点地后再依次收回原位。

3. 向后擦地

一条腿支撑并固定好重心，另一条腿保持与支撑腿平行状态，沿地面向后擦出，同时脚跟渐渐离地推起脚背。在不影响支撑腿重心的情况下，动作腿尽可能向远处伸展，脚掌点地，将脚背推至最高点。然后再将脚趾向远处伸展立起，用脚的大脚趾外侧点地，然后依次再收回原位。

二、组合训练

共 4 个 8 拍，每次练习动作重复两遍，每次配合动作的播放音乐为 8 个 8 拍，左脚为主力脚，右脚为动力脚。

(1) 预备拍

1～4 拍：五位站立，左手扶把，准备向前擦地(见图 6-14)。

5～6 拍：右手由一位抬至二位(见图 6-15)。

7～8 拍：右手从二位至七位(见图 6-16)。

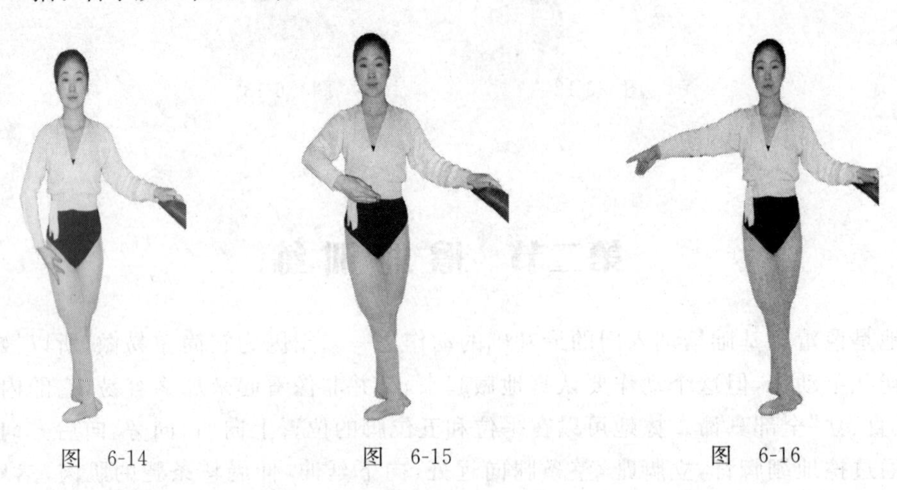

图 6-14　　图 6-15　　图 6-16

(2) 第 1×8 拍

第二拍出脚(见图 6-17)。

1～2 拍：右脚 1 拍时收回至五位，2 拍时向前擦出(见图 6-18)。

3～4 拍：右脚 3 拍时收回至五位，4 拍时擦出(见图 6-19)。

5～7 拍：重复 3～4 拍的动作。

8 拍时左脚向后擦出(见图 6-20)。

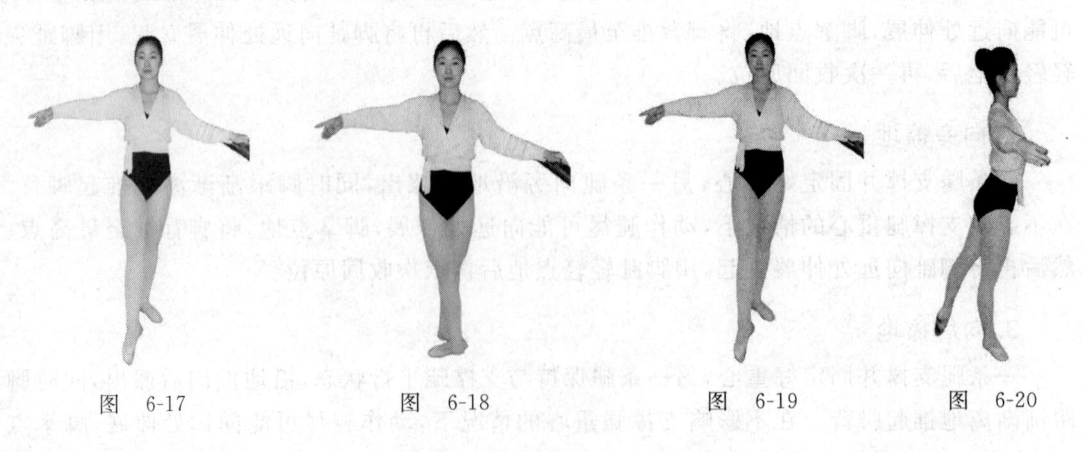

图 6-17　　图 6-18　　图 6-19　　图 6-20

(3) 第 2×8 拍

1～2 拍：左脚 1 拍时收回，2 拍时擦出。

3～4 拍：左脚 3 拍时收回,4 拍时擦出。

5～6 拍：左脚 5 拍时收回 ,6 拍时擦出(见图 6-21 和图 6-22)。

7～8 拍：左脚 7 拍时收回,右脚 8 拍时向旁擦出(见图 6-23)。

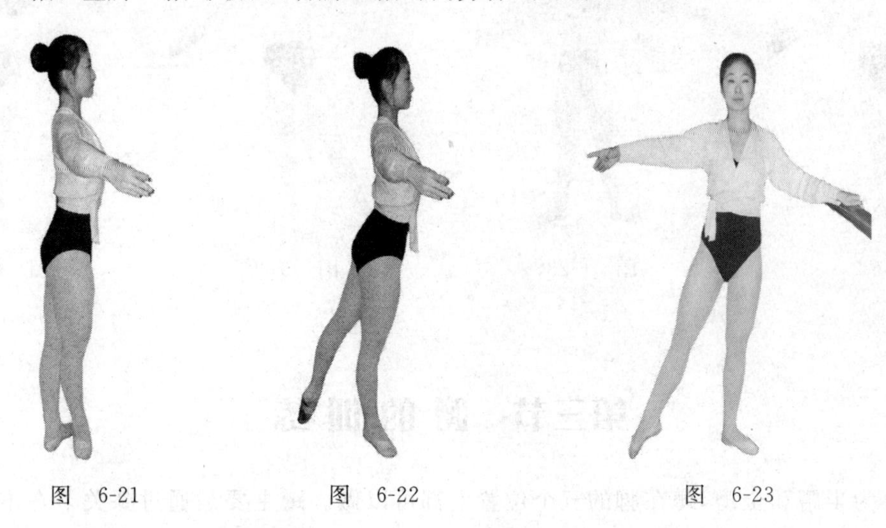

图 6-21　　图 6-22　　图 6-23

(4) 第 3×8 拍

1～2 拍：右脚 1 拍时收回,2 拍时擦出。

3～4 拍：右脚 3 拍时收回,4 拍时擦出。

5～6 拍：右脚 5 拍时收回,6 拍时擦出(见图 6-24 和图 6-25)。

7～8 拍：右脚 7 拍时收回,8 拍时收至后五位(见图 6-26)。

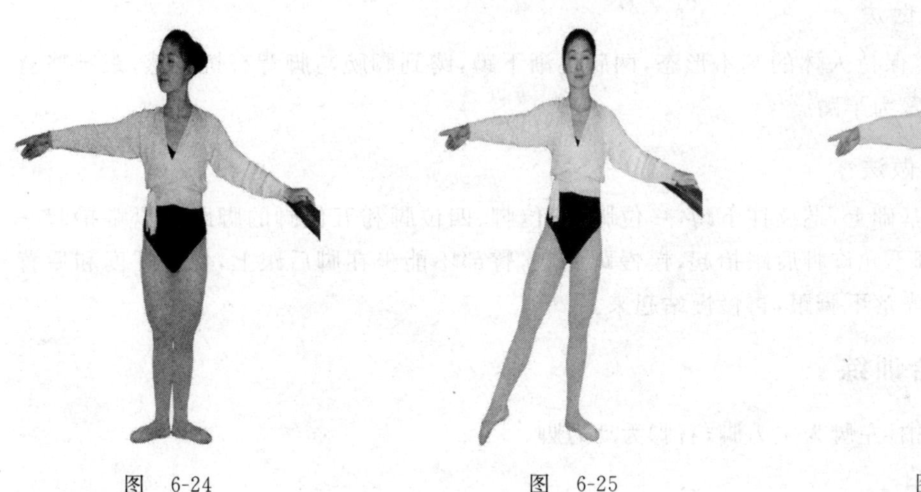

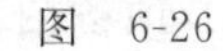

图 6-24　　图 6-25　　图 6-26

(5) 第 4×8 拍

1～2 拍：右脚向旁擦出(见图 6-27)。

3～4 拍：动力腿压脚跟。

5～6 拍：重复 3～4 拍的动作(见图 6-28 和图 6-29)。

7～8 拍：动力腿收到主力腿前面,呈五位脚,左脚在后,右脚在前(见图 6-30)。

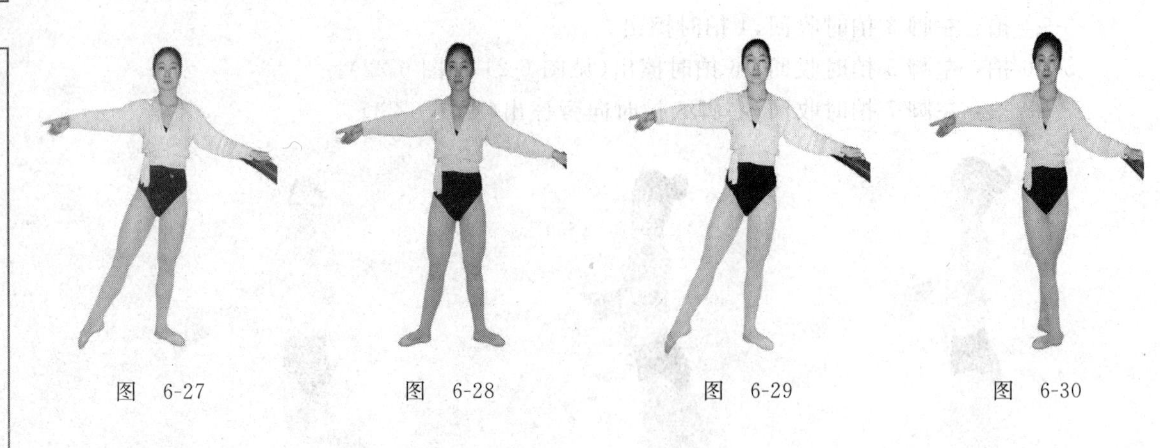

图 6-27　　图 6-28　　图 6-29　　图 6-30

第三节　蹲的训练

蹲分为半蹲和全蹲，蹲在脚的五个位置上都可以做。蹲主要是通过膝关节在不同的脚位上做各种不同节奏的快和慢的半蹲和全蹲，蹲的训练是锻炼膝关节的柔韧性和腿部的肌肉。蹲是芭蕾形体训练中重要的一部分，通过蹲的训练能使训练者轻松地腾空而起，轻盈着地，腿部屈伸有力，富有弹性。

一、基础训练指南

1. 半蹲的做法

一位站立，保持人体的基本形态，两膝逐渐下蹲，蹲到脚腕与脚背有挤压感，跟腱略有一点紧张的位置为半蹲。

2. 全蹲的做法

在半蹲的基础上，继续往下蹲，一位脚、三位脚、四位脚和五位脚的脚跟可以略抬起一点，只有二位脚不允许脚后跟抬起，慢慢蹲到底，臀部不能坐在脚后跟上，保持开度和后背挺直。起来时先落下脚跟，再慢慢站起来。

二、组合训练

共 8 个 8 拍，左脚为主力脚，右脚为动力脚。

(1) 预备拍

1～4 拍：一位站立，左手扶把，右手向旁边出手，深呼吸，再收回一位手准备(见图 6-31 和图 6-32)。

5～6 拍：右手由一位抬至二位，眼随着动力手走(见图 6-33)。

7～8 拍：右手从两位抬至七位，眼随着动力手走(见图 6-34)。

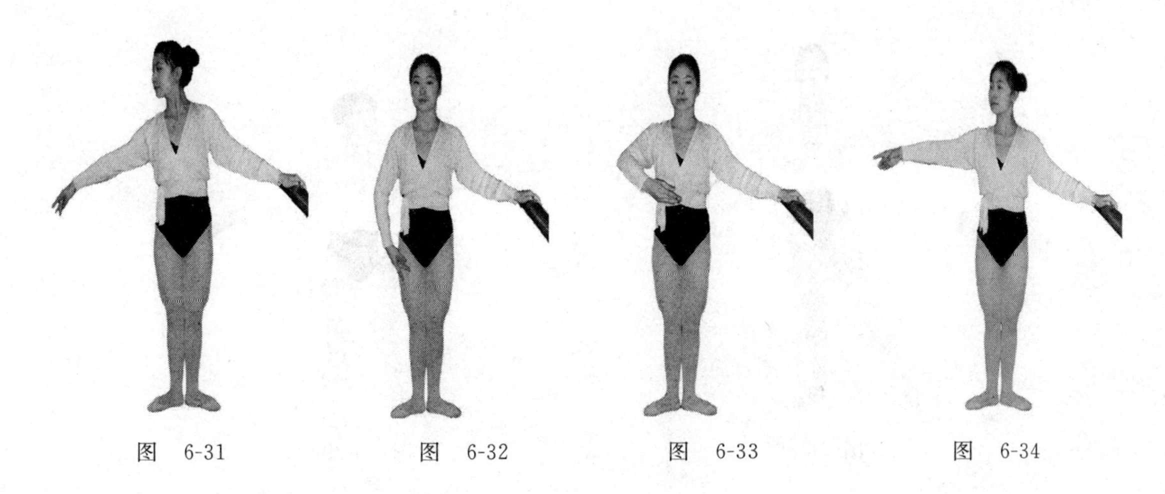

图 6-31　　图 6-32　　图 6-33　　图 6-34

（2）第 1×8 拍

1～4 拍：一位半蹲，同时右手由七位收回到一位（见图 6-35）。

5～8 拍：慢慢由一位半蹲提起还原，同时右手由二位打开抬至七位（见图 6-36 和图 6-37）。

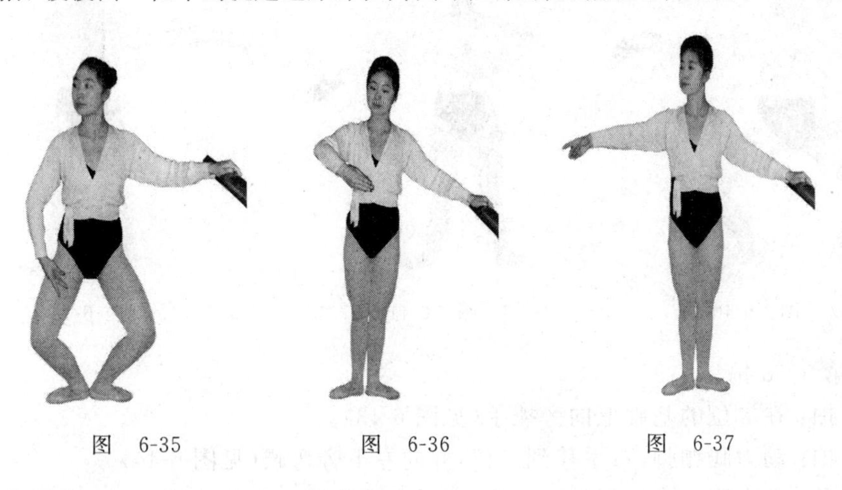

图 6-35　　图 6-36　　图 6-37

（3）第 2×8 拍

1～4 拍：重复以上动作（见图 6-36 和图 6-37）。

5～6 拍：一位半蹲，同时右手由七位收回到一位（见图 6-35）。

7～8 拍：由一位半蹲提起并还原，同时右手由二位打开并抬至七位，同时向旁边擦出右脚（见图 6-38）。

（4）第 3×8 拍

1～4 拍：二位半蹲，右手由七位收回到一位（见图 6-39 和图 6-40）。

5～8 拍：慢慢由一位半蹲提起并还原，同时右手由二位打开并移至七位（见图 6-41 和图 6-42）。

（5）第 4×8 拍

1～4 拍：重复以上动作（见图 6-41 和图 6-42）。

5～6 拍：二位半蹲，同时右手由七位收回到一位（见图 6-39 和图 6-40）。

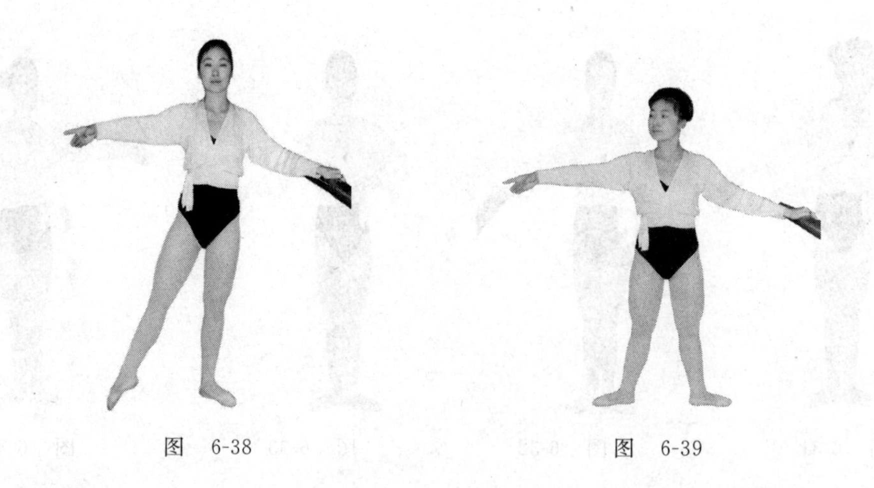
图 6-38　　图 6-39

7～8 拍：由二位半蹲提起并还原，同时右手由二位打开并移至七位（见图 6-41 和图 6-42）。

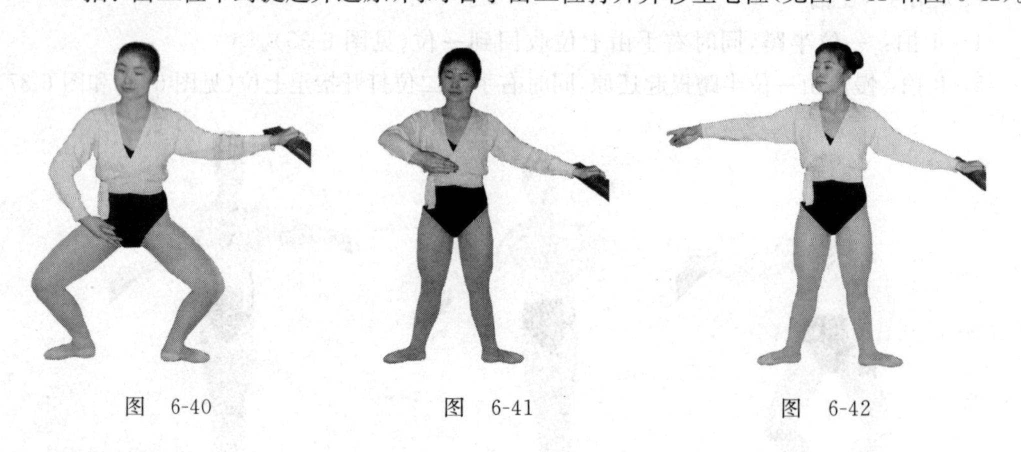
图 6-40　　图 6-41　　图 6-42

（6）第 5×8 拍

1～2 拍：在二位的基础上向旁摊手（见图 6-43）。

3～4 拍：动力腿绷脚，右手移到三位，并向左下旁弯腰（见图 6-44）。

5～8 拍：动力脚由二位划向前五位，右手由二位划向七位（见图 6-45 和图 6-46）。

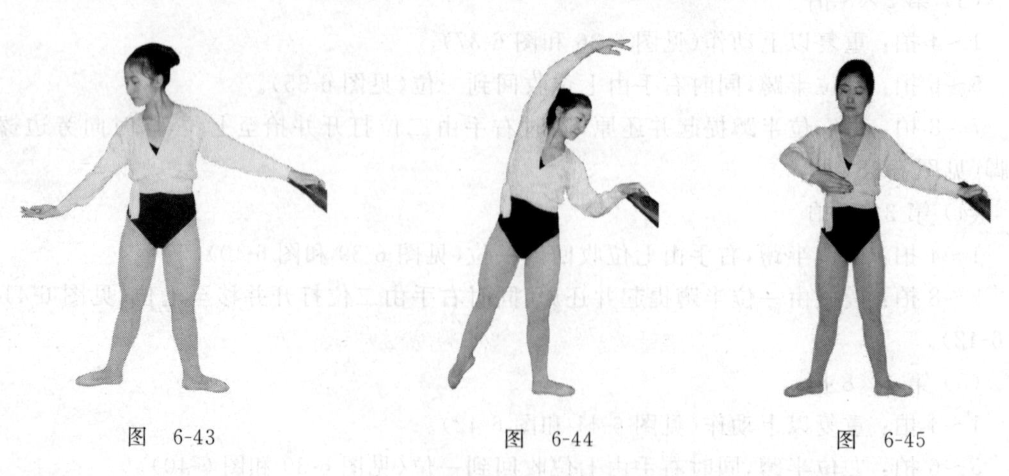
图 6-43　　图 6-44　　图 6-45

(7) 第 6×8 拍

1～4 拍：五位蹲，手由七位收回到一位(见图 6-47)。

5～8 拍：起身，手由二位收回到七位(见图 6-48)。

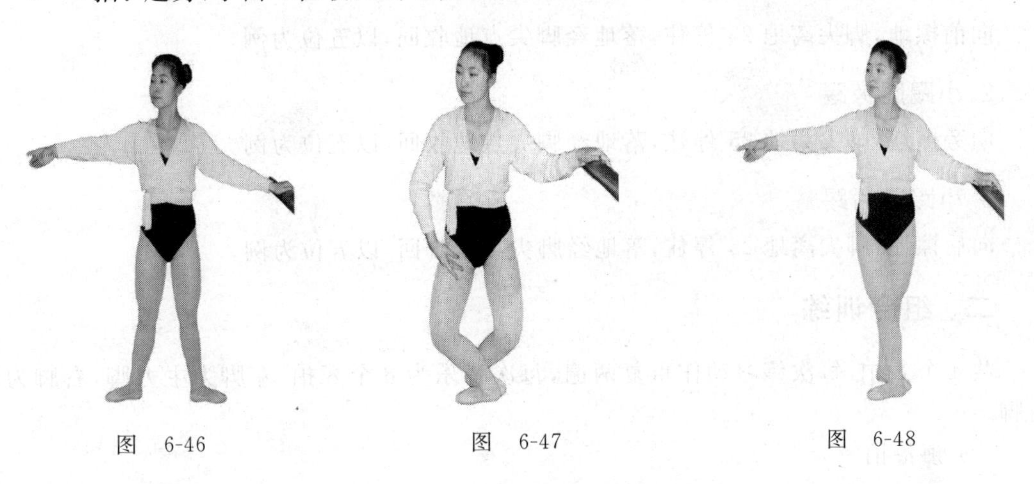

图 6-46　　图 6-47　　图 6-48

(8) 第 7×8 拍

1～4 拍：经五位半蹲起来，同时右手由二位收回到七位。

5～8 拍：重复以上动作。

(9) 第 8×8 拍

1～4 拍：五位半脚站立，手在三位的位置(见图 6-49)。

5～8 拍：结束时落在五位脚上，深呼吸，右手收至一位(见图 6-50)。

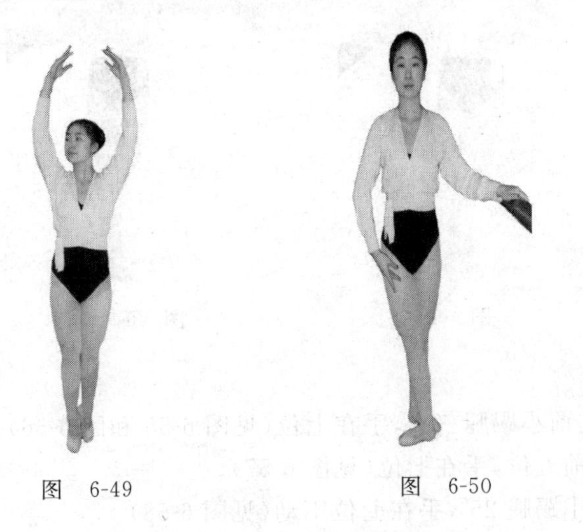

图 6-49　　图 6-50

第四节　小踢腿训练

小踢腿是在擦地基础上向空中有控制地踢起，特点是急速、有爆发力，可以锻炼腿部肌肉，提高动作的速度和控制力及后背力量。

一、基础训练指南

1. 小踢腿前踢

向前擦地，脚尖离地 25°停住，落地经脚尖点地收回，以五位为例。

2. 小踢腿旁踢

向旁擦地，脚尖离地 25°停住，落地经脚尖点地收回，以五位为例。

3. 小踢腿后踢

向后擦地，脚尖离地 25°停住，落地经脚尖点地收回，以五位为例。

二、组合训练

共 4 个 8 拍，每次练习动作重复两遍，每次音乐为 8 个 8 拍，左脚为主力脚，右脚为动力脚。

(1) 预备拍

1～4 拍：五位站立，左手扶把，准备(见图 6-51)。

5～7 拍：右手由一位抬至二位，再打开到七位(见图 6-52 和图 6-53)。

8 拍：右脚向前踢腿至 25°，右手从二位至七位(见图 6-54)。

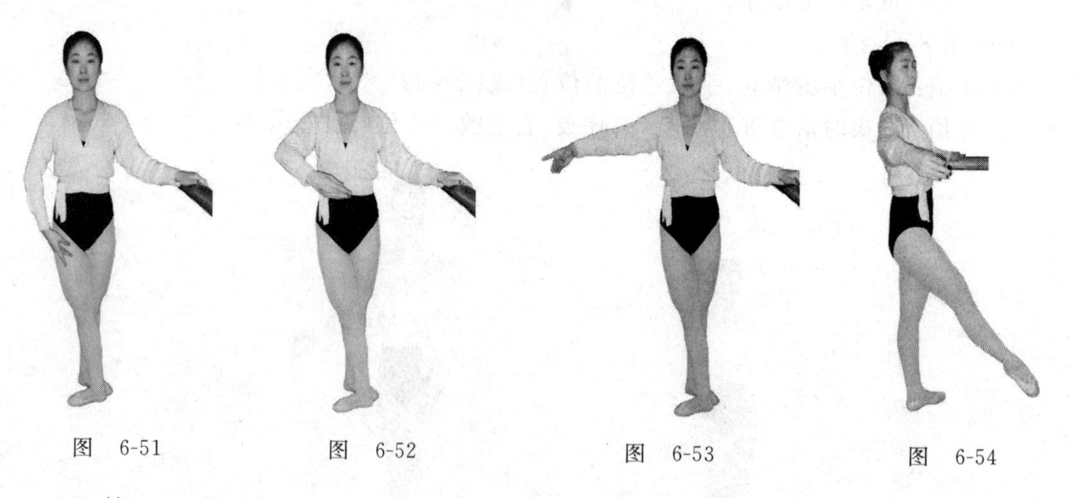

图 6-51　　图 6-52　　图 6-53　　图 6-54

(2) 第 1×8 拍

1～6 拍：右腿向前小踢腿三次，手在七位(见图 6-55 和图 6-56)。

7 拍：右脚收回前五位，手在七位(见图 6-57)。

8 拍：左脚向后小踢腿 25°，手在七位不动(见图 6-58)。

(3) 第 2×8 拍

1～6 拍：左腿向后小踢腿三次，手在七位(见图 6-59)。

7 拍：左脚收回后五位，手在七位(见图 6-60)。

8 拍：右脚向旁小踢腿 25°，手在七位不动(见图 6-61)。

图 6-55　图 6-56　图 6-57　图 6-58

图 6-59　图 6-60　图 6-61

(4) 第 3×8 拍

1～6 拍：右腿向旁小踢腿三次，手在七位(见图 6-62)。

7 拍：右脚收回前五位，手在七位(见图 6-63)。

8 拍：右脚向旁边踢腿 25°，手在七位不动(见图 6-64)。

(5) 第 4×8 拍

1～2 拍：右脚向旁边右踢腿 25°，收回后五位(见图 6-65)。

3～4 拍：右脚向旁边右踢腿 25°，收回前五位(见图 6-66)。

5～6 拍：右脚向旁边右踢腿 25°，收回后五位(见图 6-65)。

7～8 拍：动力腿收到主力腿前面，呈五位脚，手收回到一位。

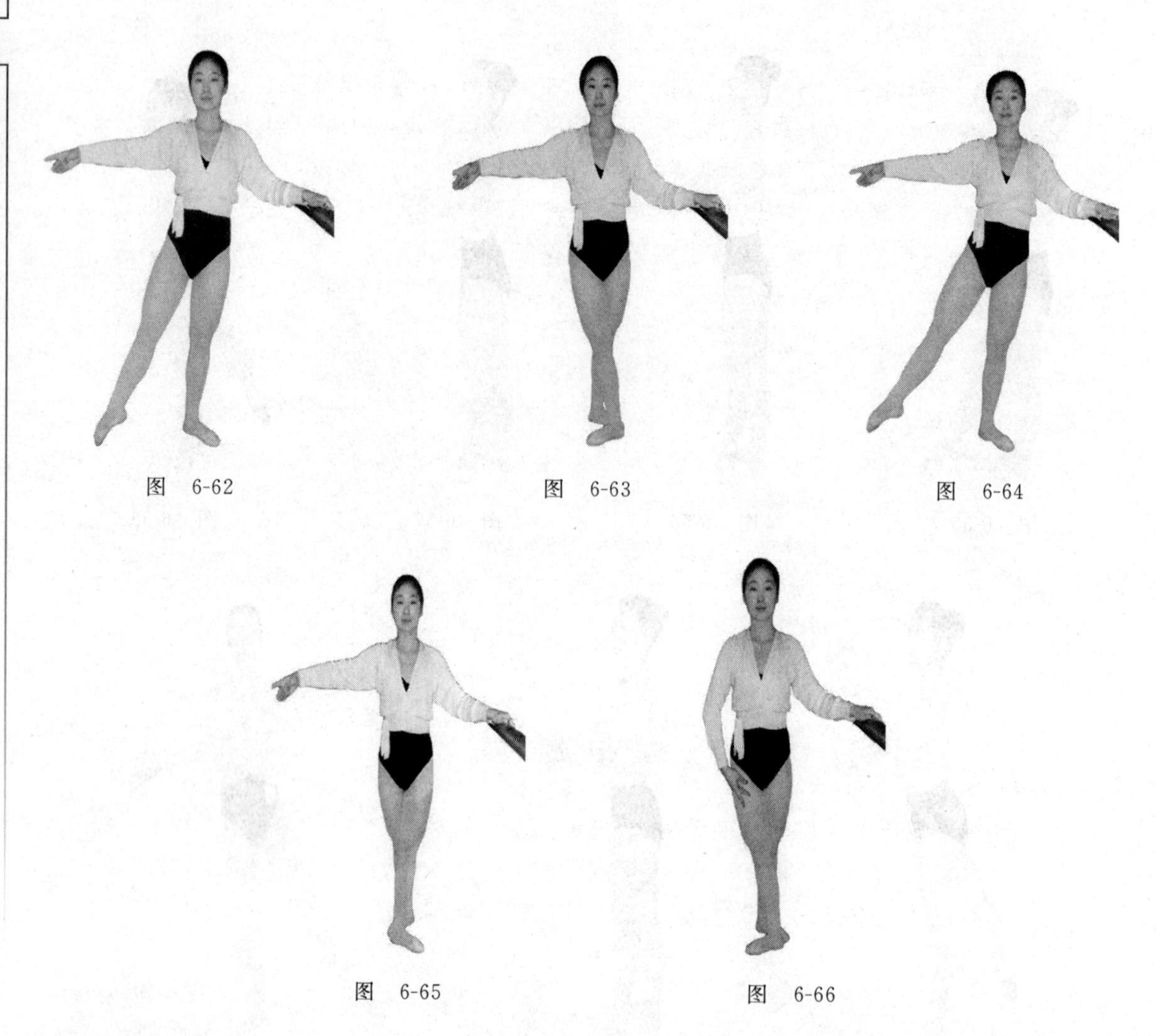
图 6-62 图 6-63 图 6-64

图 6-65 图 6-66

【小贴士】

形体训练的呼吸方法

(1) 呼吸的作用和方式。生命离不开呼吸这一不断交替的运动,呼吸直接影响生命的活力。人的生命力来源于身体的能量,能量通过呼吸来吸收,渗透到人体的每个细胞,使细胞不断更新,恢复活力。呼吸习惯和呼吸方式既可以增加也可以减少人体的能量储备。

呼吸方式与我们的感情和心态有着密切的联系。比如,呼吸平稳而有控制就不会觉得焦躁不安,反过来如果呼吸急促、快慢不均,心情就很难平静。有意识地控制呼吸可以抑制情绪的波动,与姿势练习结合起来有助于动作的流畅,并能集中注意力。有意识的呼吸也可以单独进行。其实,不管在什么情况下,都可以有意识地让自己的呼吸更均匀、平稳和更深入一些。但是要记住,虽然呼吸深入能够有效增加体内能量,但并不是说呼吸得越深越好。

(2) 呼吸练习基本要求。

① 除非有特殊情况,一般用鼻呼吸,嘴唇微闭。

② 每次吸气和呼气都要舒缓、深入并均匀。

③ 呼气时间比吸气时间稍长，这样有利于放松，呼吸练习中常常用到这一点。

④ 练习开始和结束时都要配合呼吸，动作之间的衔接也要配合呼吸。

⑤ 呼吸的次数可以用来计算做某一姿势的时间。

⑥ 练习时，若想加快练习速度，也要加快呼吸，但注意呼吸要配合动作之间的衔接。正确的姿势要求正确的呼吸，这样才能保证呼吸顺畅，使横膈膜尽量运动到最大限度。在一次完整的深呼吸过程中，横膈膜的上升和下降运动会刺激淋巴系统，起到去除体内毒素的作用，有加强免疫系统的功能。

(3) 局部型呼吸。局部型呼吸有助于增加肺活量，同时使身体平静。局部型呼吸可以作为胸腹式呼吸的前导。方式如下：吸气至肺下部，将手指平放在肚脐两侧，两手的肘关节落在地板上。呼吸三次，让手指感觉腹部的起伏。吸气至肺上部，将手指平放在锁骨下方。吸气时，感到胸部上方轻轻升起。两肩放松，不要抬升或拉紧双肩。吸气至肺中部，将手指平放在胸腔两侧。呼吸三次，感觉吸气时胸腔向两旁扩张，呼气时放松。

(4) 胸腹式呼吸。手臂平放在身体两侧，掌心向上或向下。吸气一次，先将空气吸入下腹部，然后到胸腔，最后进入胸部上方。呼气放松。

课后练习

1. 熟练掌握芭蕾手形的正确做法。
2. 练习芭蕾七个手位的正确做法，重点是芭蕾三位手和七位手的动作准确性。
3. 练习芭蕾五个脚位的正确做法，重点是芭蕾四位脚的动作准确性。
4. 练习五位向前、旁、后擦地。
5. 熟练掌握芭蕾擦地组合。
6. 练习芭蕾半蹲的五个位置。
7. 练习芭蕾全蹲的五个位置。
8. 熟练掌握芭蕾蹲组合。
9. 练习芭蕾向前、向旁、向后三个方向的小踢腿。
10. 熟练掌握芭蕾小踢腿组合。

参考文献

1. 伍新蕾．服务礼仪与形体训练[M]．大连：东北财经大学出版社，2016.
2. 孙艳红．旅游服务礼仪[M]．北京：电子工业出版社，2016.
3. 秦保红．职场礼仪教程[M]．北京：中国人民大学出版社，2016.
4. 涂远娜，邹萱萱．舞蹈与幼儿舞蹈创编[M]．北京：人民邮电出版社，2015.
5. 朱列文，李薇．服务礼仪与形体训练[M]．北京：中国轻工业出版社，2014.
6. 赵晓玲，张潇云．形体塑造与训练[M]．重庆：重庆大学出版社，2014.
7. 舒静庐．服务礼仪[M]．上海：上海三联书店，2014.
8. 王小静．酒店服务礼仪[M]．北京：北京交通大学出版社，2014.
9. 谭永康．服务语言的使用原则[J]．重庆广播电视大学学报，2005(3).
10. 谭永康．服务语言的控制表达[J]．重庆广播电视大学学报，2005(10).
11. 黄咏．形体训练[M]．武汉：武汉大学出版社，2013.
12. 徐光寿．旅游服务礼仪[M]．北京：北京大学出版社，2013.
13. 卢如华，韩开绯．社交礼仪[M]．大连：大连理工大学出版社，2012.
14. 谢彦波，冯玥．旅游服务礼仪[M]．哈尔滨：哈尔滨工程大学出版社，2012.
15. 李丽．旅游礼仪[M]．北京：中国轻工业出版社，2012.
16. 顾筱君．21世纪形象设计教程[M]．北京：机械工业出版社，2012.
17. 陈康荣．舞蹈基础[M]．上海：复旦大学出版社，2012.
18. 唐树伶，王炎．服务礼仪[M]．北京：北京交通大学出版社，2012.
19. 王晶．形体训练与形象塑造[M]．北京：清华大学出版社，2011.
20. 关洁．个人形象设计[M]．北京：中国戏剧出版社，2011.
21. 汪彤彤．职场礼仪[M]．大连：大连理工大学出版社，2010.
22. 张桂兰．形体训练[M]．北京：国防工业出版社，2010.
23. 伍海琳．旅游礼仪[M]．长沙：湖南大学出版社，2009.
24. 王琦．旅游礼仪服务实训教程[M]．北京：机械工业出版社，2009.
25. 杨坤．芭蕾形体训练教程[M]．北京：高等教育出版社，2009.
26. 郑彦离．礼仪与形象设计[M]．北京：清华大学出版社，2009.
27. 徐桂云．形体训练教程[M]．济南：山东大学出版社，2009.
28. 贾孟喜，陈开梅．职业女性形象设计教程[M]．武汉：华中师范大学出版社，2009.
29. 向智星．形体训练[M]．北京：高等教育出版社，2009.
30. 陈光谊．现代实用社交礼仪[M]．北京：清华大学出版社，2009.
31. 吴雨潼．职业形象设计与训练[M]．大连：大连理工大学出版社，2008.
32. 陈宝珠．形体训练与形象塑造[M]．北京：清华大学出版社，2008.
33. 舒伯阳，刘名俭．旅游使用礼貌礼仪[M]．天津：南开大学出版社，2008.
34. 关小燕．礼仪：规范行为的学问[M]．北京：清华大学出版社，2008.
35. 刘长凤．实用服务礼仪培训教程[M]．北京：化学工业出版社，2007.
36. 邹翊燕，丁永玲．现代服务礼仪[M]．武汉：武汉大学出版社，2007.
37. 牟红，杨梅．旅游礼仪实务[M]．北京：清华大学出版社，2007.
38. 尹菲，武瑞营．形体礼仪[M]．北京：机械工业出版社，2007.
39. 王斌．会展礼仪实训教程[M]．重庆：重庆大学出版社，2007.
40. 洪美玉．旅游接待礼仪[M]．北京：人民邮电出版社，2006.
41. 杨海清．现代商务礼仪[M]．北京：科学出版社，2006.